清廉研究论丛
（第二辑）

王宗正 主编

浙江工商大学 出版社
ZHEJIANG GONGSHANG UNIVERSITY PRESS
·杭州·

图书在版编目(CIP)数据

清廉研究论丛．第二辑 / 王宗正主编．— 杭州：
浙江工商大学出版社，2024.3
ISBN 978-7-5178-5503-3

Ⅰ．①清… Ⅱ．①王… Ⅲ．①廉政建设－中国－文集
Ⅳ．① D630.9-53

中国国家版本馆 CIP 数据核字 (2023) 第 103985 号

清廉研究论丛（第二辑）
QINGLIAN YANJIU LUNCONG（DI-ER JI）
王宗正 主编

责任编辑	徐　凌
责任校对	都青青
封面设计	云水文化
责任印制	包建辉
出版发行	浙江工商大学出版社
	（杭州市教工路 198 号　邮政编码 310012）
	（E-mail：zjgsupress@163.com）
	（网址：http://www.zjgsupress.com）
	电话：0571-88904980，88831806（传真）
排　　版	杭州舒卷文化创意有限公司
印　　刷	杭州高腾印务有限公司
开　　本	880 mm×1230 mm　1/32
印　　张	17
字　　数	442 千
版印次	2024 年 3 月第 1 版　2024 年 3 月第 1 次印刷
书　　号	ISBN 978-7-5178-5503-3
定　　价	68.00 元

本书编委会

编委会主任：龚大昕　杨林书

编委会委员：（以姓氏笔画为序）

王宗正　付翠莲　严玲红

杨立淮　张雪萍　谢丽珍

主　　编：王宗正

副　主　编：付翠莲　谢丽珍

序　言

党的十八大以来，在以习近平同志为核心的党中央的坚强领导下，全国各地大力推进党风廉政建设和反腐败工作，全面从严治党取得显著成效，反腐败斗争压倒性态势已经形成并得以巩固发展，坚持标本兼治、综合治理、惩防并举、注重预防的方针，惩治和预防腐败体系逐步建立，党风政风持续向好，党内政治生态展现新气象。

以庆祝中国共产党建党 100 周年为标志，为继续推进改革开放、营造海晏河清的政治生态，清廉建设研究整装出发，开启了新的征程。早在 2017 年，浙江省第十四次党代会便提出了建设清廉浙江的决策部署；2018 年，中共浙江省委出台了《关于推进清廉浙江建设的决定》；2021 年，党中央又赋予浙江高质量发展建设共同富裕示范区的光荣使命。要想更好地为共同富裕示范区建设描绘清廉底色，需要把清廉建设的理念、措施贯穿共同富裕示范区建设的全过程。当前，中国的反腐败斗争已经取得了压倒性胜利，但要实现建设清廉中国的目标，任务依然繁重。我们要牢记习近平总书记的嘱托，要以"反腐败永远在路上"的坚韧和执着，深入推进惩治和预防腐败体系建设，坚决清除一切腐败分子，保证干部清正、政府清廉、政治清明，为继续推进改革开放、营造海晏河清的政治生态不断努力。

党风廉政建设永远在路上，反腐败斗争永远在路上。为高水平谱写建设清廉浙江的温州篇章，努力把温州建设成民企清廉建设的高水平示范区，在温州各领域形成规则明、关系清、行为廉、风气正、结果可预期的发展态势，搭建全国清廉建设研究沟通交流平台，推动清廉温州建设研究深层次、高质量发展，我们广泛征求各方意见，并得到多方支持，决定出版"清廉研究论丛"。

"清廉研究论丛"是国内理论工作者和实践工作者紧密围绕党风廉政建设和反腐败工作，坚持与时俱进，立足问题导向，努力通过研究创新和实践创新积累的清廉建设和反腐败工作的理论与实践的专题性系列成果。在中共温州市纪律检查委员会、温州市监察委员会的大力支持下，清廉温州建设研究中心、温州大学廉政建设研究中心通过举办以"清廉建设"为主题的理论研讨会，汇聚了全国多方同道的力量与智慧，形成了有关清廉建设研究阶段性成果的系统总结。期待《清廉研究论丛（第二辑）》的出版，能为清廉温州建设乃至全国清廉建设提供理论经验和实践素材。

清廉温州建设研究中心是2019年9月由中共温州市纪律检查委员会、温州市监察委员会与温州大学合作共建的研究机构，附属机构为温州市清廉民企研究所。同时，温州大学成立了校级廉政建设研究中心。清廉温州建设研究中心紧紧围绕温州市打造新时代"两个健康"先行区创建目标，按照"理论研究—决策咨询—廉洁教育""三位一体"模式，致力于把该中心建设成温州市清廉建设理论研究、决策咨询、廉洁教育和人才培养基地，为推进清廉民企建设、助力企业打造清廉文化、构建"亲清政商"关系开展理论研究与实践调研。目前，"清廉民企建设研究智库"已被立为温州大学社科类标志性成果"重大平台"省级智库培育项目。清廉温州建设研究中心自成立以来，不仅受到了温州大学党政领导的高度重视，更是在发展过程中得到了温州市纪检监察机关与中国廉政学会、中国纪检监察协会、全国高校廉政研究机构同人，以及温州市决策咨询委员会、温州市社会科学界联合会等单位和领导的大力支持，在此一并致以衷心的感谢！

编　者

2023 年 3 月

目　录

理论篇

实务篇

3

理 论 篇

年轻干部政商交往行为规范研究

——以《温州市"两个健康"先行区建设促进条例》第33条清单制规定为分析对象[①]

庞 琴 肖 磊[②]

摘 要：以《温州市"两个健康"先行区建设促进条例》第33条清单制规定为分析对象，深入剖析清单制对于规范年轻干部政商交往行为的重要意义与功能定位。基于法律政策学和法教义学的视角，探讨清单制的显性、隐性和动态化的法律功效。针对清单制性质不清、权限分散、标准模糊及内容缺乏刚性等问题，提出清廉建设规范化制度设计，即精准定位清单制性质、明确制定主体统一制定权限、规范制定程序加强监督，提高清单制定实施的科学性。

关键词：政商交往行为；清单制；清廉建设

---

①本文系温州大学硕士研究生创新基金项目"龙港扁平化改革的困境及其法治出路"（316202101004）的阶段性研究成果。
②作者简介：庞琴，四川泸州人，温州大学法学院硕士研究生，研究方向：行政法学与立法学；肖磊，湖南衡阳人，法学博士，温州大学法学院教授，研究方向：行政法学与立法学。

一、研究缘起

为护航年轻干部健康成长，对年轻干部政商交往行为进行法律规范显得尤为重要。2016年3月4日，习近平总书记参加全国政协十二届四次会议，提出要构建"亲"且"清"的新型政商关系。[1]自此，全国开启构建新型政商关系改革的运动，各地党委政府都结合本地情况深入贯彻落实、建章立制。许多地方对构建"亲""清"新型政商关系努力探索，纷纷出台了具体的细则、方案。其后，一些地方通过地方立法或者制定规范性文件等形式，进一步推动建构政商交往关系，编制正面清单和负面清单，强化政商交往关系的标准化规范化工作。①年轻干部政商关系及其清单制的建构，成为备受法学界关注的热点话题。

温州作为民营经济的摇篮，尤其重视政商交往行为的规范，出台了一系列文件为政商关系划清底线，也为年轻干部政商交往行为提供了基本遵循。2019年2月，温州市政府印发了《关于开展"三清单一承诺"行动 打造全国一流营商环境的实施方案》的通知，要求进一步规范政商交往，打造亲清新型政商关系的"三张清单"，并开展反对"挈篮子"②承诺。为了巩固这一改革成果，2021年10月22日，温州市人大常委会通过了《温州市"两个健康"先行区建设促进条例》（以下简称《条例》）。《条例》第33条明确国家机关、人民团体、事业单位及其工作人员政商交往的行为规范，建立正面清单、负面清单及清廉民企建设的引导清单。正面清单以清单的形式对政府的权力予以明晰，明确政府该干什么、能干什么；负面清单让行政机关在政商交往过程中明白不可以做什

---

① 通过"北大法宝"中国法律检索系统进行检索，输入关键词"政商关系"，检索到我国江苏、广东、广西、山东、河南、河北、安徽、黑龙江、江西、陕西、甘肃、宁夏等12个省（自治区）发布了8个地方规范性文件和5个地方工作文件。
② "挈篮子"，温州方言，意为托熟人帮自己办事。

么；引导清单明确企业在政商交往中应当遵守的规则。

然而，无论是温州地方立法规定，还是其他省市出台的相关规定，针对年轻干部政商交往行为建构清单标准和清单内容的相关制度都存在短板，诸如清单制定主体的权限、统一制定标准的形成、清单内容的刚性和权威性等问题。以《条例》第33条规定为分析对象，不难发现，立法者尚未对如何制定清单及清单制的性质作出更为细致的规范，理论界对此亦尚未涉及。作为一项用以确立政商关系行为准则的重要制度，这是不合适的。据此，针对政商交往清单制度的现存问题，本文试图作一些应对性思考。

二、政商交往清单制的兴起及功能定位

政商关系存在于世界每一个国家，良好健康的政商关系是经济社会发展的润滑剂和助推器。我国大多年轻干部居于行政管理和行政执法一线，培养造就年轻干部是百年大计，构建新型年轻干部政商关系对促进我国改革发展具有非常重要的意义。新型年轻干部政商清单制的构建，有赖于中央的顶层设计，也有赖于各地制度规范的完善。实践中，有必要对党中央有关新型政商关系的重要表述和省级相关制度规范情况进行梳理，为进一步完善制度机制提供参考。[2]

（一）政商交往清单制的兴起与实践样态

年轻干部政商交往清单的提出与我国推进反腐倡廉的进程是分不开的。近年来，我国大力推动反腐倡廉，在此背景下，政商关系出现了一些新的状况。面对高压反腐，一些年轻干部和企业家无所适从，由于没有政商交往的行为规范，一些年轻干部不敢与企业家接触，不知道如何与企业交往，拿捏不清与企业家交往的分寸。因此，有些年轻干部在政商交往过程中秉持不求有功、只求无过的心态，对待企业政务出现不作为或慢作为的现象。而在企业这一方，

有些习惯了潜规则的企业和企业家误认为找关系、给好处就能办事，结果发现礼送不出去，事也办不了，年轻干部的政商关系变得僵持。

从系统论的角度看，年轻干部政商交往关系的构建，仍然需要运用整体性思维，针对年轻干部的成长的共性问题和特殊问题，推动相应清单体系的重塑。既要做好中央层面的顶层设计，也要从地方层面明确具体的法治保障。

从中央层面来说，习近平总书记多次强调，政商交往关系应该为君子之交，要亲商、安商、富商，但不能搞成封建官僚和"红顶商人"之间的那种关系，也不能搞成西方国家大财团和政界之间的那种关系，更不能搞成吃吃喝喝、酒肉朋友的那种关系。[3]构建新型政商关系，企业家和领导干部都要努力。年轻干部要遵守党章党纪，光明磊落，心底无私；企业家要洁身自好、进正门、走正道、干正事，做到遵纪守法办企业、光明正大搞经营，不走歪门邪道，不踩红线，不打擦边球，不搞权钱交易、利益输送。

从地方层面来讲，继习近平总书记重要讲话后，各地区纷纷出台了关于规范政商关系的文件。比如，2016年4月，广东省纪委、监察厅印发《关于推动构建新型政商关系的若干意见（试行）》，该文件设专章"规范政商交往行为"，强调应当以法律法规、党纪政纪为准绳，具体列举政商交往行为中的"正面清单"和"负面清单"。2016年11月，浙江省委办公厅、省政府办公厅专门出台了《关于构建新型政商关系的意见》，厘清各级党政干部与企业、企业家合情合理、合法合纪的政商交往界限，要求领导干部在政商交往中坚持八个"严禁"，对非公经济人士的政商交往要求五项"不为"。

目前，该制度总体上呈现出以下两种样态：一是制定政商交往制度的总则性文本。大多数情况下，由省政府提出指导性的意见，采取什么方式落实由下级政府制定。从位阶上来看，大多数采取的是规范性文件。二是制定政商交往清单制。在实践中，清单制最为常见的形式就是表格。政商清单会明确规定政商交往的行为规范，通常会规定正面清单和负面清单，有些地方会根据实际情况进行创新，比如温州市增加"引导清单"。地方政府通常会采取规则形式对此类问题予以规范化，比如"法规""规章"或"规范性文件"，规范的类型呈现出多样化形态。

这大概是清单制的总体面貌，尽管已经初具规模，但仍处于初创期，欠缺统一性和规范性。

（二）政商交往清单制的功能定位

以温州市出台的《条例》为例，结合对全国各地政商交往清单制的相关规定分析，概括来说，立法者或者政策制定者通过建立政商交往清单制，大致呈现以下三大功效：

1. 显性功效。划清政商交往的底线，固化政商交往的基本界限，是清单制确立的显性功效。卢曼认为，法律系统的功能就在于为社会提供规范性期待的稳定感。[4]清单制就是要减少制度识别的成本，提供稳定直白的行为依据，从而达到"整齐划一"的视觉效果。[5]实践中，在制定政商交往清单时通常采用列举方式对政商交往行为进行规范。

2. 隐性功效。如果说划清政商交往关系的界限是清单制的首要功能，那么，差别化对待则更多地体现了清单制的隐性功效。政商交往清单内容会直接决定何种事项才需要接受《条例》调整。因此，掌握清单的制定权，实际上也就掌握了《条例》中第33条的调控范围。对此隐性功效，从消极的层面看，更多地体现了行政立法权对人大立法权的逃逸行为。严格而言，清单内容应由立法者统一掌控，或者由中央出具统一的规范进行把控。但是，从对目前实践的观察来看，并非如此。现阶段，清单制定者并没有被限定在一个特定主体上，而是所有行政机关——上到具有规章制定权的人民政府，下到各个行政职能部门——都享有制定权。

3. 动态化功效。因为政商关系在不同阶段具有不同的含义，因此，正面清单、负面清单及引导清单具有时空性总是呈现动态化。从动态化方面来看，《条例》仅明确政商交往行为规范按照正面清单和负面清单管理，通过引导清单加强政企的沟通交流，而正面清单、负面清单及引导清单的内容是通过政府的规范性文件进行规定的，并未在地方性法规当中予以明确，其采取制定规范性文件的形式，使得三个清单的具体内容是动态可变的。从实践中来看，动态管理几乎是所有地方政府必须设置的制度装置。这可能基于如下考虑：其一，保持开放。由于效率及成本的限制，政商交往的具体规范往往只能基于当下的政治导向作出预判，政府仅在较为自信和成熟的领域作出规定，而不可能将所有政商交往的规范都列入清单之中。但是，随着法治社会的推进，"行政过程会逐渐趋向民主化，现在看来是十分奢侈的决策程序，将来或者会变成部门行政法上的常态机制"。[6] 当下不用列入清单的事项，极有可能在以后成为交往规范的中心内容。因此，清单内容必须保持开放性，实行动态化调整。其二，允许试错。如果将内容全部纳入清单制中，必然会造成成本提升和效率折损。政商交往关系复杂，清单制不可能将所有的种类都包含在内，必然会有一些行为需要被予以豁免。因此，必须保持动态管理，允许试错，适时更正。

三、政商交往清单制的实施效力

政商交往清单制所关注的核心问题，仍然是其作为一项实定法制度的规范性或者说效力问题，也就是依据该清单制，如何明确政商之间的行为准则及双方权责关系。本文运用法教义学的方法，重点分析《条例》第33条规定及其作为实定法的规范性问题。[7] 同时，依据阿列克西关于法教义学的有关论述，[8] 从清单制的法律性质、制定权限、制定标准和实施内容等四个层面探讨其实施效力。

（一）模糊的法律性质

政商交往清单制的法律性质是什么？理论界还未得出一致的看法。从整体上看，其法律行为的性质既可归属于内部行政行为，又可归属于外部行政行为，在二者之间摇摆不定。有学者认为，从物理特征上来看，政商交往清单制只是一张表格或清单，被约束的对象仅是行政机关及其工作人员，虽然涉及企业，但并不是针对企业的负担行为，相反，对企业是有利的。因此，清单制只是一种内部行为，并不需要苛以外部法的约束机制。[9]但是，也有学者认为，清单制尽管确实是在行政机关内部制定的，但其法律效果是外化的，会影响行政相对人的多项权益，因为政商交往的规范在一定程度上会影响企业及企业家的权益。[10]行政机关在制定清单内容时，应当公开透明，遵循正当程序的标准，因为政商交往清单涉及企业及企业家，那么他们就享有知情权，如果将其认定为内部行政行为，将剥夺公众参与的权利。因此，不能仅仅从内部法的视角进行制度布置。

上述对立的理论观点所产生的法律关系也不同。譬如，在可诉性上，按照内部行政行为的认识，即使清单制及其法律关系在合法性上存在问题，根据我国《行政诉讼法》的相关规定，相对人也不可以对内部行政行为提起诉讼。[11]若将制定清单制的行为认定为内部行政行为，则否定了企业及企业家和政商交往清单制之间存在利害关系，制定的清单仅约束行政机关工作人员，属于内部管理，行政机关自我决定、自我管理、自我监督，在涉及此类案件时，企业及企业家没有原告资格，也不会被法院立案受理。与之相对的是，将政商交往清单法律关系按照外部行政行为看待，那将产生相反的效果。在内容制定上要逐一厘清政府和企业的关系，清单内容要具体明确，对于不履行的渎职行为要提出有针对性的细化措施，在程序上，要坚持公开和公众参与，提高决策的民主性，控制制定主体的自由裁量权。同时，在涉及此类案件时，企业可针对政商交往清单提出附带性审查，尤其是在我国规范性文件附带审查制度已经建立的前提下，在制度上是完全可行的。可见，如何界定清单的性质意义重大。

（二）分散的制定权限

毫不夸张地说，清单制的制定对打造政商交往关系起着至关重要的作用。《条例》虽然从宏观层面规定政商交往过程中要遵守正面清单、负面清单和引导清单的管理，但是对具体在政商交往中如何操作并未作出规定。温州市关于正面清单、负面清单和引导清单的内容由单独的行政规范性文件规定，从这一角度来看，其实际上比《条例》更加重要。因此，在清单的制定权限上，理应加以限制。但是，《条例》第33条并没有设置类似的控权条款，关于三张清单的编制也没有上位法进行统一的规定。从行政权力的配置来源看，编制政商交往清单属于内部分配行政权力的方式，也就是说，清单的制定权限将开放性地向所有行政机关授予。究竟在政商交往中哪些行为才需要接受调整，哪些行为能建立起政商交往关系，将由行政机关自己定夺。在编制清单内容时，行政机关具有较大的自由裁量空间，大多需要行政机关进行自我规制。很显然，这将会带来严重的不确定性问题。实践中，行政机关考虑到行政成本和效率，会避免对那些带有特定政治目标的事项进行决策，这是一个我们不愿看到但必然会出现的客观事实。一方面，清单编制权限并没有明确规定由某一级政府享有，因此几乎所有行政机关都享有清单制定权限，上至市一级人民政府，下至最基层的执法单位，都可以对如何建立政商交往关系"指手画脚"，也可以质疑基层政府编制的清单内容的法律专业性。另一方面，地方政府既是清单制的制定者、决策者，又是清单制的执行者，对清单内容的解释权也属于行政机关。地方政府通过对清单事项范围的自主权可能存在权力被滥用的风险，若清单制定权限过于分散，将不利于行政机关在合法的限度内合理地自我规制行政权，为了逃避责任，行政机关在制定政商交往规范时很有可能选择有利于自己的依据来规避法律责任。

（三）宽泛的制定标准

"政商交往关系具有一定的时空动态性，其概念和范围是不断变化的，如何保证清单能够囊括所有政商交往的规范本身就是一个难题。"如果说制定权限的分散，只是有可能会导致清单制规范效力难以兑现的话，那么，模糊的制定标准则是另一个雪上加霜的因素。《条例》中提到的正面清单、负面清单和引导清单编制的来源是什么？编制依据从何而来？经调查发现，各地的清单的编制依据存在较大差异，大致可分为三种：法律＋法规＋规章、法律＋法规＋规章＋规范性文件、法律＋法规＋政策规定。温州市关于政商交往清单制的内容编制依据大多属于第二种：法律＋法规＋规章＋规范性文件。在没有统一的制定标准或上位法规范的情形下，通常情况下，行政机关会选择有利于自己的依据来规避风险或逃避责任，并且，这一倾向在当前制度框架之下是被容许的。行政机关在制定清单内容的时候可能存在恣意性，从而忽视相关法律。编制的来源扩展到规范性文件，虽然会使清单内容更加丰富，但是各地的规范性文件不统一，会出现各地针对同种类型的政商交往行为规定不一致的情形，这将不利于同一企业在不同省份的业务开展。对政府而言，"法无授权不可为"，建立各级政府的权力清单制度，实际上正是政府转变职能，使市场在资源配置中发挥决定性作用的真正落实。[12]

因此，较为宽泛的政商交往清单的制定标准和依据意味着制定主体有较大的裁量权，制定主体会随自己的主观看法选择制定标准，对同一个内容的理解存在差异，导致不同的制定主体采用的标准也不同。掌握权力的主体，一般也不希望其他权力介入而产生影响；权力拥有者的专断既有权力个体的内因，也是权力的特性使然。[13]这至少会产生两个不利后果，一是制定依据太过宽泛，行政机关为了减轻负担会选择较为轻松的标准制定清单；二是被列入清单的内容大多是法律、法规、规章规定的，行政机关不得不承担的行政职责。很显然，这对于《条例》的贯彻实施极其不利。

（四）倡导性的实施内容

各地打造好年轻干部政商交往关系最常见的方式就是制定正面和负面清单，温州亦不例外。温州市政府要求年轻干部及其所在机关单位在政商交往中全面落实七张正面清单、七张负面清单和一张引导清单。但是规范毕竟是写在纸上的，负面清单内容不会超出党纪国法的范围，而正面清单的内容主要是倡导性的，缺乏刚性约束。这就使得清单的意义大打折扣，形式重于内容。[14] 比如温州市制定的正面清单要求："主动向民营企业提供有效的政策解读与明确指引，帮助企业争取各类扶持政策；坚持实事求是、尊重历史，在法律法规允许的范围内，及时解决民营企业各类历史遗留问题。"事实上，正负两方面清单及引导清单在内容上既不可能涵盖所有问题，在实际操作中也缺乏刚性和权威性。

四、政商交往清单制的性质定位及规范化设计

综上可知，年轻干部政商交往清单制仍然需要从法规范层面进行更为正式的制度化布置，而不能像《条例》第33条规定那样，只是简单地对政商关系的"三个清单"予以宣誓性提及，否则将会产生一系列执法实施问题，甚至在某种程度上，会稀释《条例》本身的涵摄力。对此，本文认为，应当明确年轻干部政商交往清单制的基本性质，并以此为基础，科学精准地划定其行为准则，从整体上进行全方位的规范化设计。

（一）政商交往清单制的性质定位

准确的性质界定，是决定清单制行为准则的关键，是原理性答案，决定了对该行为的合法性要件的认定，决定了在司法实践中该如何审查该行为。实践中，无论是其与制定权限之间的关系，还是

与制定标准之间的关系，最终都需要从性质上予以解答。本文认为，关于温州市对政商交往关系清单制的探索成果，应当理解为"法规+规范性文件"的性质。将政商交往的正面清单、负面清单和引导清单规定在《条例》中，以温州市人大立法的方式，明确政商交往规范总的指导思想。如前文所述，政商关系是动态化的，会随着社会改革的深入而不断调整，对政商交往规范也不是一成不变的，清单制度的内容也不宜固定，制定清单的过程，其实就是制定行政规范性文件的过程。由温州市人大制定的《条例》中，关于政商交往清单制度为法规，这是毫无疑问的。温州市就关于政商交往的内容发布了《关于开展"三清单一承诺"行动 打造全国一流营商环境的实施方案》等文件，需要讨论的是，这些包含清单制定的内容的文件是否属于行政规范性文件。

根据现行地方立法的规定，所谓规范性文件，是指除规章以外，由本省行政机关依照法定权限和规定程序制定，涉及公民、法人和其他组织权利义务，并具有普遍约束力的各类文件的总称，包括政府规范性文件和部门规范性文件。在行政法上，规范性文件属于抽象行政行为范畴，而一般认为，抽象行政行为的识别标准无非是"适用对象的不确定性"和"反复适用性"。[15] 从一方面来说，就温州市发布的包含清单制定内容的文件而言，其无疑是满足这两项标准的。清单的内容具有普遍约束力，即针对对象是不确定的，主要对象是机关单位及其工作人员、企业和企业家，也可针对政商交往行为反复适用，符合抽象行政行为特征。一旦以"清单"的形式加以固定化，就对原法律规定的行政权力进行了重新配置，并且为普遍、反复适用提供了文件载体。[16] 因此，政商交往清单对政商交往规范进行统计、梳理，以清单的形式对公权力进行约束，符合抽象行政行为的标准。从另一方面来说，按照《行政法规制定程序条例》和《规章制定程序条例》的标准，法规、法规和规范性文件的制定程序、主体相差甚远。

从形式上看，关于政商交往的内容仅是一张清单，是对政商交往规范的罗列，看起来不像是一个正式的文件，似乎形式上不属于"规范性文件"。对此，本文认为，规范性文件只是一个法律概念或法律术语，应以法律效力为主要判断标准，而不是以其物理属性为主要判断标准。[17]政商交往清单的功能是对行政权力的一种自我规制。而且，在现实中，也存在类似的行政行为，我国行政法学界也早已有相关认识。譬如，对于交通信号灯这一在物理属性上与"文件"毫无关联的行为，就有研究者认为，交警部门设置禁令性和遵循性信号本身是抽象行政行为，"属于规范性文件的制定和颁布"。[18]

（二）政商交往清单制的规范化设计

1. 通过总则的统一规范。如何构建良好的年轻干部政商交往关系？怎样是最理想状态的政商交往？以上问题并没有准确的答案，只能通过对清单制的不断探索，对政商双方进行规范。因此，本文无意于解决这一问题，也没有必要去解决。犹如立法史上我们对"公共利益"的固定化尝试一样，无论是"概括法"还是"列举法"，都无济于事，任何诸如此类的企图也都难以获得成功。这是因为政商交往关系具有开放性，它只能在个案中加以解决，规则主义不可能满足这种就事论事（Case by Case）的立场。因此，我们不是要找到一个具体标准来判断是不是良好的政商交往关系，而是要对这一判断权施加标准之外的其他控制。换句话说，我们根本控制不了判断标准，只能控制判断权本身。法治是国家治理现代化最有效的方式，新型政商关系的稳固需要健全的法律制度来保障。[19]从规范层面来说，控制判断权的最好方法就是制定规则，而这就是实践当中已经出现的政商交往清单制，也可以称之为"总则"。现阶段，总则仍需重点完成如下三项任务：

第一，上收总则制定权限。在顶层设计过程中，中央政府应当承担起设置全国统一标准和推进制度构建的主体责任。[20]综合考虑成本和效率的问题，国务院可以适当将政商交往清单制的制定权限下放到地方政府。但是，国务院应当从宏观层面把控文件总则的制定。这是因为，总则的核心任务是要对清单制定主体、制定程序、制定方法等内容予以全盘控制。实践中，国务院可以不具体规定清单制的制定标准，也可以不掌控清单制的制定权限。但是，为了控制地方恣意运用制定权及自由裁量权规避责任，国务院必须对如何制定清单制确立基本的规则。因此，立法者必须终结由各地方政府分别制定总则的现状，交由国务院结合全国情况，统一制定专门的清单制管理办法。

第二，规范清单制的制定程序。在控权性规则之下，作为确定政商交往清单制的《条例》及年轻干部政商交往清单制内容的规范性文件，在编制过程中也要遵守正当程序的原则。一方面可以明确权力行使的方式、节点、流程，实现以程序控制权力的目标，提升行政执行效率，使制度更具刚性；另一方面有利于社会公众参与行政管理，强化外部监督，保障社会监督权的正常运行。[21] 政商交往清单制的制定应当通过公开程序，听取利益相关人（即企业及企业家）的意见再进行表决。这是因为，政商交往的一头是行政机关，另一头是企业和企业家，清单制的设立是建立在企业和企业家的利益基础上的。比如温州市设立的引导清单，规定了企业和企业家在交往中应当做和禁止做的行为，引导清单中规定：（1）积极建言献策、反映实情，主动加强与党委政府的沟通交流，为促进"两个健康"提供"温州智慧"。（2）守住法律诚信底线，坚持不行贿、不欠薪、不逃税、不侵权、不踩红线。（3）传承"义利并举、以义为先"的温州文化基因和温商精神，切实履行社会责任等。因此，除了需要遵守与制定与规范性文件类似的正当程序之外，清单制的制定还需要添加公众参与要素，即允许公众参与清单制定过程，事实上就是允许企业和企业家的参与。非但决策过程需要公众参与，清单制定也需要公众参与。[22] 事实上，企业家参与清单制度的制定过程也便于行政机关贯彻落实相关的政策文件。

第三，限定清单制的制定主体。在制定主体上，如果通过立法的形式制定法规，如《条例》的制定主体是地方人大，若是通过规章或行政规范性文件的形式，那么政商交往清单的制定主体一般是行政机关。但是行政机关既是制定者又是实施者，往往会出现避重就轻的情形。应当对行政机关的清单制定权加以限缩，应当避免人民政府的职能部门成为政商关系清单制定的主体，由地方人民政府担任清单制定的主体。理由有二：一是决策效率和成本。毋庸置疑，最为理想的状态是由国务院发布文件规定亲清政商制度制定的统一标准，但是，不同地方的经济发展水平不平衡，政治文化存在差异，制定统一的标准抹杀了地方个性化的创新，不利于地方根据经济发展状况随时调整政商规范内容，影响效率，比如民营经济较为发达的温州与国有企业较多的地区制定的规范肯定大有不同。因此，可采取的办法是国务院通过颁布总则规范在大方向上进行把控，由国务院"掌舵"，适当下放清单制定权，允许地方在总则范围内根据地方的实际经济情况作出选择。二是决策控制与约束。权力下沉的同时要控制清单制定的决策权，将权力下放至地方政府，禁止职能部门成为政商交往清单的制定主体，不是所有行政机关都享有清单的制定权。职能部门之间的利益分歧较大，对待相同的内容，各个部门可按有利于自己部门的方向解释和履职，从而影响清单内容的统一性。除此之外，行政机关对政商交往清单的制定需要加强监督。健全行政规范性文件备案监督制度，行政机关要及时将清单制度的内容按照规定程序和时限报送备案，避免出现自导自演的情形。若清单基本符合规范性文件的要求，由立法机关备案审查可以使清单获得正当性的选择。

2. 加强监督执纪问责。要落实年轻干部政商交往清单制，首先必须健全政商交往的多层监督体系，建立科学的考核制度和评价体系，发挥第三方评估机构在建立新型政商关系中的作用。针对近年来反腐的典型案例在年轻干部政商交往中暴露的问题,纪检监察机关要挑起监督的"大梁",要确立专门清单制对年轻干部政商交往行为进行约束,把握好事前预防、事后严惩环节,规范年轻干部政商交往行为。

要严抓制度的贯彻落实,并对实施情况进行监督检查,引导年轻干部严守纪律规矩,推动构建新型政商交往关系,着力营造良好营商环境,紧盯涉企涉商的关键岗位和重点人员,开展常态化监督教育,确保廉洁用权、秉公执法。反腐败工作的目标也应包括"干净"和"干事"这两个方面,同时要加大基层小微权力腐败的惩处力度。[23]针对苗头性、倾向性问题,及早进行提醒纠正,严防小问题变成大错误。[24]同时要建立年轻干部考核体系,完善年轻干部在政商关系中的容错机制和评估监督机制。没有考核就没有压力,行政机关也没有动力,政商交往关系就难以实现。针对当下年轻干部在成长及参与政商关系的特点,要建立两个考察体系,发挥第三方机构的评估作用,打造专门的政商关系清单。

五、结语

创新性打造专门化清单制,规范年轻干部政商交往关系,是一种可行的规范化、法治化路径。但是,正如本文对《条例》第33条有关清单制的规定的分析,由于专门化清单制的法律属性及规范设计尚待论证,另外,年轻干部政商关系问题作为一种新型行政法律问题,清单制及其相关配套性管理制度的建构取得的效果究竟如何也有待商榷。因此,在承认年轻干部政商交往清单制系规范性文件的基础上,一方面需要顶层设计规范清单的制定,另一方面要从微观上明确制定主体,规范制定程序,加强监督执纪问责力度,提高年轻干部政商交往清单制的民主性和科学性。

参考文献

[1]毫不动摇坚持我国基本经济制度 推动各种所有制经济健康发展[N].人民日报，2016-3-5（1）.

[2]梁炜，安红喜.加强制度机制建设构建"亲""清"政商关系：加强构建"亲""清"政商关系制度机制建设的思考[C]. 依法行政和法治政府建设：第九届法治河北论坛论文集，2018：167-177.

[3]习近平.在全国政协民建工商联界别委员联组会上的讲话[N]. 人民日报，2016-3-5（1）.

[4]尼可拉斯·卢曼.社会中的法[M]. 李君韬，译.台北：五南图书出版股份有限公司，2009.

[5]熊樟林.权力挂起：行政组织法的新变式？[J]. 中国法学，2018（1）：265-283.

[6]熊樟林.重大行政决策概念证伪及其补正[J]. 中国法学，2015（3）：284-303.

[7]雷磊.作为科学的法教义学？[J]. 比较法研究，2019（6）：84-104.

[8]A ROBERT .Theorie der juristischen Argumentation[M]. 1991, S. 308f.

[9]刘启川.独立型责任清单的构造与实践[J]. 中外法学，2018（2）：440-454.

[10]王克稳.行政审批（许可）权力清单建构中的法律问题[J]. 中国法学，2017（1）：89-108.

[11]熊樟林.重大行政决策目录制度的问题与应对：以《重大行政决策程序暂行条例》第3条第3款为对象[J]. 行政法学研究，2019（6）：51-61.

[12]李和中，石智刚.阳光下的权力规则体系：廉政清单制度的建构逻辑与现实路径[J]. 人民论坛(学术前沿)，2014（16）：86-95.

[13]俞可平.政治学教程[M]. 北京：高等教育出版社，2010.

[14]杨卫敏.简析新型政商关系的层次构建及保障:以浙江省的实践探索为例[J].广西社会主义学院学报,2018(4):33-40.

[15]江必新.司法解释对行政法学理论的发展[J].中国法学,2001(4):36-48.

[16]林孝文.论地方政府权力清单的法律属性[J].求索,2015(8):96-99.

[17]熊樟林.重大行政决策目录制度的问题与应对:以《重大行政决策程序暂行条例》第3条第3款为对象[J].行政法学研究,2019(6):51-61.

[18]章剑生.现代行政法总论[M].法律出版社,2014.

[19]李金河,高国升.构建"亲"和"清"的新型政商关系[J].红旗文稿,2016(22):22-24.

[20]朱光磊,赵志远.政府职责体系视角下的权责清单制度构建逻辑[J].南开学报,2020(3):52-53.

[21]刘同君,李晶晶.法治政府视野下的权力清单制度分析[J].法学杂志,2015(10):62-68.

[22]刘启川.责任清单编制规则的法治逻辑[J].中国法学,2018(5):102-121.

[23]陈寿灿,徐越倩.浙江省新型政商关系"亲清指数"研究[J].浙江工商大学学报,2019(2):5-17.

[24]李小迟,何炜,梁程,等.长三角一体化发展背景下营商环境法治化研究:以构建亲清政商关系为视角[J].上海法学研究,2021(14):72-84.

年轻干部腐败的发生机理及防治研究

——229个干部腐败案件对比分析

向　阳[①]

摘　要：年轻干部腐败不仅会给国家和社会带来财产损失，对党和国家的人才储备战略也是一种威胁。本文基于229个"50后"至"90后"干部腐败的案例，通过对比总结不同时代腐败干部的特征，发现"80后""90后"腐败干部的新特点，探寻年轻干部腐败发生的重要机理，提出防治措施，以期对减少年轻干部贪腐现象的理论和实践研究有所裨益。

关键词：干部腐败；腐败原因；腐败防治；案例对比

党的十八大以来，全面从严治党持续深入推进，党风廉政建设和反腐败斗争取得了重大成果，形成了反腐败斗争压倒性态势，振奋了民心，焕新了党风政风。但是，反腐败形势依然严峻，尤其是近几年来，越来越多的年轻干部走上违法犯罪的贪腐道路。习近平总书记指出："实现中华民族伟大复兴的中国梦，需要一代又一代有志青年接续奋斗。"[1]年轻干部对国家和社会的未来都意义重大，因此，如何有效预防年轻干部滋生腐败，成为治党治国的重要课题。

---

① 作者简介：向阳，湖北恩施人，法学硕士，湘南学院马克思主义学院教师。

一、概念界定

目前对年轻干部腐败问题的报道居多，但学术性研究较少，干部腐败对比研究更是寥寥。在研究之前，需对研究中的基本概念——比如"年轻干部"和"干部"——进行界定。

（一）干部

本文中的"干部"指在中国共产党和国家机关、军队、人民团体、科学、文化等部门和企事业单位中担任一定公职的人员。

（二）年轻干部

本文中的年轻干部指青年及以下的干部，中老年干部不包括在内。按照《中长期青年发展规划（2016—2025 年）》中对青年的年龄限定，"青年"特指 14—35 周岁的群体。因而，本文中的年轻干部指 35 周岁以下的干部。

二、"50 后"至"90 后"腐败干部的特征

本次研究的案例总数为229个，案例源于中国裁判文书网2012年后的判决书，案由为贪污贿赂罪，虽然无法覆盖所有的腐败现象，却是干部腐败中占比最大、危害最为严重的行为（表1）。

表 1　案例数量概况

年龄段	案例个数	数量占比
"50 后"	50	21.83%
"60 后"	50	21.83%
"70 后"	50	21.83%
"80 后"	50	21.83%
"90 后"	29	12.66%

（一）初次犯案年龄

初次犯案年龄呈现出低龄化趋势。在研究中主要有两个年龄指标，一是"起诉时年龄"，二是"初次犯案年龄"。学者金鸿浩认为，"初次犯案年龄"对于腐败犯罪预防和实务工作而言更具有研究价值。[2]"50后"至"90后"的初次犯案年龄逐渐减小。样本的平均初次犯案年龄是36.96岁，这样的分析结果与金鸿浩大数据研究中腐败的主要年龄段——30—49岁相符合（图1）。

根据北京市第一中级人民法院召开的1995—2018年职务犯罪审判白皮书新闻发布会上公布的数据，在职务犯罪案件中，被告人初次犯案年龄为35—45岁的占37.55%，35岁以下的占24.02%，呈现出初次职务犯罪"低龄化"趋势。[3]此外，天津、广西、重庆等多地人民检察院的报告指出，干部腐败呈现出"年轻化"趋势，与本次案例对比分析结果一致。

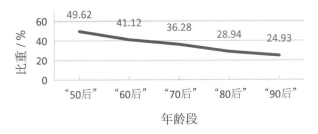

图1　腐败干部初次犯罪年龄

（二）学历

学历较高是腐败干部的重要特征。对229个案例整理后发现，"50后"至"90后"腐败干部中，大专学历及以上的人数分别为37人、47人、46人、42人、25人，在同年龄段中占比分别达到74%、94%、92%、84%、86.2%。由此可见，腐败干部的学历都较高，学历水平最高的是"60后""70后"干部，其次是"80后"和"90

后"干部。学者钱周伟曾研究指出，"80后""90后"干部恰逢高校扩招，大部分都接受过高等教育，因此呈现出高学历特征。[4]

（三）职位级别

"50后"至"90后"腐败干部的职位级别逐渐降低，"小官大贪"现象增多。为了衡量职位级别，笔者采用赋值法，将科级、处级和厅级干部分别赋值为2分、3分和4分，科级以下的干部赋值为1分。国有企业和事业单位的管理人员按照职务对照科级、处级和厅级干部赋值。结果显示，"50后"至"90后"腐败干部的职位级别分值分别为2.9、2.74、2.28、1.66和1.17。从现有案例来看，"50后""60后"和"70后"贪腐干部的职位级别都较高，他们握有实权，能够吸引较多行贿者。"80后"和"90后"贪腐干部的职位级别不高，但所在岗位基本为会计、出纳或操作员等，虽权力不大，却掌管重要资金。

（四）犯罪持续时间

犯罪持续时间缩短。研究发现，不同年代出生的干部腐败犯罪持续时间呈现出较大的差距。"50后"干部和"60后"干部的犯罪持续时间最长，分别是7.64年和7.51年。结合初次犯案年龄来看，"50后"和"60后"干部的腐败行为发生得较晚，一般在40岁以后，腐败犯罪时间较长。"70后"干部的犯罪持续时间为3.86年，接近平均水平，而"80后"和"90后"干部的犯罪持续时间比较短，分别为2.32年和1.66年，大多急于兑现，与"50后"和"60后"的长时间"储蓄式"腐败不同。

（五）涉案金额

总体上，腐败干部的涉案金额都较大，金额从几千元到上亿元不等。本次对涉案金额的衡量主要依靠平均每人涉案金额、平均每人每年涉案金额这两个指标，在一定程度上能反应总体情况。"50后"至"90后"腐败干部的涉案金额平均每人超过200万元，每人每年的涉案金额超过60万元。结合犯罪持续时间来看，"50

后""60后""70后"干部在较长时间的腐败过程中，贪腐总金额大，"80后""90后"干部贪腐时间较短，一次性贪腐金额巨大。

（六）犯罪罪名

受贿罪仍然是腐败干部的主要罪名，其次是贪污罪。不同年代的干部犯罪罪名存在很大差异（图2至图6）。"50后""60后"和"70后"干部的受贿罪罪名占比达到70%以上，尤其是"60后"腐败干部的受贿罪罪名占比高达80%。"80后""90后"腐败干部的罪名主要以受贿罪、贪污罪为主，挪用公款罪的比重也较大。

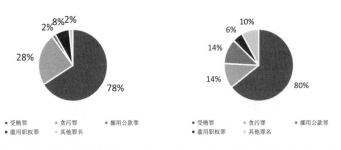

图2 "50后"腐败干部罪名占比   图3 "60后"腐败干部罪名占比

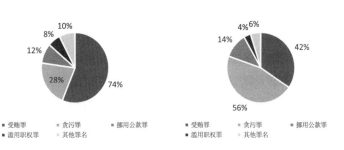

图4 "70后"腐败干部罪名占比   图5 "80后"腐败干部罪名占比

图6 "90后"腐败干部罪名占比

（七）犯罪手段

在犯罪手段上，"80后"和"90后"干部呈现出明显的特点，第三方平台多次出现在年轻干部贪腐行为中。"50后""60后""70后"干部钱权交易、虚开发票的手段较多。"80后""90后"干部熟悉互联网的使用，腐败行为的发生也十分隐蔽，难以被发现。

三、年轻干部腐败的发生机理

综合案例可知，年轻干部腐败不是单一因素所导致的现象，而是在内在原因、外在原因及重要原因的综合作用下诱发的。这种腐败发生机理是复杂的，但捋清思路、查找原因，有助于破解腐败的发生机理，减少腐败现象的发生。

（一）内在原因提供腐败动机

1. 贪婪本性扭曲价值观

虽然腐败是公共领域中发生的现象，但腐败的个体是人，腐败问题实质上是人性问题[5]。中国古代的"性恶论"常常被用来解释腐败问题的产生。"性恶论"的代表思想家荀子将"性恶"的表现归纳为三种：生而好利；生而嫉妒；生而好声色。[6] 人生而逐利的天性没有得到很好的教化，便是年轻干部腐败的重要原因。年轻干部在求学和面向社会的过程中，没有树立起良好的价值观，甚至部分年轻干部为民服务意识淡薄，法治意识严重缺乏，贪图享乐。贵州省织金经济开发区管委会财政局出纳王红梅贪污1300多万元用于置办车房、购买彩票和个人消费就是典型的例子。

2. 个人需求动摇理想信念

习近平总书记曾指出："理想信念动摇是最危险的动摇，理想信念滑坡是最危险的滑坡。"[7]通过对比可以看出，越来越多的年轻干部在入职初期便开始腐化，这是理想信念严重缺失或者根本没有理想信念可言的表现。"90后"出生和成长在社会思潮多元、互联网信息爆炸的环境下，理想信念更容易被社会上的多元价值观（诸如错误的消费观和金钱观）动摇，甚至一些职务犯罪的年轻干部根本谈不上拥有共产主义理想[8]，这些贪腐的年轻干部给国家和社会都造成了重大损失。

3. 政治素养不敌现实诱惑

政治素养的内涵包括两个方面，一是面对各种贪腐陷阱的"政治定力"；二是遇到问题的政治思维。各级干部要坚守政治忠诚、保持政治定力、强化政治担当、提升政治能力。[9]从案例来看，年轻干部尤其是正处大好青春年华的"90后"干部，政治定力明显不足，政治思维缺乏，缺少抵抗各种"病菌"的抵抗力、拒绝各种诱惑的自制力。年轻干部进入社会的阶段正是21世纪中国市场化程度迅速提高、经济快速发展的阶段，面对的诱惑增多，科技也在一定程度上提供了新而隐蔽的腐败形式，提高年轻干部的政治素养迫在眉睫。

（二）外在原因创造腐败机会

1. 选任制度不够完善

毛泽东同志指出："政治路线确定之后，干部就是决定的因素。"[10]因此，干部选拔的意义重大。但从"80后"和"90后"的贪腐干部案例来看，部分干部入职时年纪偏小，初次犯案年龄从17

岁到35岁不等，其中25岁及以下的年轻干部占了33.3%。这与"干部年轻化"的政策落实有关，一味地追求领导干部选拔年轻化，常常会出现政治能力与职位不匹配，人生观、价值观和世界观不能满足职位所需的现象。选拔标准过分注重学历，高学历只能证明理论知识储备丰富和学术能力强，对实践能力及政治能力的考察较弱。一些年轻干部在硬性条件上能达到要求，但其思想和价值观经不起时间考验，在岗位上的免疫力和自制力较弱，走上贪腐道路的风险大，部分地区的干部选拔制度还存在较大缺陷。

2. 监督机制严重缺位

干部一旦掌握了一定的权力和资源，便会有很大动机谋利，监督机制的缺位恰好为其提供了很好的腐败机会。纵观年轻的贪腐干部，无论身居高位还是职位较低，往往都是被监督机制忽略的对象。目前严格的党纪政纪形势使得单位忽略了对年轻干部的教育和引导，单位在党风廉政教育的落实方面也马虎大意，往往造成刚入职不久或者仕途顺利的年轻干部骄傲放纵，容易"脱缰"，走上违法犯罪的道路的问题。监督机制的缺位，不仅容易使身处大好青春的年轻干部前程尽毁，而且也给国家和社会造成了严重的财产损失。

3. 激励机制有待创新

激励机制是单位培养和造就人才的重要手段，好的激励机制也可以提高行政效率和改善单位环境。可以看到的是，目前单位的激励机制较为陈旧，对年轻干部的激励作用较小，致使年轻人形成"考公""考事业单位""进国企"便能一劳永逸的错误认识。年轻干部在国有单位的薪资和待遇因地区和职位不同而存在差异，可能会造成年轻干部的心理落差，一旦心理落差被放大，便易促使年轻干部利用手中仅有的权力和资源进行贪腐。激励机制中的阶段性评价、年终评价往往容易走流程，或者仅按照入职时间决定考核结果，这就造成年轻干部通过其他方式谋取好处的现象。因而，国有单位的激励机制既要创新，也要落实到地。

（三）重要原因诱发腐败行为

1. 掌握权力和资源

从案例来看，贪腐的年轻干部中有一部分掌握了重要权力，能够作出重大决策，吸引行贿者和其他利益团体为了借用其权力而进入腐败陷阱；另一部分年轻干部处在资金和资源管理岗位，能够通过直接操作获得大量财富，这对刚出校门或入职不久的年轻干部来说是巨大的诱惑。在 35 岁以下的干部贪腐案例中，超过半数的干部处在资金管理的重要岗位，三分之二以上多次作案，且在贪腐很长一段时间后才被察觉。在 29 位"90 后"贪腐干部中，有 20 位处在会计和出纳等重要岗位。因此，预防年轻干部腐败，应重点关注有重要权力和掌管资金的岗位。

2. 领导不良示范

习近平指出，"各级领导干部特别是高级干部要从自身做起，给下级带个好头"[11]。领导干部的作为决定了组织内部成员的态度和行为，组织内部一旦形成对某种行为的"合法性"的默认，便容易让价值观仍在形成的年轻干部踏向腐败的阴沟。年轻干部入职时间短，年轻气盛，迫切希望自己的能力和办事态度得到领导认可，对领导的指示和命令言听计从，这也增加了年轻干部走向腐败的风险。湖南省湘乡市东山街道办事处经营管理站原站长陈国斌带头腐败，是"塌方式"腐败的典型案例。领导干部带好头，把好用权"方向盘"，系好廉洁"安全带"，对组织内的政治生态环境营造具有重要意义。

3. 现实状况刺激

从马斯洛需求理论来看，人最基本的需求是生理需求，国有单位工作人员工资稳定，福利待遇相对较好，个人衣食住行能得到较好保障。但除基本生活保障以外，家庭开销、子女教育和车贷房贷仍然带来诸多压力。一些年轻干部可能受到现实状况的冲击，一时糊涂走上了违法犯罪道路，例如月城镇市容环境卫生管理站出纳梁浩韩挪用公款合计人民币 84695 元，用于为其岳父支付医疗费用。这些基于现实状况发生的腐败案例，首先需要对犯案人进行正确开导，其次应该建立相应的救助政策，减少类似贪腐问题。

四、年轻干部腐败的防治之策

结合年轻干部腐败的发生机理，分别破解年轻干部腐败的内在原因、外在原因以及重要原因，能有效减少腐败的发生。

（一）加强廉洁教育，筑牢思想防线

1. 强化岗前廉洁教育

岗前廉洁教育既包括上岗前的廉洁教育，也包括校园廉洁教育。目前的校园廉洁教育明显不够受重视，学校、家庭、社会对青少年廉洁教育的合力严重不足，缺乏全社会层面上的整体性的廉洁教育体系，廉洁教育效果不明显。[12] 近年来，学生干部"摆官威""动私权"的现象被多次曝光，学生干部微腐败的现象屡禁不止，这在一定程度上反映了校园廉洁教育的失控和低效。青少年对廉洁的认知水平较低，校园廉洁教育的重点应放在加强青少年对廉洁教育重要性的认识上，提升青少年参与校园廉洁教育的积极性。教师群体是校园廉洁教育的重要角色，在提升教师群体廉洁教育的主动性的同时，也要提高教师廉洁教育的参与度，无论是在教学活动中还是在日常工作中，要以身作则，发挥模范带头作用。

岗前廉洁教育是年轻干部上岗前的"预警线"和"清醒剂"，因此对岗前"第一堂廉政课"不能马虎对待，切忌走流程，麻痹大意。岗前廉洁教育应该包括熟知党风廉政规定、岗位腐败风险及贪腐严重后果。这既是对年轻干部上的"第一课"，也展现了组织对年轻干部的基本要求。

2. 强化岗位廉洁教育

反腐倡廉宣传教育是党风廉政建设和反腐败斗争的基础性工

作，要做好廉洁教育工作，夯实年轻干部的思想道德基础，在思想上筑起预防腐败的高墙。岗位廉洁教育要实现教育常态化，廉政教育培训要常开展，培训内容既要丰富，也要常更新。岗位廉洁教育常态化需要建立一套完整的机制，包括学习培训、民主监督、考核评价等，将岗位廉洁教育制度化、规范化。岗位廉洁教育更要分类分岗，突出教育对象的个性化，切忌"一刀切"和"一把抓"。要识别不同岗位的腐败风险，突出不同岗位上的干部需规避的重点贪腐陷阱，提高廉洁教育的培训效果。从众多年轻干部贪腐案例来看，大部分年轻干部对所在岗位的贪腐风险不敏感，对岗位廉政要求不清晰，因而在面对有腐败风险的情况时，往往会犯错误。岗位廉洁教育要紧抓廉洁教育规律，通过日常的岗位廉洁教育方式夯实廉洁教育成果。

3. 强化廉洁家风教育

"廉洁齐家，自觉带头树立良好家风"被首次写入《中国共产党廉洁自律准则》，可见廉洁家风教育的重要意义。要强化年轻干部的廉洁家风教育，督促年轻干部从入职起便处理好裙带关系，达到未雨绸缪的效果。家是每个人的第一所学校，涵养廉洁家风，才能带动全社会良好风气的形成。年轻干部处在事业发展的起步阶段，成家立业是其人生中必不可少的阶段，良好的家风能让年轻干部远离贪腐陷阱，在事业上行稳致远，也能给子女树立典范，促进下一代廉洁思想的形成。

明确廉洁家风教育的重点是年轻干部亲属的廉洁行为。年轻干部要做好带头作用，营造廉洁的家风，为亲属定规矩、讲纪律，防止不正之风内生。单位的廉洁教育也要重视对干部的廉洁家风教育，将干部廉洁家风教育纳入廉洁教育常态化内容。

（二）完善预防机制，增强制度保障

1. 规范用权分权机制

权力是把双刃剑，权力运用的好坏直接关系到公共利益和人民福

祉。干部贪腐的主要问题在于对权力的滥用，因而要明确权力的使用范围，明确不同岗位干部的具体职权，确立干部越权越岗事项汇报制度，尤其对于涉及资金的事项和要求，需说明原因，走正规流程，防止权力滥用。甄别腐败风险大的岗位，确立明确的管理制度，权责要清晰、流程要规范、风险要明确。例如对财务岗位和掌管资金的岗位，应建立多层级把关的制度。从众多年轻干部贪腐案例来看，年轻干部贪腐主要发生在财会岗位，多为出纳、会计、社保等能够接触大量金额的工作人员。针对这些岗位的特点，为防止财会岗位工作人员共同犯罪，要多检查、多核对，建立大量资金支出汇报制度，分散财会人员挪用资金的权力。权力的使用和分配应建立相应的规章制度，在全单位营造走正规流程的良好氛围，按规章办事，按制度用权，避免权力集中，就能有效缓解滥用权力的现象。

2. 改进监督制约机制

年轻干部思维活跃，熟悉互联网操作，从年轻干部贪腐案例中可以看到，众多年轻干部借助了第三方平台掩盖腐败行为。监督制约机制的缺失，导致众多类似岗位的年轻干部出现贪腐行为，并且呈现出多次作案的特点，最后给国家和社会带来巨大损失，但这些贪腐现象并未被及时发现，这值得引起深刻反思和警醒，也对现有的监督制约机制提出了新的挑战。目前的监督制约机制是一种平面监督，存在监督盲点，监督制约机制落实欠缺，因此，建立立体的监督制约机制极具必要性。在强化党政监督和纪委监督的同时，引进社会第三方监督，例如第三方审计监督和评估、提升社会民众监督意识，也有助于减少年轻干部的腐败。监督制约机制不能仅仅依靠上级监督和干部自我监督，需要全方位监督共同发力，才能将干部的权力"关进笼子里"。

3. 创新人事制度改革

组织人事制度直接关系到组织的发展活力和干部的工作效率，包括干部的遴选、晋升、薪资福利待遇等。人事制度的好坏也和干部腐败与否有着重要关系。部分地区的人事选拔制度陈旧，仍然存在按年龄和学历择人的现象，创新人事制度改革要求选拔干部人才要结合思想道德水平及价值观，将真正能为人民做实事、具有真才实学的人选拔到相应的岗位上。对年轻干部的考核理应严格，选拔过程公开，接受多方位监督，不将重要的岗位委托给作风有问题的干部。组织的晋升机制要灵活，要激发有过硬专业素养的干部的积极性，不以入职年限为唯一的标准，体现"能者上"的原则。人事制度的好坏关系到干部的工作状态，组织应关心对薪资福利待遇不满意的干部，排除因突发事故造成的生活困难。实现人事制度改革创新，是提升组织活力的重要方式，也是激发年轻干部上进的重要途径。通过人事制度改革创新，营造良好的组织氛围，有利于减少年轻干部的腐败。

（三）加大惩戒力度，严控腐败风险

1. 保持高压反腐态势

正如习近平总书记所说，"开弓没有回头箭，反腐没有休止符"[13]，加大惩戒力度，保持高压反腐态势是预防干部腐败的重要措施。

反腐败宣传是反腐败斗争的重要表现形式，应多样化宣传反腐成果，在全社会营造良好的反腐败斗争氛围。近年来，以反腐败为题材的影视作品受到了群众的广泛喜爱，一方面，群众增强了反腐的信心，增加了对党和政府的信任度，另一方面，这些作品给群众提供了监督公职人员的思维。增加腐败成本是遏制干部腐败的重要防线，"50后""60后"和"70后"干部成长的环境较为艰苦，对他们而言，腐败成本相对较大。但"80后"和"90后"干部成长于改革开放和新时代大环境下，生活状况相对好转，尤其是"90后"干部，腐败成本于他们而言较小。一些"90后"干部入职时间短、贪腐程度大，贪腐金额从几十万元到几千万元不等，给国家和社会造成了巨大的财产损失。因此，对年轻干部贪腐现象及时有效地加

以严惩，使其贪腐获得的利益无法覆盖违法违纪所付出的各方面成本，能够有效地威慑年轻干部的腐败行为。

2. 优化社会诚信建设

腐败是人民的公敌，参与反腐败斗争理应是全社会的责任。2021年9月，中央纪委国家监委联合中央组织部和最高人民检察院等部门印发了《关于进一步推进受贿行贿一起查的意见》，指出在严肃查办受贿案件的同时狠抓行贿者，净化政治生态，营造良好的营商环境。实行"行贿受贿一起查"，对企业和个人恶意"围猎"国家工作人员的行为起到很好的预防作用。上海市长宁区人民检察院探索出行贿档案查询制度，并已经行之有效，产生了对不法经营者的震慑作用。[14]"行贿受贿一起查"，是从腐败行为参与对象入手，强调应受到惩罚和约束的不仅仅是受贿的国家工作人员，而且应该将对腐败失信的惩罚推广到全社会，真正在全社会范围内营造全民反腐败的良好风尚，深入一体推进"不敢腐、不能腐、不想腐"体制机制，有效遏制腐败行为的发生。

3. 控制腐败风险

干部在进行贪腐活动时，常常会衡量腐败风险和腐败收益，当腐败收益远远大于腐败风险时，腐败行为便会产生。有家庭的年轻干部往往背负着巨大的经济压力，如遇到突发状况，此时的腐败收益远远大于腐败风险，贪腐的可能性便会大大增加。对年轻干部因突发状况而造成经济困难的，组织应该充分关心，建立救助政策，缓解年轻干部的经济压力，减小贪腐风险。年轻干部的攀比心理较强，无论是在事业、家庭还是娱乐方式上都想超越同龄人，应加强对年轻干部正确价值观的引导，严肃对待年轻干部的不良生活习惯和爱好，严格控制重要岗位上年轻干部的腐败"陷阱"。

参考文献

[1]让青春在奉献中焕发绚丽光彩:习近平总书记关于青年工作重要论述综述[J].前进,2021(5):4-13.

[2]金鸿浩,李凌,刘思敏.我国贪污贿赂犯罪主体特征的"大数据画像"研究:基于8133份公开起诉书的大数据分析[J].犯罪研究,2020(1):2-15.

[3]北京法院发布职务犯罪审判白皮书[N].西江日报,2018-11-01(A12).

[4]钱周伟."80/90后"官员腐败:类型、成因及治理:基于72个样本的实证研究与分析[J].山东青年政治学院学报,2019,35(6):39-48.

[5]郑文宝,姜丹丹.公权腐败的人性根源及治理:从传统伦理谈起[J].领导科学,2016(14):62-64.

[6]唐子畏,宋晓.人性与人际关系[M].长沙:湖南大学出版社,1997.

[7]习近平:理想信念动摇是最危险的动摇[EB/OL]. (2017-06-07)[2021-11-07]. http://theory.people.com.cn/n1/2017/0607/c40531-29322461.html.

[8]马志忠,郝翠荣.职务犯罪低龄化的现状分析与对策研究[J].山东理工大学学报(社会科学版),2003(5):44-48.

[9]何伟.锤炼过硬的政治素质[N].中国组织人事报,2018-08-03(6).

[10]毛泽东选集(第2卷)[M].北京:人民出版社,1994:526.

[11]习近平.在第十八届中央纪律检查委员会第六次全体会议上的讲话[J].思想政治工作研究,2016(6):4-12.

[12]曾丽莉,周先进.加强廉政文化建设 促进青少年廉洁教育[J].思想政治教育研究,2008(3):79-81.

[13]开弓没有回头箭 反腐没有休止符[EB/OL].(2015-06-28)[2021-11-07]. http://politics.people.com.cn/n/2015/0628/c70731-27218198.html.

[14]长剑.职务犯罪"同步预防"的探索与实践 以上海市长宁区人民检察院办案为分析样本[J].检察风云,2017(6):16-17.

增强年轻干部违纪违法免疫力的核心
在于提升"四自"能力

张发平 ①

摘　要：年轻干部存在"不作为、不能为、不愿为"等问题，甚至出现违纪违法现象，归根结底是能力不足的问题。防范年轻干部违纪违法，根本在于增强其免疫力，核心在于提升"四自"能力，通过升华人性，夯实"四自"能力之基，厚植德性，筑牢"四自"能力之本，淬炼党性，铸就"四自"能力之魂，并畅通它们之间的内在关联，形成提升"四自"能力的叠加效应。

关键词：年轻干部；违纪违法；免疫力；"四自"能力

习近平总书记多次强调："发现培养选拔优秀年轻干部是加强领导班子和干部队伍建设的一项基础性工程，是关系党的事业后继有人和国家长治久安的重大战略任务。"[1]年轻干部在党和国家事业发展中的地位越来越凸显、责任越来越重大、作用越来越重要。但必须清醒地看到，年轻干部"不敢为、不能为、不愿为"的问题日益普遍，违纪违法现象愈加严重。面对这一现实反差，既需要理论创新给出合理回应，也亟须实践行动做出解答。从思想认识、体

① 作者简介：张发平，江西鄱阳人，哲学硕士，浙江药科职业大学马克思主义学院副教授；周春沣，浙江安吉人，浙江药科职业大学马克思主义学院研究员。

制机制和教育管理等角度进行学理分析和实践回应固然重要，但只有从能力提升的维度进行透视和把脉，才能更准确地澄清问题，从根本上解决问题。

一、能力提升：增强免疫力的核心之举

总体看来，我国年轻干部核心是健全的，队伍主流是好的，能够适应时代发展需要，在社会主义现代化建设中发挥了重要作用。然而，也有不少年轻干部在现实中表现出政治立场不坚定，责任担当不够，创新精神不足，改革勇气虚化，"不敢为、不能为、不愿为"的问题，甚至出现违纪违法的现象，且呈扩大化趋势。党的十八大以来，在查处的违反"四风"问题和腐败犯罪案件中，年轻干部常名列其中，产生的社会影响极其恶劣，令人惋惜、痛惜。

除了惋惜和痛惜，更重要的是精准把脉年轻干部违纪违法问题病因，揭示其行为背后的内在逻辑，探索问题的破解之道。年轻干部"不敢为、不能为、不愿为"的问题绝非某一条件作用的结果，违纪违法现象也不可能是单一因素导致的，相反它们往往是多种因素和多个条件共同作用的产物，但归根结底是能力不足导致的。能力不足有两种典型表现。一是能力缺乏。自身掌握了一定能力，但与岗位职责的动态需求存在差距，又不善于学习与提高，结果是有能力，但满足不了岗位需求、胜任不了工作。二是能力不匹配。组织在选拔任用干部时，如果没有将有能力的人放在合适位置，就会出现能力与岗位不匹配的现象，陷入"岗位需要的能力不具备，具备的能力却用不上"的尴尬处境。针对年轻干部能力的理想与现实之间的差距、地位与作为之间的困境，习近平总书记站在党和国家事业发展的全局高度指出："干部特别是年轻干部要提高政治能力、调查研究能力、科学决策能力、改革攻坚能力、应急处突能力、群众工作能力、抓落实能力，勇于直面问题，想干事、能干事、干成

事，不断解决问题、破解难题。"[2] 这为新时代加强干部队伍能力建设提供了方向指引和根本遵循，也为破解年轻干部违纪违法问题提供了理论支撑和现实关照。"不敢为"主要是欠缺政治能力和群众工作能力导致的。在党为党的政治立场不坚定，捍卫人民利益的决心不强，总怕站错队、得罪人、丢选票，于是抱着"不求有功，但求无过"的消极心态当太平官，遇着矛盾就逃避，看见问题就躲掉，碰到困难就绕开。"不能为"主要是由于调查研究能力、科学决策能力、改革攻坚能力、应急处突能力、抓落实能力等不够导致的。不少年轻干部吃不了深入基层调研的苦，习惯坐在办公室里想问题、找对策，热衷拍脑袋、捶胸脯和看脸色定方案、作决策，久而久之必然脱离群众，远离于科学决策和有效对策。正所谓"没有调查，没有发言权"，没有正确的调查就不可能做出科学的决策。"不愿为"主要是缺失自我批判能力导致的。自我批判是一个人"苟日新，日日新，又日新"的内生动力。自以为是地任性用权、闭眼对待新事物、躺在功劳簿上睡大觉的年轻干部迟早要落入"事不关己高高挂起""做得多错得多"的窠臼，只要权力，不担责任，或凡事一副无所谓的样子，什么都不想干。年轻干部违纪违法的问题说到底是能力不足导致的，而且是多种能力缺乏的必然结果，尤其是缺乏政治能力、群众工作能力和法治工作能力。

　　克服"不敢为、不能为、不愿为"的官态，增强年轻干部违纪违法免疫力，必须加强能力建设，核心在于提升"自我净化、自我完善、自我革新、自我提高"的能力（以下简称"四自"能力），这是党加强自身科学化建设的优良传统和取得辉煌成就的秘诀所在。提升"四自"能力是全党面临的一项重大政治任务，也是每位党员干部终身必修且要修好的一门重要课程，它源于党的整体中每一分子的自觉。年轻干部绝大多数是党员，提升"四自"能力既是他们作为党员必须履行的政治责任，也是增强违纪违法免疫力的核心之举。年轻干部的"四自"能力不是与生俱来的，也不会一成不变，更不会一旦拥有就不再失去，相反它需要持之以恒地加强建设。就年轻干部"四自"能力建设而言，人性是基、德性是本、党性是魂。它们既各自独立、互成单元，又相互影响、相互作用，内蕴螺旋式的递进上升关联，因此年轻干部在"四自"能力建设过程中，要不断升华人性、厚植德性和淬炼党性，并畅通三者的内在关联，实现三者统一，以形成"四自"能力建设的叠加优势和综合效果。

二、升华人性：夯实"四自"能力之基

人性是年轻干部"四自"能力建设的基础。凡属人的能力，都是在人性地基上生长出来的美丽花朵。一个缺失人性的人，能力建设便无从谈起。因此加强年轻干部"四自"能力建设，首当其冲的是人性的孕育和拓展，确保能力归属于人、服务于人、造福于人。这要求年轻干部，不管"四自"能力强与弱，首先是一个具有人性的人。一名年轻干部，如果连最基础的人性和最起码的做人资格都没有，那么德性和党性对他而言就是虚幻的词句，他就称不上是一名真正的共产党员或合格的干部。不仅如此，缺乏人性或人性异化了的年轻干部，其拥有的能力对党和国家来说不是福音与幸运，而是祸害与厄运，能力越大、越强，其对党和国家事业的危害就越大和越重。但是冷静检视目前年轻干部能力建设和学界对此研究的现状，便会立即发现，这个看似很简单的道理实际上并未得到应有的重视和重用，人性在年轻干部"四自"能力建设中是缺位的，缺位现象还较为普遍和严重，甚至陷入了一种"熟知并非真知"的泥潭，这很值得深思。

人性是相对兽性而言的，它是人区别于动物的根本属性，是人之所以为人的本质性规定。根据马克思关于人性的致思理路和基本观点，人性可以从三个维度区分获得规定。一是与动物相区分，将人性理解为"实践的、人的感性的活动。"[3] 在人与动物复杂多样

的区分中，生产实践将人与动物最终区分开来，使人有了与动物根本不同的规定、底色和意蕴。二是与他人相区分，认为人性就是人的需要。"由于他们的需要即他们的本性，以及他们求得满足的方式，把他们联系起来（两性关系、交换、分工），所以他们必然要发生相互关系。"[4]生产劳动作为人的本质性的存在方式，使人成为一种社会性的存在。三是与自身相区分，将人性把握为个体的独特性在现实生活中的展开，即人的个性。从马克思对人性多维界定不难看出，人性不是自然的、抽象的、固定不变的，而是实践的、具体的、历史的。也就是说，随着实践的发展、需要的变化和环境的改变，人性也随之发生变化。正是基于人性变动不居的本性，人性需要不断升华。至于人性基地培养和训练出来的"四自"能力，也始终处于一个调适、提高、优化的动态过程，它需要不断接受学习和加强建设，只有这样，才能保证它在人性照耀下提质增效、发挥作用。因此，年轻干部不仅首先要具有人性，还要不断升华人性，提升和完善"自我"及其能力。

人性升华首要的、基础的任务是，保障人性沿着健康的方向迈进、拓展和丰富，做一个人性健康的人。健康是人性升华的逻辑起点和价值导向，没有最起码的健康做基础，人性的升华就是一句空话。相对于能力而言，年轻干部"自我"的人性健康显得尤其重要。因为人性健康的干部才会从内心深处渴求自我能力提升，自觉地加强能力建设，也才能保证能力在正确的方向上发挥作用，得到大用和善用。如果年轻干部的人性是不健康的，那么"四自"能力必然会在方向上跑偏走样，变为一种非人性化的能力、为恶所用的能力和产生负能量的能力。年轻干部的人性健康不仅要求身体性的，更要求思想性和精神性的，突出表现在对人性升华的价值自信、理论自觉和行动自主上。

年轻干部对人性升华的自信、自觉和自主，主要是通过两个区分来实现和体现的。首先是正确区分人性与兽性的边界。人性不是兽性，但要不断地克服兽性，虽然不可能完全彻底地摆脱兽性。恩格斯说："人来源于动物界这一事实已经决定人永远不能完全摆脱兽性，所以问题永远只能在于摆脱得多些或少些，在于兽性或人性程度上的差异。"[5] 正是在与兽性的抗争和较量中，年轻干部的人性健康才能得到展现和检验。年轻干部的人性健康就在于能否摆脱兽性的束缚和奴役，从兽性中解放出来，开辟、扩大和丰富更多的人性领地与内容，使兽性人性化和人性更加人性化，以聚集和释放更多的人性，彰显人性在"四自"能力建设和作用发挥中的主导性和决定性作用。其次是正确区分欲望边界。既不陷入禁欲主义所主张的消灭一切欲望的无欲世界，也不滑向纵欲主义所倡导的放任一切欲望的娱乐天地，而是要厘清欲望的边界，哪些可以作为实现欲望的手段，哪些必须不能作为满足欲望的工具，保持欲望在合理的边界内活动，不被欲望所奴役、宰制和危害，实现从不健康人性走向健康人性，从假的、丑的、恶的人性世界跃升到真的、善的、美的人性王国。就当前来讲，年轻干部的人性健康集中体现在面对困难挑战、大是大非和逆境挫折时，依然对党怀有忠诚之心，对中国特色社会主义伟大事业保持奋斗之志，对人民群众安危冷暖充满悲悯之情。只有这样，才能夯实年轻干部"四自"能力之基。

三、厚植德性：筑牢"四自"能力之本

德性是年轻干部"四自"能力建设的根本。德性不是无源之水、无本之木，它源于人性，又是对人性的超越和升华，是人性健康与否的主要标志，也是指引和规范人性升华的集中体现。德性是在人性基地上形成和积淀的一种高尚而优秀的人格品质，是人在追求更高理想境界与自由幸福生活的实践中所形成的较为稳定的一种高尚情操和品格定势。

德性与道德的关联最紧密，但它不等同于道德。"德性总是

与具体的德性条目相联系的。诸如仁爱、诚实、宽容、勇敢、慷慨等，诸如公正、平等、自由、正义等，这些德性条目既是道德的规范，也是道德的升华，德性就是在与这些德性条目的履行中获得自己的品格的。"[6] 这意味着德性是道德的本质规定，为道德品质与行为建立根据和说明根据，是道德思想与道德行为的统一。德性的内在品性与外在规范或道德思想与道德行为的关联就在于化德性为德行，以德行润德性。在马克思语境中，道德作为一种重要的社会意识形态，"以物质利益和由物质关系所决定的意志为基础"[7]，受制于当时的生产条件和生产方式，在利益分配的冲突中产生和发展，因为"利益是道德的基础"[8]。在阶级社会里，道德是为统治阶级利益服务的，随着统治阶级经济、政治、文化等利益需求的变化而变化。恩格斯曾说："人们自觉或不自觉地，归根到底总是从他们阶级地位所依据的实际关系中——从他们进行生产和交换的经济关系中，吸取自己的道德观念。"[9] 由此可见，德性是历史的、具体的，具有鲜明的阶级性，这为年轻干部厚植德性提供了理论必然和现实可能。年轻干部加强"四自"能力建设，不仅要具有人性、升华人性，还要讲究德性、厚植德性。

就德性与能力的关系而言，德性是能力的根本，能力是德性的展现。如果说，人性是能力的基地，没有这个基地，能力就失去了培育、建设和提升的土壤，那么德性就是能力的地基，没有这个地基，或者地基不牢，能力就会迷失方向、越出边界、为恶所用。德性是能力建设和作用发挥的"发动机"和"风向标"，能力和才能则是德性的滋养和体现。古人云："德者，才之帅也，才者，德之资也。"人只有具备了高尚德性，能力才能用得其所和得到善用，有了好的才能，方能体现和发扬大德。相反，有才无德、德薄位尊或德小责任大，那社会必将遭殃。古今中外治国理政的实践表明，国无德不信，党无德不威，人无德不立。德性是年轻干部形塑科学的世界观、人生观和价值观的内在力量，是追求道德境界和理想人格的精神引擎。如果年轻干部不思德、不修德、不讲德、不践德，就失去了做人、做官和做事的根本。因此，加强年轻干部"四自"能力建设，不仅要求具有人性，并不断丰富人性和升华人性，夯实"四自"能力之基，还要将人性提升到德性的高度，用德性规引人性的升华，并不断厚植德性，筑牢"四自"能力之本。

厚植德性，对年轻干部来说不是一句空话，最终要落实到具体行动中，源于每位年轻干部的自信、自觉和自主。德有千万条，立政德是第一条。进入新时代，年轻干部尤为重要的是讲官德和立政德，这是由其特殊身份和初心使命所决定的。政德影响着年轻干部的健康成长、党和国家事业的持续发展，官德决定民德。习近平总书记多次强调"领导干部要讲政德""政德是整个社会道德建设的风向标"。[10]立政德是年轻干部厚植德性的根本任务和内在要求，正所谓忠诚优先于能力。立政德，就要做到明大德、守公德、严私德。明大德，就是要牢固树立共产主义的崇高理想，培养纯洁而高尚的中国特色社会主义的德性，在大是大非原则面前旗帜鲜明、在困难风险挑战面前毫不退缩，在金钱美色诱惑面前立场坚定，始终保持共产党人的政治本色。守公德，就是要自觉践行党的性质和宗旨，坚持以人民为中心的执政、发展和服务的理念，始终将人民利益装在心中，摆在最突出的位置，把个人私利踩在脚下，以人民对美好生活的向往作为矢志不渝的奋斗目标。严私德，就是在欲望面前做到戒贪止欲、在公私面前力行大公无私、在权力面前坚持权力姓"公"不姓"私"，廉洁从政、清廉做事，将手中的权力用来服务人民、温暖人民和造福人民。在私人领域管好自己的家庭圈、交往圈、娱乐圈，纯洁同学群、朋友群、老乡群，在无人监督的领地也做到不纵欲、不越圈和不逾矩，提高思想道德境界和违纪违法的免疫力。只有这样，年轻干部才能通过厚植德性，筑牢"四自"能力之本。

四、淬炼党性：铸就"四自"能力之魂

党性是年轻干部"四自"能力建设的灵魂。党性指一个政党的属性，包括一般属性和本质属性。本质属性指政党之所以成为该政党的本质规定，是区分于其他一切政党的显著标识。凝练、折射和反映政党本质属性的党性集中体现在该政党的指导思想、性质宗旨、奋斗纲领、组织原则、路线方针、工作作风上。政党又由个体党员组成，因此党性也体现在每位党员的理想信念、政治立场、思想观念、道德品质、能力素质、工作方式、学习生活和兴趣爱好上，是该政党的性质、目标、宗旨、作风、道德等在党员个人言行举止上的综合显现。

中国共产党是以马克思主义为指导、为广大人民利益服务的无产阶级政党，科学性、人民性、先进性、纯洁性、时代性是其党性最鲜明特征。《中国共产党章程》开宗明义指出："中国共产党是中国工人阶级的先锋队，同时是中国人民和中华民族的先锋队，是中国特色社会主义事业的领导核心，代表中国先进生产力的发展要求，代表中国先进文化的前进方向，代表中国最广大人民的根本利益。党的最高理想和最终目标是实现共产主义。"刘少奇同志曾经指出："共产党员的党性，就是无产者阶级性最高而集中的表现，就是无产者本质的最高表现，就是无产阶级利益最高而集中的表现。"[11] 全党的党性与每位党员干部的党性是内在统一的，它们围绕同一个圆心，由无数个圈圈相扣的小圆圈组成，高度浓缩在党的阶级性、先进性、人民性和时代性之中，并在实际工作生活中交织性地外化和开显。

就年轻干部"四自"能力建设而言，如果说德性是根本，那么党性就是灵魂。党员干部不注重党性修养，或者党性修养不够，年轻干部的"四自"能力就会失去灵魂，行无定所，目无所求。在"四自"能力建设中，党性与德性不是互不关联的，而是具有内在的关

联互动，且是一个螺旋递进的上升的关联，它们相互影响、共同作用于能力的塑造与提升，二者的逻辑互动在现实的政治生活中"直观地体现为'讲党性'与'重品行'的关系"。[12]一般而言，德性修养高的年轻党员干部，其党性修养水平也低不了。年轻干部的德性积淀越丰厚，道德境界修炼越高，党性的思想觉悟就会越高，党性的品格修养就越好，政治立场也就越坚定。同样，年轻党员干部的党性越坚定，德性修炼自然越丰厚和高尚。概言之，德性是党性的基础，党性是德性的升华。因此加强年轻干部"四自"能力建设，除了要升华人性、厚植德性，还要自觉主动地淬炼党性，通过党性的千锤百炼、激浊扬清，铸就"四自"能力之魂。

党性不是静止、凝固不变和停滞不前的，它随着时代的发展、形势任务的变化和党自身面临的变局，也会发生相应的变化。党性的变化表明，年轻党员干部的党性淬炼不是一蹴而就的，也不可能一劳永逸，而要耦合现实条件和阶段性任务，与时俱进地接受政治磨炼、思想冶炼、实践历练、专业训练。进入新发展阶段，对年轻干部淬炼党性来说，最根本的就是要意识到自己是一名共产党员，党员不是一个职业性概念，而是一个事业性概念，党员要从事的是为理想而工作的事业，要树立远大的共产主义理想，并且坚定理想信念。这是作为共产党人的精神支柱和安身立命之本，也是年轻党员干部"四自"能力建设的内核和灵魂。习近平总书记对理想信念曾作过形象描述："理想信念就是共产党人精神上的'钙'，没有理想信念，理想信念不坚定，精神就会'缺钙'，就会得'软骨病'"。[13]并对党员干部问题一针见血地指出："现实生活中，一些党员、干部出这样那样的问题，说到底是信仰迷失、精神迷茫。"[14]熟知人不是动物，人是要有理想、信仰的，否则就会失去存在根基和发展目标，跌入"虚无"的深渊。然而，理想千差万别，信仰也迥然有异。从理想主体看，个人有个人的憧憬，国家有国家的梦想，政党有政党的理想。从理想性质看，理想有正确与错误、远大与渺小、崇高与低级之分。从理想信仰程度看，一是无信仰。无信仰的人就是什么都不信，抱着一副无所谓的态度，把"一切都行"当作为官处世原则。在他们看来，做好事行，做坏事也可以；廉洁从政可以，贪污腐败也可以，反正无所谓。二是假信仰。假信仰的人看上去有理想，但信仰不坚定，是"两面人"的典型代表，看似信马列主义，实则信鬼神，哪个对自己有利就信哪个。三是真信仰。这种人有理想，且理想信仰坚定，不论是在胜利和顺境，还是身处失败和逆境，都能经受考验，不消沉不动摇，即使被眼前困难打倒了，也会勇敢爬起来，继续坚定地朝着理想目标奋斗前进，始终做到虔诚而执着、至信而深厚。对年轻党员干部来说，党性淬炼就是要从错误的、渺小的和低级的理想走出来，树立正确的、远大的和崇高的理想，而且坚定理想信念。

人性、德性和党性是"自我"的基础、根本和灵魂，它们作为年轻干部"四自"能力建设的三个独立单元，各有各的地位、作用和要求，不可替代，但又蕴含在"四自"能力建设中，存在内在关联，并且呈现出螺旋式的递进上升互动。年轻干部"四自"能力建设如同一座大厦，其中人性是大厦的基地，德性是大厦的地基，党性是大厦的梁柱。如果没有基地，那么大厦建设便无从谈起。如果有基地，但大厦地基打得不牢，那它随时都有坍塌的危险。如果有建设大厦的基地，地基也打得牢固，但梁柱不够高大、结实和美观，那么这座大厦就会失去它的高度、宽度和亮度，如同一座修建得富丽堂皇的神庙，里面却没有与之相匹配的神一样，失去了庙之所以为庙的灵魂和灵气，不能称其为真正的庙。因此，加强年轻干部"四自"建设，不仅要升华人性，夯实"四自"能力之基、厚植德性，筑牢"四自"能力之本，而且要淬炼党性，铸就"四自"能力之魂。只有实现三者内在的高度统一，才能让年轻干部练就"金刚不坏身"，增强违纪违法的免疫力，关键时刻才能靠得住、用得上、信得过。

参考文献

[1]李炎溪."以过硬本领展现作为、不辱使命"[N].人民日报，2020-10-29(4).

[2]本报评论员.着力锤炼"七种能力"[N].光明日报，2020-10-12(1).

[3]中共中央马克思恩格斯列宁斯大林著作编译局.马克思恩格斯文集（第1卷）[M].北京：人民出版社，2009.

[4]中共中央马克思恩格斯列宁斯大林著作编译局.马克思恩格斯全集（第3卷）[M].北京：人民出版社，2005.

[5]中共中央马克思恩格斯列宁斯大林著作编译局.马克思恩格斯文集（第9卷）[M].北京：人民出版社，2009.

[6]王国银.德性伦理研究[M].长春：吉林人民出版社，2006.

[7]中共中央马克思恩格斯列宁斯大林著作编译局.马克思恩格斯全集（第3卷）[M].北京：人民出版社，1960.

[8]中共中央马克思恩格斯列宁斯大林著作编译局.马克思恩格斯全集（第2卷）[M].北京：人民出版社，1957.

[9]中共中央马克思恩格斯列宁斯大林著作编译局.马克思恩格斯全集（第20卷）[M].北京：人民出版社，1971.

[10]光明日报评论员.领导干部要讲政德[N].光明日报，2018-03-14(1).

[11]刘少奇论党的建设[M].北京：中央文献出版社，1991.

[12]张书林.党性、德性与人性的互动关系[J].长春市委党校学报，2009(5)：70.

[13]中共中央纪律检查委员会，中共中央文献研究室.习近平关于党风廉政建设和反腐败斗争论述摘编[M].中国文献出版社，中国方正出版社，2015.

[14]中共中央纪律检查委员会，中共中央文献研究室.习近平关于党风廉政建设和反腐败斗争论述摘编[M].中国文献出版社，中国方正出版社，2015.

"全周期管理"理念下高校年轻干部
廉洁教育路径探析

程红波 [①]

摘 要：近年来，随着干部年轻化政策的逐步落实，年轻干部得到了大力培养和任用。越来越多学历高、知识面宽、思维活的高校年轻干部开始走上重要岗位，优化了干部队伍结构，提升了干部队伍活力，推动了高校治理体系和治理能力现代化，成为高校事业发展的生力军。同时，党员干部违纪违法低龄化现象也提醒我们，如何做好高校年轻干部的"全周期"廉洁教育，教育引导他们系好每个成长周期的"扣子"，是当前亟待解决的重要课题。

关键词：高校；年轻干部；全周期管理；廉洁教育

2020年3月，习近平总书记在湖北考察工作时指出，城市是生命体、有机体，要树立"全周期管理"意识，努力探索超大城市现代化治理新路子。2020年11月，习近平总书记在浦东开发开放30周年庆祝大会上提出，要把"全生命周期"管理理念贯穿城市规划、建设、管理全过程各环节，把健全公共卫生应急管理体系作

———————————

① 作者简介：程红波，河南周口人，硕士研究生，温州职业技术学院建筑工程学院党总支副书记。

为提升治理能力的重要一环，全方位全周期保障人民健康。以上这些重要论断，科学地将全周期管理理念与城市治理现代化相结合，为高校年轻干部的"全周期"廉洁教育提供了理论启示。

干部队伍年轻化是我党队伍建设的重要举措，也是我党长期执政的深谋远虑之举。高校年轻干部从入职上岗、成长提拔、职称晋升，到走上重要领导岗位，经历了漫长的成长周期。高校年轻干部的"全周期"成长道路要想走稳、走实、走好，必须以坚定的理想信念、强大的自律能力、不懈的实践锻炼作支撑，稍有不慎就可能成为"糖衣炮弹"的俘虏。

将"全周期管理"理念与清廉校园建设相结合，做好年轻干部的"全周期"廉洁教育，夯实廉洁从政的思想基础，是我们需要思考的一个重要课题。

一、"全周期管理"的概念与实践启示

（一）"全周期管理"概念

"全周期管理"也叫"产品生命周期管理"，该理论将产品生产过程与生命成长周期相联系，把产品周期划分为引入、成长、成熟、衰退4个具有生命周期特征的发展阶段。管理者要针对产品在不同发展阶段的特征，实施不同的干预，以有效保证产品的质量。[1]

"全周期管理"最初运用于产品管理领域，有效提高了产品的质量和竞争力。随着社会不断发展进步，"全周期管理"理论逐步向信息控制、企业管理、城市治理等不同管理领域扩展，作为一种创新理论在多个领域发挥了积极作用。

（二）"全周期管理"对高校年轻干部廉洁教育的实践启示

培养选拔优秀年轻干部，是事关党和国家事业长远发展的根本大计。随着干部年轻化政策的不断落实，在越来越多年轻人走上领导干部岗位的同时，极少数年轻干部违纪违法案频发也日益凸显。

有数据显示，2021年上半年，贵州省直单位处分科级及以下干部39人，其中"80后""90后"12人，占处分总数的30.8%，其中3人被开除，年龄最小的27岁；北京市第一中级人民法院《职务犯罪审判白皮书（1995—2018）》通过对23年来审理的职务犯罪案件进行梳理发现，35—45岁人群所占比例最高，呈现"初犯"低龄化趋势，其中"初犯"年龄最小的仅20岁。[2]

干部违纪违法年轻化现象应引起我们的高度警惕。2014年10月，中共教育部党组《关于深入推进高等学校惩治和预防腐败体系建设的意见》指出，高校要深化党风廉政教育，构建以领导干部为重点、纪律教育为核心、警示教育为特色、廉政文化为引领的党风廉政教育工作格局，筑牢拒腐防变的思想道德防线；2021年1月，十九届中央纪委五次全会工作报告提出，要高度关注年轻干部违纪违法问题，加强教育管理监督。

高校年轻干部成长周期的每个节点都至关重要。高校要运用"全周期管理"理念，在年轻干部成长"全周期"的不同阶段，有针对性地开展廉洁教育，做到全员覆盖、分层分类实施、全过程跟进，构建一个完整的年轻干部廉洁教育系统。

二、当前高校年轻干部廉洁教育问题分析

针对教育领域腐败案的特点，各级教育主管部门和高校不断强化制度建设、严厉惩治腐败、提升监管力度、深化廉政教育，努力构建"不敢腐、不能腐、不想腐"机制，增强了高校党员干部的廉洁自律意识和拒腐防变能力，营造了风清气正校园政治生态。但最近的巡视反馈意见显示，高校科研、基建等重点领域腐败问题仍有发生，资产后勤、物资采购、校办企业、合作办学、附属医院等领域廉洁风险比较突出。[3]

在当前惩治腐败高压态势下，高校违纪违法案件仍时有发生，

这在一定程度上表明有些高校的年轻干部"全周期"廉洁教育做得不够。

（一）教育对象没有全员覆盖

新入职教师廉洁教育"全覆盖"上做得不够。校级层面没有结合高校党风廉政工作特点，对全体新入职教师开展普及性廉政教育；二级单位也没有结合工作职责和岗位风险点，做好本单位新入职教师的专题廉政教育。高校年轻干部全周期廉洁教育第一课缺失，人生"第一粒扣子"没有扣好。

（二）教育过程没有全程跟进

没有将年轻干部的廉洁教育有效贯穿到监督执纪问责全过程，动态跟进教育不够。此前，廉洁教育主要集中在岗位变动和职务变动时，在后续年轻干部落实岗位职责、履行党风廉政建设责任制过程中，没有很好地渗透廉洁教育。

（三）教育实施不够精准科学

年轻干部廉洁教育的系统性和精准度不够。没有结合管理人员、教学人员、后勤人员的岗位差异、职称职务晋升、岗位变动等情况，开展差异化的精准教育。廉洁教育经常以通知要求、警示教育、谈心谈话等形式开展，教育内容泛化，教育方式简单化，最终导致教育效果偏弱。

（四）教育资源不够多元丰富

廉洁教育师资队伍建设薄弱。廉洁教育工作主要由纪检干部承担，对校内外人力资源的挖掘不够，师资力量不强；廉洁元素与教育管理工作融合不深，廉政文化品牌不够响不够亮，校园廉洁文化氛围不够浓；校外廉洁教育基地建设不足，教育形式单一，教育警示效应不佳。

三、高校年轻干部"全周期"廉洁教育路径探究

高校要结合年轻干部的职业成长特点，做好"全周期"廉洁教育，增强年轻干部的廉洁自律意识和拒腐防变能力，筑牢"不想腐"的思想防线。

（一）完善廉政制度，规范"全周期"廉洁教育行为

1. 完善谈心谈话制度，做到以"谈"促廉。健全和完善廉洁谈话制度，做好年轻干部的入职清廉谈话、任前廉政谈话、履责谈话、提醒谈话、诫勉谈话等，打好年轻干部廉洁从教"预防针"；做到早发现、早提醒、早纠正，让"咬耳扯袖、红脸出汗"成为常态，把纪律挺在前面，防止小毛病演变成大问题。

2. 建立健全廉政档案，做到以"档"促廉。强化年轻干部廉政档案的建立和管理，确保廉政档案随着职务晋升而及时创建和更新，做好年轻干部成长发展"全周期"动态管理；强化廉政档案成果运用，将廉政档案作为年轻干部职务职称晋升、年度评优评先、申报重大项目的重要参考，教育提醒年轻干部要知廉守廉，达到以"档"促廉的教育成效。

3. 抓好校内巡察、审计，做到以"巡""审"促廉。常态化推进内部巡察和审计，对年轻干部履行"一岗双责"、遵守党纪国法、落实勤政廉政等情况开展巡察、审计及"回头看"工作，形成教育警示效应；坚持问题导向，在巡察、审计中着力查摆年轻干部在履职履责中存在的问题，督促整改落实，深化廉洁教育，以问题整改促进廉洁自律。

（二）做好分类分层，优化"全周期"廉洁教育体系

1. 强化入职教育，做到廉洁教育全覆盖。认真做好学年伊始新教师的廉洁教育，为他们"扣好人生第一粒扣子"。入职廉洁教育为普及性教育，教育对象为全体新入职教师，教育内容主要为纪法知识、学校党风廉政规章制度、高校教师廉政风险点及防

范措施等，目的是教育新教师增强纪律意识和规矩意识，时刻不忘"立德树人"的初心，在教书育人岗位上不断健康成长。

2. 结合岗位职责，做到廉洁教育精准实施。入职廉洁教育只是年轻干部廉洁课堂第一课，属于知识普及教育，教育效果难以立竿见影。要在普及性教育的基础上，结合年轻干部的具体工作和岗位职责开展精准教育，通过典型案例警示教育来推动廉洁教育入耳入脑入心。精准教育要根据人员类型、岗位职责的差异，分类分层实施：对教学人员的廉洁教育主要围绕科研、教学、考试、项目申报等，对管理人员的廉洁教育主要围绕干部人事、物资采购、财务管理、资产管理、学生工作等，对后勤人员的廉洁教育主要围绕基建工程、食材采购、食堂外包、日常维修维护招标等，要避免泛化、简单化的"一锅炖"式教育。

3. 紧盯履职履责，做好廉洁教育全程跟进。高校年轻干部学历较高、思维活跃、视野开阔，晋升速度快。随着职务晋升后的权力增大和利益增多，一些自律意识不强的年轻干部迷失自我，在履职过程中丧失理想信念，藐视党纪国法，肆无忌惮地利用公权力谋取个人私利。高校要盯紧重要领域、关键岗位的年轻干部晋升变动，采取提醒谈话、廉洁基地参观、警示教育等方式，在监督执纪问责中全程开展廉洁教育，提醒他们在用权"全周期"内严格区分公私界限，自觉把权力关进笼子里。

（三）拓宽教育资源，提升"全周期"廉洁教育质量

1. 挖掘人力资源，充实师资力量。充分挖掘校内外人力资源，聘请上级纪检部门的纪检干部、公检法人员进校担任廉洁教育导师，择优遴选校内思政课专任教师承担廉洁教育任务，建立一支由上级部门纪检干部、公检法人员、校内纪检干部、二级党组织纪检干部、校内思政课教师等组成的教师队伍，为推进"全周期"廉洁教育提供强有力的师资保障。

2. 优化课程内容，提高教学效能。根据教师队伍成员的职业和岗位差异，对课程内容进行细化优化，确保教学效能。上级部门纪检干部主要结合高校年轻干部违纪违法典型案例，开展专题廉洁教育；公检法人员主要结合案件审判、庭审观摩、狱所参观等，开展观摩警示教育；校内纪检干部主要结合本校教职工违纪违法案例，开展普及性廉洁教育；二级党组织纪检干部主要结合岗位职责，开展岗位廉洁教育；思政课教师主要结合年轻干部的学科知识和教育背景，做好思想政治教育、纪法知识教育和师德师风教育。

3.创新教育载体，促进廉洁入心。推动校园廉洁文化建设，以廉洁文化品牌为引领，以廉洁文化活动为载体，将廉洁教育充分融入校园文化建设、师德师风建设中，在潜移默化中形成以文化人的良好氛围；深化校地校企合作，充分调动区域优质资源，结合"五廉共建"行动，与机关、村居、医院、企业等共建共享廉洁教育基地，创新教育形式，丰富教育内容，推动廉洁教育入脑入心。

参考文献

[1]毛晖,王泯之."全周期管理"视角下超大城市公共卫生应急治理体系研究[J].经济研究参考,2021(11):66.

[2]管筱璞.年轻干部不良嗜好诱发违纪违法透视[N].中国纪检监察报,2019-06-26(4).

[3]兰琳宗.深化从严管党治校[N].中国纪检监察报,2021-09-07(2).

[4]徐英."全周期管理"理念下国有企业建立"不忘初心、牢记使命"长效机制的研究[J].上海党史与党建,2021(4):80-85.

[5]张润,谢金楼.创新江苏高校领导干部廉洁教育体系的路径选择与对策研究[J].常州工学院学报(社会科学版),2020(2):103-107.

[6]张辉.构建高校"不敢腐、不能腐、不想腐"机制的探索[J].学校党建与思想教育,2021(14):53-54,58.

现阶段清廉乡村建设机理与评价体系初探[①]

张扬金　于兰华[②]

摘　要：清廉乡村建设是国家反腐倡廉的重要组成部分，是推进基层治理体系和治理能力现代化的创新举措。清廉乡村的科学内涵在于通过多主体、多要素、多方式的交互融合，打造具有廉洁和谐社会关系的乡村共同体。机理上，清廉乡村建设是以人民为中心为理念，契合国家治理现代化、乡村振兴战略、共同富裕建设的发展需要而开展的乡村治理活动。清廉乡村建设评价体系是清廉乡村建设的重要内容，也是衡量其成效的重要标准和工具。本文基于对清廉乡村建设现实问题的研判，运用德尔菲法、层次分析法和模糊评价法等多指标综合评估方法，从创建目标、建构原则、指标设计、实践应用等方面对清廉乡村建设的评价体系进行探索。

关键词：反腐倡廉；乡村建设；清廉乡村；评价体系

---

①原文刊发于《行政论坛》2022年第5期。本文系清廉温州建设研究中心课题"新发展阶段清廉乡村评价体系建构及其应用研究"（QLZ2021001）的研究成果。
②作者简介：张扬金，江西九江人，博士，杭州电子科技大学马克思主义学院教授，硕士研究生导师；于兰华，浙江科技学院教授，硕士研究生导师。

一、引言

2018年9月中国社会科学院中国廉政研究中心发布的《反腐倡廉蓝皮书:中国反腐倡廉建设报告No.8》提出了建设"清廉中国"战略。随后,在全国范围内逐渐构建了"清廉中国—清廉省域—清廉基层"的反腐倡廉目标体系,反腐倡廉建设不断向基层纵深发展。作为"清廉基层"的重要组成部分,清廉乡村建设是推进基层治理体系和治理能力现代化的创新举措,是乡村振兴的重要目标。党的十八大以来,虽然国家反腐倡廉建设取得了系列成果,但在农村基层领域,小微权力变质异化、腐败多样等问题依然存在,清廉乡村建设正当其时。近年来,全国各地清廉乡村建设实践也异彩纷呈,涌现了一批卓有成效的"清廉乡村"建设模式,包括上海市金山区"清单式治理"、浙江省宁波市象山县"村民主体式治理"、江苏省徐州市铜山区"科技型治理"、浙江省绍兴市柯桥区"网格型治理"、浙江省金华市武义县"画像型治理"等,在民主监督、服务群众等方面发挥了重要作用。但不可否认的是,也存在整体建设质量不高、同质化现象严重、组织弱化、制度闲置、文化虚隐等系列问题。

从学界研究来看,"清廉乡村"作为一个中国本土概念,国外尚无相关研究。以"清廉乡村、评价体系"为关键词,通过中国期刊全文数据库(CNKI)进行检索,共搜集文献93篇,其中期刊论文13篇,报纸报道79篇。相关研究集中于清廉乡村内涵、清廉乡村建设措施等方面。内涵方面,有从属论[1]、系统论[2]、能力论[3]等三种代表性观点。建设措施方面,认为要加强制度建设[4]、平台建设[5]、惩处力度[6]、廉洁风气培育[7]、党组织建设[8]等。综合而言,学界对于清廉乡村内涵尚未形成共识,也未有清廉乡村评价及指标体系建构方面的研究成果。笔者认为,清廉乡村建设离不开效果评估,这既是对清廉乡村建设实践的检验,也为未来清廉乡村建设提供了方向指引。有鉴于此，本文结合现阶段背景，拟阐释清廉乡村的科学内涵及建设机理，并系统构建清廉乡村评价体系，以期规范清廉乡村建设活动，提升清廉乡村建设实效。

二、基本概念厘定

清廉乡村建设是乡村治理的实践彰显，与群众切身利益密切相关，事关党在农村基层的执政形象和领导权威，因此需要把握其内涵实质，厘清"清廉乡村""清廉乡村建设"等基本概念。

（一）清廉乡村的概念

清廉乡村建设实践已有时日，但就其内涵而言，目前尚未有统一、规范的定义，这在一定程度上影响了清廉乡村的理论和实践研究。笔者认为，理解清廉乡村的概念，必须从"清廉"和"乡村"两方面进行把握。

其一，"清廉"。"清廉"在我国有丰厚文化底蕴。"清"者，本义指水的清明澄澈。《说文解字注》中注释："清，朖（朗）也。澂水之皃（澄水之貌）。"后被引申为清正、公正的品格。"廉"者，意为"方正"。《说文》中注释："廉，仄也。"后被引申为正直、廉洁的品格。"清廉"是"清"和"廉"的统称，在古代社会被视为一种道德标准，指的是各级官员具有刚正不阿、廉洁从政、清正廉明的品质，属于个体道德范畴。当前，随着党和国家清廉建设的逐步深化，清廉建设也从个体层面扩展到政治社会系统层面。就涉及对象而言，清廉从公权力行使的政治个体拓展为社会和政治生态层面的全体成员；就功能和价值而言，清廉从个体道德评价的软性约束上升为政治制度层面的刚性规约；就作用机制而言，清廉从个体的道德自律延伸为国家政治生态的驱动核心，通过法律规章、民风民俗、道德评议、社会文化、思想教育等正式与非正式机制共同发生作用。

其二，"乡村"。乡村是乡村社会主体从事各种社会活动所构建的乡村共同体，在本质上是乡村社会关系的总和。在现阶段，乡村已从强调生产生活的传统社会转为功能复合型的现代社会，其地位、价值和属性发生了重大变化，具体表现在以下几点：在地位上，乡村振兴战略作为国家发展战略，是国家治理和发展在农村基层的延伸和表现。乡村振兴战略旨在解决新时代社会主要矛盾和实现"两个一百年"奋斗目标；在价值上，乡村作为国家基层政权的"神经末梢"和基本单元，乡村治理是国家治理链条中的关键环节，其实效直接关系到国家治理现代化的质量；在属性上，传统社会的封闭型、熟人型、原生型乡村已经瓦解，作为现代社会的空间体，乡村是一个动态的系统，现代社会中的主体、权力、文化、技术、信息、资本等要素在不断重构乡村社会关系和社会空间。

基于对"清廉"与"乡村"的综合分析，笔者认为清廉乡村是以农村基层反腐倡廉为基础，但不能简单地等同于反腐倡廉，通过推动清廉思想、清廉制度、清廉纪律、清廉文化、清廉物质等要素贯穿于乡村治理全过程，以法治化、民主化、公开化的方式，促进廉洁的党风、政风、村风、民风的有机形成和互相融合，营造崇清尚廉的整体社会氛围，最终打造具有廉洁和谐社会关系的乡村共同体。

清廉乡村在构成方面，并非抽象的个体，而是多个要素的组合，是多要素共同铸成的整体架构。

第一，从结构要素来看，清廉乡村可分为清廉党组织、清廉村民、清廉文化和清廉社会。基层党组织、村民、乡村文化、乡村社会是构成清廉乡村的基本要素。其中，清廉党组织是清廉乡村的领导核心；清廉村民是清廉乡村的主体基础；清廉文化是清廉乡村的连接纽带；清廉社会是清廉乡村的承受载体。清廉乡村的建构和实现有赖于清廉党组织、清廉村民、清廉文化、清廉社会等清廉要素的有效配合。

第二，从目标内容来看，清廉乡村可分为干部清正、关系清朗、政治清明。腐败的本质是公权力的变质异化，乡村干部是权力的外化对象。"干部清正"是清廉乡村的基础和前提，唯有保证干部廉洁自律，才能收紧腐败防线。关系清明是在干部清正基础上塑造的乡村社会"权力—公众"良好形象。腐败行为主体不仅指涉公职人员，还包含社会公众，即腐败存在通俗意义上的"行贿—受贿"的双向关系范畴，只有打造廉洁的社会关系，才能真正实现廉洁最终目标。政治清明是清廉乡村在实现干部清正、关系清朗的基础上，自身建构并反映到社会和政治系统营造出来的风清气正的政治生态和政治环境中。

（二）清廉乡村建设的概念

清廉乡村在静态方面，表现为一种对乡村发展的美好诉求；在动态方面，清廉乡村又是具体的、历史的，会伴随社会形势的变化而不断发展完善。其中，清廉乡村建设是推动其不断发展完善的驱动力。结合中国现实情境，清廉乡村建设呈现出如下四个特征。

第一，清廉乡村建设坚持党的领导。中国共产党的领导是中国特色社会主义制度最本质的特征。清廉乡村建设是在党的领导下开展的基层反腐倡廉工程，服务于国家反腐倡廉和国家治理现代化各项战略。清廉乡村并非独立于党的腐败治理系统，而是"清廉中国—清廉省域—清廉基层"中国特色反腐倡廉体系的重要组成部分。清廉乡村建设必须坚持党的领导，在基层党组织的带领和引导下才能顺利有序地实施。

第二，清廉乡村建设坚持服务为民。清廉乡村建设不仅是国家政治工程，更是惠民利民的民生工程。清廉乡村坚持"以人民为中心"的发展理念，围绕乡村治理的主要矛盾，着力解决村民利益密切相关的矛盾和问题，满足人民日益增长的美好生活需要，以切实增强广大乡村群众的获得感、幸福感和安全感。让人民群众满意放心，就是清廉乡村建设鲜明的政治底色和评价标准。

第三，清廉乡村建设坚持全民参与。群众不仅是清廉乡村服务对象，更是其活动开展的行为主体。清廉乡村旨在塑造乡村和谐的清廉社会关系，即"公权者—社会公众"的廉洁关系，这就要求不仅要实现公权者的"不敢腐、不能腐、不想腐"，还需要推动社会群众"不敢腐、不能腐、不想腐"。清廉乡村只有充分发动广大群众，把他们从反腐倡廉的"圈外人"转化为"圈内人"，让社会公众自觉成为清廉乡村建设的践行者、监督者和维护者，才能从根本上压缩腐败的滋生空间，去除腐败的生长土壤，为清廉乡村的建构发展注入持久动力。

第四，清廉乡村建设坚持多元共促。清廉乡村建设是一项具有高度复杂性、长期性、曲折性的系统工程，需要多元"力量"的协同助力才能得以实现。这种"力量"就是清廉乡村建设所需的驱动元素，包括行为主体、资源要素、方式方法、工作平台等。基于乡村社会的乡土特性和现代属性，清廉乡村需要多元主体、多元要素、多元方法、多元平台共同参与，以形成助推清廉乡村建设的发展合力。

三、现阶段清廉乡村建设的机理

清廉乡村建设，是国家反腐倡廉向社会各领域拓展、向基层延伸的重要体现，是修复和净化乡村文化政治生态的迫切要求。当前，在中国地方清廉乡村实践创新中，已呈现出多点开花、多元发展的火热局面，形成了一批具有地方特色的创新成果。现阶段形势下，推进清廉乡村建设面临多重考验，应坚持有的放矢，遵循一定的价值逻辑和实践规范。笔者认为，现阶段的清廉乡村建设是在以人民为中心理念指导下，契合国家治理现代化、乡村振兴战略、共同富裕建设的发展需要而开展的乡村治理活动，相互之间存在必然的逻辑关系（图1）。

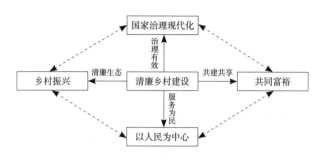

图1　清廉乡村建设机理图

（一）推进清廉乡村建设，是全面推进乡村振兴的现实需要

在乡村振兴战略背景下，建设清廉乡村是乡村振兴的题中应有之义，也是乡村保持健康发展态势的重要保障。清廉乡村建设旨在培育和创建良好的社会生态，为全面推进乡村振兴提供强大动力。全面推进乡村振兴侧重对"全面"建设内容进行理解，按照乡村振兴"产业兴旺、生态宜居、乡风文明、治理有效、生活富裕"的总要求，全面推进乡村振兴需要统筹推进经济建设、政治建设、文化建设、社会建设、生态文明建设，实现乡村空间领域全方位振兴。这一全面目标的实现，需要乡村廉洁的政治生态环境和良好的党群关系予以支持和保障。清廉生态是清廉乡村建设的核心内容，也是清廉乡村建设的主要目标。随着乡村振兴战略的纵深推进，强农富农惠农政策"自上而下"呈密集态势，大量资金、项目、技术等资源要素涌向乡村地区。在利益和私欲驱动下，乡村难免成为权力、资源和社会关系网络相互竞争的场域，也催生了"微腐败"问题，侵蚀着乡村振兴的肌体。农村基层"微腐败"产生的原因就在于对基层干部制约不足，缺乏有效监管，在无形之中放大了村干部权力，增加了权力使用的"任性"风险。诚然，管住干部"微权力"，整治基层"微腐败"，有效利用好乡村振兴发展资源，就必然需要夯实"廉政生态基础"。乡村振兴这一内在规制，与清廉乡村建设的内容相互契合，存在强关联性。

清廉乡村建设旨在营造清廉的乡村政治生态氛围，以"微权力"和"微腐败"为观照对象，通过研判"干部作风深不深入、政策宣讲到不到位、村务公开落不落实、问题解决彻不彻底、乡风文不文明"等关键性议题，发现清廉乡村建设活动存在的不足并加以完善，促使乡村干部政治意识增强、干部作风好转、政治环境优化、治理绩效提升，并充分挖掘乡村社会人文精神、道德规范、清廉基因，推动清廉思想、清廉制度、清廉纪律、清廉文化等融入乡村建设全过程，为乡村振兴营造良好政治生态。概言之，清廉乡村建设对乡村振兴有着"正源"和"塑形"的双重功效，对内表现为在乡村社会为村民营造风清气正的社会环境，对外则在城乡关系中塑造乡村发展廉洁向荣的崭新面貌，以"廉政生态"培育的"廉动力"为乡村振兴赋能增效。

（二）推进清廉乡村建设，是践行以人民为中心理念的必然要求

现代社会治理的核心理念是人民至上、尊重人民的主体地位和首创精神。[9]"以人民为中心"是反腐倡廉各项工作的核心要义。农村基层腐败造成基层政治生态腐化的同时，也侵害了村民的切身利益，弱化了党和政府的权威性和公正性。因此，推进清廉乡村建设，是对广大村民维护利益和追求公正需求的现实回应。

清廉乡村的本质是践行以人民为中心理念所实施的民生工程，保障广大村民利益是其根本出发点和立足点。清廉乡村建设遵循这一基本价值逻辑，以乡村社会现实的人为逻辑起点，基于主体腐败感知思维，在小微权力、干部形象、制度实施、廉政建设等方面取得成效，并进行综合的认知反馈和集中表达。习近平总书记强调，要把群众满意度作为衡量党和政府一切工作的标准。村民作为清廉乡村建设的参与者和实践者，对清廉乡村建设质量最有发言权和评议权。实践证明，清廉乡村建设成效如何，评判权不在乡村干部，而在广大村民。事实上，清廉乡村建设是基于村民反映的乡村社会矛盾问题和乡村建设薄弱环节，以保障村民的知情权、参与权、表达权和监督权为指向，有针对性地进行优化和改进，把切实提升村民满意度、信服力和安全感作为最终目标。

（三）推进清廉乡村建设，是国家治理现代化的长效机制

清廉乡村是基层治理现代化的重要场域，是国家治理现代化基础工程，其关键在于如何处理好权力使用的问题。法治、民主、清廉是国家治理现代化的内在价值尺度，也是清廉乡村建设的重要维度。法治强调依法治理，约束对象包括"公权力"和"私权利"，是清廉乡村建设的底线标准。民主侧重于合法参与，是公权力行使的参考尺度，也是清廉乡村建设的价值参考。清廉是乡村社会政治和社会系统自我形塑和个体要求的价值标准，侧重于对公权力的监督和规制，防止权力异化损害群众利益和政府形象，为村民的民主公正需求创造空间和条件。

法治、民主、清廉三者之间相互促进、相互协调，共同构成国家和基层治理现代化的要素结构。其中，清廉发挥"调和剂"的作用，既有助于促进法治，实现将权力关进制度笼子的廉政初衷，又有助于为民主提供更加广阔的运行空间和保障条件。由此，从国家治理现代化层面看，清廉乡村建设具有重要的现实价值和理论意义。清廉乡村建设就是通过清廉制度、清廉纪律，审查乡村小微权力的运行流程，观测其运行是否公开、公正、高效，评测运行目标实现的程度如何，并通过评价分析清廉乡村建设存在的不足，有针对性地从乡村干部、规章制度、文化培育、思想教育等层面进行调适，适应清廉乡村建设多样性、动态性和自主性的变化特征，以增强清廉乡村建设的韧性，提升其自我调适和自我发展能力。据此可见，清廉乡村建设是对乡村治理体系薄弱点的重要补充，发挥查漏补缺、守正创新的独特功能，进而提升乡村治理自我完善能力，为国家治理现代化夯实基础。

（四）推进清廉乡村建设，是推进共同富裕的有效助力

基于社会资本视角，腐败是与"廉洁"相对立的概念，特指公权力行使者在权力行使过程中，违背公共权力的价值初衷和授权目标，通过不规范权力操作以牺牲公共利益的方式谋取私有利益的行为。"利益"是腐败的核心范畴，腐败本身是"资本利益逐利获利"行为，对外表现为腐败行为者利用公权力，凭借攫取的公共社会资源进行非法利益生产，对内则高度嵌入既定的社会结构和政治系统之中，从个人到团体构建利益关联的腐败网络，最大限度地整合并维护腐败网络成员共有的利益。腐败遏制公平正义的生长态势，扩张了"设租、寻租"等非法牟利空间，会不可避免地带来社会资本和社会资源分配不均的问题，出现"腐者贪而聚财"现象，加剧个体和地区贫富差距的扩大。

在农村基层，腐败现象的蔓延和滋长是社会资本逻辑驱动下的产物。清廉乡村建设以防治腐败行为下的"非法利益获取"为主要目标，力图打破乡村腐败关系网络。清廉乡村建设旨在关注乡村社会小微权力使用、社会资源利用、社会关系联结、公共利益分配等规范性、合理性问题，防止公权使用者、资源占有者及关系亲属凭借权力、职位、地位等优势便利获取非法利益。同时，清廉乡村建设遵循公平正义的价值诉求和共建共享的方法原则，把"腐败指数"作为建设内容，以清廉主体、清廉制度、清廉文化等手段，促进乡村社会中权力、产业、资金、信息、社会关系等要素有序流动和转化，坚持在"利为民所谋"中寻求乡村集体利益"最大公约数"，清除乡村腐败网络生长和蔓延的土壤，实现乡村利益分配的规范性和公正性，真正让利益惠及全体村民，以此缩小贫富差距，促使共同富裕目标达成。

四、清廉乡村建设的评价体系建构

清廉乡村实践的不断深化，对清廉乡村建设评价体系提出新的要求。在地方清廉建设实践中，各地对清廉乡村建设成效的评价机制进行了实践探索，积累了一定的实践经验，但在实践过程中，部分地区仍存在评价目标模糊、评价原则滞后、指标设置不科学、评价结果缺乏稳定性和可靠性等问题，尚未建构起系统、科学和有效的清廉乡村建设评价体系，影响了清廉乡村建设的高质量发展。有鉴于此，笔者基于社会实践调研的信息基础，从创建目标、建构原则、指标设计、实际应用等方面，对清廉乡村建设评价体系进行探索性建构（图2）。

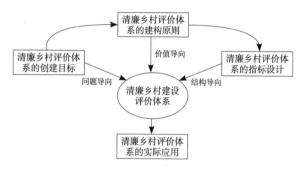

图2　清廉乡村建设评价体系示意图

（一）清廉乡村建设评价体系的创建目标

评价指标或评价维度是评级体系建构的基础和前提，关键在于将抽象的研究对象依据其本质属性、功能、价值和特征等内容，系统分解为具有科学性、有效性、可操作性的结构，并对结构中的构成要素（指标）赋予相应权重的集合。清廉乡村建设评价指标是衡量、监测和评估清廉乡村建设的效率性和有效性的标准和依据，不仅关系到清廉乡村建设绩效评价的实质性效度，还关系到评价对象和评价活动在下一阶段的改进和提升工作，规定并引导评价对象的发展方向。只有系统科学地建构清廉乡村建设指标体系，才能对清廉乡村建设成效进行合乎实际的测量和评估，进而相对准确和科学地描述清廉乡村建设的现状和水平，发现其中的重点和难点，并总结出内在的发展逻辑和实践经验，有针对性地进行阶段调整和优化工作。

（二）清廉乡村建设评价体系的建构原则

一级指标坚持具有完备性和代表性。党的十七大提出"干部清正、政府清廉、政治清明"的目标要求，可称为"三清"的廉政建设目标；党的十九大提出要"强化不敢腐的震慑，扎牢不能腐的笼子，增强不想腐的自觉"，可称为"三不"的反腐机制措施；习近平总书记在中国共产党第十八届中央纪律检查委员会上强调，保持惩处腐败高压态势，努力取得人民群众比较满意的进展和成效。基于上述理论政策指导，同时借鉴学界相关研究，根据浙江、江苏、江西、广西等地清廉乡村建设评价实践经验，笔者认为清廉乡村建设评价的要素包括：（1）清廉乡村建设的目标，强调希望达到的预期状态；（2）清廉乡村建设的主体与对象，强调谁来建设与用什么建设；（3）清廉乡村建设的机制，强调用什么运行和保障；（4）清廉乡村建设的绩效，强调清廉乡村实现的程度。由此，预期目标建设主体和对象、建设机制、建设绩效，为构成清廉乡村评价体系的一级指标提供思路和视角，最终确立了"清廉期望、清廉投入、清廉预警、清廉成效"4项一级指标。4项一级指标在内容上各有分工又存在作用关联，在逻辑上相互独立又兼顾系统完备性，在理论研究上能够有效地指导清廉乡村的未来实践发展。4项一级指标建构稳定后，充分考量各自指标的内涵和重点，进而解构成二级指标。

二级指标坚持特色创建和拓展延伸。二级指标是一级指标的内容细化和分解，需要更多地考虑时效性、稳定性和替换性，并特别注意主客观指标相结合的原则。客观指标有"实体投入、行为投入、制度健全、群众参与度"等向度。由于本文主要以"村民"这一清廉乡村建设主体为调查对象，因此特别注重对村民的主观感受数据进行分析，诸如清廉获得感、制度执行力、信心预期等，这些主观指标在"清廉投入、清廉预警、清廉成效"等3项一级指标中皆有分布，反映村民对清廉乡村建设成效的直观感受，而后通过科学实证方法对主客观指标进行赋权配重，使得主观指标与客观指标可以互为补充，还可通过主观指标的系数比差异，对客观指标的失真进行一定程度上的修正和调整。二级指标坚持主观和客观相结合，才能更加科学全面地验证清廉乡村建设的实质效果。

三级指标坚持应对实践基础差异的灵活性、适应性。评价目的是评价指标的逻辑起点，可测量性和代表性是评价指标的内在要求，也是三级指标的应用要求。基于地域条件、发展环境、评价方法、结构要素的差异，评价活动中的对象、内容、环境、方式等不尽相同，对具体指标的设计和选择亦不相同。因此，三级指标为了实践应用，可以进行适应性的动态处理。根据乡村的实际情况，在"一级指标——二级指标"的核心框架下制定具体的三级指标，以应对不同地区清廉乡村建设的实际情况，保证该评价体系的适用性和可操作性。

（三）清廉乡村建设评价体系的指标设计

从实践看，当前清廉乡村评价活动缺乏统一、规范和合理的评价指标体系，评价标准存在随意性较大、代表性不足、普适性欠缺等突出问题。地方实践自主制定的考核量表过于注重对"量"的考察，陷入"数量"等同于"质量"的误区，把数据变化作为评价清廉乡村建设的唯一标准。笔者认为，清廉乡村建设评价是一项难以绝对量化和定性的实践课题，需要突破现有考核指标"同质化"和"异质化"的困境。基于此，本文结合实践调研，重点关注清廉乡村建设主体——村民，旨在从村民参与、感知、认可和满意度的视角去评价清廉乡村建设成效。同时，为了增强评价指标的可操作性和有效性，一方面邀请廉政研究领域的专家学者，综合运用德尔菲法和层次分析法，对评价指标集群进行分析、筛选、归类和修订；另一方面确立评估方法和验证模型，进行实践应用数据采集和评估，进一步完善修订清廉乡村建设评价指标体系。最终，本文系统构建了相对科学有效的清廉乡村建设评价指标体系（图3）。

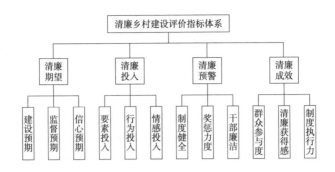

图3　清廉乡村建设评价指标体系图

1.清廉期望：清廉乡村建设评价体系的目标理念维度。清廉期望是对清廉乡村建设实施所欲达到一种理想效果或状态的预设，即在清廉乡村活动开展前预先设置的目标状态，主要表现为村干部和村民两大主体基于对清廉乡村建设前原初状态的解读，对清廉乡村建设的结果构想和目标设置，提出自身对清廉乡村的创造性建议和观念表达。这一目标设置主要在于通过"清廉期望"这一效果前置，与后期清廉效果开展的实际成效进行对比，用对比的"效果差"来凸显建设效果。该一级指标主要从"建设预期、监督预期、信心预期"进行评价。其中，建设预期是对清廉乡村建设整体所欲达到效果的设定；监督预期是在建设预期的基础上，针对"廉洁监督"的关键领域，对村级小微权力及各项事务监督管理所欲获得效果的设定；信心预期是针对乡村主体基于自身的腐败感知和认知，对清廉乡村建设各项任务和目标所欲达到的效果的设定。

2.清廉投入：清廉乡村评价体系的主体价值维度。清廉投入是针对清廉乡村建设实践过程中"元素"活动设置的，该"元素"主要包含"实施主体"和"实施要素"两大类。实施主体主要包含村干部和村民，村干部是领导者和规划者，村民是互动者和感知者，只有保证清廉乡村建设中村干部尽职自律和村民参与自觉，清廉乡村发展才能获得空间和动力，因此特别设置了强调建设参与的"行为投入"与强调自觉自律的"情感投入"2项二级指标。此外，实施要素也是清廉乡村建设不可或缺的组成部分，包含资金、制度、信息、技术、专业人才等广义要素，清廉乡村实践中如权力负面清单、廉洁文化墙、清廉文化馆、清廉村规民约、互联网治理技术等，都属于"实施要素"的范畴。清廉乡村需要各种资源要素予以形式方法、内容拓展、技术路径等支持保障，其要素投入的力度和强度都是衡量清廉乡村建设实效的重要标志。因此，特设置了强调"要素投入"的二级指标，观测清廉乡村物质条件建设的完备程度和转化程度。

3.清廉预警：清廉乡村评价体系的保障防护维度。清廉预警是针对清廉乡村治理过程中村干部及其行使的小微权力而设置的。现有的廉政治理，多侧重于"事中追查、事后处理"，而在"事前预警"方面的短板较为明显。尤其在制度建设方面存在一定的"滞后"风险。因此，特设置了"制度健全"这项二级指标，即观测乡村清廉制度的健全性和完备性，并通过设想腐败问题多样性和复杂性，对清廉制度进行补充和修正，提升制度的规制力和应变性。此外，通过设置"奖惩力度"的二级指标，考量对乡村腐败问题的奖励强度和惩处尺度。奖励强度主要包括运用物质或荣誉鼓励公职人员廉洁奉公，以及维护检举人的合法权益并适当奖励检举人两个方面；惩处尺度则包含"法律法规强制惩处、道德评议柔性惩处、自我反省软性惩处"等惩处内容，通过"奖"和"惩"的正反结合，激发村民干部和公众自觉维护乡村廉洁的决心和信心。"干部廉洁"的二级指标，是直接针对村干部的评价，主要对村干部的"干部形象、干部作风、干部方式"进行测评。

4.清廉成效：清廉乡村评价体系的效果检验维度。清廉成效，是清廉乡村建设和治理中通过具体的响度标识所呈现的效果状态，分别设置了"群众参与度、清廉获得感、制度执行力"3项二级指标。群众参与度是一项主客观相结合的指标，能提供"自下而上的绩效反馈"[10]，侧重于以群众参与清廉乡村建设和治理活动的主动性和积极性，并辅以"参会人数、上访次数"等客观数据进行评析。清廉获得感是一项纯主观的评价指标，侧重于以群众满意度为基础，获悉村民对清廉乡村建设和治理系列行动的直观感觉。制度执行力也是一项主客观相结合的指标，主要以群众对清廉制度作用发挥的感知为主，同时参考"制度宣讲活动数、制度公示活动数、制度奖惩活动数、制度实施反馈数"等客观硬性指标。总结而言，群众参与度是清廉成效的基础要求，清廉获得感是清廉成效的根本要求，制度执行力是清廉成效的保障要求，三者共同呈现清廉乡村建设和治理的实际成效。

（四）清廉乡村建设评价体系的实践应用

在综合评价体系中，指标的验证与应用一般需要经过指标体系建构、指标无量纲化处理、指标权重系数分配和信息合成处理等4项基本步骤。在清廉乡村建设评价体系中，以一级指标和二级指标为主，各项指标的重要程度是不尽相同的。特别在清廉预期、清廉投入、清廉预警、清廉成效4个维度之间，由于评价主体、评价对象、评价内容和方法、数据来源等存在较大差异，致使其重要性分布不一。为了达到评价科学有效、可操作的目的，本文引入了多指标综合评估方法。

1. 评价指标权重的确立。每个二级指标下可以设置3—5个三级指标，三级指标是针对清廉乡村实践现状，选择性地制定可操作化的评估指标。现实中，部分地区常常需要对地区清廉乡村治理的整体或者某一方面情况进行调查研究，甚至为了更加直观地得出结构，需要进行区域或者单元之间的比较，以得出清廉乡村总体的建设效果。这种情况下，难以直接从数据中得出结论，需要通过计算得出不同的调查对象在某一层次中某一指标的综合得分，这就必须对要计算的该指标进行赋权，即转为以"1"为单位所占的比重，转化后才能进行加总计算，并且每一层的指标均需要进行赋权后确立权重。本文采取的是层次分析法，又称AHP构权法，作用在于将复杂的评价指标进行层次划分，转化成有序的递阶层次结构的整体，通过计算得出各个评级指标相对重要的系数，即"权重"，以此作为各方案优劣、主次顺序的排列参考。具体步骤如下：首先，将研究目的、已建立的指标体系发放给专家，让专家依据比例标度值表给各个指标独立赋权，而后计算各个权重的标准差和平均差并进行优化，以此建立判断矩阵。其次，填写判断矩阵，对指标层次结构中处于同一层次的指标进行相互比较，从低到高依次为1—9分。最后，统一计算同一层次各个指标重要性次序的权重。

2. 评价指标应用数据的收集。数据来源是清廉乡村建设评价指标体系最为关键的步骤。由于清廉乡村建设以"乡村"为基本单位，具有基数大、地域差等显著特征，官方和地方部门的统计尚未系统开展，相关技术路径尚未成熟，故主要以实践调研的抽样调查的数据为主。抽样调查的评测数据对象主要来自村民和村民干部。一般确立调研地区后，采用概率随机抽样的方法，给调研对象发放结构化问卷以获取数据。本文基于浙江省湖州市和温州市等地区，抽样对象为居住在当地农村或街道的村民干部、村民及外地人员，年龄控制在18周岁以上。而样本量，为保证代表性，依据简单随机抽样的方法，控制在5%的误差区间和95%的置信水平。

3. 评价指标数据的无量纲化。数据采集完备后，由于数据实际值存在单位的性质差异，需要把多个不同量纲的单位指标转化为无量纲的相对评估指标，即转化为可以运算的同一单位的评价值，消除原始数据量纲的影响，以便统计运算，这就是"指标无量纲化"，也称为数据的标准化和规范化。无量纲化的方法有很多，归纳起来可分直线型、折线型、曲线型等三大类，其关键在于确立好指标的限阈值。本文推荐在实际中使用"阈值法"方法。阈值也称为临界值，是衡量事物发展变化的一些特殊指标值，阈值法就是通过实际值与阈值对比得到无量纲化数据。具体操作为：采用0—1标准化区间，假定第i个指标的实际值为X_i，权重对应为W_i，下限阈值和上限阈值分别记作"$X_i\min$"和"$X_i\max$",而无量纲化后的值记作"Y_i",Z_i的取值范围在 0—1 之间。根据指标数值的大小与评估效应变化趋势的关系,可以分为"正向指标"和"逆向指标"两类。

正向指标无量纲化计算公式如下所示:

$$Y_i = \frac{X_i - X_i\min}{X_i\max - X_i\min} \qquad (1)$$

逆向指标无量纲化计算公式如下所示:

$$Y_i = \frac{X_i\max - X_i}{X_i\max - X_i\min} \qquad (2)$$

基于上述方法,对指标进行无量纲化处理,可得出每一个指标的无量纲化指数,再将该指数 Y_i 与该指数的权重 W_i 相乘,即可得到该指标的指数。该指数可以直接应用于数据处理和应用,有助于下一步的结果处理和分析。但应当注意,阈值参数的选取确立会直接影响分析结果,因此需要根据清廉乡村建设的实际情况、提升操作的熟练度进行逐步调整和优化,以便寻求最合适的阈值。

4.评价指标数据的模糊综合评价。模糊综合评价法能较全面地汇总各评价主体的意见,用精确的数字手段处理模糊的评价对象,综合反映评价对象的优劣程度,给出比较科学、合理的量化评价。模糊综合评价法的基础是模糊数学,利用模糊变换原理,以最大从属度为准则,联合评估体系中的各个影响要素,把定性评价转化为定量评价,从而得到可以进行比较的量化结果,是一种对研究问题进行综合评价的方法。具体过程是:首先,将评价目标看成由多种因素组成的模糊集合,即评价指标集合(称为评价指标 C),再根据评价者对被评价对象作出的各种评价结果组成一个评语等级的集合,确定评价对象的评语集(称为评判尺度集 V);其次,利用前文中通过层次分析法得到的指标权重确定评价因素的权重向量,建立目标分配权重的集合(称为目标分配权重集 W);再次,分别求出各单一因素对各个评审等级的归属程度,进行单因素模糊评价(称为评判矩阵 R）；最后，利用合适的模糊合成算子将各个因素在评价目标中的权重分配与评判矩阵进行模糊运算（称为模糊综合评判结果集 Z=W·R），得出综合评价结果的定量值，对综合评价值进行排序讨论。值得注意的是，常见的模糊合成算法有四种，本文选择了能兼顾各元素的权重大小，评价结果能体现被评价对象的整体特征的"加权平均"模型，模型为 M（·，⊕），其中"·"表示相乘，"⊕"表示求和，公式为 $b_j = \sum_{i=1}^{n}(a_i r_{ij})$。

五、结语

清廉乡村建设是基层反腐倡廉的主要内容，也是国家治理现代化的关键环节，对其研究具有重要理论意义和实践价值。清廉乡村评价是一个包含评价主体、评价对象、评价方式、评价成效的系统，需要理论创新探讨，也需要实证研究分析和验证，方能有效推进乡村治理现代化。

在此，笔者基于清廉乡村概念的学术解析，结合廉政建设和基层治理政策文件，依托社会实践调研验证，力求设计一套理论和实践兼备、科学性和可操作性较强的清廉乡村建设评价指标体系。坚持一级指标具有完备性和代表性、二级指标具有特色创建和拓展延伸的建构原则，经过前期指标建构反复筛选，组织开展抽样调查，搜集数据并进行统计分析验证，产出了有限的理论成果。清廉乡村建设评价指标体系建构后，投入评估实践应用是最终目标，本文选取了层次分析法和模糊综合评价法进行综合使用。清廉乡村建设评价是一个动态、多样和复杂的实践活动，评价内容各要素必然会随着空间转换、时间推移、实践转化等条件改变发生变化。鉴于学界目前尚无清廉乡村建设评价的研究成果，笔者对清廉乡村建设评价体系的初步探索，旨在为后续相关研究抛砖引玉。要推进清廉乡村评价体系更加全面、科学和有效，有赖于学界同仁拓展思路，创新评价方法和技术路径，不断进行指标体系的修订和完善。

参考文献

[1]王荣德,等.乡村治理现代化的湖州实践样式研究[J].湖州师范学院学报,2021(3):65-69.

[2]彭石军.乡村振兴战略视域下大力推进桂林清廉村居建设[J].新西部,2020(Z5):65-67.

[3]汪浩.乡村振兴战略背景下清廉乡村制度建设研究:以浙江湖州为例[J].湖州师范学院学报,2018(11):45-50.

[4]吕瑞杰.推动监督落地 强化服务保障 大力推进清廉乡村建设[N].驻马店日报,2021-06-24(2).

[5]许灵玲.罗江:"清廉村居"助推乡村振兴[J].廉政瞭望,2021(9).

[6]李鹃.建设清廉乡村 让群众受益[N].中国纪检监察报,2020-11-27(2).

[7]颜新文,翟思德,朱小兵.清廉和风润乡村:台州市开展农村廉政文化活动纪实[J].今日浙江,2010(4):41.

[8]刘志玲.如何打造清廉的农村基层组织[N].法制生活报,2016-10-13(3).

[9]原珂.推进社区治理能力现代化的系统思路[J].理论探索,2021(3):16-22.

[10]马亮,杨媛.公众参与如何影响公众满意度?——面向中国地级市政府绩效评估的实证研究[J].行政论坛,2019(2):86-94.

行政公益诉讼举证责任分配实证研究

——基于100份裁判文书的分析 [①]

王建芹　　王涛菲 [②]

摘　要： 在行政公益诉讼制度建构中，举证责任是重要且急需解决的问题。行政公益诉讼中的举证责任分配，需要考虑检察机关作为诉讼主体、证据距离、依法行政等因素来确定。实证研究表明，法院倾向于将行政行为合法性的举证责任分配给行政机关。目前学界提出的行政公益诉讼区分作为与不作为、"谁主张、谁举证"的观点并不可取。在行政公益诉讼中，仍应坚持举证责任倒置原则。具体来说，检察院承担程序法意义上的举证责任，即提起诉讼时应提交相关材料。同时对于行政行为与公共利益之间的损害关系等也应由检察机关承担。行政机关需就其行为合法性提供证据。坚持这一原则需要完善证明标准，以便对检察院提供的起诉材料和行政机关的举证责任适用不同的证明标准。

关键词： 举证责任；行政不作为；行政公益诉讼

①原文刊发于《石河子大学学报（哲学社会科学版）》2022年第2期。本文系清廉温州建设研究中心课题"基层微权力制约与监督路径研究——以基层行政执法裁量权为例"（QLZ2021002）的研究成果。
②作者简介：王建芹，山东昌邑人，中国政法大学法学院教授，中国政法大学党规研究中心副主任；王涛菲，河南许昌人，中国政法大学硕士研究生。

一、引言

　　行政公益诉讼制度建构中，举证责任分配问题乃是无法绕开且极其重要的一部分。在历经两年多的试点后，2017 年修订的《中华人民共和国行政诉讼法》（以下简称《行政诉讼法》）确立了行政公益诉讼制度。然而令人遗憾的是，行政公益诉讼中的举证责任问题并没有被明确规定；同时，2018 年 3 月 2 日最高人民法院、最高人民检察院联合发布的《最高人民法院、最高人民检察院关于检察公益诉讼案件适用法律若干问题的解释》（以下简称《解释》）中，也未明确举证责任如何分配。[1]2018 年 3 月 12 日，最高人民检察院发布了《检察机关行政公益诉讼案件办案指南（试行）》（以下简称《办案指南》），该文件对检察机关在何种情况下提起诉讼、提交何种材料进行了较为详尽的规定，且明确了行政机关的举证责任，但亦未规定检察机关应当对何种事项承担举证责任。①2021 年 7 月 1 日起施行的《人民检察院公益诉讼办案规则》第三章，对检察机关立案与调查的条件、公告内容、提起诉讼的条件作了专门规定，但也未对举证责任进行说明。以上相关文件对举证责任规定的缺失引起了学界和司法界关于行政公益诉讼应当采用何种举证模式的讨论。

　　学界和司法界在举证责任分配问题上有不同的观点，归纳起来大致有三种。一是行政公益诉讼仍应遵守《行政诉讼法》基本框架，即在原则上由被告负举证责任。马怀德教授认为，"行政公益诉讼也应当遵循'举证责任倒置'原则"。[2]持该观点的理由大致如下：第一，在行政公益诉讼案件中，行政机关调取证据比较方便，这是

---

①《检察机关行政公益诉讼案件办案指南（试行）》规定：行政机关对其作出的行政行为的合法性承担举证责任。检察机关对以下事实提出证据加以证明：一是证明起诉符合法定条件；二是行政机关违法行使职权或者不作为，致使国家利益或者社会公共利益受到侵害的事实；三是检察机关已履行诉前程序，行政机关仍不依法履行职责或者纠正违法行为的事实。

检察机关所不能及的;第二,行政机关有义务就自身的作为与不作为行为的合法性作出证明 [3];第三,实行举证责任倒置能使这一制度更好地融入行政诉讼法现有体系之内;第四,可以最大程度监督行政权力的运行,促进依法行政。二是行政公益诉讼应当实行"谁主张、谁举证"原则。傅国云检察官主张在检察机关起诉时,原则上应当由检察机关负举证责任。[4] 持该主张的学者有以下理由:第一,检察机关作为公益起诉人,具有专业知识,具有举证优势;第二,司法权应当尊重行政权,保障行政权的公信力;第三,"谁主张、谁举证"可以避免检察机关的滥诉,保证行政机关有效运转。[5] 三是对不同的行政行为,举证责任应有所区别。行政机关对自身的作为类行政行为合法性承担举证责任,不作为类行政行为的举证责任由原告承担。持该主张的学者多从客观诉讼、行政机关不得自证其罪和先前程序中的举证责任来论证这一主张 [6],通过区分具体的行政行为来分配举证责任 [7],虽然存在一定的理论合理性,但实践中是否可行,依然有待司法实践的进一步检验。有学者在此基础上提出了新的思路,认为若区分作为类与不作为类行政行为并据此分配举证责任后,公共利益仍不能得到有效保护的,由法院分配证明责任。[8]

在目前已有的研究文献中,一是少有对行政公益诉讼举证责任进行专门的实证研究,二是对举证责任已有的实证研究选取的案例较为陈旧,多发生在《解释》出台之前,参考价值有限。为更有效地对此问题进行研究,本文选取最新案例进行分析,有助于我们对举证责任问题认识的深化。

二、行政公益诉讼举证责任的分配原理

原则为规则的创设提供基础性指导。只有在明确举证责任分配原则的基础上,才能合理确定行政公益诉讼举证责任的分配规则。然而,目前学术界对举证责任这一基础概念的定义尚有争议,因此

笔者首先明确举证责任的属性、概念。在此基础上，本文将对举证责任分配原理进行介绍，以为后期分析提供工具。

（一）举证责任的概念界定

从概念使用上看，"举证责任"与"证明责任"两个概念一直处于共存状态。在 1989 年 4 月 4 日《行政诉讼法》颁布时，"举证责任"这一概念即被现行法确定。虽然有学者主张应使用"证明责任"概念，认为证明责任包含主观证明责任与客观证明责任，内蕴更深，但检索后发现，无论学界还是司法实践领域，举证责任与证明责任呈分庭抗礼之势[①]。从概念内涵上看，多位学者认为举证责任与证明责任概念一致[9]；也有学者认为，作为法学概念的举证责任与作为法律概念的举证责任的含义存在区别。关于举证责任与证明责任理论上的分析与深入探讨，并不是本文的主题。本文以司法案例为研究对象，因此继续使用《行政诉讼法》上规定的"举证责任"一词，方便与立法保持一致。

我国《行政诉讼法》中共有三个条文使用了举证责任这一概念，[②]然而迄今为止，举证责任并无一个明确的含义，再加上国外证明责任概念的舶来，使得这一术语的含义更加扑朔迷离。有学者认为，

---

① 参见章剑生：《论行政公益诉讼的证明责任及其分配》，《浙江社会科学》2020 年第 1 期；张培：《检察院提起环境行政公益诉讼的五个法理问题》，《法律适用·司法案例》2018 年第 6 期；王玎：《检察机关提起行政公益诉讼的举证责任》，《行政与法》2017 年第 10 期；牛向阳、王瑞霞：《检察机关提起行政公益诉讼举证责任分配辨析》，《人民检察》2018 年第 5 期。这些文章既有使用"举证责任"的，也有使用"证明责任"的。
② 《行政诉讼法》第 34 条第 1 款规定："被告对作出的行政行为负有举证责任，应当提供作出该行政行为的证据和所依据的规范性文件。"其第 37 条规定："原告可以提供证明行政行为违法的证据。原告提供的证据不成立的，不免除被告的举证责任。"其第 38 条规定："在起诉被告不履行法定职责的案件中，原告应当提供其向被告提出申请的证据。但有下列情形之一的除外：（一）被告应当依职权主动履行法定职责的；（二）原告因正当理由不能提供证据的。"在行政赔偿、补偿的案件中，原告应当对行政行为造成的损害提供证据。因被告的原因致使原告无法举证的，由被告承担举证责任。

目前我国行政法规范对于举证责任采用的是"提供证据"一词。提供证据"明显是一种行为，而非是由法律事先规定的责任"，与国外的"主观证明责任"可作同一理解[10]。有学者持不同看法，认为被告所承担的只是客观举证责任[11]。更有学者经过论证后认为，我国的行政法规中规定的被告负举证责任，既是一种行为责任，也是一种后果责任。[12] 笔者认为行政诉讼法上的举证责任乃是一种行为责任，即提供证据的义务，意味着被告若未能提供证据，需要承担没有证据的不利后果。最高人民法院江必新法官论及举证责任这一问题时认为："同一个案件中，举证责任在双方之间进行转移而不会一直由一方承担。"[13] 这也能够说明一个事实，举证责任应当指主观证明责任。根据学界的共识，客观举证责任由实体法事先规定，固定由一方当事人承担，在案件真伪不明的情况下，由一方承担败诉后果。同时，江必新法官认为，我国目前的行政诉讼制度对于客观证明责任并未作出规定，缺乏制度供给，需要及时完善以面对复杂的行政诉讼案件[14]。此外，在我国目前行政诉讼的司法实践中，未有法官在案件真伪不明情况下，使用《行政诉讼法》上的举证责任来使一方当事人承担案件事实真伪不明时的败诉风险。因此结合司法实践可以看出，我国《行政诉讼法》上的举证责任单单指提供证据的义务，并无客观证明责任的含义。

（二）确立举证责任的考虑因素

1. 诉讼主体

与一般行政诉讼不同的是，检察机关作为行政公益诉讼的原告具有一般行政诉讼原告，所未拥有的收集证据的权力与能力。《解释》第6条①规定，检察机关在诉讼过程中可以向公民、组织调取证据。

---

① 《最高人民法院、最高人民检察院关于检察公益诉讼案件适用法律若干问题的解释》第6条规定："人民检察院办理公益诉讼案件，可以向有关行政机关以及其他组织、公民调查收集证据材料；有关行政机关以及其他组织、公民应当配合；需要采取证据保全措施的，依照民事诉讼法、行政诉讼法相关规定办理。"

《人民检察院公益诉讼办案规则》第32-45条规定了检察机关享有的调查权。这一规则与一般行政诉讼的差别较大。在一般行政诉讼中，原告并无向其他个人、组织调取证据的权力。同时最高检曾多次举办培训班，要求在培训过程中增加有关公益诉讼的内容以提高检察官素质。总之，行政公益诉讼中，检察机关作为诉讼主体其所具有的权力与举证能力，在确立行政公益诉讼举证责任时是需要考虑的。[①]

2. 制度目的

"目的是全部法律的制造者，每条法律规则的产生都源于一种目的，即一种事实上的动机。"[15] 行政公益诉讼目的决定了其制度的设计。一般行政诉讼目的之争在学界表现为主观诉讼与客观诉讼之争。划分主观诉讼与客观诉讼的标准是诉讼目标和诉讼构造。主观诉讼以救济权利为目标，诉讼构造侧重于主观权利和损害争议的审查和裁判；而客观诉讼以秩序公益为导向，诉讼构造以行政机关行政行为的合法性审查和裁判为宗旨。[16] 成协中教授认为，根据《中华人民共和国宪法》第41条以及行政诉讼原告资格条款、合法性审查原则，可以确定我国行政诉讼乃客观诉讼。[17] 但也有其他学者认为我国的行政诉讼并非客观诉讼，而是主观诉讼，或在一定程度上说是混合诉讼模式。将这一争论延伸至行政公益诉讼，需要明确的一个问题是行政公益诉讼主要追求公共利益还是审查行政机关行为的合法性，即行政公益诉讼是主观诉讼还是客观诉讼抑或两者兼而有之。在确立举证责任时，这一因素需要被考量在内。

3. 依法行政原则

政府具有公共属性，存在的目的是维护公共利益。[18] 为了使政府具有一定的权威，每个个体让渡一部分权利给政府，使得政府拥有了社会治理权。但"有权力的人们使用权力时一直到遇到有界

---

①《最高人民检察院关于开展公益诉讼检察工作情况的报告》，最后访问时间：2021 年 8 月 15 日，https://www.spp.gov.cn/spp/tt/201910/t20191024_435925.shtml.

限的地方才会停止"，[19] 推进行政机关依法行政是防止公权力侵犯私权的最佳手段。依法行政不仅要求行政机关在法律没有授权时不得作为，而且要求行政机关应当及时履行法律、法规等文件规定的义务，为公民提供必要的服务与设施。在行政公益诉讼中，通过检察机关对行政行为进行监督，由司法机关对行政行为合法性进行审查，以此推进行政机关依法行政。2004 年国务院发布《国务院关于印发全面推进依法行政实施纲要的通知》，文件区分了依法行政与合法行政，指出依法行政的基本要求为合法行政、合理行政、程序正当、高效便民、诚实守信、权责统一，这便要求法院不仅要对其合法性进行审查，还要对其合理性进行审查，审查强度对于行政机关举证内容有着重大影响。但审判机关的合理性审查在理论界尚存一定争议，本文暂不做深入探讨。

4. 证据距离

现代社会是一个复杂社会，需要运用多学科知识。法经济学近年在我国日益兴起便是佐证之一。法经济学运用经济分析的手段来确定法律规则，有利于效益的提高。在诉讼领域，由于效益本身便是其追求的价值之一，更适合采用经济分析手段来确定规则[20]。证据距离的考量便是经济分析在法学领域的应用。莱纳克认为，举证可能性相对较大的一方当事人应承担该案件事实的举证责任。而导致举证可能性较大的重要因素之一便是当事人与证据之间的距离。因此，在确立举证责任规则时，需要将诉讼主体与证据之间的距离考虑在内。

5. 证明对象

举证责任与证明对象的关系极为密切，证明对象研究的问题是哪些对象需要用证据来证明；举证责任分配规则指依据何种规则针对证明对象如何在当事人之间确定举证责任的分配。两者之间的联系在于证明对象决定和影响举证责任的轻重及其分担。宏观来讲，行政公益诉讼的证明对象包括两个方面：程序事实与实体性事实。具体来说，行政公益诉讼中确定的证明对象有：检察机关提起诉讼的案件是否属于公益诉讼领域、检察机关是否是适格原告、行政机关有无职责、检察机关是否履行了诉前程序、行政机关在收到检察建议后是否仍不作为、公共利益是否仍在受到损害、行政行为与公共利益受损之间的因果关系、行政机关有无过错、行政行为是否合法。

三、行政公益诉讼举证责任分配实证考察

法律知识是地方性知识，后发国家法律制度建构固然需要从其他国家进行借鉴，但更多的还是要从本国的历史传统与当代实践出发。[8]传统的法学研究一般采用文献研究法，存在较大局限，[21]规范性研究方法容易让人脱离现实，使研究成果成为研究者头脑中幻想的产物。目前我国法学研究中方兴未艾的实证研究方法也充分说明这一点。因此本文采取实证研究方法，从司法运行的最佳载体——案例出发，通过对 2018—2021 年随机挑选的最新 100 例行政公益诉讼案例的分析，剖析检察机关及行政机关各自承担的举证责任，从中国司法实践出发，对这一现象规律进行考查。

（一）样本选择及说明

鉴于裁判文书网的权威性以及全面性，笔者从裁判文书网上挑选案例进行研究，选取 2018—2021 年的案例作为研究样本。由于2018 年 3 月《解释》颁布，因此样本选取在《解释》生效后的文书。最初笔者以"行政公益诉讼""举证责任 / 证明责任"两个条件进行搜索，共搜索到 37 篇文书，但与研究对象有关联的仅有 12 篇。此后，以"行政公益诉讼"为条件进行搜索，其中 2018 年共 407 篇，2019 年共 512 篇，2020 年共 466 篇，2021 年共 36 篇。笔者从中随机选取 88 篇，与前 12 篇共计 100 篇文书。100 篇文书中，2018年 17 篇，2019 年 30 篇，2020 年 42 篇，2021 年 1 篇。在 100 篇文书中，"不作为类"共 99 篇，"违法作为类"共 1 篇。

(二)证据来源

1. 检察院提供的证据

在100篇文书中,检察院提供的证据包含:(1)公共利益受到损害;(2)行政机关负有管理职责,但未履行或未全面履行;(3)已作出诉前检察建议;(4)行政机关依然未履职或未全面履职或违法履职。在包头市青山区人民检察院诉包头市国土资源局青山分局不履行法定职责一案中,检察机关提交如下证据进行起诉:(1)张某非法占用青山区兴胜镇羊山窑子村基本农田建房,被告未尽到管理职责;(2)已经履行诉前程序;(3)被告具有管理职责;(4)检察建议发出后,青山国土局未能依法采取有效措施,致使行政处罚一直未予执行,张某非法占地行为仍在持续,国家基本农田仍处于受侵害状态。①

2. 行政机关提供的证据

在行政公益诉讼中,行政机关提供的证据往往有以下几类:

(1)被诉案件不属于行政公益诉讼范围。如在钟祥市人民检察院诉钟祥市人民防空办公室不履行法定职责一案中,被告认为被告征收人防易地建设费行为属于行政征收,不属于国有财产保护领域,该案不属于行政公益诉讼范围。②

(2)行政机关自身无管理职责。在大姚县人民检察院诉大姚县金碧镇人民政府不履行法定职责一案中,大姚县金碧镇人民政府认为,对环境保护方面的违法行为进行监督检查和处罚的主体限定为县级以上人民政府的环境保护行政主管部门,乡镇政府在环境保护方面并无相关文件具体规定其职责。根据大姚县委、县人民政府相关文件规定,乡镇人民政府在环境卫生整治方面的职责主要是接受县委、县政府的工作安排部署,是否按照工作部署要求落实,应

---

① 内蒙古自治区包头市昆都伦区人民法院(2019)内0203行初1号行政判决书。
② 湖北省钟祥市人民法院(2018)鄂0881行初38号行政判决书。

当由上级政府按照文件规定进行奖励及问责。金碧镇人民政府不是履行对破坏生态环境的违法行为进行制止和处罚的监督管理职责的责任主体。①

（3）行政机关已经履行管理职责。在商城县人民检察院诉商城县城市管理局不履行法定职责一案中，被告称其已经履行了企业监督部门的法定职责，且被处置企业没有造成环境污染的后果。②在永仁县人民检察院诉永仁县水务局不履行法定职责一案中，永仁县水务局认为其在发现永仁县永兴乡永兴村村民付某等人未经批准，擅自在当地河道管理范围内建设妨碍行洪的构筑物用于洗沙后，经过初步调查，在掌握一定违法事实后已立案处理，并于2018年1月24日向付某等发出《责令停止违法行为通知书》和《责令限期拆除违法构筑物通知书》。后付某等停止了违法行为，并按规定期限，在3月5日前拆除了违法构筑物。故同年3月9日，永仁县水务局根据相关法律规定，依法对付某等作出不予行政处罚的决定。③

（4）行政机关具有主体资格。在大姚县人民检察院诉大姚县金碧镇人民政府不履行法定职责一案中，大姚县金碧镇人民政府提供了统一社会信用代码、法定代表人身份证明书、法定代表人身份证复印件各一份，欲证明大姚县金碧镇人民政府的主体资格。④

（5）客观原因导致行政机关无法履行职责。在淮上区人民检察院诉淮上区市场监督管理局不履行法定职责一案中，被告称因该局分管领导及人事关系调整，相关工作交接受到影响，未能在检察建议期内全面履职。⑤

（6）行为内容属于行政机关的自由裁量权。在崇阳县人民检

① 云南省元谋县人民法院（2020）云 2328 行初 92 号行政判决书。
② 河南省商城县人民法院（2019）豫 1524 行初 56 号行政判决书。
③ 云南省元谋县人民法院（2018）云 2328 行初 7 号行政判决书。
④ 云南省元谋县人民法院（2020）云 2328 行初 92 号行政判决书。
⑤ 安徽省蚌埠市淮上区人民法院（2020）皖 0311 行初 2 号行政判决书。

察院诉崇阳县自然资源和规划局不履行法定职责一案中，被告认为合理行政也是行政的基本原则，称其客观上并非故意违反程序为崇阳县信达房地产开发有限公司办理不动产权证，而是从维护社会稳定和解决历史遗留问题的角度出发，从社会效果和法律效果相统一出发，本着合理行政的比例原则，才有本案的颁证行为。①

（7）检察机关未在起诉期限内提起诉讼。在科尔沁右翼中旗人民检察院诉科尔沁右翼中旗自然资源局不履行法定职责一案中，被告认为公益诉讼起诉人的起诉超过法定起诉期限，法律规定对行政机关不履行法定职责提起诉讼的，应在期满6个月内提出。②

（8）行政行为与公共利益受损之间无因果关系。在武功县人民检察院诉武功县长宁镇人民政府不履行法定职责一案中，被告称长宁镇人民政府不存在未正确履行法定职责的行为，公益诉讼起诉人武功县人民检察院没有证据证明行政机关违法行为或不作为与损害事实存在法律上的因果关系。③

具体分布如下（图1）。

■ 已履行职责　　　　　　　■ 不属于行政公益诉讼范围
■ 自身无管理职责　　　　　■ 行政机关具有主体资格
■ 行为内容属于行政机关自由裁量权　■ 检察机关未在起诉期限内提起诉讼
■ 客观原因无法履行职责　　■ 行政行为与公共利益受损之间无因果关系

图1　行政机关提交的证据类型

---

① 湖北省崇阳县人民法院（2020）鄂1223行初28号行政判决书。
② 内蒙古自治区科尔沁右翼中旗人民法院（2019）内2222行初9号行政判决书。
③ 陕西省武功县人民法院（2018）陕0431行初6号行政判决书。

3. 法院调取的证据

在 100 篇判决文书中，法院另查明的证据共 32 篇。在相关证据中，另查明的事实并非都是由法院自行调取证据进行查明的。如在崇阳县人民检察院诉崇阳县自然资源和规划局不履行法定职责一案中，法院另查明崇阳县自然资源和规划局在明知崇阳信达公司未足额缴清国有土地使用权出让价款的情况下，违法为其办理了不动产权证，扰乱了国有土地出让管理秩序。但这一事实为检察院在起诉时已经提交了的证据，并非法院自行查明的事实。① 有些文书中，另查明的事实来源于法院自行调取的新证据。在孝感市孝南区人民检察院诉孝感市孝南区新华街道办事处不履行法定职责一案中，法院另查明，2019 年 12 月 6 日，被告以新华街道澴川风景区建设征迁指挥部的名义，与被告辖区渡口社区居民委员会居民雷某签订《雷某鱼池房补偿协议》，由被告于 2019 年 12 月 12 日支付雷某鱼池补偿款 461921.5 元。该补偿协议便是法院依职权查明的，原被告双方没有提交证据证明。② 据统计，证据来源中有 80% 完全由原被告提供，20% 由法院自行查明。

（三）举证责任的分配

1. 可以明确的举证责任分配

部分法院在判决书中明确指出，《行政诉讼法》中关于举证责任的规定适用于行政公益诉讼。如在关岭布依族苗族自治县人民检察院诉关岭布依族苗族自治县林业局不履行法定职责一案判决书中，判决书中写道：根据《中华人民共和国行政诉讼法》第三十四条③，本案被告在法定举证期限内未提供证据证明其已履行法定监管职责，

---

① 湖北省崇阳县人民法院（2020）鄂 1223 行初 28 号行政判决书。
② 湖北省孝感市孝南区人民法院（2019）鄂 0902 行初 96 号行政判决书。
③《行政诉讼法》第 34 条：被告对作出的行政行为负有举证责任，应当提供作出该行政行为的证据和所依据的规范性文件。被告不提供或者无正当理由逾期提供证据，视为没有相应证据。

视为没有相应依据①。在江苏省睢宁县人民检察院诉睢宁县环境保护局环境保护纠纷一案中，判决书中写道：至于被告辩称其于刑事侦查期间曾向公安机关提出处置涉案危废，因公安机关未予准许故未能履职，根据《中华人民共和国行政诉讼法》第三十四条②，被告提出的上述抗辩内容，公安机关不予认可，被告当庭亦自认无相关证据佐证，故本院对其该抗辩主张亦不予采纳③。

2. 可以推断出的举证责任分配

有些文书中虽未明确说明由被告承担举证责任，但可以从中推断得出。在武汉市青山区人民检察院诉武汉市自然资源和规划局不履行法定职责一案中，法院认为，尽管武汉市自然资源和规划局采取了措施，但目前尚无证据证明涉案公司将涉案土地恢复到复垦标准，构成不完全履行法定职责。④在玉门市国土资源局诉玉门市人民检察院二审上诉案中，法院认为被告主张欣瑜公司因法定代表人何某涉嫌诈骗罪外逃，无法完成违法事实调查的问题不能成立。该案中何某、赵某以欣瑜公司的名义未批先建商品住宅楼的违法行为，均由何某、赵某以及承建人谢某具体实施，违法事实双方提供的证据均可证实，被告未提供证据证实因何某涉嫌诈骗罪外逃导致哪些违法事实无法查清。因此被告以欣瑜公司法定代表人何某外逃无法完成违法事实调查的理由不予采信，确认被告怠于履行职责违法，责令继续履行。上述举证责任中，94% 可以推断出由被告承担举证责任，6% 明确被告承担举证责任。⑤

现实推导不出规范，规范也推导不出现实，我们的目光应在现

---

① 贵州省镇宁布依族苗族自治县人民法院（2019）黔 0423 行初 209 号行政判决书。
② 《行政诉讼法》第 34 条规定："被告对作出的行政行为负有举证责任，应当提供作出该行政行为的证据和所依据的规范性文件。被告不提供或者无正当理由逾期提供证据，视为没有相应证据。"
③ 江苏省徐州市睢宁县法院（2019）苏 8601 行初 1207 号行政判决书。
④ 湖北省武汉市青山区人民法院（2020）鄂 0107 行初 26 号行政判决书。
⑤ 甘肃省酒泉市中级人民法院（2018）甘 0921 行初 7 号行政判决书。

实与规范之间流转。规范与现实差别过大，会使规范成为纸上的规范，而现实会生出另一套活着的"法"。在尚未"明确"司法解释的情况下，司法实践自生自发的秩序应当是较为符合诉讼经济与现实需求的，制定法应当尊重司法实践。

四、行政公益诉讼举证责任分配规则之反思

前面阐述了行政公益诉讼举证责任分配的不同主张，笔者认为举证责任倒置的原则仍应被我国行政公益诉讼坚持。下面笔者通过分析相关论点论证，举证责任倒置的合理性所在。

（一）相关观点的分析与商榷

前面已有论述，有学者认为行政公益诉讼不同于一般行政诉讼，举证责任应当由检察机关承担，即适用"谁主张、谁举证"的规则；有学者主张区分作为与不作为，然而这些观点均有可商榷之处。

1. 对"谁主张、谁举证"观点的质疑

（1）对"检察机关有更强的举证能力"观点的质疑。举证能力强指的是最清楚作出具体行政行为的事实根据与法律依据，并有能力收集足够的材料与证据。以真实案例为例，在江西省萍乡市安源区的一份判决书中[①]，检察院为了证明被告具备履行对国家农业保险保费财政补贴资金监管职责，举出一系列规范性文件：《中央财政种植业保险保费补贴管理办法》《江西省农业保险保费补贴管理暂行办法》《农业保险条例》《关于印发江西省政策性农业保险总体方案的通知》《关于进一步做好 2011 年江西省政策性水稻保险工作的通知》《关于进一步规范政策性农业保险的通知》《关于成立萍乡市"三农"保险发展工作领导小组的通知》《芦溪县人民政府办公室关于印发进一步推动全县"三农"保险发展工作实施方案的

---

① 江西省萍乡市安源区人民法院（2019）赣 0302 行初 16 号行政判决书。

通知》《芦溪县人民政府办公室关于印发芦溪县油菜、水稻保险工作实施方案的通知》《财政违法行为处罚处分条例》。通过这一判决文书能够显示出，检察机关为证明行政机关具有监管职责，需要搜寻大量规范性文件。这些文件并非如《行政诉讼法》《物权法》以及一系列司法解释等公开信息般容易查询。检察机关在查找这些文件过程中，必然耗费了大量的精力物力。大多数损害国家、社会公共利益的行为，往往不存在权利受损的直接利害关系人，[22] 利益受损的证据并不直接掌握在检察机关手中。而行政机关在自己深耕多年的领域之内，必然对这些规范性文件以及公共利益受损情况更加熟悉，更容易搜集相关证据，举证能力更强。同时，随着理论与实践的逐步发展，行政公益诉讼的领域必然会不断扩张，面对不断扩展的公益诉讼范围、日益复杂的行政事务，检察机关难以对各个领域事项都清楚明晰，并高效完成对各部门规范性文件的采集。

（2）检察机关可能滥诉的观点。对于实行举证责任倒置可能会引起检察机关滥诉的担心是没有必要的。首先，从行政公益诉讼流程来看，诉前检察建议是必经程序，只有在行政机关接到检察建议后，仍不纠正违法行为或怠于履职，使公共利益受到损失时，检察机关才能提起诉讼；其次，在实践中，行政公益诉讼多是由于行政机关怠于履职而引起的，此类纠纷弹性空间较大。在一些地区，检察机关并不会由于行政机关没有完全使受损的公共利益得到恢复而提起诉讼。一般情况下，只要行政机关有一定的行动，列明相关措施、制订恢复计划，检察机关便不再提起诉讼；最后，从数据中可看出检察机关并不会滥诉，在检察机关立案的行政公益诉讼中，绝大多数案件都通过诉前程序得到了化解。①

---

① 2017 年 7 月 –2018 年 12 月，湖南省检察机关共立案行政公益诉讼案件 7899 件，占公益诉讼立案总量的 97.41％；办理行政公益诉讼诉前程序案件 6601 件，行政机关到期回复率达 99.96％。

2. 区分作为与不作为行政公益诉讼的观点

此观点主要是对不作为类行政公益诉讼举证责任存在的质疑。就作为类行政公益诉讼而言，持该观点的学者也认同应当坚持举证责任倒置的原则，笔者对其并无异议。因此，下文主要对该主张中的不作为类行政公益诉讼举证责任进行商榷。

第一，要求区分作为与不作为的学者，一般单单把目光聚焦在诉前阶段，而忽略了行政公益诉讼是由诉前与诉讼程序共同组成的。法院立案意味着检察建议成立，而检察建议包含的内容主要包括：在特定领域内行政机关负有职责，而行政机关不作为或违法作为，导致国家利益或社会公共利益受到损害，并且在检察机关发出检察建议后，行政机关仍不作为。此时检察建议的作用就相当于在一般行政诉讼中当事人的申请。因此在诉讼程序开始后，行政机关应当就其不具有职责或已履行职责进行举证。

第二，相较于一般行政诉讼而言，公益诉讼一般存在行政不作为情形。对于行政不作为而言，其产生情形乃是针对依申请行政行为而言的，即只有在当事人提出申请时，行政机关才应作出行政行为。而此种依申请的行政行为，针对的是大多数当事人的个人利益，如行政许可、行政给付、行政奖励、行政确认、行政调解、行政裁决。而检察机关提起公益诉讼往往针对的是《行政诉讼法》规定的四类案件，这些一般都是行政机关需要依照职权主动作为的。

（二）坚持举证责任倒置原则的必要性

1. 行政公益诉讼的价值追求

"举证责任作为一项诉讼制度，其设计必然要遵循目的、体现目织、实现目的。"[23] 因此，在进行举证责任制度设计时，必然要紧紧围绕保护公共利益的目的。

第一，保护公共利益。从公益诉讼案件范围上来看，《行政诉讼法》先以列举方式，明确四类检察机关可以提起公益诉讼的案件，这四类案件的特点均是涉案人员众多、对公共利益可能造成损害。

同时法律还以"等"来为行政公益诉讼的范围扩张留有余地；从实践效果来看，行政公益诉讼明显保护了公共利益，维护了与群众相关的公共利益。[①]第二，促进依法行政。在当前中国，由于种种原因，行政执法的能力还有很多不足，行政权力侵犯公益的行为时有发生。面对行政权力的庞然大物，公众个人的能力相对有限，唯有加强对公权力的制约与监督，方能促进法治政府的进一步实现。总之，行政公益诉讼制度的目的是保护公共利益、促进依法行政，通过举证责任倒置，加大被告的在举证方面的作为，使被告自证清白，能够提高其依法行政的意识，促进行政权依法行使，有效维护公共利益，实现行政公益诉讼的目的。

2. 举证责任分配的内在要求

自由与秩序、公正与效率是诉讼价值体系中最重要的两对价值，举证责任制度作为诉讼制度的构成部分，也应契合这些价值。[24]举证责任本身要求立法者应当将当事人与证据之间的距离考虑在内。"证据距离是当事人控制证据可能性的度量"[25]，即意味着一方距离证据越近，其控制证据的可能性便越大，也更容易向法院提供证据。故如果一方当事人距离证据较近，那么在对举证责任进行分配时，便要对这一因素着重考虑。在行政公益诉讼中，无论是作为还是不作为，行政机关都距离证据较近，掌握着大量本专业领域的证据，有更高的举证效率，更容易发现客观事实、实现行政诉讼对公平与效率的追求。

---

① 截至 2017 年 6 月，全国试点地区检察机关办理生态环境和资源保护领域公益诉讼案件 6527 件，督促恢复被污染、破坏的耕地、林地、湿地、草原 12.9 万公顷，督促治理恢复被污染水源面积 180 余平方千米，督促 1700 余家违法企业进行整改。全国试点地区检察机关通过公益诉讼挽回直接经济损失 89 亿余元，其中，收回国有土地出让金 76 亿余元，收回人防易地建设费 2.4 亿余元，督促违法企业或个人赔偿损失 3 亿余元。数据资料源于最高人民检察院委托中国政法大学马怀德教授开展的"检察机关提起行政公益诉讼试点工作评估"课题（中国政法大学项目编号：2041-23317014）实证调研。

五、行政公益诉讼举证责任分配规则重构

我国的行政公益诉讼仍应坚持举证责任倒置原则，但在这一原则下，某些待证事实的分配仍需具体说明，下面将具体论述检察机关与行政机关各自应当承担的举证义务。

（一）检察机关承担的举证义务

1. 检察机关举证义务的演变

在公益诉讼试点推进过程中，检察机关的举证义务在逐渐改变。2015 年 12 月最高人民检察院通过了《人民检察院提起公益诉讼试点工作实施办法》（以下简称《实施办法》），其中明确规定了检察院的举证责任[1]，而在 2016 年 2 月最高人民法院通过的《人民法院审理人民检察院提起公益诉讼案件试点工作实施办法》（以下简称《法院办法》）中，并未对举证责任作出规定，只在第 12 条中规定了人民检察院提起行政公益诉讼应当提交的材料。[2] 依《法院办法》的规定，在行政公益诉讼中当事人双方的举证责任应当依照《行政诉讼法》进行。2018 年 3 月发布的《最高人民法院、最高人民检察院关于检察公益诉讼案件适用法律若干问题的解释》（以下简称《解释》）中并未明确提到检察机关应当承担的举证责任，

---

[1] 《人民检察院提起公益诉讼试点工作实施办法》第 45 条规定："人民检察院提起行政公益诉讼，对下列事项承担举证责任：（一）证明起诉符合法定条件；（二）人民检察院履行诉前程序提出检察建议且行政机关拒不纠正违法行为或者不履行法定职责的事实；（三）其他应当由人民检察院承担举证责任的事项。"

[2] 《人民法院审理人民检察院提起公益诉讼案件试点工作实施办法》第 12 条规定："（一）行政公益诉讼起诉状，并按照被告人数提出副本；（二）被告的行为造成国家和社会公共利益受到侵害的初步证明材料；（三）人民检察院已经履行向相关行政机关提出检察建议、督促其纠正违法行政行为或者依法履行职责的诉前程序的证明材料。"

只是在第 22 条中规定 [1] 人民检察院提起行政公益诉讼应当提交的材料。

笔者认为，2015 年《实施办法》已规定了检察机关的举证责任，而 2018 年《解释》却未再规定检察机关的举证责任，而是将原来检察机关的举证责任转为起诉条件中的内容，恰恰证明了最高人民检察院、最高人民法院认为举证责任由检察机关承担并不合适。同时，2018 年 3 月 12 日发布的《办案指南》中也未再规定检察机关举证责任，而是改为检察机关提交的材料，也可以印证此观点。

2. 检察机关应承担程序法上的举证责任

举证责任可以分为实体法上的举证责任与程序法上的举证责任。[26] 其中程序法上的举证责任发生于两主体的架构之间，即发生在当事人与法院之间，由法院对当事人提交的证据进行审查，判断其是否达到证明标准。这一构造明显不同于实体法。在对实体法要件事实进行证明的过程中，法院、原告、被告三方成掎角之势，总是由三方共同参与。区分程序上的举证责任与实体法上的举证责任具有重要意义，两者适用不同的证明标准。对于程序上的举证责任，法院在对其进行审查形成自由心证时，一般适用相对较低的证明标准；而对于实体法上的举证责任，法院对其进行审查时会采取较高的证明标准。不同证明标准的适用会对案件事实认定产生较大影响。

目前《解释》中规定的检察院提供的证据乃是程序法意义上的举证责任，即此种情况下只有法院审查检察机关提交的材料，并没有行政机关的参与。《行政诉讼法》上的举证责任单指实体法意义上的举证责任，此处程序法上的举证责任也就是《解释》中所称的"检察院应当提交以下材料"。2018 年出台的《解释》改变了 2015 年《实

---

[1]《最高人民法院、最高人民检察院关于检察公益诉讼案件适用法律若干问题的解释》第 22 条："人民检察院提起行政公益诉讼应当提交下列材料：（一）行政公益诉讼起诉书，并按照被告人数提出副本；（二）被告违法行使职权或者不作为，致使国家利益或者社会公共利益受到侵害的证明材料；（三）检察机关已经履行诉前程序，行政机关仍不依法履行职责或者纠正违法行为的证明材料。"

施办法》所称的检察院的举证责任，而改称为检察院提交的证明材料，就是为了避免法院对于检察院起诉时提交的证据与法院提交的证据适用同一标准，而导致行政公益诉讼的门槛变高，不利于对公共利益的保护。滕艳军检察官在对行政公益诉讼试点中检察院败诉的案例进行细致分析后，认为检察机关的败诉原因之一就是检察机关举证不到位，即检察机关负担了较重的举证责任。[5]

总之，两份文件的区别就在于证明标准的不同。在2015年的《实施办法》中，对于检察院提交的证据，法院所采取的证明标准与审查行政机关为证明自身行为合法性的证明标准一致，而在2018年《解释》中，法院在审查时采取的证明标准要低于行政机关为证明自身行为合法性的证明标准。

3. 检察机关要提交的证据

结合相关案例以及文件，检察机关应当提交以下证据：第一，诉讼原被告主体适格。此时检察机关应提交行政机关具有职责的材料。第二，检察机关已履行诉前程序。其中包含公共利益受损情况，已向行政机关发出检察建议，在收到检察建议后，行政机关仍不作为。

对于行政行为与损害事实之间的因果关系，也应当由原告承担举证责任。在重庆市渝北区人民检察院诉重庆市渝北区林业局不履行法定职责案中，被告称公益诉讼起诉人没有证据证明行政机关违法行为或不作为与损害事实存在法律上的因果关系。而法院认为被告辩称没有证据证明该垃圾填埋点造成环境损害的客观事实、被告不存在未正确履行法定职责的行为、没有证据证明公共利益受到损害的事实与行政机关的违法行为之间存在因果关系，不予采信。此案件中，应当首先由检察院提出证据证明两者之间的因果关系，继而由行政机关提出反证。①

---

① 重庆市渝北区人民法院（2019）渝0112行初150号行政判决书。

关于过错的分配。一般情况下,检察机关无须对行政机关是否具有过错提供证据,而仅需对行政机关客观上是否履行职责提供证据,这是因为行政机关行为类型较为多样与复杂,由检察机关提供证据会导致其义务过重。但这并不意味着行政机关行为属于客观归责,即仅根据公共利益仍然受损便判定行政机关具有过错。行政机关若能提供证据证明自身依据法律已经穷尽手段,即使公共利益仍受损,法院也应认定行政机关已经将自身职责履行完毕。然而相关文书显示,法院常会因公共利益仍然受损而判决行政机关败诉,而忽视行政机关已经依照法律履行职责。例如,在贵阳市云岩区人民检察院诉贵阳市云岩区城市管理局不履行法定职责一案中,法院认为检察机关是否按照职责提起公益诉讼,应以社会公共利益是否得到保护为前提。[①] 又如,在东辽县人民检察院诉东辽县林业局不履行法定职责一案中,法院认为虽然被告提出因被破坏林地内存在废水污染无法补种等客观原因,但为消除违法侵害生态环境所造成的后果,维护国家和社会公共利益,促进行政机关恪尽职守、依法履职,依然对东辽检察院提出的诉讼请求予以支持,被告东辽县林业局应继续依法及时履行对被破坏林地恢复原状的监管职责。[②]

(二)行政机关承担的举证责任

《办案指南》规定,对于行政机关行为的合法性,应当由行政机关进行举证。从上述案例分析也可看出,目前法院倾向于将行政机关对自身行为的合法性的证明责任交由行政机关举证,但实践中仍有较多问题需要详细分析。实证表明,行政公益诉讼案件绝大多数为不作为案件,其中又可以分为两类:完全不作为和不完全作为。在完全不作为案件中,行政机关往往会提供证据证明自身并无职责;而在不完全作为案件中,行政机关往往会证明自身已履行职责,或未履行职责的原因在于客观条件限制而非自身主观不作为。

---

① 贵州省贵阳市云岩区人民法院(2019)黔 0181 行初 11 号行政判决书。
② 吉林省东辽县人民法院(2018)吉 0422 行初 25 号行政判决书。

1. 两阶段行政机关举证责任的联系

行政机关应承担的举证责任是提交证据证明自身没有不作为或没有完全不作为。由于行政公益诉讼独特的两阶构造，此时行政机关提交的证据可以在检察建议作出后形成，也可以包括检察建议前的证据。当然并非行政机关在诉前不履行职责而在诉中履行，便可以证明自身行为的合法性。行政机关在诉前不履行而在诉讼中履行并不能证明自身履行了职责，因为行政机关的最初行为是否构成不履行法定职责是整个行政公益诉讼的基础。[27] 对于行政机关诉前未履行而在诉中履行的行政行为，法院应当确认其违法，这也符合司法实践。在司法实践中，面对诉前行政机关不作为而在诉讼过程中履行职责的行为，法院往往会确认其行政行为违法，而非确认其已履行职责。

行政机关要证明自身已经履行职责，但需要证明的应是已经履行了检察建议中的职责。在达州市达川区人民检察院诉达州市达川区住房和城乡建设局不履行城乡建设行政管理法定职责一案中，法院认为对被告是否依法履行法定职责，应从被告是否已对检察建议中建议（要求）被告履行的法定职责依法履行，即检察建议中载明的违法行为是否已依法进行处理等方面进行评判，不应以被告在收到检察建议后是否对公益诉讼起诉人检察建议中未载明的违法行为及施工单位整改后出现的新的违法行为依法作出处理，作为评判被告是否依法履行法定职责的标准和依据。因此，被告提供的证据要证明的是检察建议中被告对违法行为是否履行作为职责，这也保证了诉前检察建议与诉讼程序的一贯性。①

2. 行政机关举证责任的具体说明

在行政不作为案件中，检察机关提起行政公益诉讼后，行政机关要对自身不作为合法性进行举证。目前行政法学界通常认为行政

---

① 四川省达州市通川区人民法院（2010）川 1702 行初 142 号行政判决书。

不作为的构成要件有三：一是行政机关具有法律上的职责；二是行政机关没有全面履行该法定职责；三是行政机关不履行法定职责属于主观上不作为而非客观上不能为。因此，行政机关为证明自身不作为的合法性，往往从上述三个要件出发，寻找抗辩事由。但这三项并非均应当由行政机关进行举证，行政机关是否具有法定职责，由法律规定，此属于法律问题，并非事实问题，法院应当收集证据进行认定，这也与司法实践中许多法院在诉讼双方提交的证据之外去另寻有关行政机关职责的证据相契合。在实践中，行政机关往往会举证自身无管理职责。在孝感市孝南区人民检察院诉孝感市孝南区新华街道办事处一案中，被告认为其无法定的环境卫生方面社会公共利益受到侵害的行政执法职责。①但这一问题属于法律问题，可由法院搜集证据来审查行政机关是否有义务来源。在宿州市埇桥区人民检察院诉宿州市埇桥区生态环境分局不履行法定职责一案中，法院依职权查明，因机构改革，2019 年 4 月 18 日宿州市埇桥区环境保护局更名为宿州市埇桥区生态环境分局，相关职能由宿州市埇桥区生态环境分局行使。但行政机关未举证不影响法院应当搜集相关证据证明其是否有职责。②

　　行政机关提交证据证明自身全面履职，应当提供哪些内容？司法实践中的关键问题是：行政机关是否要提交自身已经使得公共利益得到维护的证据？更进一步说，公共利益得到维护是否是被告的法定职责？这一问题与上文提及的我国的行政公益诉讼模式密切相关。笔者已提出，由于我国行政公益诉讼制度建构目的之一在于维护公共利益，因此法院在审查时往往会以公共利益是否得到维护、是否得到全面修复来判断政府是否履行职责。更明确地说，行政机关是否履职的判断标准为"行政机关按照权限履职"和"公共利益得到维护"，即许多法院将行政机关促进公共利益的修复默认为行

①湖北省孝感市孝南区人民法院（2019）鄂 0902 行初 96 号行政判决书。
②安徽省宿州市埇桥区人民法院（2019）皖 1302 行初 8 号行政判决书。

政机关的职责。然而扩大对"法定职责"的解释，让不具备手段和能力的行政机关履行职责，不仅无法实现履责的目标，反而是对客观法秩序的瓦解，损害了秩序公益[16]。在商城县人民检察院诉商城县城市管理局不履行法定职责一案中，被告仅仅是城市生活垃圾处置企业（以下简称"处置企业"）的监督部门，被告已经履行了处置企业监督部门的法定职责，对于公共利益的修复并无职责，但依然被法院判决履行相关职责。① 此种情况并不利于行政公益诉讼的发展与行政机关的正确履职。正常情况下，若行政机关具有法律规定的维护公共利益的职责，行政机关应当对公共利益的维护承担举证责任，否则就不承担举证责任。

　　行政机关也可提交非自身主观原因，而是由于客观不能导致无法履行职责的证据来证明不作为的合法性。在100份裁判文书中，行政机关辩称客观原因的共有12份，分别如下：行政执法无有效强制力原因2份②；历史遗留原因1份③；上级政府决定原因2份④；缺乏经费原因2份⑤；职能有限原因2份⑥；修复公共利益需要时间原因2份⑦；机构改革导致行政职能不清原因1份⑧。除以上证据外，如上文所述，行政机关有时也会提交自身具有主体资格、检察机关超过起诉期限提起诉讼的证据，当然这些并非被告需要履行的举证

---

① 河南省商城县人民法院（2019）豫 1524 行初 56 号行政判决书。
② 吉林省敦化市人民法院（2020）吉 2403 行初 6 号行政判决书；重庆市渝北区人民法院（2019）渝 0112 行初 150 号行政判决书。
③ 湖北省崇阳县人民法院（2020）鄂 1223 行初 28 号行政判决书；福建省泉州市丰泽区人民法院（2019）闽 0503 行初 1 号行政判决书。
④ 安徽省宿松县人民法院（2019）皖 0826 行初 20 号行政判决书。
⑤ 吉林省靖宇县人民法院（2018）吉 0622 行初 14 号行政判决书；内蒙古自治区达尔罕茂明安联合旗人民法院（2020）内 0223 行初 14 号行政判决书。
⑥ 湖北省武汉市黄陂区人民法院（2020）鄂 0116 行初 64 号行政判决书；吉林省通化市东昌区人民法院（2019）吉 0502 行初 35 号行政判决书。
⑦ 辽宁省抚顺市新抚区人民法院（2020）辽 0402 行初 68 号行政判决书；湖北省咸宁市咸安区人民法院（2018）鄂 1202 行初 73 号行政判决书。
⑧ 重庆市渝北区人民法院（2019）渝 0112 行初 150 号行政判决书。

责任，但其有权利提供证据进行抗辩。

（三）构建行政公益诉讼上的三阶证明标准

行政机关对自身行为合法性承担举证责任固然是较优选择，但仍不可避免地会出现一些问题，当然这并非举证责任倒置的原因，通过转移举证责任也无法解决。故我们不应将目光局限于举证责任这一内容，而忽视了行政公益诉讼的其他制度和《行政诉讼法》相关规定。我国行政法学界提出过引入客观证明责任来解决案件事实真伪不明的情况，引导诉讼双方进行举证。但证明标准的确立比客观证明责任的引入更重要，从本质上来说，举证责任问题与证据证明标准问题是一脉相承的。通过证明标准的确立，可以引导法官在双方提交证据形成内心确信后根据不同证明标准作出判决，可以在案件事实真伪不明的问题出现前作出判决。

目前证据法学界一般将证明要求分为四类，并分别适用于不同的证明对象。[28] 一是排除合理怀疑标准。此类标准要求法官内心形成不具有合理怀疑的确信，刑事诉讼领域一般适用该标准；二是高度盖然性标准。此类标准不同于排除合理怀疑标准，允许有一定的怀疑空间，但要求也较高。若以数字表示，高度盖然性标准一般要求法官内心的确信程度达到80%以上；三是优势证据标准，即只要法官内心能达到50%以上的心证即可；四是清楚而有说服力的证明标准，此类标准乃是最低的证明要求，只要法官大体相信即可。

对于起诉条件而言，其证明标准的设立应满足两方面需求。一是保证检察机关的诉权，防止因起诉门槛过高导致大量行政公益诉讼案件无法被法院审理。二是避免检察机关滥诉。为了满足这两方面需求，法院在对检察机关提交的起诉材料进行审查时，应当适用优势证明标准。这也符合《解释》《办案指南》等文件未将检察机关提交材料视为举证责任的目的。在案件审理过程中，法院主要审查行政行为是否合法。由于司法实践中绝大多数案件与行政机关不作为有关，因此需要对此进行重点论述。在不作为案件中，可分为行政机关完全不作为与行政机关不完全作为。对于行政机关完全不作为而言,行政机关多以其不具有履行职责为抗辩事由。然此问题属于法律问题并非事实问题,无须证据证明;对于行政机关不完全作为而言,行政机关一般承认其具有职责,但认为其已经作为。此类问题涉及行政机关的裁量权,由于社会日渐复杂、不断分化、行政事务愈加专业,在行政公益诉讼方面更加明显。因此,司法机关应尊重行政机关的裁量权,保持司法的谦抑性,适用高度盖然性标准进行审查。

参考文献

[1]刘艺.论国家治理体系下的检察公益诉讼[J].中国法学,2020(2):49-167.

[2]马怀德.新时代行政公益诉讼制度的发展与实践[J].人民论坛·学术前沿,2019(5):56-64.

[3]朱全宝.论检察机关提起行政公益诉讼:特征、模式与程序[J].法学杂志,2015(4):112-118.

[4]傅国云.行政公益诉讼制度的构建[J].中国检察官,2016 (5):64-66.

[5]滕艳军.检察机关一审败诉行政公益诉讼案件实证研究[J].社会治理,2019(9):77-87.

[6]王玎.检察机关提起行政公益诉讼的举证责任[J].行政与法,2017(10):91-98.

[7]牛向阳,王瑞霞.检察机关提起行政公益诉讼举证责任分配辨析[J].人民检察,2018(5):75-76.

[8]章剑生.论行政公益诉讼的证明责任及其分配[J].浙江社会科学,2(1):52-58.

[9]罗智敏.行政赔偿案件中原被告举证责任辨析[J].中国法学,2019(6):261-281.

[10]王振宇,阎巍.论行政诉讼证明责任的重构[J].法律适用,2014

(1):44-50.

[11]沈福俊.论行政诉讼被告举证规则的优化[J].法商研究,2006(5):108-114.

[12]李大勇.行政诉讼证明责任分配:从被告举证到多元主体分担[J].证据科学,2018(3):261-270.

[13]江必新.适用《关于行政诉讼证据若干问题的规定》应当注意的问题[J].法律适用,2003(10):13-18.

[14]江必新,徐庭祥.行政诉讼客观证明责任分配的基本规则[J].中外法学,2019(4):911-931.

[15]E.博登海默.法理学：法哲学及其方法[M].邓正来,译.北京:华夏出版社,1987.

[16]薛刚凌.行政公益诉讼类型化发展研究:以主观诉讼和客观诉讼划分为视角[J].国家检察官学院学报,2021(2):81-99.

[17]成协中.论我国行政诉讼的客观诉讼定位[J].当代法学,2020(2):75-86.

[18]安德森.公共决策[M].唐亮,译.北京:华夏出版社,1990.

[19]孟德斯鸠.论法的精神：上册[M].张雁深,译.北京:商务印书馆,1982.

[20]郑雅方.论我国行政法上的成本收益分析原则：理论证成与适用展开[J].中国法学,2020 (2):201-219.

[21]左卫民.实证研究:正在兴起的法学新范式[J].中国法律评论,2019(6):1-4.

[22]王珂瑾.行政公益诉讼制度研究[M].济南:山东大学出版社,2009.

[23]余凌云,周云川.对行政诉讼举证责任分配理论的再思考[J].中国人民大学学报,2001 (4):95-100.

[24]樊崇义.诉讼原理[M].北京:法律出版社,2003.

[25]王利明.论举证责任倒置的若干问题[J].广东社会科学,2003,(1):150-158.

[26]李浩.民事诉讼法适用中的证明责任[J].中国法学,2018(1):77-95.

[27]李明超,王家跃.行政公益诉讼制度运行的实效性考察:以713份裁判文书为分析样本[J].时代法学,2020(3):41-52.

[28]徐继敏.行政证据制度研究[M].北京:中国法制出版社,2006.

监察与司法协调衔接的实践报告

——基于裁判文书的实证研究[①]

钱文杰[②]

摘　要：监察机关办理职务犯罪案件，与审判机关、检察机关"互相配合，互相制约"宪法关系的具体实践，急需通过经验分析来评估。在以调查妨碍判断为兜底的留置规范前提下，留置措施"追究责任""预支刑罚""震慑犯罪"等异化功能，可能会引发"构罪即留置"的滥用风险，其中检察机关"自行衔接"的转换模式契合形式主义的法治要义。围绕着职务犯罪案件的监察管辖扩张，监察机关、检察机关和审判机关之间成立一种"对称和交错相结合的混合模式"，可能会对刑事司法递进主义的制约关系造成冲击，而且对人民陪审员制度的过度依赖，也与司法公正和司法效率的两大价值存在隐性张力。监察案件的定罪量刑呈现出一种以案卷笔录为中心的裁判逻辑，司法确认成了监察案件法庭审判的主要工作，并且相对独立的量刑程序效果不彰，监察案件慎用缓刑也成了当前司法裁判的基本立场。

关键词：监察；司法；协调衔接；裁判文书

---

① 本文系清廉温州建设研究中心 2021 年重点课题"监察体制改革背景下的纪法贯通、法法衔接问题研究"（QLZ2021003）的研究成果。
② 作者简介：钱文杰，江苏丹阳人，法学博士，杭州师范大学沈钧儒法学院讲师。

一、引言

在党和国家重拳反腐、铁腕治贪的反腐败持续斗争中，在法治轨道上推进和巩固反腐败工作意义重大。司法作为法治反腐的重要力量，肩负着惩治和防控腐败犯罪、保障公共权力正当运行的法定职责，承载着刑罚惩戒、教育引导、建制防范、权力制约和法律完善等多重功能，[①] 是腐败治理的重要方式。但是，司法权的本质是判断权，围绕司法权被动性、中立性、交涉性等权能要素，如何以看得见的方式实现司法反腐过程中的公平正义，仍是社会主义法治的核心命题。在国家监察体制改革"以监察为核心"和司法体制改革"以审判为中心"的大变革时代，前者以纪律检查与国家监察合署办公为组织架构，并且采用纪法调查与犯罪调查相结合的双重调查模式；后者以分工负责、互相配合、互相制约宪法原则为宏观统摄，并且要求刑事侦查、审查起诉面向和服从司法审判，以实现庭审实质化。国家监察体制改革，实然层面只是职务犯罪案件求刑权主体在侦查阶段的身份更改，应然层面也不应对审判中心的诉讼制度形成体系冲击，并且二者具备提升反腐质效的共同价值追求。

早在职务犯罪案件的检察侦查时代，有学者就基于实证研究得出，高官贪腐案件中"涉案金额的量刑标准已经失去；追缴金额、认罪态度成为减轻处罚的必备要件；判处死刑时数额因素的司法意义并不明显"[②]；渎职侵权犯罪中"从渎职侵权案件查办罪名上看，司法实践适用罪名仅立法设置罪名的三分之一；从案件办理过程看，有效线索来源不足，定罪证据严重依赖于犯罪嫌疑人的供述，非证据原因引起的认识分歧较大；从案件处理结果看，渎职

[①] 吴健雄：《司法反腐的法治功能与实现路径》，《光明日报》2015年10月6日第6版。
[②] 孙超然：《论贪污罪、受贿罪中的"情节"：以高官贪腐案中裁判考量因素的实证分析为切入点》，《政治与法律》2015年第10期。

侵权犯罪打击偏离法律轨道"。①但在职务犯罪案件的监察调查时代，我们也要保持对反腐实践新动向、新思路和新问题的持续深耕，科学研究所倡导的"在前人研究的基础上检验、批评、对话或者改进"仍是未完待续。②其中，诸如职务犯罪案件中留置措施的转换模式、司法裁判的整体样态以及定罪量刑的裁判逻辑等关键问题，都有待进一步的实践检视和理论反思。

有鉴于此，本文将以监察机关调查、检察机关公诉和审判机关裁判的裁判文书为素材③，并以统计学原理和技术为支持，秉持一种"以实用主义的态度重视法条"和"从后果出发而不是从法条出发"的研究思路④，初步描绘监察案件司法裁判的实践逻辑，以及勾勒监察案件司法裁判的应然路径，通过科学、合理、有效地贯彻落实"宽严相济"刑事政策，以期对提升新时代反腐工作的公信力和权威性有所裨益。

二、监察留置的实践及转换

国家监察体制改革将依规治党与依法治国有机统一，通过设置一种法定的"留置"调查措施来代替"双规""双指"等措施，

---

① 郭哲：《渎职侵权犯罪查办之困境及化解：基于中南某地区的实证研究》，《政法论丛》2017 年第 4 期。

② Thomas S. Ulen. "A Nobel Prize in Legal Science: Theory, Empirical Work, and the Scientific Method in the Study of Law." University of Illinois Law Review, 2002(4).

③ 以简单随机抽样进行样本选择，100 份裁判文书均来源于北大法宝案例库：在高级检索中，全文中含"监察"，但也可能包含行政监察、监察移送等无效案件；案由为"刑事"，因为在监察机关纪法调查与犯罪调查的双重调查模式之下，本文显然只是以职务犯罪案件为根本观照；审理程序为"一审"，因为在审级的功能、证据的可靠性、信息的全面性等方面，一审程序在事实审理方面都有其天然优势；参照级别为"普通案件"，保证尽可能多地呈现样本素材。参见 http://www.pkulaw.cn/Case/，2020 年 4 月 22 日访问。

④ 侯猛：《社科法学的传统与挑战》，《法商研究》2014 年第 5 期。

既在反腐败工作中限制人身自由的依据上实现了党规向国法的转化^①，也是推进国家治理体系和治理能力现代化的重要举措。监察留置作为一项国家创设的新型公权力，对公民基本权利的干预和影响较大，但是基于现阶段规范层面"赋权"和"限权"的相对不平衡，导致权力配置及其规范、权利保障及其救济等问题颇具争议。特别是监察留置的运用及转换问题，急需在总结实践经验的基础上进行类型划分和理论论证。

（一）监察留置：以调查妨碍判断为兜底

在监察机关12种监察措施中，留置措施因涉及人身自由这一基本权利而倍受关注。首先，留置措施是对人身自由的暂时性限制。这是因为，一方面从监察调查的动态演化出发^②，留置措施的适用前提是"监察机关已经掌握其部分违法犯罪事实及证据，但仍有重要问题需要进一步调查"；另一方面从限制自由的法院特权出发^③，留置措施的法律后果是"被留置人员涉嫌犯罪移送司法机关后，被依法判处管制、拘役和有期徒刑的，留置一日折抵管制二日，折抵拘役、有期徒刑一日"。其次，留置措施具有刑事强制措施的实践性属性。虽然留置措施的适用对象具体包括涉嫌严重职务违法的和涉嫌职务犯罪的，但不仅在已有的留置实践中只对"职务犯罪"行为采取留置措施，而且其与《刑事诉讼法》中的传唤、拘传、拘留、逮捕等强制措施相似，并不直接获取证据，而是为了侦查活动的顺利展开，为获取证据创造条件。^④虽然留置措施与逮捕措施在法律

---

① 陈光中、邵俊：《我国监察体制改革若干问题思考》，《中国法学》2017年第4期。
② 监察调查的动态演化，是指监察机关调查职务违法和职务犯罪过程中情报获取、线索甄别、证据收集、证据链形成等环节。
③ 限制自由是刑法惩罚性功能的实现方法，而且"未经人民法院依法判决，对任何人都不得确定有罪"，审前羁押（逮捕、留置）的功能更多是诉讼保障性和调查服务性，这些都决定了人身自由限制的暂时性。
④ 张翔、赖伟能：《基本权利作为国家权力配置的消极规范——以监察制度改革试点中的留置措施为例》，《法律科学》2017年第6期。

称谓上不同，但实质上都是较长时间剥夺公民人身自由的强制性措施，不仅强调批准决定程序上的规范性，而且具有折抵刑期效果上的同质性。最后，留置措施承载监察调查法治转型的历史性使命。因为用"留置"调查措施代替"双规""双指"等措施符合法治要求和精神，本身即是法治反腐的重大进步，但是如何将留置措施纳入法治轨道同样备受期待，以至于有观点主张"监察体制改革的正当性很大程度上要取决于留置措施的合法性和正当性"①。其中，《监察法》第22条规定："被调查人涉嫌贪污贿赂、失职渎职等严重职务违法或者职务犯罪，监察机关已经掌握其部分违法犯罪事实及证据，仍有重要问题需要进一步调查，并有下列情形之一的，经监察机关依法审批，可以将其留置在特定场所：（一）涉及案情重大、复杂的；（二）可能逃跑、自杀的；（三）可能串供或者伪造、隐匿、毁灭证据的；（四）可能有其他妨碍调查行为的。"在监察机关留置措施适用条件的不完全列举框架内，不仅"案情重大、复杂"过于笼统、抽象，实践中多依赖监察机关内部独立且封闭的判断，而且"其他妨碍调查行为"亦属于口袋式立法规范，在立法技术已日臻成熟的情况下不宜再予以采用②，以维护公权力行使的稳定性、确定性和权威性。以调查妨碍判断为兜底，其实是对留置措施调查功能的逻辑结构弥补和解释扩充准备，但是调查妨碍判断也可能造成监察机关对留置措施的路径依赖，特别是在监察机关自行决定留置的封闭式权力运行体系中，就存在着留置措施滥用的法治风险。

（二）构罪即留置：留置措施的滥用及其应对

留置作为一种临时审查措施极易在实践中被滥用③，这是学

---

① 陈越峰：《监察措施的合法性研究》，《环球法律评论》2017年第2期。
② 谭世贵：《监察体制改革中的留置措施：由来、性质及完善》，《甘肃社会科学》2018年第2期。
③ 郭华：《监察委员会留置措施的立法思考与建议》，《法治研究》2017年第6期。

界的普遍担忧。从监察留置的实践来看，在 111 名被告中，监察调查阶段受到留置措施的共有 101 名，其中留置措施适用率高达 90.99%。一方面是印证了过往职务犯罪案件突破中"双规""双指"措施普遍适用的实际 ①；另一方面呈现出远远高于传统检察机关职务犯罪案件侦查中逮捕率的现象，"构罪即留置"成了监察机关职务犯罪调查过程中的惯性选择。与此同时，在 10 名没有受到留置措施的被告人中，又包括 1 名因无直接留置对象的单位犯罪和 3 名被判免予刑事处罚的轻微犯罪。《监察法》规定"留置时间不得超过三个月。在特殊情况下，可以延长一次，延长时间不得超过三个月"。这其实是确立了留置措施最长期限的"3+3"模式，也区别于逮捕措施最长期限的"2+1+2+2"模式。

从留置期限的分布来看，在 94 名可被计算留置期限的被告中，一方面平均留置天数为 46.96 天，总体能够保持"留置期限越长，留置人数越少"的相对理性；另一方面留置期限更多集中于 30 日内，其中更是有 14 名被告的留置期限在 15 日以内，也在某种程度上表达监察机关通过缩短留置期限以消解畸高留置适用率的一种主体自觉。"构罪即留置"，不仅是对过往"双规""双指"措施普遍适用的一种延续，更是对传统职务犯罪畸高逮捕率的加强，直接导致在随后的检察起诉和法院审判阶段，拥有相对自由裁量权的检察官和法官也不得不考虑留置与否的前提事实，全面分析相关裁决的可能后果，审慎选择互相配合的最优方案，进而达成一种共议格局下的中国式权力默契。例如，以监察留置与法院量刑的关联分析为例，一方面在监察调查阶段没有适用留置措施的 10 名被告中，被判处管制、拘役、单处罚金、徒刑缓刑和免予刑事处罚等轻缓刑的共 8 名，轻缓刑比例高达 80.00%；另一方面在监察调查阶段有适用留置措施的 101 名被告中，被判处轻缓刑的共 25 名，轻缓刑比例仅

---

① 张智辉、邓思清：《论我国刑事强制性措施制度的改革与完善》，《法商研究》2006 年第 1 期。

为 24.75%，是否被监察留置与是否被判处轻缓刑在统计意义上表现为显著的负相关关系。留置"绑架"审判，其实是刑事司法"押判倒挂"问题的延续。审判中心主义视域下，留置"绑架"审判不仅违反现行法律规定，也违背刑事诉讼认识规律，甚至可能导致案件处理错误呈现连锁反应。[①] 监察程序和司法程序的有效衔接，以留置措施的功能维系和司法审判的中立保持为根本前提，进而实现法治反腐的历史转型。这就要求首先是在比例原则规范指引下，进一步明确留置措施适用的程序性和实体性规则，例如删去"严重职务违法"的"僵尸性"条款；其次是以留置替代性措施为补充，进一步释放谈话、讯问和搜查等措施的调查发现功能，以及在未来建构一个梯度设置、差异分层的监察强制措施体系；最后是引入监察留置必要性的动态审查机制，进一步实现留置措施调查服务性功能的理性回归，以及防止出现类似逮捕措施"追究责任""预支刑罚""震慑犯罪"的功能异化。[②]

（三）留置转换模式：从"直接衔接"到"自行衔接"

在国家监察体制改革与刑事诉讼制度衔接的学术热点中，又是以"监察机关留置措施与刑事强制措施的衔接"等为具体关切[③]，其在改革实践中也经历了试点阶段检察机关"直接衔接"到推广阶段检察机关"自行衔接"的模式转换。检察机关"直接衔接"，指在监察机关对被调查人采取留置措施的案件中，在移送审查起诉后，检察机关直接采取逮捕措施，无须审查决定；检察机关"自行衔接"，指在监察机关对被调查人采取留置措施的案件中，在移送审查起诉后，由检察机关作出是否逮捕、取保候审或者监视居住的决定。[④] 这其实是在设置一种独立的强制措施决定程序，而两种转换模式的区

---

① 汪海燕：《论刑事庭审实质化》，《中国社会科学》2015 年第 2 期。
② 刘计划：《逮捕功能的异化及其矫正：逮捕数量与逮捕率的理性解读》，《政治与法律》2006 年第 3 期。
③《2018 年度中国十大学术热点》，《学术月刊》2019 年第 1 期。
④ 龙宗智：《监察与司法协调衔接的法规范分析》，《政治与法律》2018 年第 1 期。

别在于是否存在留置措施与刑事强制措施间的实质差异，是否承认
审查起诉过程中检察机关刑事强制措施的主体地位，以及是否允许
刑事强制措施针对留置措施的调整分流。其实，从功能指向来看，
监察机关的留置措施服务于监察调查完整，而检察机关的刑事强制
措施保障于诉讼顺利进行；从适用条件来看，监察机关的留置措施
以单一性的调查妨碍判断为核心，而检察机关的刑事强制措施以复
合性的诉讼保障判断为基石[①]；从行为方式来看，监察机关的留置措
施采取相对封闭的决定式，而检察机关的刑事强制措施采取相对开
放的审查式，并且程序性乃是刑事强制措施的基本属性。[②]《刑事诉
讼法》第 170 条规定："对于监察机关移送起诉的已采取留置措施
的案件，人民检察院应当对犯罪嫌疑人先行拘留，留置措施自动解除。
人民检察院应当在拘留后的十日以内作出是否逮捕、取保候审或者
监视居住的决定。"因此，对被留置人采取先行拘留措施使得拘留
成为一种常规手段。[③] 有观点认为，"规定检察机关'先行拘留'欠
妥，应当原则上直接适用逮捕措施，也可以适用取保候审措施"[④]，
"也带来程序适用不当的问题，并严重违背强制措施适用的基本法
理"[⑤]。这其实是对刑事拘留作为紧急状态下临时强制措施的一种误
读。首先，先行拘留的适用对象是现行犯或重大嫌疑分子，被留置
人员因涉嫌犯罪而被移送司法机关之时，仅为"被调查人"而非"犯

[①] 适用刑事强制措施，一方面是为了防止犯罪嫌疑人和被告人逃跑、自杀、串供、
毁灭证据、伪造证据、转移赃款赃物，另一方面是为了防止犯罪嫌疑人、被告人
继续实施新的犯罪或其他危害社会的行为。
[②] 杨雄：《刑事强制措施实体化倾向之反思：以预防性羁押为范例》，《政法论坛》
2008 年第 4 期。
[③] 杨宇冠、郑英龙：《〈刑事诉讼法〉修改问题研究：以〈监察法〉的衔接为视
角》，《湖湘论坛》2018 年第 5 期。
[④] 潘金贵、王志坚：《以审判为中心背景下监察调查与刑事司法的衔接机制研究：
兼评〈刑事诉讼法（修正草案）〉相关条文》，《社会科学研究》2018 年第 6 期。
[⑤] 左卫民：《一种新程序：审思检监衔接中的强制措施决定机制》，《当代法学》
2019 年第 3 期。

罪嫌疑人"，具备"重大嫌疑分子"的身份要素；其次，先行拘留的本质特征是其作为紧急性和临时性的过渡措施，本身即程序与程序、措施与措施的衔接桥梁，契合留置措施向刑事强制措施有效过渡的改革目标；最后，先行拘留的制度价值在于保障刑事强制措施的最大理性，通过后续逮捕、取保候审或者监视居住等多元分流，消解畸高留置适用率对职务犯罪刑事诉讼纵向构造的惯性冲击。特别是在留置措施的转换实践中，先行拘留确实起到了分流和过滤的作用，例如针对其中采取留置措施的 101 名被调查人，后续规定取保候审的就有 14 名。与此同时，立法上暂无检察机关"退回补充调查"时措施衔接的规范，实践中亦无检察机关"退回补充调查"时措施衔接的探索，① 但是基于司法便利和诉讼效率的双重考量，未来应当是坚持"案退、人不退"的原则，即使发生程序流转，案件退回监察机关补充调查，也不宜恢复留置措施。②

三、司法裁判的样态及构造

《监察法》第 11 条规定"对涉嫌职务犯罪的，将调查结果移送人民检察院依法审查、提起公诉"，表明监察机关只掌握"职务犯罪预处置权"，而司法机关才享有"职务犯罪处置权"。为了呈现"职务犯罪预处置权"和"职务犯罪处置权"的实践衔接，本文所选取的判决文书皆是依"调查—公诉"模式所得③，并且拟从罪名分布、管辖模式、审判组织 3 个方面进行整体性的初步观察。首

---

① "实践中亦无"主要指在本文选取的 100 份裁判文书中未见检察机关"退回补充调查"的情形，一方面可能是因为监察机关职务犯罪调查的精准和高效，另一方面可能是因为司法机关职务犯罪办理的顺承与妥协。

② 卞建林：《配合与制约：监察调查与刑事诉讼的衔接》，《法商研究》2019 年第 1 期。

③ 有关"调查—公诉"模式的研究和讨论，参见李奋飞：《"调查—公诉"模式研究》，《法学杂志》2018 年第 6 期。

先是基于规范研究"语境论"的事实前提，在当前"职务犯罪"被正式写入《宪法》《监察法》和《公务员法》等法制背景之下，监察反腐实践中的罪名分布有待系统梳理；其次是基于不枉不纵"正义论"的规则体系，监察衔接司法的地域管辖与级别管辖，构成了有效打击职务犯罪目标统摄下正当程序的重要关切；最后是基于司法组织"扁平化"的管理模式，监察案件法庭审理的简易审或普通审、独任制或合议制，以及人民陪审员参与性实践等，直接关涉司法公正和诉讼效率的两大价值实现。

（一）罪名分布：围绕职务犯罪的监察管辖扩张

职务犯罪与腐败治理密切关联，要求围绕腐败治理的宏观大局进行职务犯罪的概念界定。但是，一方面考虑到反腐倡廉作为一项经常化、持久性和开放式的国家治理活动，另一方面考虑到职务犯罪作为一种类型犯、组合犯和法定犯的个罪依附实际，都决定了职务犯罪概念界定的复杂性。基于法律规范与司法实践的长期互动，以及社会危害性与管辖法定性的事实考量，职务犯罪的基本概念由刑法学说上升到立法规范，背后是架构路径由"形式化推导"转换为"实质性构建"①，以及强调围绕"利用职务"和"侵害职务"的双重解释立场展开，进而遵循一种动态化、灵活式与全覆盖的综合认定模式。因此，本文主张职务犯罪指在公共权力行使过程中，因涉嫌积极违法与消极违法而规定由国家监察机关监察调查或检察机关刑事侦查的犯罪，以适应法律规范与司法解释的后期修正。

就传统意义上的刑事诉讼而言，职能管辖仅指"人民法院、人民检察院和公安机关各自直接受理刑事案件的职权范围"，而检察机关的职务犯罪侦查制度，构成了我国检察机关法律监督制度的基本内容，但是"监察体制改革很可能打破我国的现有以《刑事诉讼法》

---

① 有关基本法律概念的指导与构建模式等，参见刘杨：《基本法律概念的构建与诠释：以权利与权力的关系为重心》，《中国社会科学》2018 年第 9 期。

为中心的职务犯罪侦查规制体系"①。中共中央纪律检查委员会和国家监察委员会发布的《国家监察委员会管辖规定（试行）》，详细列举了国家监察机关管辖的六大类 88 个职务犯罪案件罪名。《监察法》同时规定，"被调查人既涉嫌严重职务违法或者职务犯罪，又涉嫌其他违法犯罪的，一般应当由监察机关为主调查，其他机关予以协助"，"对涉嫌行贿犯罪或者共同职务犯罪的涉案人员，监察机关可以依照前款规定采取留置措施"。以致有学者担心："这个规定并不是各个部门协调的结果，且其范围远远超越了检察机关转隶过去的反贪等部门所管辖的案件，其中，更多的是原本由公安经侦部门管辖的案件。"②那么在实践中，监察机关如何权衡案件管辖背后的正当性、有效性价值？

围于共同犯罪和数罪并罚的客观实际，100 份裁判文书中共涉及 111 名被告和 149 个罪名，还包括 1 起单位受贿犯罪（图 1）。其中，受贿罪 51 起，占比高达 34.23%，这也与其作为我国当前发案率高、群众反映强烈的一种职务犯罪客观相吻合；但作为与其本质对合的行贿罪有且只有 11 起，可能是因为"根据我国刑法，二者在构成要件上并不对合"③。与此同时，贪污罪 23 起、挪用公款罪 15 起、滥用职权罪 9 起、职务侵占罪 5 起、非国家工作人员受贿罪 5 起等，大多囊括在监察机关管辖的 88 个职务犯罪案件罪名当中。在 18 个其他罪名中，诸如非法吸收公众存款罪 1 起，妨害公务罪 1 起，诈骗罪 1 起，盗窃罪 1 起，串通投标罪 1 起和伪造、变造、买卖身份证件罪 1 起，虽然并不在监察机关法定管辖范围之内，但监察机关调查也具备"一般应当由监察机关为主调查"的法律基础，进而呈现出一种围绕职务犯罪的管辖扩张实践，其背后则是以案件事实"实

---

① 秦前红、石泽华：《目的、原则与规则：监察委员会调查活动法律规制体系初构》，《求是学刊》2017 年第 5 期。
② 王敏远：《刑事诉讼法修改重点问题探讨》，《法治研究》2019 年第 2 期。
③ 劳东燕：《公共政策与风险社会的刑法》，《中国社会科学》2007 年第 3 期。

质关联"和行为主体"主动交代"为事实基础。例如,在"何灶炳盗窃、贪污案"中,时任村委会副主任兼出纳的何灶炳,利用其协助镇政府申报五保户生活补助款和低保补助款的职务便利,不仅骗取扶贫专项补助款(构成贪污罪),而且还窃取部分专项补助资金(构成盗窃罪),两者之间存在实质关联①;在"凌某某诈骗、贪污案"中,被告人凌某某在因贪污案而接受办案机关调查谈话期间,还主动交代了诈骗的犯罪事实,构成了诈骗罪的自首②。诚然,职能管辖要求以监察机关、检察机关和公安机关等不同的功能定位和机构属性为前提,以合理利用国家资源、提高治罪效能等为目标,这就决定了监察机关调查过程中案件移送管辖的现实必要。例如在"李东平滥用职权、滥伐林木案"中,李东平在任林业工作站站长期间,不仅违规许可林木采伐,构成滥用职权罪,而且多次伙同他人持非法获取的林木采伐许可证滥伐林木。虽然两者之间存在实质关联,但监察机关并不具备滥伐林木犯罪的调查优势,最后还是交由森林公安依法处理。③

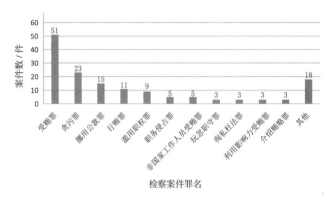

图 1　100 份裁判文书涉及罪名情况统计

---

① 参见"何灶炳盗窃、贪污一审刑事判决书",北大法宝引证码:CLI.C.68361399。
② 参见"凌某某诈骗、贪污一审刑事判决书",北大法宝引证码:CLI.C.71968106。
③ 参见"李东平滥用职权、滥伐林木一审刑事判决书",北大法宝引证码:CLI.C.72457210。

（二）管辖模式：对称和交错相结合的混合模式

由于法律所规定的同级移送，刑事司法实践中的侦查管辖、起诉管辖往往决定了审判管辖，客观上也产生了侦查机关移送起诉以及检察机关提起公诉，符合级别管辖的深层要求。国家监察体制改革前，统一由检察机关行使职务犯罪侦查权，并且可能采取异地管辖的办案模式，特别是对职务和级别比较高的政府官员的腐败犯罪，实行异地管辖几乎成了惯例，以最大限度地排除地方干扰和促进司法公正。但是这种异地管辖也秉持一种对称逻辑，即侦查机关、公诉机关和审判机关在地域和层级上的相互对称。国家监察体制改革后，一方面规定监察机关仅对本辖区内的相关人员进行监察管辖，但并未明确如何对本辖区内的职务犯罪进行调查，这也与"刑事案件由犯罪地的公安机关管辖""刑事案件由犯罪地的人民法院管辖"等一般规定不相符；另一方面立法规定了监察事项的上级提管、下级送管和指定管辖等，但是却未明确级别管辖，即在未明确监察机关"本管"的基础上规定"移管"，不仅管辖指向不明，而且无可操作性，甚至可能引发级别管辖协调衔接上的矛盾冲突。①

从监察案件的管辖实践来看，具体采用一种对称和交错相结合的混合模式。"对称"指监察机关、司法机关在地域和层级上的相互对称，既包括原则性的属地管辖，又包括指定性的异地管辖；"交错"指监察机关、司法机关在地域或层级上的交错衔接，具体包含上级监察机关衔接下级司法机关的降级管辖，下级监察机关衔接上级司法机关的升级管辖，以及不同地域但相同层级监察机关与司法机关衔接的错位管辖三类。对监察案件管辖模式的统计分析显示（图2），占比高达70.27%的对称管辖模式仍是监察案件管辖的一般常态，而占比为19.82%的降级管辖模式和9.01%的错位管辖

① 龙宗智：《监察与司法协调衔接的法规范分析》，《政治与法律》2018年第1期。

模式是重要补充，但是由于尚无"哪些交由下级移送，哪些直接由本级移送"的立法规定，不仅造成前期的实践混乱，而且隐藏巨大的法治隐患。这与可依申请启动的侦查回避相区别，职务犯罪移送管辖申请权与异议权的缺失，呈现出移送管辖依职权启动模式背后的保守主义和封闭主义倾向。例如在错位管辖模式中，一般由被调查人职务犯罪地的监察机关进行调查和处置，由其他地区的司法机关进行控诉和审判，而地区差异很有可能催生目标差异。[①]特别是"基于监察机关所具有的远高于公检法机关的政治地位"[②]，可能附带产生 A 地司法机关能否拒绝 B 地监察机关移送起诉、能否要求 B 地监察机关补充调查，以及能否要求 B 地监察人员出庭作证等问题。

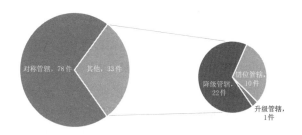

图 2　100 份裁判文书管辖模式统计

（三）审判组织：对人民陪审员制度的过分倚重

作为司法权重要载体的审判组织，扁平化管理模式是司法权判

[①] 因为在前述研究中，就有学者指出："各地区对办理指定管辖的职务犯罪案件都有相当的积极性，因为一是办理重要案件有名即有业绩；二是赃款收缴有利；三是既查办了大要案件，又没有动本地干部，当地党委政府的领导普遍更加支持，办案阻力较小而且在当地不生矛盾"。参见龙宗智：《刑事诉讼指定管辖制度之完善》，《法学研究》2012 年第 4 期。

[②] 褚福民：《以审判为中心与国家监察体制改革》，《比较法研究》2019 年第 1 期。

断性回归、独立性保障和专业性巩固的重要支撑，具体构造及实践运行直接关涉司法公正和诉讼效率的两大价值实现。依照我国人民法院组织法和三大诉讼法的规定，法院内部的审判组织包括独任庭、合议庭和审判委员会三种类型[①]，其中第一审的审判组织只有合议庭和独任庭两种，前者是最基本的审判组织，而后者主要适用简易程序和速裁程序案件。从监察案件一审程序的构造来看，一方面适用合议庭审判的有 96 起，其中有人民陪审员参与审判的共 82 起，合议庭审判和人民陪审员参审是监察案件司法实践的倾向性选择，这不仅与监察调查阶段相对封闭、集体研究和上级批准的权力运作模式形成强烈反差，而且与"在实践中将存在职务犯罪案件无法适用人民陪审员制度的情况"基本判断相反[②]；另一方面适用独任庭审判的有 4 起，都是适用简易程序，并且未见吸收认罪认罚制度的速裁程序，客观表现出职务犯罪案件中程序简化的相对保守主义，不仅与"宽严相济""繁简分流""轻轻重重"等刑事政策相悖，而且与具体案件中的立功、认罪、悔罪、坦白等情节要素相抵牾。

确保司法公正性和提升司法公信力，是公民依法参加审判活动的预设目标，但囿于司法资源有限、实施成本高昂等束缚，人民陪审员制度的实践有限。因此，适当限制陪审制的适用范围，并将有限的司法资源适用于少数最为重要的刑事案件，已成为法治发达国家的一种趋势。无论是《关于完善人民陪审员制度的决定》，还是《关于人民陪审员参加审判活动若干问题的规定》，都把人民陪审员参与审理案件的范围限制在社会影响较大的案件内[③]，但是监察案件中对人民陪审员制度过分倚重、对简易程序相对排斥的司法实践，背后是一种监察案件等同于社会影响较大案件的关联逻辑。这其实

---

① 姚莉：《法制现代化进程中的审判组织重构》，《法学研究》2014 年第 5 期。

② 韩德明：《司法民主语境中的陪审制度重构》，《浙江工商大学学报》2009 年第 5 期。

③ 陈光中、肖沛权：《关于司法权威问题之探讨》，《政法论坛》2011 年第 1 期。

是与繁简分流的程序设计相矛盾的，因为调查主体属性并不能成为判定案件社会影响大小的单一标准。与此同时，在人民陪审员参审工作中，仍然存在广泛性和代表性不足的问题。有调研发现："该市陪审员中，高达71%来源于党政机关、社区、乡村干部，其中社区、乡村基层干部占51%。再加上参照公务员管理的事业单位的陪审员，比例则高达82%……从政治面貌来看，该市陪审员中超过70%为中共党员"①。与此同时，在我国人民陪审员的职权指定选任模式之下，司法陪审主体与监察调查对象的高度重合，是监督者与被监督者的身份重叠，不仅会引发权力制约的理念冲突，而且有碍于司法公正的目标实现。在未来监察案件的司法审判中，一方面要进一步明确人民陪审员制度的适用条件和运行程序，另一方面要深化人民陪审员选任的广泛性和代表性，并且以"回避"制度的激活为突破。此外，根据《刑事诉讼法》的规定，基层人民法院适用简易程序审判的前提条件是：案件事实清楚、证据充分；被告人承认自己所犯罪行，对指控的犯罪事实没有异议；被告人对适用简易程序没有异议。在基层法院104个量刑判决中，坦白情节86人次、自首情节32人次，这也侧面反映出监察案件适用简易程序和认罪认罚从宽程序的现实基础。

四、定罪量刑的逻辑与立场

刑事司法的直接目标即对被告人准确定罪量刑，但是在刑法规范基本准则的文本要素之外，裁判逻辑与司法立场等实践要素也发生着潜移默化的影响。例如"在三方独立行使诉权所形成的诉讼构造中，法院可以同时获悉来自三方的量刑信息，从而遴选出较为全

---

① 刘方勇、廖永安：《我国人民陪审员制度运行实证研究——以中部某县级市为分析样本》，《法学家》2016年第4期。

面的量刑情节"①。透过职务犯罪监察管辖扩张的多元化罪名，把握监察改革初期职务犯罪案件中共通性的裁判逻辑和倾向性的司法立场，进而展开针对性的反思和矫正，以综合提升监察案件刑事司法的文明程度。

（一）庭审构造：以案卷笔录为中心的裁判逻辑

从法教义学层面来看，我国刑事庭审已呈现出对抗式的基本构造，1996 年和 2012 年两次刑事诉讼法修改皆沿着这一方向迈进，而审判中心主义的顶层设计则从刑事政策层面提供了政治性支撑。②围绕着控辩双方平等对抗的实践展开，一方面是要求切实保障犯罪嫌疑人、被告人的律师帮助权，避免"在没有律师帮助的情况下对抗变成了实力悬殊的镇压"；另一方面是要求控辩双方居于诉讼主导地位，进而呈现庭审实质化的诉讼构造。聚焦于监察案件的庭审构造，111 名被告中共有 91 名被告有律师辩护，其中81.98% 的律师辩护率也远高于普通刑事案件。虽然在形式上确保控辩双方平等对抗，但是在实质上存在较大的力量不平衡，证人出庭数少和出庭率低的背后，实际上仍是一种以案卷笔录为中心的裁判逻辑的延续。首先是律师介入监察案件的时间相对迟延，而基于刑事辩护的经验而言，刑事律师介入越早，对有效辩护的意义越大；其次是律师补充监察案件的证据相对有限，提出的证据材料基本不涉及案件定性，多是围绕证明系初犯、偶犯、积极退赃退赔、认罪

---

① 陈瑞华：《论相对独立的量刑程序：中国量刑程序的理论解读》，《中国刑事法杂志》2011 年第 2 期。以"律师辩护"为例，有学者从职业律师参与案件审理的有罪、无罪结果展开实证研究，得出"只要有职业律师的参与，案件审理出现无罪结果的概率就显著高于没有律师参与的案件"的基本判断。参见白建军:《司法潜见对定罪过程的影响》，《中国社会科学》2013 年第 1 期。以"地区差异"为例，有学者就我国受贿罪量刑地区差异问题展开实证研究，并且基于模型回归结果，发现"我国部分地区对受贿罪的量刑存在显著差异"。参见王剑波：《我国受贿罪量刑地区差异问题实证研究》，《中国法学》2016 年第 4 期。
② 胡铭：《对抗式诉讼与刑事庭审实质化》，《法学》2016 年第 8 期。

态度好等量刑情节；最后是律师定罪量刑辩护的形式相对单一，主要围绕罪轻辩护和量刑辩护展开，而无罪辩护、证据辩护和程序性辩护多处于"休眠"状态。[①]

对于监察机关调查过程中收集到的证据材料在刑事诉讼中的使用问题，《监察法》第 33 条已经作出明示性规定，即"监察机关依照本法规定收集的物证、书证、证人证言、被调查人供述和辩解、视听资料、电子数据等证据材料，在刑事诉讼中可以作为证据使用"。有学者称"这就等于肯定职务犯罪调查过程中收集的几乎所有证据种类，都有资格直接进入刑事诉讼"[②]。但是基于实践观察，监察案件的证据多集中在书证和证人证言，分别有 2630 份（41.38%）书证和 2948 份（51.69%）证人证言，平均每个案件的使用量分别为 26.30 份和 29.48 份（表 1）。其中，书证主要包括被告人的主体身份、任职信息、资产状况等；证人证言主要来源于同案人、行贿人、被害人和单位同事等，证人不出庭而以书面证言代替的问题突出。与普通案件的刑事审判相比较，在更大程度上凸显了书面证据在监察案件审判中的重要性，再加上大量的口供也是以案卷笔录的形式呈现，使得宣读相关书面证据成为庭审中的首要任务[③]，而且选择性、摘要式和合并概括化的宣读方式，也不利于法官形成完整和准确的自由心证。现阶段，囿于监察调查行为合法性审查的缺失，供述和辩解的证据能力亦被天然推定，突出表现为从监察阶段"被调查人供述和辩解"到司法阶段"犯罪嫌疑人、被告人供述和辩解"的直接转化，非法证据排除程序的申请和启动十分困难。与此同时，作为固定证据有效方式和非法取证重要证据的全程同步

① 陈瑞华：《论刑事辩护的理论分类》，《法学》2016 年第 7 期。
② 魏晓娜：《职务犯罪调查与刑事诉讼法的适用》，《中国人民大学学报》2018 年第 4 期。
③ 胡铭：《审判中心、庭审实质化与刑事司法改革：基于庭审实录和裁判文书的实证研究》，《法学家》2016 年第 4 期。

录音录像，"留存备查"的立法规范显然割裂了监察机关与司法机关之间的有效衔接，但是少量监察案件中"随案移送"的实践摸索也证明了其作为法庭调查有益补充的现实可行性。

表 1　监察案件证据分布的详细情况

证据类型	证据数量（件）	占比（%）
物证	16	0.28%
书证	2360	41.38%
证人证言	2948	51.69%
被害人陈述	50	0.88%
犯罪嫌疑人、被告人供述和辩解	297	5.21%
鉴定意见	16	0.28%
勘验、检查、辨认、侦查实验等笔录	7	0.12%
视听资料、电子数据	9	0.16%
合计	5703	100%

（二）程序混同：量刑程序对定罪程序的高度依附

"先定罪，再量刑"是刑事裁判的基本进路。一般而言，出庭公诉的检察官更关心法院定罪，而出庭受审的被告人更关心法院量刑。在定罪程序与量刑程序相互混同的法庭审理中，后阶量刑程序容易受到前阶定罪程序的侵蚀和压迫，而量刑失衡和量刑公信力低是我国量刑实践中两个根本性的问题。[1]2010 年 10 月 1 日，由最高人民法院、最高人民检察院、公安部、国家安全部和司法部联合签发的《关于规范量刑程序若干问题的意见（试行）》和由最高人民法院发布的《人民法院量刑指导意见（试行）》开始在全国法院

---

[1] 周长军：《量刑治理的模式之争：兼评量刑的两个指导"意见"》，《中国法学》2011 年第 1 期。

试行，特别强调在被告人自愿认罪的案件当中，法庭审理围绕量刑问题展开，这也标志着中国相对独立式量刑程序的正式确立。在相对独立的量刑程序中，要求在检察官宣读量刑建议书后，法庭分别围绕被告人量刑情节进行调查和辩论，并就量刑种类和量刑幅度问题给予各方提出意见的机会，并由法庭进行最终评议和宣判。[①]在控辩审三方互动的相对独立量刑程序构造中，具体由量刑建议、量刑意见和量刑裁决等基本要素构成，其中量刑建议是检察机关"求刑权"的重要内容，量刑意见是被告人"辩护权"的功能涵盖，而量刑裁决本身也是审判机关"裁判权"的价值实现。

根据庭审过程中 111 名被告人的量刑情节汇总（图 3），坦白高达 83 人次，自首和认罪也有 33 人次[②]，司法确认成为了职务犯罪法庭审判的主要工作。基于社会科学研究的视角，能够在一定程度上反映监察案件定罪程序非对抗式的现实构造，而相对独立的量刑程序则应当成为监察案件法庭审理的重点聚焦。在理想化的司法场域中，量刑建议应当与指控罪名保持一致，即公诉方应当提交针对 149 个指控罪名的 149 份量刑建议，但在实践中有且仅有 35 份量刑建议，"量刑程序对定罪程序的高度依附"仍是监察案件法院审理的现实图景。在公诉方笼统地请求法院"依法裁判"之外，共提出 35 个刑罚种类和 3 个执行方式的具体量刑建议，法院采纳率分别为 88.58% 和 66.67%。一方面就其中 4 个精确的刑罚种类量刑建议，法院采纳率为 100%；另一方面就法院采纳的其他 27 个浮动的刑罚种类量刑建议，法院习惯于在浮动区间内趋轻量刑。被告人本人一般无量刑意见，而在辩护律师一致性地请求法院从轻、减轻或者免除处罚之外，共提出 18 个刑罚种类和 20 个执行方式的具体量刑建议，法院采纳率分别为 55.56% 和 25.00%，明显低于公诉

---

① 陈瑞华：《论相对独立的量刑程序：中国量刑程序的理论解读》，《中国刑事法杂志》2011 年第 2 期。
② 根据我国《刑法（总则）》第 67 条，"自首"与"坦白"本身也是认罪的表现形式。

方量刑建议的法院采纳率（表2）。激活监察案件中相对独立的量刑程序，既要求检察机关持续深化量刑建议制度改革，强调其客观公正义务之下量刑证据的收集和量刑建议的提出，以及防止量刑建议采纳率成为检察机关的考核指标；又要求辩护方就量刑证据的调查核验和量刑意见的专门制作，以常态化的对抗式诉讼样态呈现于法庭审理。

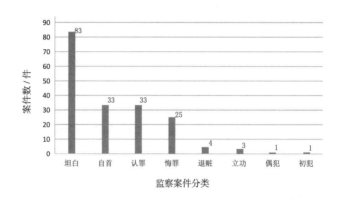

图3　监察案件量刑情节的分类汇总

表2　监察案件相对独立量刑程序的情况统计

内容	刑罚种类（种）	法院采纳（件）	法院采纳率（%）	执行方式（个）	法院采纳（个）	法院采纳率（%）
公诉方	35	31	88.58%	3	2	55.56%
辩护方	18	10	66.67%	20	5	25.00%

（三）缓刑慎用：不确定性决策规范下的法官保守主义

缓刑制度旨在打破传统封闭严厉的刑罚体系，以体现宽严相济的刑事政策。其中《刑法》第 72 条规定："对于被判处拘役、三年以下有期徒刑的犯罪分子，同时符合……可以宣告缓刑，对其中……应当宣告缓刑。"但是由于"缓刑适用的实质条件到底是报应、预防并重，还是以报应为主、预防为辅，抑或以预防为主、报应为辅，刑法条文并未给出明确答案"[①]，在这样一种不确定性决策规范之下，带来的是法官自由裁量的较大空间，但也可能附带引发缓刑适用中的失衡问题。例如，在 401 名受贿罪被告人中，适用缓刑 181 人，缓刑适用率为 45.14%；在 318 名行贿罪被告人中，适用缓刑 239 人，缓刑适用率为 75.16%[②]，缓刑适用在一定程度上处于失衡状态。其实早在监察体制改革之前，我国职务犯罪案件被告人被判处缓刑的情况相当突出，而且"对职务犯罪定罪处罚，已足以防止其再次利用职务犯罪的可能性"的观点，也是导致司法机关对职务犯罪大量适用缓刑的重要原因。[③]2012 年 8 月 8 日，最高人民法院、最高人民检察院联合发布《关于办理职务犯罪案件严格适用缓刑、免予刑事处罚若干问题的意见》，以确保办理职务犯罪案件的法律效果和社会效果。在本项实证研究的 111 名被告人中，适用缓刑 18 人，缓刑适用率为 16.22%，监察案件慎用缓刑成为当前司法裁判的基本立场。

从历史的角度来看，职务犯罪缓刑适用经历了从大胆激进到保守消极的转变，背后也是法官裁量过度自由到过度不自由的转变。要让缓刑司法走上正轨和防止矫枉过正，就要不断提升缓刑适用规

[①] 赵兴洪：《缓刑适用的中国图景：基于裁判文书大数据的实证研究》，《当代法学》2017 年第 2 期。

[②] 张勇：《"行贿与受贿并重惩治"刑事政策的根据及模式》，《法学》2017 年第 12 期。

[③] 应建廷：《缓刑实践的调查与思考》，《中国刑事法杂志》2000 年第 5 期。

则的确定性、自洽性和操作性，因此有必要进一步细化刑法"犯罪情节较轻""有悔罪表现""没有再犯罪的危险"和"宣告缓刑对所居住社区没有重大不良影响"的并列规范。以行贿犯罪的缓刑适用为例，首先针对情节要素[①]，补充列举"用违法所得用于行贿的"和"通过行贿谋取职务提拔、调整的"等情节要素，适度扩大"一般不适用缓刑"的空间面向；其次针对悔罪表现，针对行贿犯罪中狭义被害自然人的缺位，可以考虑通过考察行贿人对不当获利追缴、财产罚没等行为配合，进一步释放悔罪评价中的行为要素；再次针对再犯危险，把握广义层面"没有再犯罪的危险"的规范前提，避免"对于公职人员来说，只要被判决为有罪，都要解除职务，也就不可能再次实施职务犯罪，客观上就不具备再次利用职务实施犯罪的可能，符合适用缓刑'确实不致再危害社会'这个条件"的片面认知；[②]最后针对社区执行，通过引入行贿行为与社区安全、秩序和稳定的利益关联标准，选择以行贿事由和行为后果为核心要素，进行缓刑适用是否会对居住社区产生重大不良影响的综合评价。

五、结语

在国家监察改革和司法体制改革的双重背景之下，监察机关办理职务犯罪案件，与审判机关、检察机关"互相配合，互相制约"宪法关系的具体实践，急需通过经验分析来评估。其中，在以调查妨碍判断为兜底的留置规范前提下，留置措施"追究责任""预支刑罚""震慑犯罪"等异化功能，直接引发"构罪即留置"的留置

[①] 因为在贿赂犯罪中，情节较之数额更能精准反映其社会危害性的本质和程度，而根据贿赂情节所产生的损害程度的量的差异，可以形成阶梯化的刑罚裁量体系，缓刑适用更应当重视情节要素的评价功能。参见钱小平：《贿赂犯罪情节与数额配置关系矫正之辨析》，《法学》2016年第11期。
[②] 刘延和：《缓刑适用实证研究》，《中国刑事法杂志》2007年第3期。

措施滥用，但是检察机关"自行衔接"的转换模式契合形式主义的法治要义。围绕职务犯罪的监察管辖扩张，监察机关、检察机关和审判机关之间成立了一种"对称和交错相结合的混合模式"，可能会对刑事司法递进式的制约关系产生挑战，而且对人民陪审员制度的过分倚重，也与公正和效率的两大司法价值存在隐性张力。监察案件的定罪量刑，是贯彻一种以案卷笔录为中心的裁判逻辑，司法确认成为了法庭审判的主要工作，但相对独立的量刑程序效果不彰，而且监察案件慎用缓刑已经成为当前司法裁判的基本立场。显然，本文只是聚焦于重点问题的提出，一方面建立在对有限样本的观察基础之上，另一方面依托裁判文书局部信息的分析，但通过随机、双盲、对照等环节控制，也能够保证数据的代表性、论证的自洽性和结论的可信性，以期进一步推动司法反腐的理论研究和制度完善。

基层巡察的政治监督与引导探析
——基于C县个案的调查研究[①]

夏可可[②]

摘　要： "巡视是政治巡视，其本质是政治监督"。巡视作为政治监督的本质，主要体现在政治判断力、政治领悟力和政治执行力上。基层巡察既是基层治理的有机组成部分，也是中央、省级层面巡视工作的延伸。将政治监督的"利剑"直插基层，既满足打通全面从严治党的"最后一公里"的迫切需求，也面临基层熟人社会和基层事务千头万绪等不确定性因素的困扰。对C县的调查研究表明，基层巡察政治监督的领导力、统筹力和协作力不断显现，并已形成相对完善的工作机制且取得了较为显著的成效。但是，由于对政治监督内涵的认知偏差而形成的思想阻力、因形式主义而导致的质效困境以及"后半篇文章"面临的虚化风险等，或将严重掣肘基层巡察政治监督的深入推进。本研究认为，针对当前基层巡察政治监督面临的现实突出问题，有必要强化监督的精准性，通过建立"学习—履行—引导"三位一体策略，对基层党组织贯彻落实中央精神的情况展开监督；坚持政治监督的人民性，围绕"痛点""堵点"和"难点"，

---

① 本文系清廉温州建设研究中心课题"基层巡察的政治监督与引导研究"（QLZ 2021004）的阶段性研究成果。
② 作者简介：夏可可，浙江苍南人，苍南县委巡察办副主任。

促进巡察政治监督和社会舆论监督的有效融合；发挥政治监督的导向性，有效引导基层党组织充分发挥战斗堡垒作用。为了更好地续写基层巡察的"后半篇文章"，急需从政治要求的高度推动问题解决，以高度的政治责任感推动理念创新，强化成果运用的政治引导功能，最终实现基层巡察促改革谋发展的价值取向。

关键词：基层巡察；政治监督；政治引导；调查研究

一、引言

习近平同志多次指出：巡视是政治巡视，其本质是政治监督。在十九届中央纪委六次全会上，习近平同志再次强调，要强化政治监督，确保完整、准确、全面贯彻新发展理念，要"引导督促党员、干部真正悟透党中央大政方针，时时处处向党中央看齐，扎扎实实贯彻党中央决策部署，不打折扣、不做表面文章，纠正自由主义、本位主义、保护主义，不因一时一地利益而打小算盘、耍小聪明，确保执行不偏向、不变通、不走样"。①习近平同志的重要讲话精神和全会工作报告，进一步明确并强调了政治监督"监督什么"的问题，即聚焦"国之大者"，增强"四个意识"、坚定"四个自信"、做到"两个维护"，对中央大政方针、决策部署的贯彻落实情况展开监督。此外，习近平同志的讲话还赋予了政治监督的全新使命，即引导督促党员干部真正悟透党中央的大政方针。与此同时，赵乐际同志在十九届中央纪委全会工作报告中也强调，要聚焦"国之大者"推动政治监督具体化、常态化。深化政治监督，其根本是围绕

---

① 习近平：《习近平在十九届中央纪委六次全会上发表重要讲话》，最后访问时间：2022 年 1 月 18 日，http://www.news.cn/politics/2022-01/18/c_1128275459.htm.

党的理论和路线方针政策强化监督、保障落实。①由此可见，政治监督的历史使命并不仅限于"发现"或"查找"问题，同时还要引导督促党员干部深刻领会党中央在关心什么、强调什么，什么是党和国家最重要的利益，什么是最需要坚定维护的立场等问题，从而实现维护党中央权威和党的团结统一这个根本目标。

基层巡察如何充分发挥政治监督的作用，真正做到打通全面从严治党的"最后一公里"？这是推动巡视巡察工作高质量发展所必须直面的重要问题。2015年，习近平总书记在贵州调研时指出，"党的工作最坚实的力量支撑在基层，经济社会发展和民生最突出的矛盾和问题也在基层，必须把抓基层打基础作为长远之计和固本之策，丝毫不能放松"。②作为面向基层的巡察工作，其与中央、省级层面的巡视工作既一脉相承，又有其特殊性和复杂性，特别是基层社会文化、基层工作和基层党组织均具有特殊之处，基层巡察在实践中必然会面临更加具体、复杂的问题。因此，基层巡察如何接轨中央、省级巡视，聚焦"国之大者"推动政治监督的工作方针，筑牢全面从严治党的基层防线，已经成为当前巡察所面临的现实突出问题。

为此，本研究将在对已有文献进行梳理的基础之上，对Z省C县展开个案调查研究，试图从中管窥当前基层巡察中政治监督的现状及存在的普遍性问题，同时，结合习近平总书记的重要讲话精神和十九届中央纪委全会精神，就基层巡察如何更好地行使政治监督和督促引导使命、实现高质量发展提供对策建议。

①赵乐际：《运用党的百年奋斗历史经验 推动纪检监察工作高质量发展 迎接党的二十大胜利召开——在中国共产党第十九届中央纪律检查委员会第六次全体会议上的工作报告》，最后访问时间：2022年2月24日，http://www.news.cn/politics/leaders/2022-02/24/c_1128413460.htm.
②《抓基层丝毫不能放松》，最后访问时间：2015年7月1日，http://politics.people.com.cn/n/2015/0701/c1001-27233662.html.

二、作为政治监督的基层巡察

（一）政治监督的内涵与功能

政治监督是政治主体之间监视、控制和制衡的一种权力关系，是实现政治分权和权力整合的协调机制。[①]根据政治主体间关系的不同，政治监督可以被分为横向监督和纵向监督两种形态。前者的典型形态是将国家权力划分为立法权、行政权和司法权，分别由立法机关、行政机关和司法机关行使和掌控，并且彼此制衡、相互监督；后者则是政治主体在向下授权后，对被授予者行使权力情况的监督、督察。比如，巡视制度就是为了适应全面从严治党的需要，通过设置专门的监督队伍对各级党组织进行行为监控的一种制度安排。

政治监督存在于任何政治系统中。为了确保政治决策层的决策意图能够转化为现实，就必须关注决策意图的执行情况，于是就会派生出专门的监督部门来履行监督职能。作为一种权力监督机制，政治监督并非总是为了应对有意识的犯罪和权力滥用，在现实政治实践中，往往也会出现"好人也会犯错"的现象，在主观愿望并不坏的情形下会出现权力行使的不当行为，因此，政治监督能够为权力的安全、高效、正确行使提供有效的制度保障。更为重要的是，政治监督还可以是一种压力和动力，对于政治体系来说，监督有助于克服政治系统内部的惰性现象，通过压力传导效应，对于激发力量、优化政治管理、提高管理效能具有非常重要的意义。

（二）作为政治监督的巡视工作

党的十八大以来，党对巡视工作的重视程度与日俱增。党的十八大报告明确提出要"更好发挥巡视制度监督作用"。[②]2015年8月，中共中央下发《关于印发〈中国共产党巡视工作条例〉的

[①] 陈国权：《政治监督：形态、功能及理论阐释》，《政治学研究》1998年第4期。
[②] 胡锦涛：《坚定不移沿着中国特色社会主义道路前进 为全面建成小康社会而奋斗——在中国共产党第十八次上的报告》，人民出版社2012年版。

通知》。2016年1月，习近平总书记在十八届中央纪委六次全会上强调："推动巡视向纵深发展，根本在于贯彻中央巡视工作方针。"[①]2016年10月，十八届六中全会审议通过《中国共产党党内监督条例》。[②]时隔不到一年，党中央对《中国共产党巡视工作条例》再次进行修改，明确提出了政治巡视的要求，并对中央和国家机关巡视及市县巡察都作出明确规定，"横向全覆盖、纵向全链接、全国一盘棋"的巡视工作格局开始形成。2017年10月，党的十九大报告在部署全面从严治党工作时强调，要"深化政治巡视，坚持发现问题、形成震慑不动摇，建立巡视巡察上下联动的监督网络"[③]。在党的十九大通过的《中国共产党章程（修正案）》中，巡视巡察制度被单列为一条，表明我党对巡视巡察制度极度重视，也为巡视巡察工作的开展提供了根本遵循。

党的十八大以来，习近平总书记也多次强调，巡视是政治巡视，本质是政治监督。2020年12月印发的《关于加强巡视巡察上下联动的意见》已经明确指出，"政治巡视是上级党组织对下级党组织履行党的领导职能责任的政治监督"[④]。作为一种政治监督，巡视工作与一般意义上的监督（如法律监督、舆论监督等）有本质区别，即始终坚持正确的政治站位是巡视工作的基本立足点，由此也构成了巡视工作的基本要求。具体而言，巡视工作的政治监督本质主要体现在以下三个方面。其一，政治判断力。即在巡视过程中，始终以是否增强"四个意识"、坚定"四个自信"、做到"两

①习近平：《在第十八届中央纪律检查委员会第六次全体会议上的讲话》，最后访问时间：2016年1月12日，https://news.12371.cn/2016/05/03/ARTI1462226060266788.shtml.
②《中国共产党党内监督条例》，人民出版社2016年版。
③习近平：《决胜全面建成小康社会 夺取新时代中国特色社会主义伟大胜利——在中国共产党第十九次全国代表大会上的报告》，人民出版社2017年版。
④罗礼平：《深刻把握新时代巡视工作规律 持续巩固深化政治巡视——在省市两级巡视巡察办主任培训班上的辅导提纲》，2022年4月26日。

个维护"作为发现问题的标准,督促被巡视对象始终坚持政治立场不移、政治方向不偏。其二,政治领悟力,即要求巡视工作要深入把握习近平新时代中国特色社会主义思想,透彻领悟立足新发展阶段、贯彻新发展理念、构建新发展格局的内容,尤其是在当前阶段,要督促被巡视对象在统筹疫情防控和经济社会发展、统筹发展与安全、做好"六稳"工作、落实"六保"任务上始终与党中央保持一致,不断强化政治担当,认真履职尽责,一步一个脚印地推动各项工作取得实实在在的成效。其三,政治执行力,即督促被巡对象对标中央精神,建立工作台账,把任务项目化、项目清单化、清单具体化,以实际行动和工作成效体现增强"四个意识"、坚定"四个自信"、做到"两个维护"。

(三)基层巡察的特殊性

基层巡察是基层治理的有机组成部分,也是中央、省级层面巡视工作的延伸,只有将政治监督的"利剑"直插基层,打通全面从严治党的"最后一公里",才能夯实社会稳定、长治久安的基石。基层巡察作为政治监督的本质,与中央、省级层面的巡视工作是一脉相承的。有学者认为,熟人社会、用人机制和基层事务的复杂性等因素的存在,将导致基层巡察工作面临人情关系、政治信任、"灯下黑"、经费来源不足等多重困境[①];也有学者认为,熟人社会关系网络的存在还会成为群众缺乏政治信任的重要诱因,即群众不信任、不配合甚至抵触巡察工作,最终导致有利线索来源渠道变窄、数量变少[②];还有学者从基层巡察工作的实践逻辑出发,认为基层巡察较为固化的操作流程往往会陷入形式主义的窠臼,从而大大削

---

① 陈建平、郑雯雯:《监督下沉:市县实施巡察制度面临的困境及其优化路径》,《河南社会科学》2019年第9期。
② 陈松友、王伽榕:《市县党委巡察制度:全面从严治党向基层延伸的重要路径》,《东北师大学报(哲学社会科学版)》2021年第2期。

弱巡察工作的实际效果[①]；也有学者从制度设计的视角入手，认为基层巡察制度往往只是对中央、省级巡视制度的复制和整合，与基层实际情况相脱节、合理性缺失等问题较为突出[②]。

基层巡察所面临情况的复杂性已经引发多方关注，并在巡视巡察制度的顶层设计上有了充分体现。《关于加强巡视巡察上下联动的意见》（以下简称《意见》）就强调，要坚持顶层设计和因地制宜、总结经验与创新发展相结合，要针对不同层级、不同领域、不同阶段主要矛盾，巡视监督重点检查"四个落实"，巡察监督重点围绕"三个聚焦"，着力发现和推动解决存在的突出问题。《意见》还特别指出，要充分汲取基层的鲜活经验，对实践中行之有效的方式方法进行固化，对需要探索完善的提出原则性要求，既保持目标要求统一性，又充分发挥基层主观能动性和创造性，为结合实际、搞好联动留有余地，防止"上下一般粗"、搞"一刀切"，做到精简、务实、管用。[③]由此可见，制度设计已经充分考虑到基层巡察的特殊性，进一步明确了基层巡察的总体要求、目标任务、组织领导、工作机制等问题，从而为基层巡察工作提供了清晰的"行动指南"。

三、政治监督的基层样本：C 县的个案调查

Z省C县位于Z省沿海南端，下辖16个镇、2个民族乡，常住人口近85万。近年来，C县经济发展势头良好，2020年、2021年地区生产总值（GDP）分别达到363.09亿元和399.62亿元，并连续多年入围"全国县域经济综合竞争力百强""全国县域投资潜力百

---

① 吴纪树：《基层巡察的实践逻辑及其制度完善》，《求实》2017年第10期。
② 王立峰、潘博：《党内基层巡察制度优化路径探析》，《长白学刊》2017年第2期。
③ 《中央纪委国家监委：中央巡视工作领导小组办公室主要负责人就〈关于加强巡视巡察上下联动的意见〉答记者问》，最后访问时间：2021年1月8日，https://www.ccdi.gov.cn/toutiaon/202101/t20210108_98684.html。

强""全国营商环境百强"等荣誉榜单。从2016年3月开始，C县党委就根据上级工作部署，成立巡察办和巡视组，开展农村基层作风巡察。2017年12月，C县正式启动县域巡察工作，并成立了C县县委巡察工作领导小组、县委巡察办和县委巡察组，正式形成了巡察机构"三位一体"的基本工作框架。其中，县委巡察工作领导小组组长由县纪委书记担任；县委巡察办主任由县纪委常委兼任，下设综合科、督导科和信息中心。2020年又新设立巡察数据信息管理中心，共配备专兼职巡察干部55名。近年来，C县县委巡察工作紧扣"三个聚焦"，坚持以问题为导向，突出落实政治巡察要求，开展了7轮常规巡察，对73家县直部门（国有企业、社会团体）、18个乡镇和427个村（社）进行"政治体检"，实现了一届全覆盖。同时对19家县直部门（国有企业、社会团体）、2个乡镇和50个村社开展了2轮巡察"回头看"。9届县委巡察以来，共发现问题8105个，巡察机构共向县纪委监委移送问题线索680件，推动处理违规违纪党员干部1077人，其中党纪政务处分557人，移送司法机关61人，推动完善制度机制690项，一批群众身边的"蝇贪蚁腐"和"小官巨贪"受到查处，巡察工作质效全面提升。①

（一）C县巡察工作政治监督现状分析

巡视巡察之所以成为国之利器、党之利器，与始终坚持并深化政治监督这一科学定位密不可分。C县自2017年开展全域巡察工作以来，一直聚焦巡察工作的领导力、统筹力和协同力"三力"提升机制，通过压实主体责任、科学谋划布局、举多方之力落实中央巡视方针政策，初步形成了具有C县自身特色的巡察品牌。

1. 压实主体责任，政治监督的领导力不断提升

巡视巡察作为典型的纵向政治监督，具有层级性特征。在这种类型的政治监督中，政治主体之间形成有效的压力传导机制非常关

---

① 该文中相关数据均为2017年1月至2021年5月期间的统计数据。

键。《中国共产党章程》规定，党中央、省区市党委和中央有关单位党组（党委）是巡视监督的主体，市县党委是巡察监督的主体。C县党委作为基层巡察的政治监督主体，在巡视巡察上下联动过程中，扮演着非常重要的角色。在几年来的巡察实践中，C县党委不断深化对政治巡察的理解，积极实践探索，紧扣党的领导这个最大的政治，充分发挥监督保障执行、促进完善发展作用，构建全县巡察"一盘棋"格局，同时建立了职责明确、责任清晰、标准具体、追责有据的巡察工作责任体系，取得了阶段性成效。

首先，县委书记落实党委主体责任和书记第一责任人责任，把巡察工作作为"书记工程"来抓，要求其他班子成员严格履行"一岗双责"，督促县委巡察机构认真履职尽责，形成了"书记抓、抓书记"压力传导机制。先后召开21次常委会、16次书记专题会议，研究出台《关于县党委落实巡察工作主体责任的实施意见》等配套性制度，对巡察工作批示22次。

其次，不断压实被巡察单位党组织落实主体责任，通过多样化机制促使县直部门和乡镇一把手履职尽责。比如，落实好巡察整改纳入县直部门和乡镇一把手年度述责述廉必述内容；对巡察整改不力的县直部门或乡镇扣减考核分值；对问题突出的单位、乡镇负责人进行约谈，督促抓好整改，等等。

最后，按照"四个要求"，围绕"把方向""谋大事""抓整改""强队伍"等方针带头履职，定期听取、常态化研究部署巡察工作；班子成员主动认账领责，对分管领域的问题集中研究部署，推动解决重点难点问题，落实好巡察中发现的共性问题和突出问题的具体整改。

2. 完善工作机制，政治监督的统筹力日益突显

县委巡察工作领导小组认真筹划巡察工作的组织实施，始终把握坚持党的领导、保持政令畅通这一政治定位，形成了"常规巡察＋专项巡察"的全天候工作机制。

其一，坚持围绕中心，服务大局，突出每个阶段的中心工作和主要任务，聚焦各级党组织的职能责任开展，将巡察监督工作置于护航村级组织换届、数字化改革、做好"六稳"工作、落实"六保"任务等事关全局的总体性工作框架中，并加以统筹和谋划。

其二，强化对落实党的领导要求、履行职能责任的监督检查，将落实坚持和加强党的全面领导要求作为聚焦"两个维护"的实际行动，强化政治监督，聚焦群众身边腐败问题和不正之风，先后探索开展了扶贫领域、国有企业、政府投资项目、农村"三资"管理、人防系统腐败问题以及小微企业园建设管理领域专项巡察，坚持问题导向，重点关注党组（党委）的领导作用发挥、抓责任落实、贯彻坚决程度，具体措施机制、落实情况以及成效。

其三，深入开展村（社区）巡察，聚焦基层党组织软弱涣散、组织力欠缺问题，明确村（社区）12条专项巡察内容，统筹运用常规巡察、专项巡察和"点穴式"巡察等方式，着力推进巡察工作向基层延伸。C县9届县委巡察工作开展以来，共实现了427个农村基层党组织的巡察全覆盖，推动解决了一批群众身边的热点、难点问题。

其四，加强省委巡视巡察整改和成果运用的研究和部署。2019年7-8月，在接受了省委巡视检查之后，C县党委根据巡视反馈意见，坚持巡察整改一体推进，完善整改责任、督促和评估机制。首先，运用"市巡察整改全程监督平台"，持续督促做好中央、省委巡视反馈问题整改，加强巡察整改回访检查，推动整改工作见底见效。其次，探索建立县领导领办巡察重点问题机制，及时梳理巡察发现的共性问题，举一反三、标本兼治地推进整改落实，形成监督、整改、治理有机贯通的工作闭环。再次，探索建立巡察专报直通工作机制，为县委县政府决策提供参考。对全县巡察各项制度进行全面梳理、修订，内容涵盖巡察各环节制度文件26项，不断完善情况通报、巡察反馈、整改公开、考核评价、工作约谈、责任追究等制度规定。最后，根据工作需要组织开展专项巡察和巡察"回头看"，发现并解决了一批阻碍 C 县发展的普遍性问题，查处了一批群众身边的违法违纪行为，建立了一批巩固成效的规章制度，巡察的震慑作用正不断突显。

3. 形成有效贯通，政治监督的"协同力"与日俱增

县委巡察机构充分发挥巡察制度优势和纽带作用，推动与各类监督有效贯通，在创新方法路径、完善制度体系上同向发力。

首先，推进巡纪联动，形成与纪委监督的多元联动机制。比如，出台《关于建立健全县委巡察机构与县纪委监委机关协作配合机制的意见》，从情况通报、人员选派、信息沟通、成果运用等方面作出具体规定，建立 6 个方面、19 项内容的协作体系，巡察移交问题线索成案率达 91.1%，巡纪联动的相关做法被中纪委网站报道，形成了贯穿"巡前—巡中—巡后"的一体化工作机制；县委巡察机构与县委全面从严治党考核相结合，打通了巡察监督与纪检监察监督的"任督二脉"，县纪委监委根据巡察发现的问题，将年度监督重点与巡察任务相结合，开展扶贫领域腐败和作风问题"回头看"、乡匪村霸等涉黑涉恶问题，以及群众反映强烈的失地农民、养老保险问题等各领域专项整治，查处了一批腐败案件，为县委巡察工作再发现、再整改提供了方向指引，通过监督信息共享、监督力量联动、监督成果共用，使监督更加精准高效，形成巡察监督、纪律监督、监察监督、派驻监督融合的良好局面。

其次，县委巡察机构充分调动和运用各方监督力量，建立与组织、宣传、政法等党内监督协调协作，加强巡察与审计、财政、统计、信访等相关部门间的联系，强化协作配合，横向贯通，增强了监督合力。

此外，还探索先审后巡、巡审同步等创新模式，精准借用审计成果和审计力量，借助审计手段，形成了巡审联动、以巡带审、以审助巡的工作格局。比如，扶贫领域专项巡察就采取了纪巡联动、

巡审结合的方式，最大限度地把审计管事的专业优势、巡察管人的组织优势和纪委监委的审查调查优势有机结合起来。

总体来看，随着巡察工作的全面推进，C县党委对基层巡察的政治监督功能的认知已经愈加清晰，在政治监督的领导力、统筹力和协同力建设方面已经形成了相对完善的工作机制，为提升基层巡察政治监督的实效性奠定了扎实的基础。

（二）C县巡察工作政治监督存在的问题分析

在看到巡察工作取得明显成效的同时，也不可否认，由于基层巡察尚处于探索阶段，实际工作中不平衡、不到位等问题依然存在。下文将结合调研掌握的情况与2019年省委巡视组对C县的巡视反馈意见，分别从认知偏差、形式主义和后继乏力等方面对C县巡察工作政治监督存在的问题及原因展开分析。

1. 认知偏差：政治监督面临的思想阻力

如前所述，政治巡察的本质是上级党组织对下级党组织履行党的领导职能责任的政治监督，并非一般意义上的业务监督。不过，由于对政治巡察的内涵要求领会不够到位，政治监督执行不力，监督泛化、虚化、简单化等问题，导致C县在巡察实践中偏离主责主业"走弯路"的现象屡有发生。首先，作为政治监督责任主体的县委，对基层巡察政治监督内涵的认知出现偏差，认为巡察是党委推动一切工作的利器，经常指派巡察组开展业务性的督查工作，将推进难、推进慢的问题推给巡察，以巡察监督的名义推进工作。比如工作作风督查、开展重点工程项目、政府投资项目专项巡察等，致使巡察工作偏离主业主职。将巡察组作为党委政府某些阶段性工作的"督查队"，给巡察组"临时派工"。比如，2019年4月，C县县委就要求由巡察组负责对全县上下班纪律情况开展检查；再比如，专门针对巡察工作的书记专题会议往往将业务层面的议题纳入议程，导致对巡察工作的研究讨论不透彻，从一定程度上干扰了政治监督工作的整体谋划。此外，还存在对村（社区）巡察不够规范，一度将部分村（社）巡察任务交由乡镇（街道）党委、纪委组织实施，导致主体责任异位，无形中削弱了政治监督的权威性，等等。

其次，作为巡察工作的执行主体，包括巡察组在内的巡察机构对政治监督的内涵也存在认知偏差，监督重点聚焦不够，监督对象上未能突出"少数关键"，涉及重点人员的问题线索偏少。政治站位不高，将政治巡察混同于党务检查、业务检查的现象时有发生，不善于从政治高度提炼、揭示深层次问题，从而导致政治巡察失去了目标和方向。比如，在2019年对C县下属某镇巡察时，将工程项目建设过多问题归结于建设管理混乱，未能深入剖析根源，查找其背后存在的、被巡察单位党的领导弱化的全面从严治党不力等方面的问题。此外，在C县巡察组撰写的巡察报告中，政治方向、问题导向、"关键少数"责任体现不够突出，类似的缺乏政治站位、"装进篮子都是菜"等现象仍然存在，巡察报告同质化现象较明显。

最后，被巡察党组织及其班子成员对政治监督存在认知偏差甚至错误的思想，给巡察工作带来了诸多不利因素。比如，有少数被巡察党组织不从自身落实管党治党主体责任上自我剖析、查找差距、落实巡察整改，反而想办法敷衍应对巡察，隐瞒掩盖真实情况，阻碍基层巡察的进一步深化发展；也有少数被巡察党组织在接受巡察前打听巡察相关情况，包括巡察组人员及个人情况、巡察工作程序和流程、访谈对象及要点提纲等，制订应对巡察的"预案"，竭力回避问题；有的党组织惧怕被"揭短"，对干部职工或明或暗地施加影响，表达"家丑不外扬""不能做不利于单位团结的人和事"等，导致访谈对象不愿谈、不敢谈；还有少数被巡察党组织在对待上级党组织开展的巡察时，主要负责人"只出征不挂帅"，汇报工作重视"形式"和"场面"，仅在"唱功"和"架势"上做文章。

2. 形式主义：政治监督面临的质效困境

调研发现，巡察工作中的形式主义现象尚未得到有效根除，这主要表现在以下几个方面。

首先，作为政治监督的责任主体，县委对于一届任期内实现巡察全覆盖一般都格外重视，但往往会因此在一定程度上影响监督的质效。比如，对村（社）延伸巡察组织领导不够有力，任务安排不合理，没有结合实际、因地制宜，存在贪多求快、浮于表面的"走过场"现象；有的巡察组为赶进度，一轮巡察 50 个村（社），平均每个村（社）巡察实际工作时间仅 1 天左右；对不同阶段、不同领域的监督重点并未加以动态谋划，致使监督过程中"平均用力""上下一般粗"的现象较为明显。此外，听取巡察汇报工作不及时、不规范、不充分，严重影响了巡察工作的严肃性。比如，2018 年 4 月，在对 10 家单位进行巡察后，县委书记在专题会上并未听取汇报，就直接指示向被巡单位反馈巡察结果并移交问题线索。

其次，巡察组在监督的具体环节上，往往也只是局限于听取汇报，检查有形的记录、台账等传统方式，提请协助、询问知情人、抽查核实等方法使用不多，从而在一定程度上助长了"痕迹主义"。比如，通过检查会议记录、相关台账，抽查政治概念的知晓度等方式来衡量是否学习、贯彻到位，发现问题也只是从资料查阅中获得。有的巡察组未核实信访举报和谈话反映的问题，直接将公安机关掌握的党员违法信息作为问题线索移交；有的巡察组对问题线索核查不深、研判不力，不同程度地存在问题线索内容失实、定性失准等问题，造成一定负面影响，干部群众反映较多。如巡察某镇时，发现涉嫌伪造冒领地面构筑物、青苗补偿款问题，经核实与事实不符。第二轮巡察移交纪委监委的 61 条问题线索中，查否的就有 22 条。更值得关注的是，在巡察过程中照搬照抄上级巡视巡察相关模式，机械套用传统方法展开监督，运用不规范，针对性不强，致使政治画像"千人一面"，巡察报告"套路化"、同质化的问题特别突出，政治巡察要求体现不到位。比如，省委巡视检查材料中发现，县委巡察对 C 县某镇 5 个村（社区）的巡察报告，除村名和巡察时间不同之外，其他内容几乎一样，问题部分寥寥数语、轻描淡写，敷衍了事"走过场"的工作态度极其明显，"政治体检"作用没有得到充分发挥。

最后，被巡察党组织和党员干部消极观望、问题整改存在"宽松软"现象。比如，有的被巡察党组织落实主体责任不到位，存在过关心态，整改前紧后松、敷衍应付，不同程度地存在满足于"差不多""过得去"，甚至边改边犯，没有明显改观；有的被巡察党组织在对待整改问题上避重就轻、避实就虚，只把焦点放在一些细小问题的整改上，举一反三不够；有的以"理由解释"代替"问题整改"，有的以"计划"代替整改措施，存在"讨价还价""下不为例"现象，问题整改不敢求真碰硬；有的就事论事抓整改，对巡察发现的共性问题，分析研判、专项治理不够有力。例如，针对巡察发现的村（社）违规发放津补贴、村级"三资"管理和小额工程招投标不到位等突出问题，有的未开展专项治理，有的治理不彻底，导致有些问题反复出现、长期存在。还有的被巡察党组织对原则性、根本性的问题不加以研究解决，只是做表面文章，"高高举起，轻轻放下"，存在文字整改、表态式整改、敷衍整改、虚假整改、报整改假账等问题。更有甚者，一些被巡察党组织换届后即"新官不理旧账"，整改工作没有交接，导致本单位的巡察整改脱节、断档，停滞不前。

3. 后继乏力：政治监督面临的"后半篇文章"虚化风险

作为具有全局性和战略高度的顶层设计，政治监督是体系化的综合监督，并不完全是单靠巡察机构就能够完成的，而是必须由巡察机构与纪律、监察、派驻监督统筹衔接，与组织、宣传、政法、审计、财政、统计、信访等监督协作配合，有效解决力量分散、协同不够、重复监督等问题，不断强化巡察的综合监督作用，做好巡察的"后半篇文章"。但是，从C县调研的总体情况来看，巡察机构与相关职能部门间并未实现"无缝对接"。比如，巡察反馈问题整改未有效纳入纪委、组织部的日常监督，在组织部门的干部考察考核、选拔任用等工作中未能得到充分运用，成果运用效果不明显。有的职能部门对巡察移交的问题线索落实优先办理力度不够，部分问题线索存在滞后现象，甚至造成一定程度的负面影响。据统计，2018 年 11 月 5 日，C 县巡察移交机关部门的问题线索 22 条，截至 2019 年 8 月 1 日仅办结 5 条，反馈率为 22.7%，已核查或正在办理的也只有 7 条，未办理就有 10 条，反馈率为 45.5%。有的相关单位对巡察及巡察机构的职责定位不清，反映在思想认识上仍保持惯性思维，认为巡察是纪委的工作，行动上对巡察协作配合意识和工作合力不强。"巡前"相关单位提供的通报情况不够充分，针对性不强，有价值的问题线索偏少；"巡中"提请有关单位支持配合时，存在协作渠道不够通畅、信息共享不够充分的问题，整改合力未有效形成。

除巡察机构与相关职能部门间对接不畅之外，巡察机构内部的配合、"组办融合"往往也出现不够紧密的问题。如工作沟通、信息交流工作要求传导不够及时，对巡察质量的把关、过程管理不够有力，对巡察业务指导、中期会商、审核把关不够到位。现有巡察干部管理制度仍有待完善，C 县在干部抽调、考评、管理、培训、保障、激励等方面，不同程度地存在制度不全、管理不规范、保障不力、工作不顺等系列问题，"人编分离、在岗不在编""考核不统一、同工不同酬"，导致抽调的巡察干部归属感不强，影响巡察队伍的稳定性和战斗力；而巡察工作岗位作为发现、培养、锻炼干部的重要平台的作用体现得不够明显，部分巡察干部受"熟人社会"影响，思想包袱重，缺乏动真碰硬的勇气和担当，等等。

上文对 C 县巡察工作政治监督存在问题的分析表明，基层巡察政治监督在实践环节尚存不少问题。C 县巡察工作政治监督中存在的认识偏差问题，从根本上说，是对巡视巡察工作政治定位的问题还没把握到位。此外，根据巡视工作方针的要求，"发现问题、形成震慑"是巡视工作的"生命线"，习近平同志再三强调，巡视是发现问题的有效制度安排，发现问题是巡视监督的首要和基本职责。①如果巡视发现不了问题，或者偏离了发现问题这一职责，巡视的价值就无从谈起。C县巡察工作中存在的形式主义，从某种程度上已经偏离甚至违背了巡视工作的基本方针。此外，巡视整改、推动解决问题是巡视监督工作闭环中不可或缺的一环，C县在巡察实践中面临的协作不够畅通的现象，无疑会导致巡察的最终目标面临虚化风险。因此，有必要在下一步工作中，紧密结合中央巡视工作的总体方针进行纠偏和落实整改。

四、突破与创新：基层巡察政治监督的优化路径

前面对C县的个案研究表明，中央巡视巡察的方针和政策在基层巡察实践中得到了不同程度的落实，尤其在体制机制建设方面已经有了明显成效，基层巡察工作的基本框架也基本成形。但不容忽视的问题是，在具体的巡察实践中，由于对政治监督的本质存在认知偏差和误区，导致行为主体（包括基层党委的主要负责人、领导班子及巡察机构，以及作为被巡察对象的基层党组织）在具体巡察工作开展过程中存在不少问题。比如，如何正确理解和把握"三个聚焦"，以及如何以"三个聚焦"为"尺子"来衡量千头万绪的基层工作？又比如，面对形态各异的基层工作局面，如何把握正确的切入点展开监督，以及更有效地凸显基层巡察的监督成效？如何推进巡察新发现的问题、主题教育检视的问题和上次巡察整改不到位的问题集成整改、一体整改，在推动整改常态化、长效化上集中发力，促进标本兼治？在解决问题的基础上，又如何引导督促党员干部真正悟透党中央大政方针，时时处处向党中央看齐，扎扎实实贯彻党中央决策部署，充分发挥"推动改革，促进发展"的功能？总体来看，

---

① 罗礼平：《深刻把握新时代巡视工作规律 持续巩固深化政治巡视——在省市两级巡视巡察办主任培训班上的辅导提纲》，2022年4月26日。

这些问题已经成为当前基层巡察工作亟须解决的重大现实问题。

巡视巡察的本质是政治监督，这就意味着监督的内容是事关政治的重要内容。而当代中国最大的政治，无疑是坚持党的领导。在基层工作中做到坚持党的领导，就要做到"三个聚焦"，即"聚焦基层贯彻落实党的路线方针政策和党中央决策部署情况，进一步促进基层党组织和党员干部担当作为；聚焦群众身边腐败问题和不正之风，进一步增强群众获得感幸福感安全感；聚焦基层党组织软弱涣散、组织力欠缺问题，进一步强化政治功能、打造坚强战斗堡垒"。党的十九大以后，"三个聚焦"作为基层巡察的政治标准，已经基本成形。从字面意义理解，"三个聚焦"清晰可辨，但如何在巡察实践中做到精准把握，仍存在不少困难，这也是造成行动主体认知和行动误区的难点所在。

（一）坚持围绕中心、服务大局，强化政治监督的精准性

确保党的路线方针政策和党中央决策部署在基层贯彻落实到位，这是政治监督的第一要务，也是检验职能责任的核心要点。"党的路线方针政策和党中央决策部署"具有丰富内涵，如果缺乏深入学习，极易在贯彻落实的过程中被"虚化"或跑偏走样。尤其是基层工作直接面对群众、千头万绪，如何将极其琐碎的事务性工作与党的路线方针政策、党中央决策部署相接轨，显然有一定难度。因此，有必要建立"学习—履行—引导"三位一体策略，对基层党组织贯彻落实中央精神的情况展开监督。

其一，结合被巡党组织是否紧密结合实际工作深入学习、领会和把握中央精神，这是政治监督发现问题的政治标尺。总体来看，基层巡察贯彻的中央精神主要包括：（1）习近平新时代中国特色社会主义思想、习近平同志关于本地区本领域的重要讲话和重要指示批示精神；（2）十九届六中全会、中央经济工作会议、中央农村工作会议等中央重要会议精神，以及与本地区本领域工作密切相关的会议精神等；（3）中央出台的重要文件和法规制度。前面的个案研究表明，C县未能从业务背后看政治问题、未能透过现象来分析政治上的差距，以及对被巡察单位学习党的十九大精神、上级党委重大决策部署情况的检查，只是通过会议记录和相关台账是否齐全等方式来衡量是否学习到位。这些现象均从不同程度表明，学习中央精神并未解答基层工作"为了什么"的问题，最终只会导致学习"一读了之"，沦为一种"形式主义"。

其二，将政治建设、制度执行、核心职能、落实改革部署和防范化解风险等职能的履行情况纳入常态监督的范畴，对其中的主要矛盾进行引导化解，确保中央精神在基层党组织得到贯彻落实。（1）政治建设方面。主要包括领导要带头旗帜鲜明地讲政治，把加强党的领导、做到"两个维护"作为本单位工作的根本出发点，掌握运用习近平新时代中国特色社会主义思想的立场观点方法来武装头脑、指导实践、推动工作，同时将中央精神与本单位的职能责任结合起来，落实到具体工作的每个环节，真正做到业务背后能看到政治要求。（2）制度执行方面。主要指把执行和落实制度情况作为政治监督的重要内容之一。巡察过程中，要抽查与被巡察单位职能密切相关的核心法规制度执行情况，对被巡察党组织的制度意识（即在维护制度权威和带头执行等方面的行为）进行监督检查，特别要对在制度执行上做选择、搞变通、打折扣，有令不行、有禁不止、阳奉阴违等问题展开重点监督。（3）核心职能履行方面。主要看被巡察党组织是否立足"两个大局"、党和国家治理体系现代化、"三新一高"等战略高度来谋划推进各项工作，特别是主动适应新形势、新任务、新要求，创新工作理念、思路和方式方法，核查是否存在"新瓶装旧酒"现象。（4）防范化解重大风险方面。巡察要重点反映被巡察党组织是否牢固树立底线思维、风险意识，特别是对照这两年来疫情防控暴露出的短板和不足，把本单位面临的风险找出来，结合职责职能抓紧抓实抗疫情、稳经济、谋发展各项工作，研究建立应对风险的应急机制和工作流程。

（二）坚持人民立场、群众路线，体现政治监督的人民性

"人民立场是中国共产党的根本政治立场，是马克思主义政党区别于其他政党的显著标志。党与人民风雨同舟、生死与共，始终保持血肉联系，是党战胜一切困难和风险的根本保证，正所谓'得众则得国，失众则失国'"①。政治监督的根本目的之一，就是把监督送到人民群众身边，切实解决人民群众反映强烈的突出问题，这也是我党执政为民思想的重要体现。就此而言，"政治巡视的根本价值取向就是坚持人民立场"②，坚持人民立场、依靠群众是巡察工作的一条基本原则。

在基层巡察中坚持人民立场，就是要把群众路线贯彻到巡察工作全过程，拓宽群众反映问题的渠道，深入了解和听取群众建议，为基层巡察营造积极参与、共同发现和解决问题的监督氛围，形成政治监督与群众监督有效融合，督促被巡察党组织把对上负责和对下负责统一起来，着力发现和积极解决群众最急、最忧、最盼的问题，不断增强人民群众的获得感、幸福感，以巩固党的执政根基。这也是政治监督全心全意为人民服务的政治站位的重要体现。总体来看，基层巡察要紧扣村级党组织职能责任，开展"菜单式"巡村看镇，以解决"痛点""堵点"和"难点"为政治监督的重点。（1）"痛点"即围绕发生在群众身边的腐败问题和不正之风，如对家族势力把控基层政权、村干部纠集人员形成黑恶势力横行乡里、宗教势力非法渗透等损害群众利益的现象从严监督、立行立改，这对广大群众认同巡察工作将起到立竿见影的良好效果。在 C 县的个案调查中，基层社会中的"能人村干部"不守规矩等问题依然较为突出，即属于较为典型的"痛点"，亟须从政治责任、政治生态上进行分析研

---

① 习近平：《在庆祝中国共产党成立九十五周年大会上的讲话》，人民出版社2016年版。
② 罗礼平：《深刻把握新时代巡视工作规律 持续巩固深化政治巡视——在省市两级巡视巡察办主任培训班上的辅导提纲》，2022 年 4 月 26 日。

判、找准症结，依规依纪依法推动解决。（2）"堵点"即聚焦民生领域信访反映集中、矛盾频发的"堵心"问题。以 C 县为例，群众在扶贫助困、安居补贴、公益林补偿等方面碰到的问题较多，紧盯"堵点"意味着要将此类问题作为监督重点，千方百计为群众疏"堵"，最大程度地争取民心、凝聚人心。（3）"难点"即基层改革中一些悬而未决的"老大难"问题。比如，干群关系紧张，漠视和损害群众利益，对群众合理诉求推诿应付，不作为、慢作为、乱作为等。巡察监督政治功能的发挥，必须因地制宜，监督基层组织在工作机制及方式方法上运用新理念、新方法，破解"难点"，争取得到人民群众和广大干部的充分信任支持。

当然，基层巡察政治监督的人民性，还体现为如何通过创新手段充分发动和引导广大党员群众积极参与到巡察工作之中，使巡察工作成为群众参与监督、表达诉求的重要渠道，也成为密切联系群众的重要纽带。其中，借力清廉文化创建和传播活动，促使中央巡视方针深入人心，将有利于为巡察工作营造良好的舆论氛围，促进巡察政治监督和社会舆论监督的有效融合。比如，近年来，C 县在巡察宣传方面，坚持镜头向下，加强政策传导、工作指导和舆论引导，充分发挥政治导向作用，除做好巡察日常工作宣传，围绕巡察动员、进驻、反馈、整改公开等环节，及时向社会公布有关信息外，巡察中还注重了解掌握和帮助群众解决困难，推动工作，增进社会各界对巡察工作的了解和支持，推动解决了一批群众身边的痛点、堵点难点问题，确保人民群众有更多获得感、幸福感和安全感。C 县在巡察某镇期间，帮助某村村民追回被村书记拖欠 4 年的欠款，帮助困难独居老人协调解决危房改造问题，巡察办牵头督办了某乡共计78.68 万元的生态公益林补偿金发放，等等，提升了群众获得感，直接推动当年农村信访量大幅下降。2020 年基层信访和矛盾纠纷办结率达 96.50%，进京越级访批次、人次分别同比下降 48.40%、62.00%。此外，巡察办结合清廉建设主题，采用群众喜闻乐见的多种形式开展宣传工作，指导讲好案例故事、工作故事和人物故事，强化典型引领和示范带动，均取得明显成效。

（三）坚持从严治党、强基固本，发挥政治监督的导向性

"基础不牢，地动山摇。只有把基层党组织建设强、把基层政权巩固好，中国特色社会主义的根基才能稳固。"[1]在一个14亿人口的大国长期执政，460万个基层党组织的战斗堡垒作用无论如何都不可忽视。但不可否认的是，当前我国仍然存在可能动摇党的根基、阻碍党的事业的因素[2]，将巡察利剑伸向基层党组织，是全面从严治党的应有之义。对基层党组织的政治监督，首先要看基层党组织的领导班子自身建设问题，对班子的人员结构、团结担当、政治能力和民主集中制、党内政治生活等展开监督；其次要看队伍建设和选人用人情况，对用人导向和风气，是否存在违规用人、带病提拔、拉帮结派等展开监督。再次要看基层党组织建设情况，比如对基层党组织宣传党中央精神、完成党的任务等工作展开监督，包括农村、社区党组织以及机关支部、党小组等在内的基层党组织。由于所处的社会文化环境各异，在政治功能的发挥上也差异悬殊，因此要将信访反映集中、问题矛盾频发、班子软弱涣散及项目建设较多的村、站所列为重点巡察对象，针对性地提升基层治理效能。上文对C县的调查表明，少数基层党组织建设中"能人村干部"的现象较为突出，搞政治"小圈子"的现象也偶有发生，更为重要的是，有的基层党建工作与中心工作融合不够，存在"两张皮"的现象较为普遍。这在某种程度上意味着，巡察工作在落实新时代党的组织路线监督方面任重道远。总体来看，将基层党组织建设情况作为巡察的重点内容之一，紧扣基层党组织职能责任，精准分类，以

---

① 习近平：《在基层代表座谈会上的讲话》，《习近平重要讲话单行本（2020年合订本）》，人民出版社2021年版。

② 习近平：《在"不忘初心、牢记使命"主题教育总结大会上的讲话》，《习近平重要讲话单行本（2020年合订本）》，人民出版社2021年版。

下看上，为基层政治生态精准"画像"。尤其要把村党组织建设作为巡察重点，结合软弱涣散村级党组织排查整治，着力发现和推动解决基层站所、村级党组织弱化、边缘化问题，通过穿插使用常规巡察、专项巡察、机动巡察和"回头看"，灵活运用提级巡察、交叉推磨式巡察、点穴巡察等创新方式方法，对领导班子建设和队伍建设方面存在的问题展开全方位监督，有力整治基层党组织设置混乱、党员管理缺失、制度建设不规范、党内活动不正常、作用发挥不充分等问题，以维护基层党组织的纯洁性，这已经成为当前基层巡察政治监督的重要内容。更值得关注的是，对基层党组织建设情况的监督，要特别防范党建工作的形式主义，关键要抓好制度落实，不能让制度成为"稻草人"，坚决杜绝将党建等同于党务，或者做成表面文章。多种方法的综合运用，不仅有利于发现隐藏在基层党建表象之下的深层次问题，夯实新时代党组织建设的基础，更重要的是，通过全方位、立体化的巡察，可以有效引导基层党组织真正发挥战斗堡垒作用，切实将矛盾化解在基层，为社会稳定、乡村全面振兴提供坚强的政治和组织保障。

五、续写基层巡察政治监督的"后半篇文章"

若将基层巡察工作视作发现问题的"政治体检"的话，那么，对巡视整改的落实就是解决问题的政治担当。早在 2016 年，习近平总书记就指出："对巡视整改的落实情况，要开展'回头看'，揪住不放；对敷衍整改、整改不力、拒不整改的，要抓住典型，严肃追责。"① 此后，习近平总书记相继在多个场合强调解决问题的重要性，并指出，做好巡视"后半篇文章"关键要在整改上发力，

---

① 习近平：《强化巡视监督，发挥从严治党利器作用》，《习近平谈治国理政（第2卷）》，外文出版社 2017 年版。

整改不落实就是对党不忠诚、对人民不负责，要切实解决问题，不能"高高举起、轻轻放下"，发现问题不解决会产生"稻草人效应"和"破窗效应"，等等。①事实上，增强"四个意识"、坚定"四个自信"、做到"两个维护"不仅仅是抽象的口号，最终必须落实到实际行动上。基层巡察整改是否能够落实，发现的每个问题是否能够"清仓见底"，从某种程度上说是检验政治担当、政治能力和"四个意识"的重要试金石。

（一）政治监督的再监督：推动解决问题是政治要求

党的十九大以后，随着巡视工作的进一步深化发展，强化巡视整改落实已经成为十九届中央巡视工作的鲜明特点。对巡视整改落实的再三强调，本质上是对政治监督的再监督，即推动解决政治监督中发现问题的督促和监督，这已经成为明确的政治要求。首先，习近平总书记高度重视巡视整改工作，在听取每一轮中央巡视汇报时，点人、点事、点问题，从政治高度对抓好整改落实和成果运用提出了明确要求。习近平总书记深刻指出，巡视发现问题的目的是解决问题，发现问题不解决，比不巡视的效果还坏。②要全面贯彻巡视工作方针，把发现问题作为巡视的主要任务，把推动解决问题作为巡视的落脚点，更好地发挥巡视标本兼治的战略作用。学习和贯彻落实习近平总书记关于整改落实的重要讲话精神，本身就是"国之大者"，也构成了基层巡察政治监督不可或缺的重要内容。其次，为了强化巡视整改和成果运用，推动问题解决，中共中央办公厅于2021年底印发了《关于加强巡视整改和成果运用的意见》（以下简称《意见》，分别对被巡视党组织巡视整改主体责任、纪检监督机关巡视整改监督责任、组织部门巡视整改监督责任、有关

---

① 夏立忠：《加强巡视整改成果运用 推动新时代巡视工作高质量发展——在省区市两级巡视巡察办主任培训班上的辅导提纲》，2022年4月26日。
② 夏立忠：《加强巡视整改成果运用 推动新时代巡视工作高质量发展——在省区市两级巡视巡察办主任培训班上的辅导提纲》，2022年4月26日。

职能部门成果运用责任、巡视机构统筹督促责任、派出巡视组的党组织领导责任等作出了具体明确的规定。[①]以中央文件的形式对巡视整改相关主体的政治责任进行清晰界定，也为基层巡察各责任主体提高政治站位，将贯彻落实"国之大者"作为巡视整改工作的重大政治要求，为中央、地方决策部署落实到位奠定了思想基础。

（二）巡察整改的方法论：推动理念创新是政治责任

前面分析表明，政治定位有偏差，对政治和业务二者间的关系不甚明了，存在"巡察是个筐，什么都往里装"的倾向。这不仅是当前基层巡察中存在的普遍问题，也在某种程度上违背了政治监督制度设计的初衷。基层巡察整改如何做到"进得去、出得来"，既要从具体的岗位责任、职能责任、工作责任切入，又要通过反观背后的政治责任，从党的领导责任出发。所以，"巡视不能看业务，而是要从业务切入，从政治上分析和反映问题，最终落到政治责任上"[②]。对此，习近平总书记在听取每轮巡视汇报后都提出了具体明确的整改要求，比如，在听取中央第四轮、第五轮巡视汇报时提出的针对中央单位的"六个不到位"和"六个有差距"，以及听取第七轮巡视汇报时提出的针对中管高校的"六个不足"、第八轮巡视汇报时提出的针对金融单位的"五个强化"等，为基层巡察相关主体本着政治责任意识、通过理念创新进行精准把脉和解决问题提供了明确具体的方法论。

首先，要树立系统理念，积极探索督促整改、评估通报等闭环管理机制。一方面，把每项巡察整改问题都作为事关"两个维护"的全局性和整体性问题来对待，对标中央精神和上级党委的重大决

---

① 中央纪委国家监委：《加强巡视整改和成果运用 推动新时代巡视工作高质量发展》，最后访问时间：2022 年 2 月 10 日，https://www.ccdi.gov.cn/yaowenn/202202/t20220210_170610.html.
② 罗礼平：《深刻把握新时代巡视工作规律 持续巩固深化政治巡视——在省市两级巡视巡察办主任培训班上的辅导提纲》，2022 年 4 月 26 日。

策部署，对标巡察整改方案，细化清单抓落实，对问题解决进行全过程管理，对日常监督中发现整改不到位的突出问题开展"回头看"；另一方面充分发挥系统作用，上下联动，加强对被巡察地区的巡察指导督导、示范传导，切实把做好"后半篇文章"的监督工作统筹起来，形成监督合力，建立横向到边、纵向到底、上下互动、有机衔接的责任体系。此外，还要加强与组织部门和其他职能部门的协作配合，如对巡察反映领导干部的情况，必要时可以提供组织部门在班子配备和选人用人时的掌握情况，把好政治关、廉洁关、作风关，共同维护好巡察制度权威和公信力。其次，要树立全局理念，把"点"上的问题放到"面"上来考虑，既要把个性问题放到共性问题来反思，从具体问题出发，又要立足全面从严治党的高度反观具体问题，"巡察一地，整改一片、治理全域"，实现基层巡察整改效果的最大化。再次，树立"常""长"理念，由浅入深、由表及里，把"当下改"和"长久立"相结合，立足"三个聚焦"深挖问题背后的成因，从观念、行动、制度和机制等方面找准症结、研究对策，推动举一反三、建章立制，最终实现标本兼治。

（三）促改革谋发展：强化成果运用中的政治引导

政治监督除了作为一种工作机制之外，还是"一种重要的工作理念，一个思想武器，其价值主要体现在对精神信仰的改造，对思想目标的指引，即通过实施政治监督，指导帮助全体党员干部、全体公权力公职人员，树立鲜明政治导向，将'两个维护''四个意识''四个自信''四个全面'内化为一种理想信念和价值追求，外化为工作动力和长远目标"[①]。从这个角度来看，政治监督的功能并不仅限于规范、约束和惩戒，而是具有重要的政治导向和引导功能，即督促引导全体党员干部和公职人员真正悟透中央精神，扎

---

① 焦俊成：《实践视角：政治监督内涵特征的辨析及界定》，《廉政文化研究》2020 年第 5 期。

实贯彻落实党中央和地方党委的重大决策部署，以实现"促进改革、谋求发展"的长远目标。可以说，巡视巡察的成果将是政治监督发挥导向引领功能不可或缺的重要载体。所谓巡视巡察成果，概指巡视巡察过程中发现问题的梳理、提炼，以及推进问题解决过程中形成的工作经验、方式方法等，大体上以思想观念、意见反馈、制度机制、工作清单和案例报告等形式呈现。巡视巡察成果是巡视巡察工作的思想结晶，成果推广运用在很大程度上决定着"后半篇文章"的成效。

对于基层巡察工作和基层党组织而言，巡视巡察成果政治导向引导作用集中地体现于以下几点。其一，精准把握政治巡察定位，服务高质量发展建设大局。当前，基层巡察的实践已经处于从"制度构建、探索规范"阶段迈向"全面提升、高质发展"阶段的关键转型期，以往取得的实践成果将为新一届党委巡察奠定重要的思想和行动基础，有助于紧扣中央精神、重大决策部署与本地区相关的重大区域发展战略，进一步校准监督重点，为推进基层治理、助力乡村振兴、促进共同富裕等目标的实现保驾护航。其二，凝心聚力形成共识，促进"两个维护"的政治自觉。近年来巡视巡察工作取得的显著成效，把巡视巡察成功融入"三不"一体推进工作格局，已经引发了良好的社会效应。通过成果展示，不仅可以为巡视巡察的顺利推进营建良好的社会舆论环境，也有助于广大党员干部和全体公职人员提高政治站位，深刻认识初心使命，切实增强对"两个确立"的政治认同、思想认同和情感认同，为改革大局奠定牢固的思想基础。其三，多年来巡视巡察所取得的宝贵经验，同样也有助于引导巡察责任主体及工作主体积极探索方向性、系统性方面的创新，建立起具有基层特色和标识，针对不同层级、不同领域、不同行业的巡察清单，细化监督重点，推动上下联动巡察监督更加精准有效。

民营企业合规中的反腐难点
及对策研究 [①]

谢丽珍　崔雪晶 [②]

摘　要: 企业腐败问题一直是我国腐败治理的重点领域,而民营企业内部腐败问题一直以来都是容易被忽视的一项重要问题,企业刑事合规的出现使社会对民营企业内部腐败问题关注度大幅提升。关注企业经营中的腐败风险点并对反腐难点展开深入分析;加强民企反腐败合规管理,切割涉案员工与企业的刑事责任,建立合规管理体系以及激励制度,可以帮助企业预防和控制腐败问题。

关键词: 企业腐败;企业刑事合规;激励机制;对策研究

一、问题的提出

大疆创新科技有限公司在 2018 年进行内部管理改革过程中意外发现,在供应商引入决策环节中,有关研发、采购、产品质量监管人员腐败行为严重,销售、行政、售后等部门也存在着部分人员利用职权和职务上的便利谋取私利的现象,供应链腐败给大疆创新造

---

① 本文系清廉温州建设研究中心课题(QLY2021001)的研究成果。
② 作者简介:谢丽珍,湖北大冶人,法学博士,温州大学法学院副教授,硕士生导师;崔雪晶,黑龙江大庆人,温州大学法学院本科生,中南财经政法大学 2021 级诉讼法研究生。

成近 10 亿元人民币的损失。①2019 年 1 月，大疆公司发布内部反腐公告，声称共处理了 45 名涉嫌腐败和渎职的人员，其中，问题严重而移交司法处理的有 16 人，直接开除的共计 29 人。②由此可见，企业腐败不仅会严重影响企业的正常经营管理秩序，而且会造成对稳定市场经济环境的破坏。实践中仍有很多类似大疆创新的企业内部存在严重的腐败问题，如果不把内部腐败这颗致命的定时炸弹拆除，轻者会使企业逐渐失去市场竞争力，约束企业健康发展；重者会使企业具有极高破产倒闭的可能性。因此，预防企业腐败势在必行。③

北京师范大学发布的《2019—2020 年中国企业家刑事风险分析报告》显示，从中国裁判文书网上传的 2019 年 12 月 1 日至 2020 年 11 月 30 日所有刑事判决书、裁定书中，筛选出 2635 件符合企业家犯罪构成要件的案例，除去外商、港澳台以及性质不明确的案例共计 33 件，剩余企业家犯罪案例共 2602 件，企业家犯罪次数共计 3245 次，其中，国有企业家犯罪次数为 234 次，占比约为 7.21%，民营企业家犯罪次数为 3011 次，占比约为 92.79%。上述报告中民营企业涉及的 37 个犯罪罪名中，腐败犯罪罪名有 15 个。④一直以来，我们的传统观念中，总是认为企业腐败问题主要针对国有企业，但随着社会、经济的不断发展，非公有制经济在整个国民经济中所占比重越来越大⑤，在民营企业中腐败犯罪频发，逐渐成为我们反腐工作的重点关注对象。"根据该报告，民营企业家被指控最多的前

①《2019 商业反腐潮盘点：一大波企业高管纷纷落马》，最后访问时间：2021 年 10 月 2 日，https://baijiahao.baidu.com/s?id=1655692688358644721&wfr=spider& for=pc.
②陈位：《大疆创新：企业内部腐败与审计治理》，《企业管理》2019 年第 4 期。
③陈位：《大疆创新：企业内部腐败与审计治理》，《企业管理》2019 年第 4 期。
④北京师范大学中国企业家犯罪预防研究中心：《企业家刑事风险分析报告（2020）》，《河南警察学院学报》2021 年第 4 期。
⑤李少斐：《非公经济的价值取向考察》，《中共太原市委党校学报期刊》2007 年第 1 期。

五个罪名分别为非法吸收公众存款罪（647 次，27.72%）、职务侵占罪（373 次，15.98%）、[①]拒不支付劳动报酬罪（215 次，9.21%）、虚开增值税专用发票罪（167 次，7.16%）以及合同诈骗罪（166 次，7.11%），五个罪名占该年度企业家犯罪频次总数的 67.18%。"[②]由此可见，近年来我国腐败犯罪的发生领域已经由公权力领域逐渐转向私营领域，腐败犯罪在给企业带来严重后果的同时，也阻碍着经济社会的发展，腐败犯罪风险逐渐成为民营企业需重点防控的方面。[③]通过分析运用企业合规制度治理企业腐败存在的难点，从而找到可能存在的腐败合规风险点，有助于制定对策，协调企业腐败问题的事前预防和事后追究机制，实现企业合规反腐目标。

另外，鉴于现有法律已经把国企管理人员纳入《监察法》调整对象，本文研究的企业腐败犯罪主要集中于非公有制经济中的民营企业腐败犯罪。

二、企业腐败犯罪与企业刑事合规

（一）企业腐败犯罪

正如前文所述，企业经营过程中因腐败行为而触犯刑律构成犯罪，将面临严重的刑事责任追究，不仅会给企业造成重大经济损失，还会毁损企业商业信誉，导致企业倒闭、破产，员工失业，从而加大社会的就业压力。因此，对企业腐败现象进行治理已成为我国法治建设的常态化工作。而我国近几年的立法，不管是《刑法（修

---

① 《企业家刑事风险分析报告：为何企业家最易触犯这个罪名》，最后访问时间：2021 年 10 月 2 日，https://www.sohu.com/a/465110251_663169.
② 北京师范大学中国企业家犯罪预防研究中心：《企业家刑事风险分析报告（2020）》，《河南警察学院学报》2021 年第 4 期。
③ 张远煌、龚红卫：《合作预防模式下民营企业腐败犯罪的自我预防》，《政法论丛》2019 年第 1 期。

正案）》的新增还是最高人民法院《解释》的出台，都补充完善了企业犯罪的相关内容。由此可见，我国刑事法越来越重视企业的刑事责任追究问题，通过创设新罪名或者在原有罪名的基础上，增加了对企业追究刑事责任的内容，以加强对企业腐败的风险防控。我国现行刑法对企业腐败犯罪的各种处罚措施，实质上属于一种事后评价机制，"而企业合规着眼于未然之罪，通过事前预防以达到提前预警、化解潜在的腐败犯罪风险，并非传统意义上的惩戒，也并非对已然之罪处以刑罚，属于真正意义上的有效预防企业腐败犯罪的机制"[1]。

塞缪尔·亨廷顿认为："腐败是政府官员违背公约的准则以谋取私利的行为。"[2] 我国学者则认为腐败是"掌握公共权力或公益职权的少数人，利用权力或职权谋取私人利益"[3]。

《联合国反腐败公约》第三章规定，可以定罪的腐败行为包括贿赂、贪污、挪用公款、影响力交易、窝赃、滥用职权、资产非法增加、对犯罪所得洗钱、妨害司法等九种犯罪行为。[4] 据此规定，腐败犯罪既包括我国传统的贿赂类犯罪、贪污侵占类犯罪，还包括洗钱、隐瞒犯罪所得、妨碍司法等。

我国《刑法》对腐败犯罪的规定主要集中在第八章"贪污贿赂罪"、第九章"渎职罪"，这两类犯罪都有特殊的主体要求，贪污贿赂罪的犯罪主体是国家工作人员，渎职罪的犯罪主体是国家机关工作人员，这种立法安排使人们产生了腐败犯罪都是由有公职人员

---

① 徐博强：《合规视野下民营企业刑事风险防控探析》，《东北师大学报（哲学社会科学版）》2022年第2期。

② ［美］塞缪尔·P.亨廷顿：《变化社会中的政治秩序》，上海译文出版社1989年版，第64页。

③ 祝福恩：《腐败的界定及反腐倡廉的经济学思考》，《中共中央党校学报》2001年第1期。

④ 管建强：《〈联合国反腐败公约〉与我国国内法的腐败犯罪主体》，《法学》2006年第1期。

身份的人才能构成的认识，民营企业家因不具有公职人员身份，往往被排除在腐败犯罪之外。①这种错误认识把腐败犯罪等同于职务犯罪，实则对腐败犯罪做了限缩解释。职务犯罪只是腐败犯罪的一种，腐败的本质是公权力的滥用，腐败犯罪是利用公权力实施了侵害刑法所保护的法益的行为，并未限定腐败犯罪的主体只能是国家工作人员。根据《联合国反腐败公约》的相关规定，构成腐败犯罪的主体包括履行公共职能或者提供公共服务的任何人员，即"任何在缔约国中担任立法、行政、行政管理或者司法职务的人员"，以及"任何涉及公共权力的行使、公共职能或者提供公共服务的其他人员"②。《联合国反腐败公约》第12条要求各国采取措施，防止涉及私营部门的腐败，这里的私营部门包括各种私营企业。③

企业腐败犯罪主要有两种形式，一种是为了在市场竞争中获取不当利益或更多资源，通过行贿、介绍行贿与公职人员进行权钱交易，如葛兰素史克（中国）投资有限公司高管行贿医生推销药品获利数十亿案④；另一种就是在一些特定的领域，基于国家或有关部门的委托，代为行使公权力时损害国家、集体利益，如长春长生疫苗案。我国现有立法对企业犯罪的规定主要集中在《刑法》第三章"破坏社会主义市场经济秩序罪"和第八章"行贿罪""介绍行贿罪"。其中，行贿类犯罪是民营企业腐败犯罪的典型表现形式，在司法实践中，除行贿、挪用、侵占等外，洗钱、内幕交易、泄露内幕信息

---

① 宋寒松、杨静、姜勇：《民营企业家腐败犯罪与预防对策》，《人民检察》2015年第6期。

② 管建强：《〈联合国反腐败公约〉与我国国内法的腐败犯罪主体》，《法学》2006年第1期。

③ 杨宇冠：《企业合规案件不起诉比较研究：以腐败案件为视角》，《法学杂志》2021年第1期。由此可见，《联合国反腐败公约》承认企业作为腐败犯罪的主体，可以对其进行民事、行政或者刑事处罚。

④《葛兰素史克中国公司被罚人民币30亿元 多名高管获刑》，最后访问时间：2021年10月2日，https://www.chinacourt.org/article/detail/2014/09/id/1448645.shtml.

罪等也是民营企业腐败犯罪的表现形式。因产权灵活、监管宽松，民营企业往往成为贪官洗钱的首选之地。随着我国资本市场快速发展，证券期货交易活动的活跃，利用不为公众所知的内幕信息交易获取巨额利益，成为民企高管、官员腐败及利益输送的新渠道。[1]

（二）企业刑事合规

企业合规，是企业为实现依法依规经营、防控合规风险所建的一种治理机制。[2]本质上属于公司治理问题[3]，即公司治理过程中，必须符合（遵守）相应的规章制度或法律规定。一般来说，一个企业的生存和运转需要遵守的法律法规无外乎以下几种：一国的法律法规、商业惯例、企业内部规章制度，如果是涉外企业，还需遵守外国法律法规、国际条约和惯例等。按照调整的范围进行划分，则可以分为企业合规、行政合规和刑事合规。

企业刑事合规，指对于那些已经构成犯罪的企业，刑事执法机关以企业建立合规机制为依据，对其作出宽大刑事处理的法律制度。[4]根据我国单位犯罪的基本理论，一旦单位主体触犯刑律构成犯罪，则由检察机关对单位追究刑责，提起公诉或做不起诉决定。而对确立了刑事合规的国家，涉嫌犯罪的企业可以构建合规计划作为前提，换取检察机关的暂缓起诉、不起诉，甚至在法院审判时以此作无罪答辩。

三、我国企业腐败犯罪合规风险点

党的十八大以来，随着全面深化改革的推进，经济增长速度放缓，经济和政治领域的腐败问题造成的后果日益凸显。非公有制经

---

① 宋寒松、杨静、姜勇：《民营企业家腐败犯罪与预防对策》，《人民检察》2015 年第 6 期。

② 陈瑞华：《论企业合规的性质》，《浙江工商大学学报》2021 年第 1 期。

③ 陈瑞华：《企业合规的基本问题》，《中国法律评论》2020 年第 1 期。

④ 陈瑞华：《论企业合规的性质》，《浙江工商大学学报》2021 年第 1 期

济作为我国社会主义市场经济的重要组成部分，国家一直以来鼓励并支持非公有制经济的发展[①]，但是近年来，我国企业内部的腐败犯罪呈现高发态势，不仅制约着企业的健康发展，也严重影响着市场经济的有序发展。因此，针对这一严峻问题，可通过探寻企业在资金、权力以及涉外业务中存在的腐败风险点，构建有效预防企业腐败的合规管理机制。

（一）企业资金管理腐败风险

企业资金对于企业的创新改革以及生存发展具有重要作用，只有保证企业资金的正常流转，才能促使企业更有效地利用经济资源并取得良好的经济效益。企业的高级管理人员既有权力管理企业资金，也有义务保障并监管企业资金的流动状况，此种权力与义务集于一身的管理行为在实践中却会容易产生腐败现象。

在企业资金管理中存在的腐败行为主要具有两方面的特征。第一，企业高管因具有一定的管理职权，从而使其可以直接支配并利用企业资金从事某种行为，但由于企业内部缺乏严谨的制度规定以及有效的监督制约机制，因此企业高管可利用职务上的便利，直接利用企业资金从事腐败犯罪行为。第二，腐败犯罪往往具有隐蔽性，企业高管也会利用职务便利对企业财产进行间接侵害而获利，如非法经营同类营业罪、为亲友非法牟利罪。因此，根据不同侵害企业资金的方式，可以将企业资金管理领域的腐败风险分为非法占有企业资金、非法挪用企业资金和非法利用企业资金牟利三类合规风险。[②]产生这三类风险的原因主要有：企业对资金利用的监督监管机制不够完善，极易造成资金的异常流动和流失；企业高管利用职务上的便利，将企业资金转化为自身资产，利用企业资金进行贿

① 王拓彬：《中华人民共和国成立70年来党在所有制理论上的历史性探索与创新性发展》，《温州大学学报（社会科学版）》2019年第6期。
② 韩轶：《刑事合规视阈下的企业腐败犯罪风险防控》，《江西社会科学》2019年第5期。

赂，以寻求为自己谋利等违法违规行为，从而对企业资产造成直接或间接的巨大损失。

（二）企业权力滥用腐败风险

企业权力滥用导致的腐败主要集中在企业高管这一层级，企业高管作为上层人物，主要负责企业的经营管理，制定企业的发展战略，决定企业的重大决策，对于企业的生存发展具有重要作用。但近年来，企业高管因滥用职权而触犯法律的事故频发，引起了国家对于企业腐败问题的关注。产生这一问题的原因在于企业高管的权力过于集中，并且掌握着更多的资源，因此，极易产生高管利用手中职权为谋取不正当利益进行贿赂等腐败行为。

企业高管权力滥用的本质在于利用职务上的便利，进行权力寻租或者权钱交易，损害企业的利益。权力寻租主要发生在企业与公权力机构之间，在涉及相应的经济活动领域中，企业以行贿的方式谋求不正当的竞争机会，严重损害了企业的财产权，此种行为属于商业贿赂，即腐败行为的一种。在我国刑法中，此种行为触犯的罪名有行贿罪、受贿罪、非国家工作人员行贿罪、非国家工作人员受贿罪、单位受贿罪以及单位行贿罪等。[1]在我国反腐败斗争的高压态势下，有关部门在追究公职人员贪腐犯罪责任的同时，还严肃处理行贿的企业及直接责任人员。[2]此类案件给我国企业的教训极大，企业及其管理人员，特别是高管必须约束自身行为，遵守相关法律法规，否则将承担刑事责任，这不仅会给企业的经济效益带来损失，更会进一步损害企业名誉等无形资产。

---

[1] 韩轶：《刑事合规视阈下的企业腐败犯罪风险防控》，《江西社会科学》2019年第5期。

[2] 例如，在江西萍乡原市委书记陈某某受贿案中，江西大富乳业等企业的董事长何某某被指控与陈某某交往密切，多次向陈某某行贿巨额人民币以寻求得到陈某某的照顾，2017年被告人何某某被判处有期徒刑2年，缓刑2年，何某某所任职的3家企业作为被告单位被判处罚款共350万元。

（三）企业涉外业务腐败风险

21世纪以来，在经济全球化以及我国倡议"一带一路"、贯彻"走出去"战略的大背景下，企业不断扩大境外投资规模，但由于中资企业境外投资发展迅猛，国内相关的腐败问题预防与惩治体系尚未完善，导致中资企业在境外投资项目中存在权力寻租、以权谋私、商业贿赂、侵吞国有资产、不正当竞争等腐败行为。[①]虽然人民检察院对于行贿受贿等腐败问题享有侦查权与公诉权，但对于涉及境外的腐败活动，在调查取证以及其他诉讼程序上，却需要通过司法协助途径与相关国家进行协作，在实践中这种司法协助因各国不同的法律制度以及高昂的办案成本，使得人民检察院在办理境外腐败案件时效率极其低下。由于我国司法机关对境外腐败活动存在调查取证困难、管辖盲点等问题，致使我国对中资企业的境外腐败行为疏于"防惩"。虽然中资企业在境外的腐败行为能够躲避我国的刑事制裁，却往往会受到某些国家，特别是美国的"长臂管辖"，美国司法部和证券交易委员会公布的执法案例中有大量涉及中国的案例，依据美国《反海外腐败法》处理的与中国有关的案件就有18件。[②]由此可见，中资企业在境外投资、跨国合作、涉外业务过程中面临着海外刑事犯罪的法律风险。第一，企业之间为争夺经济资源而进行的不正当竞争行为，不仅损害其他企业公平竞争的权利，而且严重破坏了稳定的市场竞争环境。第二，国内企业利用其境外的分支机构进行洗钱，或者为了谋取不正当利益向国外公权力机构及其公职人员进行贿赂。我国"走出去"的企业在国际社会上不负责任的

[①] 魏伏薇：《"一带一路"背景下中资企业海外腐败问题立法研究》，《山西省政法管理干部学院学报》2019年第2期。

[②] 魏伏薇：《"一带一路"背景下中资企业海外腐败问题立法研究》，《山西省政法管理干部学院学报》2019年第2期。例如，中国铁路集团公司和中国中信公司在2009年因涉嫌高速公路项目腐败遭到阿尔及利亚政府的司法调查；大连绿诺环境工程科技有限公司在2011年受到美国《海外反腐败法》的正式调查，成为我国第一家被该法调查的企业。

违规行为不仅影响我国的国家形象，甚至直接影响着中资企业在全球范围内的可持续发展，因此，中资企业应当特别加强合规经营以反对商业腐败。

四、我国企业合规反腐中的难点

我国在以各项政策大力推动企业发展的同时，也对企业在预防刑事领域可能出现的犯罪风险提出了新的要求。刑事风险对于企业的经营管理无疑具有最严峻的影响，不仅关乎着企业的生死存亡，而且对社会所产生的负面影响也是不容小觑的。企业犯罪风险对于企业和国家产生的负面效应催生了规避风险的需求，因此企业通过探索内部自我控制的方式以预防风险的发生。[①] 而起源于美国的企业合规制度虽然有利于企业识别、监管和预防犯罪风险，但由于在我国的发展尚处于初始阶段，对我国企业而言缺乏主动合规的动力，因此，要想建立符合我国实际情况、能够有效防范企业腐败问题的企业刑事合规机制，必须清醒地认识在运用企业合规制度过程中企业内部以及外部可能存在的反腐难点。

（一）企业内部合规反腐的难点分析

1. 企业内部人员的违法违规行为缺乏有效监管。企业内部渎职、行贿受贿、职务侵占以及舞弊等腐败行为主要发生在企业高管这一层级，因此，预防和治理企业腐败就要加强对企业高管人员职务行为的监管。就企业内部的经营体制以及制度设计而言，对企业高管的监管主要由监事会和职工代表大会负责，因此可能存在监管人员因收受贿赂而不完全履行职责，导致监督力度不够的现象。企业虽然可以通过建立企业合规制度，引入外部专业机构，例如法务团队

[①] 徐博强：《合规视野下民营企业刑事风险防控探析》，《东北师大学报（哲学社会科学版）》2022年第2期。

以及审计部门对企业的违规行为进行合规性审查，但是由于相应人员是由企业聘用的，且地位不独立，无法完全排除两者相互勾结的风险。此外，根据相关调查了解到，企业一旦发现内部腐败现象，往往会优先选择通过内部处理的方式解决，还有的企业对犯罪员工具有极强的宽容度，允许其"戴罪在岗"。① 因此，从企业的内部分析来看，企业合规反腐的难点之一是对于企业高管人员的腐败行为监管不到位，以及企业对有腐败犯罪背景的员工的宽容度过高。

2. 企业腐败文化盛行，难以清除。企业腐败文化在一定程度上是企业文化的一部分，而企业文化一般指企业经营者的文化，经营者对于腐败行为所秉承的态度直接影响着内部员工的价值理念，企业腐败文化还会因经营者聘请价值理念相近的高管和员工，以及在企业内部形成群体规范而得到强化。② 企业文化对于员工行动以及价值理念具有指引作用，因此，企业应自觉抵制腐败文化的影响，树立"宁向直中取，不向曲中求"的正确经营理念，营造廉洁的文化氛围，积极引导企业员工遵纪守法，增强企业员工对法律法规的忠诚，杜绝通过不当行为获利。③ 尽管大多企业开始通过合规制度推动企业内部廉洁文化的建设，但是企业内部因腐败文化所形成的扭曲的价值观短时间内无法得到彻底根除，致使企业合规制度无法发挥出应有的作用，企业一时难以培育廉洁的企业文化。

3. 企业自发性调查缺乏积极性。我国现行法律并未对企业主动配合调查有明确的奖励，我国刑法虽然规定了自首制度，但在实践中企业很少主动使用。根据《企业家刑事风险分析报告（2020）》，

---

① 贾宇：《民营企业内部腐败犯罪治理的体系性建构》，《法学》2021 年第 5 期。
② 董斌、刘慧：《企业腐败文化与不当行为：效应与机制》，《经济评论》2020 年第 6 期。
③ 董斌、刘慧：《企业腐败文化与不当行为：效应与机制》，《经济评论》2020 年第 6 期。

2020 年企业家案发原因为主动投案的占比为 33.82%。[①] 在商业贿赂案件查处中，执法部门要求涉案企业自行审查并进行汇报，但是很少有企业会主动进行内部调查、主动报告，也很少有企业会制定相关的合规政策予以补救。[②] 这一方面是因为我国现有法律规定对于自首制度以外的企业内部自查行动或企业积极配合犯罪追究，没有制定完善的激励制度；另一方面是因为针对企业主动合规启动内部贿赂行为的调查，在刑事量刑上也缺乏国家层面的统一规定，因此无法激发企业进行自我救济的驱动力。

（二）企业外部合规反腐的难点分析

1. 立法上存在疏漏。惩治企业腐败以我国《刑法》为法律依据，但就我国目前的法律法规而言，企业中存在的部分渎职、行贿以及腐败问题仍缺乏相应的法律规定以及制裁措施，这使得通过企业合规制度对这些腐败问题的治理缺乏法律上的依据和指引。[③]

2. 证据收集认定上存在局限性。腐败类犯罪往往是高智商犯罪，行为主体在实施腐败行为时，具有一定的反侦察意识，隐蔽程度较高，导致司法机关在证据收集以及认定方面较为棘手，很多案件由于收集到的证据无法达到刑事立案标准而无法立案。另外，许多民营企业特别是小微企业因经营规模"小"而"散"、对外经济往来关系错综复杂且变动大、账单流水难以查证、调查手段乏力等，导致收集到的企业内部腐败犯罪案件证据更显碎片化，且以言词证据

---

① 北京师范大学中国企业家犯罪预防研究中心：《企业家刑事风险分析报告（2020）》，《河南警察学院学报》2021 年第 4 期。
② 北京师范大学中国企业家犯罪预防研究中心于 2022 年 5 月 28 日发布的《中国反贿赂合规调查报告》显示，我国企业管理人员对贿赂行为的容忍度普遍较高，对贿赂的举报积极性普遍较低，企业主动查处员工行贿的可能性不大。参见赵军等：《关于〈中国反贿赂合规调查报告〉的几点重要说明》，最后访问时间：2022 年 6 月 6 日，https://www.sohu.com/a/553500384_120172170.
③ 我国刑法可以制裁国家工作人员的渎职行为，但是非国家工作人员的渎职行为不属于刑法制裁范围。

为主。^①在实践中，言词证据因易受主客观因素的影响，往往容易出现虚假或失真的情况，具有较弱的稳定性。若无客观证据与之相互印证，形成完整的证据链，更加难以通过言词证据准确认定案件事实，这也是企业犯罪立案概率低、线索成案率低的客观原因。

3. 刑法量刑标准上差别对待。我国《刑法》中，对于涉及国家公权力机构及其工作人员的贪污、腐败、渎职类的犯罪都设有专章规定，而对非国家工作人员涉及此类犯罪的条文规定很少。对于企业高管、员工以及关联机构、合作方所实施的腐败犯罪行为，企业明明负有依法、依规监督约束的职责，却以不作为方式默认、放任或者存在过失的，致使企业遭受重大经济损失的情况，我国刑法并未规定企业该如何承担责任。此外，对于相同的违法行为，国企和民企相比，不仅认定的罪名不同，而且入罪门槛和承担的法律责任也存在不同之处。如利用职务侵占企业财物发生在国企，罪名被认定为贪污罪，但如果此种行为发生在民企，就会被认定为职务侵占罪。^②当然，这种行为相同、主体不同、刑罚差异大是因其侵犯客体的不同^③，而正是这种身份上的差异引起的量刑差，让民营企业忽视了对腐败犯罪的预防，放松了对企业高管的管理，导致企业腐败犯罪频发。

---

① 贾宇：《民营企业内部腐败犯罪治理的体系性建构》，《法学》2021 年第 5 期。
② 王阳：《中国企业的腐败治理：国有企业与私营企业的比较分析》，《廉政学研究》2019 年第 1 期。
③ 以受贿罪为例，非国家工作人员受贿，数额巨大的，处五年以下有期徒刑，可以并处没收财产；而国家工作人员受贿，处罚等同于贪污罪，最大力度可以达到处无期徒刑或者死刑。因此，相对于国企，国家对于民营企业腐败犯罪具有更高的容忍度，从而导致企业对于腐败犯罪可能造成的危害认识不足，这也在一定程度上助长了企业腐败犯罪的态势。

五、企业合规反腐的治理对策研究

（一）区分涉案企业与个人刑事责任

根据我国法律规定并结合司法实践，对于单位犯罪案件，我国司法机关通常把主管人员或者直接责任人员的意志和行为作为判断单位是否承担刑事责任的标准。通常情况下，企业的主管人员或直接责任人员主观上以单位的名义，客观上为单位整体谋取利益，通过决策程序所实施的犯罪行为就认定为企业犯罪，若企业员工实施犯罪行为时，声称是代表公司的行为，该如何有效地区分企业责任与员工个人的责任。①根据"水漾理论"，对一个涉嫌犯罪的企业提起诉讼，相当于对其判处死刑；处罚一个企业，最终受到惩罚的将是企业的投资者、雇员、养老金领取者、客户等无辜的第三人，企业合规的逻辑应当是放弃对涉案企业的处罚，但要严惩直接责任人员。②在员工犯罪时企业能够脱离法律风险的重要前提是已经建立了完善的反腐败合规管理体系。对于员工的腐败行为，如果经营者能够举证其已制定完备的合规制度，对商业腐败行为采取了有效的措施进行防范和打击，比如履行相应告知义务，在员工入职前签订系列免责协议，向其发放员工手册等，企业就有可能从员工腐败行为带来的经营者商业腐败责任中豁免。因此，只要企业为预防犯罪的发生采取了应尽的措施，就足以规避相应的刑事法律风险。

（二）立法上明确企业预防腐败法律责任

义务的构建应有法律上的依据，因此刑法中必须增加对企业承担预防腐败犯罪的法律义务的规定，才能从制度上对企业自主监管形成推动力。③根据组织实体是否已经涉嫌腐败犯罪，确立事先和

---

① 陈瑞华：《合规视野下的企业刑事责任问题》，《环球法律评论》2020年第1期。
② 陈瑞华：《论企业合规的基本价值》，《法学论坛》2021年第6期。
③ 钱丹凤：《论我国民企内部反腐败刑事合规机制之构建》，《广西政法管理干部学院学报》2022年第1期。

事后预防责任机制，各自归入行政法和刑事法，奖励与制裁并举，大幅提升预防腐败的机制效能。[①]我国刑法中对于涉及非国家工作人员的腐败犯罪条文规定较少，且大多属于事后惩治。因此以渎职罪为借鉴，可以构建企业预防腐败犯罪失职罪，以明确企业预防内部腐败的责任。

（三）构建企业腐败犯罪合规管理机制

企业刑事合规若只停留在制度层面，则难以发挥应有的效用。因此，必须结合我国企业犯罪的实际情况，在识别评估企业腐败犯罪风险点的基础上，建立起相应的企业反腐刑事合规计划，保证合规计划的有效执行并加以监督，才能构建本土化的预防企业腐败犯罪的合规管理机制。

综合调查、评估企业腐败犯罪的法律风险。评估企业法律风险，指企业对自身以及分支机构的设立、变更、融资、担保以及债权债务等关乎企业重大经济效益的事项进行调查，并聘请相关领域的专业人士进行风险分析评估。对于腐败犯罪而言，因其具有隐蔽性和多样性，因此更应该全面查找企业内部可能存在的腐败犯罪行为，准确定位可能出现的腐败犯罪领域，使企业能够充分认识到自身潜在的法律风险，以此建立预防企业腐败犯罪刑事合规机制。所谓风险评估，需要专业人士对企业可能存在的腐败风险进行分析和总结，出具风险评估报告，根据风险等级进行分类，并提出相应的预防措施。经过这一环节，企业就能对自身经营管理过程中可能存在的刑事法律风险进行及时预防，避免更为严重的后果发生，从而维持企业的正常发展。

建立行之有效的企业反腐刑事合规计划。发现并适当评估企业腐败犯罪风险点后，才能进一步制定有针对性的企业刑事合规计

[①] 陈萍：《"预惩协同型"腐败治理机制之建构：基于法国《萨潘二号法》的比较视角》，《浙江工商大学学报》2021 年第 4 期。预防腐败的共同管理和共同责任立法是法国《萨潘二号法》对我国的借鉴意义。

划，以形成预防企业腐败犯罪的内生机制。合规计划具体应当包括以下内容：第一，如何有效识别、预防并及时化解企业腐败犯罪风险；第二，如何将反腐合规计划作为企业内部制度的一部分，增强企业内部人员的合规意识并保证合规计划的有效实行；第三，如何将企业内部经营与外部独立机构的监管相结合，及时为企业更新腐败犯罪风险预警并提升企业防范刑事犯罪的效果。

建立企业反腐刑事合规执行与监督机制。建立合规计划的目的在于预防企业腐败犯罪，因此保证合规计划的有效执行是关键。企业反腐合规计划的执行贯穿企业经营管理的每一环节，通过合规计划的执行，一方面有利于企业内部合规意识的增强，另一方面可提高可能腐败犯罪的人对于被监管审查的风险认知，从而降低其实施犯罪的可能性。同时，企业要想实现自我预防腐败的目标，必须建立起内部反腐败合规监督机制[1]。除此以外，企业还应加强对关键领域、重要部门、重点岗位高管的监督，保障企业权力监督制约的正常运行。

（四）探索检察机关对企业腐败合规监督程序

我国的检察机关是法律监督机关，也是负责起诉的部门，可以在促进企业合规中可以发挥关键作用。2020 年 9 月 10 日，最高人民检察院检察理论研究所在深圳主办了"企业刑事合规与司法环境优化研讨会"，对司法环境优化以及企业犯罪相对不起诉适用机制改革进行了深入研讨，彰显了最高人民检察院对企业合规和刑事责任等问题的重视。[2]最近，一些地方的检察院也发布了一些规定，例如宁波市检察院探索建立涉罪企业合规考察制度，出台了《关于

[1] 张远煌、龚红卫：《合作预防模式下民营企业腐败犯罪的自我预防》，《政法论丛》2019 年 2 月第 1 期。
[2] 于潇：《发挥检察职能作用助力企业加强刑事合规建设》，《检察日报》2020 年 9 月 23 日第 3 版；杨宇冠：《企业合规案件不起诉比较研究：以腐败案件为视角》，《法学杂志》2021 年第 1 期。

建立涉罪企业合规考察制度的意见》，其主要涵盖涉罪企业合规考察制度的概念、案件适用范围、审查程序、具体实施程序、考察机关种类、考察期限、被考察企业义务、检察机关职责、考察后的处理程序等内容，包括合规考察决定书、合规承诺书、通知函以及相关具体实施办法等。①

中共中央 2021 年 6 月 15 日发布《关于加强新时代检察机关法律监督工作的意见》，要求检察机关"依法维护企业合法权益"②。该意见指出，检察机关的法律监督职能应贯穿于法律制定和法律实施的全过程。③企业合规治理，不仅属于企业内部的经营管理活动，而且上升到国家层面后，带有很强的公益性质。④

检察机关作为我国法律监督机关，应当通过合规计划的执行深入到企业内部的治理结构中，推动企业治理结构的转变，并且促进企业廉洁文化的培育，加强企业及其员工对法律法规的忠诚。企业腐败问题的发生，除权力监管不到位以外，还与企业的不合规经营密切相关。因此，反腐不仅仅是司法机关和政府应承担的责任，还需每一家企业的配合和参与，这样才能在腐败发生之前对其进行预防。而检察机关本身便具有打击腐败犯罪、对职务犯罪进行批捕与提起公诉的职能，为有效预防企业腐败犯罪，检察机关应承担起引导并监督企业进行刑事合规的职责。

2021 年 3 月，最高检启动企业合规的第二期试点，开展涉案企业合规改革试点，促进企业合规守法经营，直接目的是"防止办案简单化，垮掉一个企业、失业一批职工；更高目标是通过办好每

---

①孔令泉：《浙江宁波检察机关试水涉罪企业合规考察制度》，《民主与法制时报》2020 年 9 月 20 日。

②《全面落实〈中共中央关于加强新时代检察机关法律监督工作的意见〉》，最后访问时间：2021 年 10 月 2 日，2https://baijiahao.baidu.com/s?id=1707307385436579986&wfr=spider&for=pc.

③昊玮：《论企业合规刑化试点中的检察监督》，《政法论丛》2022 年第 1 期。

④戚永福：《检察试点语境下企业合规制度的构建》，《犯罪研究》2021 年第 5 期。

一个案件，促进企业乃至行业规范发展"[①]。刑事合规是新时代检察机关积极拓展职能参与社会治理的新探索，在推动犯罪治理理念的发展，促进企业健康发展，营造良好营商环境上，意义重大、影响深远。[②]

（五）借鉴国外经验激发企业开展内部调查积极性

由于《反海外腐败法》在执行过程中受调查取证的制约，在2000 年左右，美国政府实行新的执法方式，利用奖励机制，激励企业主动配合调查。美国证券交易委员会（SEC）在 2015 年发布的 9 起 FCPA 案件中，6 家以上的企业因积极参与内部调查并提交相关证据和调查结果，从而获得 SEC 给予的"重大合作奖励"。[③]在西门子案件中，执法部门付出的成本并非我们想象中的巨额，反倒是西门子公司从外部花重金聘请专业人员在全球范围内开展独立、深入的内部调查，在调查过程中，西门子公司将发现的总计多达 14 亿美元的行贿行为上报美国政府。

美国司法部在 2016 年 4 月启动了一个为期 1 年的试点计划，基本内容为：如果被调查公司经查实全力配合司法部调查，则罚金可以减半；一方面，如果公司不配合司法部对其进行内部调查和管控，则公司的管理人员有更大的概率被认定为默许和纵容违法行为，因此面临更大的个人风险。[④]

---

① 时任最高检党组成员、副检察长杨春雷于 2021 年 3 月在最高检企业合规检察研究基地挂牌成立大会上的发言。

② 《刑事合规：创新检察履职助推企业高质量发展"》，中华人民共和国最高人民检察院，最后访问时间：2021 年 10 月 2 日，https://www.spp.gov.cn/spp/llyj/202103/t20210315_512650.shtml.

③ 尹云霞、庄燕君、李晓霞：《企业能动性与反腐败"辐射型执法效应"：美国FCPA 合作机制的启示》，《交大法学》2016 年第 2 期。

④ 万方：《反腐败合规法律实践的规范演进与实践展开——以美国〈反海外腐败法〉为切入》，《法治研究》2021 年第 4 期；《欧美企业重视合规工作的四个制度化原因》，最后访问时间：2021 年 10 月 2 日，http://www.360doc.com/content/17/0714/14/22551567_671283554.shtml.

美国司法部对企业合作激励机制体现在起诉和量刑两方面。美国司法部在起诉和刑事都会考虑企业的合作程度，并通过量化合作程度，制定详细的量刑规则和罚金计算方式对公司进行处罚或奖励。公司基于美国政府制定的规则，能够自行推算出可能承担的刑罚，以及如果积极主动配合建立合规制度可以得到的奖励，在权衡利弊的过程中，决定该选择何种方式处理商业贿赂问题。^①将激励机制运用到控制和预防商业贿赂行为的还有英国、法国以及巴西。英国在《反贿赂法案》中明确规定，企业若能证明其采取了积极措施防止相关人员行贿受贿，就可以因此而免责；法国《萨宾第二法案》要求企业建立积极程序来防范腐败风险；巴西的《反公司腐败法案》中明确允许企业与政府就贿赂行为达成和解协议。达成和解协议的前提条件一般包括：公司同意制止商业贿赂行为，主动上报违法信息，积极配合政府调查等。如果企业最终与政府达成和解协议，可能获得减免不超过三分之二的罚金，可继续获得政府补贴、税收优惠贷款或者商业项目。^②

以上案例对中国规制企业商业贿赂问题提供了借鉴。当前中国在立法层面缺乏关于企业合规的规则，短时间内也难以制定统一的反腐败法，但是可以通过修订现有的法律法规，对主动开展合规的企业在执法过程中给予奖励，激发企业主动调查内部贿赂行为的动力，促进企业主动开展合规管理。

---

① 尹云霞、庄燕君、李晓霞：《企业能动性与反腐败"辐射型执法效应"：美国FCPA合作机制的启示》，《交大法学》2016年第2期。
② 尹云霞、李晓霞：《中国企业合规的动力及实现路径》，《中国法律评论》2020年第3期。

六、结语

企业合规作为企业治理方式之一，从企业层面来看，是企业通过自我监管以预防企业内部犯罪，规避在经营管理过程中可能出现的刑事风险的合规机制；从国家层面来看，企业合规作为一种激励制度，意在督促企业加强对内部刑事风险的识别、预防以及管控。在我国反腐败斗争取得程度性胜利的情况下，对企业的腐败治理也呈现出向好的发展态势。将企业合规制度与企业腐败治理相结合，不仅是对中国式企业反腐合规制度的探索与构建，还有利于强化各方对企业反腐的重视，为我国的经济发展积蓄力量。

历史制度主义视角下巡察制度
有效性研究 [①]

田湘波　王玲娟 [②]

摘　要： 以历史制度主义为分析框架，能够为巡察制度有效性的研究提供科学合理的分析视角与理论借鉴。以历史制度主义为理论依据，从制度变迁的路径依赖性、制度与制度环境适应性、制度与制度相关人三个层面考察巡察制度的有效性。发现影响巡察制度有效性发挥的现实因素在于：从巡察制度变迁的路径依赖性看，巡察领导与管理体制，巡察问题发现与整改机制适应性衔接问题会影响巡察制度的有效性；从巡察制度与制度环境适应性看，强调非人际关系的巡察制度与"人情社会"的制度环境不相容，制度受益人的信任与配合不够。从巡察制度与制度相关人看，巡察制度代理人责任与规矩意识不强，巡察手段与方式的不适应造成巡察权威下降；要提升巡察制度有效性，可以从三个方面着手：从巡察制度变迁的路径依赖性看，充实巡察人才库，破解"双重领导"困境，加强巡察与整改机制适应性衔接，

---

① 原文刊发于《廉政文化研究》2022 年第 3 期。本文系清廉温州建设研究中心课题"强化政治监督提升巡察工作质效研究"（QLY2021002）的阶段性研究成果。
② 作者简介：田湘波，湖南沅陵人，博士，湖南大学马克思主义学院教授，博士生导师，湖南大学廉政研究中心副主任；王玲娟，湖南衡阳人，湖南大学马克思主义学院硕士研究生。

形成监督闭环；从巡察制度与制度环境适应性看，实行提级交叉监督，破除人情关系干扰，创新巡察手段与方法，重塑巡察权威；从巡察制度与制度相关人看，加强巡察人员监管，降低巡察制度成本，加强巡察宣传力度，提升巡察效果。

关键词：历史制度主义；制度环境适应性；巡察制度；制度有效性

巡察制度作为一项重要的党内监督方式，是巡视制度向市县地方基层的延伸和拓展，是自上而下监督方式与自下而上监督方式的有机结合。2017年出台的《中国共产党巡视工作条例》明确规定在全国范围内实施巡察制度，为巡察工作的开展提供了重要的政策依据。五年来，巡察制度的实施效果如何，如何从理论上衡量巡察制度的有效性，成为学界的关注点，但是目前的研究仍比较薄弱。从历史制度主义分析范式来看，衡量巡察制度的有效性，需要关照巡察制度变迁的路径依赖性、巡察制度与制度环境适应性、巡察制度与制度相关人等三个因素。

一、研究现状

巡察制度是巡视制度的延伸与拓展，其指导思想、工作流程、运行原则与方法在很大程度上都与巡视制度极为相似，但也有细微差别，主要差异有二：工作开展的主体层面不同、监督对象的级别不同。从巡视制度到巡察制度的变迁体现了制度变迁中的制度模仿同构。[1]早在2004年，巡察就萌芽于浙江宁波、湖州、丽水等地，只是尚未运用"巡察"这一概念[2]；2014年10月，习近平总书记明确指出，省区市党委必须坚决贯彻中央巡视方针，深化聚焦转型，做到横向全覆盖、纵向全链接、全国一盘棋，上下联动遏制腐败现象蔓延势头[3]；2015年，河南省率先进行巡察制度的实践[4]；2017年，《中国共产党章程》和《中国共产党巡视工作条例》正式规定"党的市（地、州、盟）和县（市、区、旗）委员会建立巡察制度"。

目前，虽然学术界尚且无从历史制度主义视角探讨巡察制度有效性的文章，但是制度有效性的相关研究为本文打下了坚实的基础。

1. 关于制度有效性的研究。将"制度有效性"一词拆分来看，"制度""有效性"两个词语共同组成了"制度有效性"，但其核心词汇是"有效性"，关乎制度所要达到的一种状态。可以从两个角度对制度有效性进行解读：第一，从应然性角度来看，主要着重于制度产生过程的正当性及制度本身的合理性与合法性，是从价值意义上去理解这个概念的；第二，从实然性角度来看，主要着重于制度实际运行过程中功能和效用的发挥程度，是从结果意义上来理解这个范畴的[5]。

法学界、政治学界对制度有效性的理解的侧重点有所差异。法学界对制度有效性内涵的界定更注重从应然性角度来衡量，往往集中于制度本身的内在价值，即从合理性与合法性的角度来考虑。法律的有效性特征是哈贝马斯法律思想的核心，包含事实有效性与规范有效性两个向度[6]，即同时兼顾法律有效性的实然有效性与应然有效性。在凯尔森看来，"应然"的问题是一个需要性、应当性的问题，"价值"不等于需要。[7]根据凯尔森的观点，法律是由立法机构创造出来的一系列规范，所以法律更多表达的是其理想状态，而非现实生活中的实际运行情况。法学界对制度有效性的界定，包含事实有效性和自身的合法性两层含义，同时更强调应然的合法性。

政治学界对制度有效性的研究主要来自新制度主义政治学，在其众多流派中，把"新制度主义"分为"历史制度主义""理性选择制度主义"和"社会学制度主义"的分类方法最为大众认可和接受。[8]尽管三者在解释制度及其有效性上各有侧重，但是其分析框架都集中在制度、制度环境、制度相关人三个层面。[9]

历史制度主义主张从既存制度的基础上，即从实然性的角度理解制度。历史制度主义并不假定制度真空和制度相关人的偏好固定，同时认为既存制度的路径依赖和制度相关人的行为惯性影响着新制度的生成，制度的实质是起作用的行为规范，即表示得到了制度相关人的同意和遵守，从而对政治现象造成影响。相比较而言，历史制度主义更注重制度适应性效率、更关注制度相关人的影响与作用，认为不论是制度的生成还是变迁的路径依赖性，制度相关人的非对称性政治权利及其对政治活动施加的程度不同的影响，都成为影响制度有效性的重要变量。制度有效性就是这样一种制度状态，即在特定的制度环境下，存在矛盾冲突的制度相关人特别是关键制度相关人对制度产生了认可和遵守，从而达到了制度设计的预期结果。[10]从历史制度主义来说，制度与制度环境相适应、正式制度之间相适应、正式制度与非正式制度相适应、制度得到认真实施、制度趋向良性循环轨道等路径依赖惯性都会使制度具有有效性，从而产生制度适应性效率。[11]历史制度主义思考制度品质的一个途径是适应性，即随着环境变化而调适。

2.关于巡察制度有效性的研究。目前，从新制度主义角度来研究巡察制度有效性的系统性文献非常薄弱，学者们只是较为笼统地描述与分析巡察工作存在的问题。吴纪树结合实证调研的相关数据，认为巡察制度不完善之处的原因在于：对巡察制度认识不清、理解不深；政治监督的工作重点不够突出；传统看报告、查档案、开座谈会的被动巡察方式相对滞后；巡察工作与监察工作衔接不畅；巡察成果运用、整改机制不完善；巡察队伍质量有待提高。[12]陈诗怡以机制设计理论为视角，认为巡察制度违背了信息效率与激励相容原则。[13]郭锐从理性制度主义出发，基于理性人的假设基础，将巡察收益、巡察成本、腐败概率与期望效用纳入机动式巡察的博弈模型构建，指出影响机动式巡察效益的干扰变量在于熟人社会的人文环境、公权寻租与创租导致的高额权力租金、基层小范围内的同体巡察及利益。[14]

3.关于廉政制度适应性效率的研究。作者虽然没有明确表述用历史制度主义范式来探讨制度有效性问题，但提出了与制度有效性相近的概念，即制度适应性效率。更为重要的是，作者一直运用历史制度主义理论框架来研究政治制度的变迁绩效，特别是探讨廉政制度的适应性效率。作者提出，如果廉政制度具有适应性特征，且从制度变迁惯性角度得出结论：廉政制度变迁沿着正反馈方向变迁就会产生制度适应性效率，即好的路径依赖会产生制度适应性效率。

总之，对巡察制度有效性的研究散见于政治学、经济学之中，研究方法也突出定性与定量方法的结合，丰富了相关研究。从国内外研究状况来看，有几篇用新制度主义研究巡察制度有效性的论文，但非常不够。本文继续采用新制度主义当中的历史制度主义，采用定性主义方法，从制度路径依赖性本身、制度环境适应性、制度相关人三个层面分析巡察制度的有效性。从历史制度主义角度来研究巡察制度的有效性有两个原因：其一，笔者在历史制度主义研究廉政制度方面有深厚的基石，出版了1本专著，发表了制度适应性效率方面论文7篇①，笔者提出的制度适应性或制度适应性效率就是制度有效性问题；其二，从

①田湘波：《新时期禁止公务员经商和兼职制度研究》，《马克思主义与现实》2006年第4期；田湘波、谭丰华：《我国转型时期的经济增长：基于制度适应性效率的分析》，《湖南大学学报（社会科学版）》2007年第3期；田湘波、谭丰华：《论转型时期我国经济增长过程中制度适应性效率的缺失》，《财经理论与实践》2008年第1期；田湘波、杨燕妮：《中国廉政制度的适应性分析》，《湖南大学学报（社会科学版）》2008年第2期；田湘波、谭丰华：《我国转型时期经济增长的制度适应性效率现状分析》，《马克思主义与现实》2008年第3期；田湘波、谭丰华：《提高我国转型时期经济增长的制度适应性效率研究》，《马克思主义与现实》2008年第5期；田湘波：《路径依赖和关键节点理论视角下的巡察制度变迁》，《宁夏社会科学》2021年第2期；田湘波：《我国廉政制度适应性效率研究》，湖南大学出版社2015年版。

历史制度主义来研究巡视制度的论文只有两篇，至今没有研究巡察制度的论文。

二、理论分析框架：历史制度主义

新制度主义政治学研究中流派众多，历史制度主义属于普遍认知中的三大重要流派之一。20世纪70年代末，西方政治科学研究发生了范式转换，政治学家对行为主义者过分注重政治形式和科学技术手段的研究取向、过分注重实证研究的方法论进行了猛烈的批判。与此同时，新制度主义研究注重分析制度本身和制度与人的互动，弥补了行为主义的缺陷。一般而言，大众普遍认为《重新发现制度：政治的组织基础》一书是新制度主义政治学研究开始的标志。历史制度主义有两个解释逻辑，一是制度的适应性问题，二是制度的路径依赖特性。

历史制度主义认为，制度的适应性包括以下几方面内容：制度与制度环境的适应性、正式制度之间的适应性、正式制度与非正式制度的适应性。如果制度在上述三个方面有适应性，就会产生制度的适应性效率，这实质上就是制度的有效性。

历史制度主义的另一个解释逻辑是"路径依赖"，即制度的惯性，它关注制度的变迁规律，这个制度变迁动力会影响制度的绩效。狭义上，路径依赖指一旦一个国家和地区沿着一条道路发展的话，那么扭转的成本将是非常昂贵的。另一种选择也是存在的，但是特定制度安排所筑起的壁垒将阻碍初始选择中非常容易的转换[15]。也就是说，某一运动的前进方向并不是充满着自发偶然随机性的，而在于其之前的运动方向所带来的后续影响。

路径依赖形成的动力有三个：收益递增、交易成本、制度相关人之间的权力非对称性。保罗·皮尔逊和道格拉斯·诺斯从制度经济学的角度提出了收益递增和交易成本的动力。皮尔逊认为导致路径依赖的动力是回报递增。从技术领域中技术的锁定效应可以很好地解释回报递增，即构建技术投入了高额成本，使用技术过程中个人的学习活动推动了技术的优化创新，该技术与相关技术联动形成了网络效应，技术障碍时具有的自我调适功能促进了技术的回报递增。同时回报递增是一个正反馈的过程，随着正向反馈的增加，会产生自我强化活动的强力循环。

道格拉斯·诺斯把路径依赖的观点应用到了制度分析中，并在皮尔逊的基础上增加了路径依赖的交易成本这一动力因素。道格拉斯·诺斯认为，导致制度变迁过程中路径依赖的原因除了由于制度所具有的自我强化机制所导致的收益递增，还在于经济社会中存在的显著的交易成本。[16]即显著的交易费用不仅导致了市场的不完全，而且导致了制度相关人对市场信息的掌握不完全，由此基于先存认知和不完全信息而出现的认知模式加剧了路径依赖的交易成本。

彼得·豪尔则强调了路径依赖的另一动力——权力非对称性在制度相关人之间的存在，这是历史制度主义的区别性特征。彼得·豪尔指出，制度对行动者的影响是深刻的，不仅其追求和实现政治目标的方式被制度所形塑，而且政治行动者之间的力量对比、权力博弈方式也是被制度所限制与构造的。[17]也就是说，一项制度被创制，在一定程度上是为了满足某一部分人的特权，因而另一部分人则处于权力及由此带来的收益上的弱势地位，因此，既得利益者必将有更大的动力维护该项制度，路径依赖由此产生。

制度有效性指制度或机构实现其目标的水平[18]，也就是指一种制度解决某种问题的能力[19]，它包括事实上的有效性和规范上的有效性两个方面。巡察制度的有效性指能解决执政党执政时产生的一系列问题的能力，如政治路线是否正确、是否以马克思主义为指导、政党组织是否有战斗力、作风是否正派、制度是否健全、清廉与否等问题。以历史制度主义为依据，我们从制度适应性和路径依赖两个解释逻辑出发，归纳出影响巡察制度有效性的三个因素。

三、历史制度主义三个维度下的巡察制度有效性分析

（一）路径依赖维度下巡察制度的有效性

历史制度主义者通过路径依赖去解释制度的起源和变迁。正如前文所述，新制度的创制及生成，不是一个充满理性设计的突变过程，不存在一项全新的制度，总是有着既存制度的影子。制度的延续及变迁，也依赖于前序制度所存在的惯性，这是一个缓慢的、不断学习与强化的、充满路径依赖的过程，也就是相当于物理学上运动惯性的过程。在此情况下，一项制度能否称之为"好的制度"。历史制度主义将评判标准设定为：一方面制度能否具有可适应性，另一方面制度能否通过有效政策将观念转换为具体行动[20]。

巡察制度的生成和变迁，也体现出制度的路径依赖和学习效应。巡察是一种自上而下式的监督，与我国长久以来的科层制相配套，随着权力的层层委托代理，有效地实现了中央对地方的监督管理。"巡狩"是最原始的巡察模式，随着实践的发展，秦汉时期在国家层面正式确立了这一制度，并随着封建统治的加强而不断强化完善。作为一项现代政治学领域中的党内监督制度，我国的巡察制度则是在巡视制度取得良好效果的基础上，党中央为了加强对市县基层党组织和党委工作的政治领导与监督作出的决策，是弥补巡视制度覆盖面狭小的缺陷而向基层下沉和延伸的举措，体现着制度的学习效应和可适应性。

巡察制度作为一项党内监督制度，其制度本身也具有合理性与合法性。一方面，巡察制度是基于巡视制度覆盖面存在盲区的问题，作为一项补充和完善性的制度而出现的，在制度的性质、职能和机构设置上都有着很大的相似性，是对巡视制度的模仿同构。同时巡视制度的运行和实践，取得了良好的效果，为巡察制度的确立奠定了理论基础、树立了一个典型的实践范例，制度的设计者、实践者和利益相关者对巡视制度的适应性预期也相应地延续到了巡

察制度上，这是制度学习的正效应，因此巡察制度的生成具有合理性。同时，除了国家政治领导人对巡察工作和巡察制度的再三强调与重视，国家机关也通过立法、制度、物质、人力等方面的支持和保障来推进巡察制度的生成变迁，巡察制度通过公共政策和法律的形式得到了完善，取得了合法性。另一方面，巡察制度与中国特色社会主义国家廉政体系的建立、国家治理体系与治理能力现代化这一制度目标紧密地联系在一起，巡察制度的建立会降低制度群的单位制度成本，带来制度的收益递增。

（二）巡察制度与制度环境相适应维度下的有效性

在历史制度主义者看来，制度作为一个有着历史延续性的客体，是通过不断与环境相互作用而延展的[21]。同时，政治进程也是随着历史车轮的向前而生成和演变的[22]，要理解和考察巡察制度，必须从历史和环境中去理解。

从历史层面说，要解读某一事件，必须去关注其背后的特定环境与时机，任何历史事件并不是凭空发生的，而是受其漫长的历史序列的影响，制度也是内含于历史、受历史所制约和塑造的[5]。环境建构和塑造制度的途径在于，政治、经济、文化等宏观环境的变化会导致微观个体的权力与认知的改变，既包括制度相关人之间的权力不对称的加剧，也包括原先的力量相对均衡状态的打破，还在于新的制度相关人的出场及伴随的新的政治力量集体与政治意志。由此，旧制度在这种冲突状态下会通过制度相关人的行动而出现两条前进道路：要么旧制度不断优化而继续维持有效状态，要么旧制度出现滞后而陷入低效、无效或者淘汰的境地。

考察巡察制度的出现和确立，要将其与背后特定的历史环境联系起来。改革开放以来，我国的经济建设取得了长足的发展，解放与发展生产力成为社会主义建设的中心。同时，发展社会主义民主政治、加强党的领导和建设、提高人民群众的幸福感和满足感也成为一项必须重视的事业。但是，党的十八大以前，经济领域和政治领域的腐败现象越来越频发、性质越来越严重，严重影响了党内政治生态，阻碍了现代化进程，损害了党和国家的安全与政治形象。党的十九大之后社会主要矛盾有变化，社会主义现代化建设目标很清晰。在这一背景下，制度的均衡状态已经被打破，旧的制度出现了滞后性，制度的供给与需求出现了不平衡，需要对制度作出调整和创新，以防止无效制度的长期存在及掉入制度变迁的恶性循环陷阱。巡察制度就是在巡视制度存在缺陷的情况下，党中央对制度的历史和现实环境进行判断过后进行的一项制度创新与完善，同时达到了与环境的契合与适应。

（三）巡察制度与制度相关人关系维度下的有效性

历史制度主义理论论述制度相关人影响制度有效性的方式主要有两种：其一，掌握核心权力与资源的关键制度相关人及其行动影响制度的有效性；其二，社会快速分化、阶级迅速流动，与此同时出现了新的制度相关人，从而影响制度有效性[23]。

首先，在历史制度主义看来，制度不仅塑造了社会集团之间的权力不对称，而且反过来对制度进程也造成了影响。社会集团之间的权力分配是不平等的，不同社会集团对制度生成、制定与遵守的影响程度是不一致的，利益集团之间的相互博弈必然产生胜出的一方和退出的一方，而胜出的一方对制度有效性的影响要大很多，在其中掌握巨大权力与资源的关键制度相关人则更为重要。其次，历史制度主义关注环境对制度的影响是通过制度相关人来实现的，环境条件的改变对制度的延续与变迁不是机械式的，而是通过制度相关人这一个体对环境变化作出的反应来产生的。与经济、政治环境变化相伴随的是社会集团利益之间的兴衰，更重要的是代表新的利益诉求的社会集团的出现与上升对制度及其有效性带来的深刻影响。

改革开放后，建立巡视制度的行动者主要有三个：江泽民是党内巡视制度的开启者，胡锦涛是党内巡视制度的正式建立者，习近平是党内巡视制度的真正落实者[24]，且是巡察制度的推广者。习近平总书记在加强党内监督、净化党内政治生态、清除党内腐败分子上下足了功夫，可以被视为巡察制度建立的关键制度相关人。在巡察制度作为一项党内监督制度的实践和建立上，他进行过多次指示，加快了巡察制度建设的步伐，不断完善了巡察制度及其配套设施，强化了巡察制度的正向路径依赖。作为巡察制度关键制度相关人，习近平总书记不仅在行动上做出了贡献，而且其相关理念与认知都对巡察制度有效性产生了极大的正向影响。

四、影响巡察制度有效性发挥的现实因素

（一）路径依赖维度

一方面，巡察领导与管理体制会影响巡察制度的有效性。巡察制度是巡视制度的模仿同构，在制度设计上与巡视制度有许多相似之处，但是适用范围的变更导致了巡察制度的简单模仿模式出现失灵。在领导体制上，巡察人员面临"双重领导"，待遇、职级、组织人事关系都受到各方牵制，影响了巡察工作的有效性。巡察组是一种临时的任务型组织，是在党委的统一领导下授权形成的，是纪检、监察、组织、审计、宣传等部门资源共享形成监督合力的组织。这种制度安排既有利于保证巡察工作人员的素质和水准，在短时间内聚集优质资源完成专项任务，也有利于加强各相关单位部门之间的协作。但是，巡察组人员从相关单位抽调出来并选配到本级党委设置的巡察组，他们具有"双重身份"并接受"双重领导"——既要对党委负责，还要对原单位负责，在工作发生冲突时会遭遇选择困境[25]；同时，其组织人事关系、薪酬绩效还受原单位管理，这种受"双头牵制"的状况会影响到巡察组人员的工作激情与效率。对于临时成立的巡察组而言，面对来自各个部门、素质能力有所差异、性格处事方式不同的巡察组人员，要协调好成员关系、凝聚好

团队力量、按质按量完成工作并不容易。对于被抽调人员的原单位而言，优秀干部被抽调和选配出去，原本人才资源相对较弱的县级工作部门就显得更加羸弱，对各单位部门的工作运转也造成了影响。

另一方面，巡察问题发现与整改机制适应性衔接问题会影响巡察制度有效性。习近平总书记强调：巡视发现问题的目的是解决问题，发现问题不整改，比不巡视效果还坏。[26]但是，巡察工作在发现问题与促进问题整改上往往存在"头重脚轻"现象。巡察组在对被巡察对象、被巡察单位进行问题诊断之后，巡察工作的重心就转移到了被巡察对象的自我整改环节，但是，一旦缺乏外部的监督约束，自我监督整改的效果就会大打折扣。不仅被巡察对象的反馈整改时间长、过程不够公开透明，巡察的整改反馈报告也往往流于形式，对根本性的问题置之不顾；而且巡察组的问题发现与后续的纪委监察机构案件查处不能一一对应，即使巡察组对问题"巡深了""察透了"，但后续的纪检监察机构、检察院与法院没有同步行动，还是会使巡察的监督主体作用受到限制。

（二）巡察制度与制度环境适应性维度

一方面，强调非人际关系的巡察制度与"人情社会"的制度环境不相适应。巡察制度不仅承担着发现腐败者及肃清党内政治生态的重任，而且还是治理现代化的重要一环，十分强调非人际关系的公平正义。但是，中国是一个典型的熟人社会，自古以来就重视血缘和人情，巡察制度的实施环境也大多为熟人社会环境，具有很强的地缘性、血缘性、亲缘性等特点。巡察实质上是本地巡察，就是由本地的巡察组工作人员对本地的单位、机关和个人开展政治巡察，因此巡察人员与被巡察对象在人情网络上很容易产生交叉重叠，导致巡察工作开展面临许多困难。

另一方面，巡察手段与方式的不适应造成巡察权威下降。巡察是在上级党委的授权和委托下，对下级党委落实管党治党主体责任的举措，巡察组肩负着《中国共产党章程》与《中国共产党巡视工作条例》赋予的政治使命，代表的是党的权威与形象。但是在熟人社会环境下，巡察手段与方式适用性不强，降低了巡察的权威，也阻碍了巡察制度有效性的发挥。在问题的发现上，往往采取问卷测评、个别谈话、听取汇报、设置邮箱等被动式收集问题的方式，缺乏有效主动的措施去深入发现问题。[27]美国学者弗雷德里克森曾提出一个"距离悖论"，即相对于离他们远的政府官员，人们更倾向于对离他们近的政府官员产生信任感。[28]但是中国式的距离悖论与美国式的完全相反，学者将其称为"政治信任层级差"[29]或者"差序政府信任"[30]。在市县层面开展巡察工作，以查资料、听汇报、与被巡察对象谈话的传统手段容易使被巡察对象提前准备，从而做到"有备无患"。同时，通过群众走访、群众调查的形式，又容易受到"熟人查熟人，查不出问题"等信任危机的影响，消解了巡察制度的权威性。

（三）巡察制度与制度相关人维度

一方面，巡察制度代理人责任与规矩意识不强。巡察本质也是一种符合契约论的"委托—代理"关系，巡察组及其工作人员在人民群众和党委的委托下对同级或者下级开展政治巡察，成为权力的代理人。这不仅对巡察人员的政治站位、理论素养、工作能力要求很高，更要求其有着高度的责任与规矩意识。但是，一些遴选出来的干部在进行巡察工作时，缺乏勇气与担当，罔顾责任与法律，出于个人的理性计算，不愿意也不敢得罪人，因此在进行巡察工作时草草了事，影响了巡察制度有效性的发挥，甚至与被巡察对象之间因利益关系形成"权力共谋"，导致同流合污。[31]

另一方面，制度受益人的信任与配合不够。巡察作为一种重要的基层反腐手段，群众是最直接的制度受益人。但是，正如前文所述，在群众心中，党和政府及工作人员的形象是与其距离成反比的，群众往往倾向于信任距离自己更远的"中央"，甚至出现"中央满天晴，

省里起乌云，县里下大雨，乡里淹死人，何处有人心"[32] 这类民间
流行语。因此，群众会质疑市县层面的巡察工作，不仅不信任巡察
人员的工作能力，还认为这些存在强大人情与利益网络的官员之间
会"官官相护"，巡察只是走过场，说真话会遭报复，因此对巡察
工作不支持也不配合。对基层工作人员的不信任，也会波及制度层
面，影响巡察质效。

五、提高巡察制度有效性的对策

（一）路径依赖维度

一方面，充实巡察人才库，破解领导体制困境。巡察人员所面
临的领导体制困境，并不是党委领导下的巡察体制问题，而在于巡
察队伍困境。当前，巡察已成为党委领导下的单独部门，并在组织
人事关系、编制上有了更大的保障，使得人员调动、管理都有了更
强的独立性，从其他部门抽调、选配优质人才加入巡察工作也是为
了提高巡察队伍素质、破解人情关系网、增强巡察工作实效的举措。
但是，目前在市县层面实现的这种方式，不论是对被抽调的巡察单
位而言，还是对临时组合的巡察队伍而言，都带来一定的管理困难。
因此，探索一种相对稳定又具有流动性的巡察人才库建设方法，可
以成为破解领导体制困境的有效出路。吉林省柳河县打造出了一支
政治素养、责任意识、工作能力"三过硬"的高素质巡察队伍，其
路径就是建立巡察人才库，并通过以老带新、多轮实战、常态化培
训不断优化[33]。借鉴相关经验，巡察工作要依据新修订的《中国
共产党巡视工作条例》，将"一届党委任期内巡视全覆盖"的要求
延伸到巡察工作中，建立老中青比例合理、知识背景多元、专业素
质高的巡察"常规军"，在编制、奖酬上予以保障和激励，消除后
患之忧；同时将下级党委组织内涌现出来的优秀分子吸纳到巡察队
伍中来，通过以老带新、以干带训的方式锻炼巡察"后备军"队伍，

在一届党委任期内对巡察专兼职干部全部轮训一遍；还需要实行动态淘汰制度，将能力不强且政治站位不高的人员及时清除出巡察队伍，由此实现"常规军"与"后备军"相结合、巡察队伍专精尖又富有生机活力，做到"召之即来，来之能战，战之能胜"。

另一方面，加强巡察与整改机制适应性衔接，形成监督闭环。巡察对问题只有发现的权力，只有调查权没有处置权。依照《中国共产党巡视工作条例》第五章第二十八条规定：派出巡察组的党组织对问题和线索进行分类处置后要移交到纪律检查机关、有关组织部门或相关部门。[34]纪律检查机关和相关组织部门成为巡察成果运用的一环。对于涉嫌贪污腐败、违法乱纪的巡察对象，加强与案件审理部门的衔接与联动能够加强巡察工作的时效性，加大巡察的震慑力度。对于有关民主集中制、组织人事方面的问题与线索，要加强与被巡察单位（部门）的沟通，及时反馈问题，并定时、定期要求被巡察单位上报整改情况，加大整改情况的公开力度，使得问题发现机制与整改机制一体衔接，以监督闭环督促整改真正落实落地，提高巡察质效。

（二）巡察制度与制度环境适应性维度

一方面，实行提级交叉监督，破除人情关系干扰。熟人监督熟人，容易加重巡察人员的心理负担，意志不坚定、容易动摇的个人极其容易成为腐败和违法乱纪的"保护伞""庇护网"，破坏巡察纪律、扰乱巡察秩序、降低巡察效果；而一些坚守原则的个人会成为不遵守规则之人的"眼中钉""肉中刺"，成为被"围猎"和打击的对象。因此，一些巡察人员出于个人政治前途的考量，自愿或者被迫成为违法乱纪的帮凶。要破解人情关系干扰，跳出熟人社会关系网，可以从地缘上着手。提级巡察就是指上级党委对原属于下级党委组织开展的三级党委巡察区域进行巡察，跳过下级党委对三级党委的巡察步骤，针对群众反映问题强烈、矛盾突出但下级党委巡察不出问题的情况，能破解下级之间互相包庇、"权力共谋"的政治难题。交叉巡察有多种模式，主要有巡察主体交叉、巡察内容与范围交叉、巡察工作方式交叉、巡察对象交叉。[35]交叉巡察的好处在于，在党委的一体谋划、部署和推进下，能最大限度地利用市县层面的巡察资源，又能避免本级地区、单位的熟人关系，用"生人""生脸"的方式提高巡察监督效果，既有利于维护基层亲善关系，又能使巡察工作"巡得深察得透"。

另一方面，适应新的制度环境，创新巡察手段与方法，重塑巡察权威。巡察工作代表的是党的权威，巡察工作以何种手段与方式进行，关乎的是巡察权威能不能树立、制度能不能有效实施的问题。与巡察人员谈话、列席会议、查阅相关资料等方式，在市县层面容易受到人情打扰，通过"打招呼"或"政治威胁"扰乱巡察秩序。"知屋漏者在宇下，知政失者在草野"，相对于中央省部级机关单位，人民群众与市县乡镇的空间距离更近、利益接触更多，对政府部门及其工作人员了解更深，因此更应充分利用好人民群众这一资源。在交叉巡察的基础上，巡察组及工作人员要认清形势，放弃线索主动找上门来的想法，以深入基层的做法，通过与人民群众的日常交谈、专项调查发现相关线索。同时，要充分利用好大数据这一工具，市县乡镇的人民群众利用政府网站、政府热线、领导留言板等解决问题的意识相对较弱，因此建立全覆盖、全天候的网络舆情监测与分析将成为巡察发现问题与线索的重要手段。

（三）巡察制度与制度相关人维度

一方面，加强巡察人员监管，降低巡察制度成本。制度的生命力在于执行，一项好的制度设计如果不能得到正确的执行，只会因束之高阁而蒙上灰尘。巡察工作人员是巡察制度实施的直接相关人，他们对巡察制度的理解与认同程度、素质高低、面对困难与诱惑时的态度正确与否，都会成为影响制度有效性高低的重要因素。如果巡察人员能严格按照规章制度办事，具备应有的政治素养与专业能力，巡察制度运行的成本就会降低很多，其制度实施也会更加顺利。

因此，加强对巡察人员的监管成为必不可少的一步。在巡察工作开始之前，不仅要整体考虑巡察队伍的结构，而且要加强培训，这既能增强巡察人员巡察所需的素质与技能，还能增进成员之间的情感，加强沟通，有利于巡察队伍整体素质的提高，便于队伍的协调与管理。在巡察过程中对巡察人员的表现进行综合考核，巡察结束之后将其考核结果与薪酬绩效、人事组织关系挂钩；此外，要从正向物质激励上予以保障，加大巡察的专项资金投入，提高巡察人员待遇，增强巡察人员的工作动力。

另一方面，加强巡察宣传力度，提升巡察效果。中国共产党一切工作的出发点和落脚点都是人民群众，人民群众也是巡察制度的直接受益人，但是人民群众对巡察制度存在误解，不仅阻碍了巡察工作的开展，而且会降低巡察工作质效。因此，党委、政府要综合巡察与其他部门特别是媒体宣传的力量，经常性地加大对巡察的知识普及，消除对巡察的误会；在巡察工作开始前和巡察过程中加大对巡察工作的宣传，让人民群众更加积极主动地参与到巡察工作中，提供线索、发现问题；在巡察结束之后，要更大限度地公开巡察成果，以成绩说话，让人民群众真正信服。同时，相关部门工作人员更应该注意自己的一言一行，不要因为一己之言行让党和政府的形象受损，从而直接影响到党委领导下的巡察制度及工作。

参考文献

[1]田湘波.路径依赖和关键节点理论视角下的巡察制度变迁[J].宁夏社会科学,2021(2):48-54.

[2]易巧玉.市县巡察:国家监督体系中党内监督制度创新[J].渭南师范学院学报,2018(19):16-23.

[3]中共中央纪律检查委员会,中共中央文献研究室.习近平关于党风廉政建设和反腐败斗争论述摘编[M].北京:中央文献出版社,中国方正出版社,2015:116-117.

[4]王峰,李倩.发挥市县巡察制度在推进全面从严治党中的作用[J].中国党政干部论坛,2019(2):45-48.

[5]蒯正明.新制度主义政治学关于制度有效性的三维解读[J].理论与改革,2012(1):11-14.

[6]周小玲.哈贝马斯法律有效性两个向度之剖析[J].武汉科技大学学报(社会科学版),2008(3):77-83.

[7]汉斯·凯尔森,马蒂亚斯·耶施泰特.雷磊,译.纯粹法学说:第二版[M].北京:法律出版社,2020:146-147.

[8]彼得·豪尔,罗斯玛丽·泰勒,何俊智.政治科学与三个新制度主义[J].经济社会体制比较,2003(5):20-29.

[9]霍春龙,包国宪.新制度主义政治学视角下的制度有效性[J].内蒙古社会科学(汉版),2010(1):15-18.

[10]霍春龙.新制度主义政治学视域下制度有效性研究[D].吉林大学,2008.

[11]田湘波.我国廉政制度适应性效率研究[M].长沙:湖南大学出版社,2015:60-61.

[12]吴纪树.基层巡察的实践逻辑及其制度完善[J].求实,2017(10):28-38.

[13]陈诗怡.市县党委巡察制度调适:理论依据、现实动因与路径选择[J].中州学刊,2019(9):18-22.

[14]郭锐.博弈论视角下机动式巡察的反腐效力评估[J].天府新论,2021(3):99-110.

[15]保罗·皮尔逊.回报递增、路径依赖和政治学研究[A].何俊志,等译.新制度主义政治学译文精选[C].天津:天津人民出版社,2007:193.

[16]道格拉斯·诺思.制度、制度变迁与经济绩效[M].上海:格致出版社,2008:123-139.

[17]凯瑟琳·西伦,斯温·斯坦默.比较政治学中的历史制度主义[A].何俊志,等译.新制度主义政治学译文精选[C].天津:天津人民出版社,2007:143.

[18] SANDERINK L, NASIRITOUSI N.How Institutional Interactions Can Strengthen Effectiveness: The Case of Multistakeholder Partnerships for Renewable Energy[J].Energy Policy,2020:141.

[19] ANDRESEN S,HEY E.The Effectiveness and Legitimacy of International Environmental Institutions[J].International Environmental Agreements Politics Law & Economics,2005,5(3):211-226.

[20]赵晖,祝灵君.从新制度主义看历史制度主义及其基本特点[J].社会科学研究,2003(4):24-29.

[21]虞崇胜,罗亮.当代中国政治制度创新的路径选择:基于新制度主义政治学的考察[J].行政论坛,2011,18(1):6-11.

[22] PIERSONP.The Path to European Integration:A Historical Institutionalist Analysis[J].Comparative political Studies, 1996(2):126.

[23]蒯正明,付启章.中国共产党制度建设科学化研究[M].北京:中国社会科学出版社,2013: 86-95.

[24]田湘波.路径依赖和关键节点理论视角下的巡察制度变迁[J].宁夏社会科学,2021(2):48-54.

[25]陈松友,王珈榕.市县党委巡察制度：全面从严治党向基层延伸的重要路径[J].东北师大学报(哲学社会科学版),2021(2):90-96.

[26]中央纪委国家监委第一监督检查室.拧紧日常监督螺丝形成监督合力[EB/OL].(2018-11-30)[2021-12-06].中央纪委国家监委网,https://www.ccdi.gov.cn/toutiao/201811/t20181130_184212.html.

[27]肖瑞宁,刘姝殷.当前地方巡视巡察工作中的重点难点问题及其对策:基于200名地方巡视巡察干部专题研讨、座谈调研的分析[J].廉政文化研究,2021(4):50-57.

[28]乔治·弗雷德里克森.张成福,等,译.公共行政的精神[M].张成福,等译.北京:中国人民大学出版社,2013:163.

[29]沈士光.论政治信任：改革开放前后比较的视角[J].学习与探索,2010(2):60-65.

[30]李连江.差序政府信任[EB/OL].(2016-07-12)[2021-12-24].https://wenku.baidu.com/view/889f5ccb2f60ddccdb38a0b3.html.

[31]张晓军,刘太刚,吴峥嵘.政府信任的距离悖论:中美两国为何反向而行?:基于"承诺—兑现"的信任生成机制的分析[J].天津行政学院学报,2016(1):3-9.

[32]梁珊珊.H县基层巡察工作有效性建设路径研究[D].广州:华南理工大学,2020.

[33]陈冬生.群众利益维护与党风、官风、民风:社会转型"综合征"和执政方式转型[EB/OL].(2014-07-02)[2021-12-07].https://www.doc88.com/p-4834172884300.html?r=1.

[34]吉林柳河.抓好体制机制建设加强巡察工作[EB/OL].(2018-06-22)[2021-12-11].中央纪委国家监委网,https://www.ccdi.gov.cn/xsxc/201806/t20180622_174246.html.

[35]中央纪委国家监委网.中共中央关于修改《中国共产党巡视工作

条例》的决定[EB/OL].(2017-07-01)[2021-12-11].https://www.ccdi.gov.cn/fgk/law_display/6336.

[36]蔡志强.交叉巡察的实践价值——破解基层"熟人社会"困扰的制度安排[J].人民论坛,2018(31):98-100.

双链驱动，打造公立医院药品耗材智慧监管系统 ①

侯宁健　赵章记　程　楚　黄建永②

摘　要： 随着"互联网＋"、大数据等科技手段不断发展，大数据战略已上升为国家战略。中共温州市纪委、市监委在《关于充分彰显温州纪检监察担当奋力当好"重要窗口"推动者保障者展示者的实施意见》中指出要突出数字赋能，构筑"智慧纪检监察"的温州范例。运用业务链和监管链"双链齐下"，采用多种数据来源分析医院药品、耗材使用环节廉洁风险，推出公立医院药品耗材智慧监管系统，通过充分运用"互联网＋"技术和信息化手段实施预防腐败和腐败治理工作，助力创新纪检监察工作方式，对高起点构建智慧纪检监察建设起到有效推进作用。

关键词： 药品；耗材；监控；智慧监管；公立医院

---

①本文系温州市哲学社会科学规划课题"打造公立医院智慧监管平台　推进清廉温州建设"（22wsk186）、清廉温州建设研究中心课题"公立医院药品耗材动态监控'智慧纪检'平台研究"（QLY2021003）的研究成果。
②作者简介：侯宁健，浙江温州人，温州医科大学附属第一医院纪委副书记、纪检监察室主任；赵章记，浙江温州人，温州医科大学附属第一医院纪检监察室副主任；程楚，浙江温州人，温州医科大学附属第一医院纪检监察室科员；黄建永，浙江永康人，温州医科大学附属第一医院纪委书记。

一、前言

党的十八大以来，以习近平同志为核心的党中央将党风廉政建设和反腐败斗争提升到新的高度，坚持有腐必反、有贪必肃，始终保持惩治腐败高压态势，使不敢腐的震慑作用充分发挥，不能腐、不想腐的效应初步显现，反腐败斗争压倒性态势正在形成。但在前进道路上，仍存在各种风险挑战，仍需坚持全面从严治党，坚定不移推进党风廉政建设和反腐败斗争。浙江省省委原书记袁家军曾指出，忠实践行"八八战略"、奋力打造"重要窗口"，需要创新思维。其中"整体智治"的思维，就是要基于数字化的智慧化治理，更好地运用云计算、大数据等数字技术，推动决策更加科学、治理更加精准、服务更加高效，通过"数字赋能"的手段，不断深化"数字浙江"建设。中共浙江省纪委、浙江省监委在《关于在"重要窗口"建设中彰显纪检监察担当奋力推进中国特色社会主义监督制度在浙江生动实践的意见》中指出，以数字浙江为依托，加快建设"智慧纪检监察"。

二、系统开发的背景与原因

当前医疗领域腐败问题仍时有发生，各类高额药品耗材滥用、过度检查等现象屡禁不止，药品回扣事件频频曝出。近年来，国内医疗领域出现多起院长、科主任被追究刑事责任的事件。卫生系统腐败问题层出不穷，既给医院带来极大的经济损失，又对患者造成的很大的危害，更加剧了医患矛盾，其中一个重要原因就是监管缺失、监管能力有限和手段相对滞后。通过大数据信息监管等有效手段，高效率地把权力关进制度的笼子，真正构建一体推进不敢腐、不能腐、不想腐的体制机制。

随着社会大踏步迈入信息技术时代，大数据、物联网、云计算、互联网、区块链、人工智能等新技术层出不穷，如何将这些新技术融入我们的监督、执纪、问责工作中，进而提高纪检监察工作效能，已然成为纪检监察工作中的新课题。针对医院环境的特殊性，亟须加强对重点部门的监督管理，建立和完善对医院药品、耗材等使用环节的有效权力制约和监督机制。纪检监察机关作为权力监督的专责机关，亟须借助信息技术探索智慧纪检监察的发展模式，通过发挥大数据反腐的乘数效应，提升政府公信力和纪检监察效能；通过大数据信息监管等有效手段，高效率地把权力关进制度的笼子；通过信息化手段对重点领域、关键环节的廉洁风险进行防控与监督，让数据"开口说话"，把科技化、大数据实战运用引入纪检监察工作，并不断提升廉洁风险防控信息化水平，为"精准监督"和"精准打击"提供技术依据和保障，从而实现"智慧纪检监察"。

从学术角度看，有必要深入探讨以信息化手段实施公立医院预防腐败和腐败治理工作的可能性，为构建医疗领域智慧监督体系提供理论基础。创新性构建公立医院药品耗材使用动态监控"智慧纪检"平台，有利于运用信息化手段实施医院预防腐败和腐败治理工作，不断推动纪检工作的信息化创新，加快反腐倡廉工作的建设。

三、系统设计思路与使用方法

主要从业务链和监管链出发，"双链齐下"，采用多种数据来源统计和分析医院药品、耗材使用环节廉洁风险，针对医院内部用量剧增药品、医务人员个人使用药品增长量对药品贡献度、医务人员个人用药量增长情况、相似药品近期用量等数据进行统计、分析和预警。通过分析当前一定时间段内医院临床用药中的异常现象，及时发现倾向性、苗头性问题和疑似超常用药行为，提前对存在的廉洁问题进行风险预警和早期干预。主要包含以下管理功能模块：

（1）医院在用药品用量自动分析。在对用药量及各科用药比例宏观上进行有效控制的基础上，把每季度使用金额排名前20位的西药（重点是抗菌药物）和前10位的中成药，单品种使用金额波动幅度大于30%的药品作为重点监控对象，将全院药品的使用情况进行排序统计。在对药品使用情况进行排序的基础上，将列入监控对象的药品与上季度、上年度同期进行对比，对合理用药的说明使用理由，对不合理的分析不合理的具体原因，分析用药科室和个人是否按规定使用中标药品以及有无发生促销行为等。经过合理分析后，对非正常增长的药品予以严肃处理，并对相关责任人进行告诫处理。

（2）异常用量药品近期用量统计（纵向比较）。自动分析全院所有在用药品中一定单位时间内用量增长情况，自动提示增长率排名前、后20名的药品，以监测全品类药物增长的趋势。通过对药品使用数据的采集，每半个月系统将自动分析全院所有药品增长趋势（时间单位：每月1日、15日；统计周期：半年）。分析药品的范围应提供的分类项有：中成药、草药、西药、辅助用药、抗生素、抗肿瘤药物、消化系统、呼吸系统、循环系统、辅助用药等。选择范围分为住院与门诊。

（3）异常用量药品同类比较（横向比较）。对一定时期内个体医务人员使用某种药品的增长率（即医生个人使用情况对药品增长的贡献率）进行统计。表现形式包括柱状图（增长率前30名）、表格（所有使用医生）。针对同一药品，系统输入医生姓名后，弹出半年使用数据，通过曲线图表现其对该药品使用的增长情况，判断医务人员潜在的廉洁风险。同理，可以选择输入同质类药品，对选中的同类药物的近期用量与增长量进行比较，在同质类药品中发掘有异常增长的个体药品，对其增长风险进行审查。

（4）异常用量耗材近期用量统计（纵向比较）。自动分析全院所有在用耗材中一定单位时间内用量增长趋势，自动提示增长趋势前、后 20 名的耗材。要求每半个月计算机自动分析全院所有耗材增长趋势（时间单位：每月 1 日、15 日；统计周期：半年）。排名时范围应提供的选择项有：一次性医用包、一次性医用导管、伤口敷料、护创材料、医用胶带胶贴、医用纱布、医用绷带、骨科夹板、医用海绵、注射及输液器械、穿刺针、活检针、留置针、医用缝合材料及器械、采血、输血器材、手术室防护隔离卫生用品、介入放射造影器械等。选择范围分为住院与门诊。

（5）异常用量药品同类比较（横向比较）。对一定时期内医务人员使用某种耗材增长率（即医生个人使用情况对耗材增长的贡献率）进行统计，形式包括柱状图（增长率前 10 名）、表格（所有使用医生情况）。针对同一耗材，输入医生姓名后，弹出半年使用数据，通过曲线图对增长量进行比较，可以选择总使用量增长情况和人均使用增长情况。

本系统的研究重点是如何通过信息化和大数据手段，紧盯药品使用风险环节，对临床用药总量超常预警、疑似药品近期用量统计和疑似药品同类比较，在医务人员对药物的异常使用和走向犯罪道路之间，寻求客观数据、科学决策，实现"精准监督"。此类比对数据的运用，可以倒逼临床、医技部门科主任去理解"数据"、分析"数据"，寻找差距和原因，制定相应的对策。通过"智慧纪检"平台的运用，准确发现医院药品与耗材使用过程中可能存在的倾向性、苗头性问题，及时"咬耳扯袖"，防患于未然。在必要时，纪检监察部门可以基于该系统的运用开展分层谈话提醒，定期对不合理用药与耗材通报公示、提醒教育、批评谈话，让"红脸出汗"成为常态。鉴于大数据平台，极大地增强了预测能力。药品耗材动态监控信息系统的分类汇总，可以更为准确地预测出药品和耗材使用的廉政风险点，容易滋生腐败的重点环节、重点部门，未立章建制的制度空白区以及伴随医疗腐败产生的各类信息，有利于决策者超越局部事实和经验的局限，客观、多维度地作出全面、精准的形势评估，对有关问题进行前瞻，从根源上做到预防和惩治腐败。

四、系统开发的创新性

从业务链角度，该药品耗材智慧监管系统重点从多维度、多方面对医院药品、耗材使用环节开展对比，可以通过纵向、横向不同角度，比较某时间段内特定药品、耗材的使用情况，让数据开口，帮助医院纪检部门及时掌握有关情况，让实时、动态地对医院药品与耗材的使用监督得以实现。相关数据来自医院临床一线数据，使一线数据的运用具有创新性，并为解决数据互联互通、数据结构化、数据检索、数据深度挖掘等问题提供了有效途径。药品耗材智慧监管系统的运用，以一线数据来源为基础，融合大数据的运用及数字智能分析技术，从提升数据质量的基础层面，到灵活运用多种统计分析工具，方便医疗数据检索，建成集成系统，提升研究成果质量，对于当前解决医疗数据处理能力不足的难题、提升临床决策水平有很大的意义。

从监管链角度，纪检监察部门工作人员尤其可以借助此药品耗材智慧监管系统，通过横向比对，设定同类型的医务人员（比如同科室、同年资；同方向、同职称等）进行用药行为对比。通过筛选不同的参照组，严格排除各类可能会对检索结果造成干扰的因素（如工作经验不一可能会对医生使用药品、耗材造成影响，治疗组不同可能会导致医生使用药品、耗材形成不同偏好等），精准设定不同人员，形成对比单元，实施精准监督，高效、精准整合信息、整合资源、擦亮监督"探头"、精准运用"四种形态"，协助医院纪检监察部门收集违规违纪线索，从海量冗杂信息中筛选出具有使用价值的数据信息，打造高度融合、深度研判的智慧应用体系。通过使用该平台，有利于促进纪检监察部门强化监督，让医护人员明底线、知红线，同时斩断黑色利益链，让纪律为医院健康发展画出清晰分明的规划线。

同时，该系统的应用将纪检监察部门的日常业务和监督执纪问责所需的多种数据全面集成到一个统一数据平台中，用互联互通打破信息壁垒，用平台集成提高工作效能，有助于纪检监察部门在开展日常监督、信访线索办理时，快速掌握相关人员既往涉及的药品、耗材等多类型数据。

五、系统开发的难点与应对举措

（1）系统研究方面。系统在耗材使用方面的研究还不够深入。该平台对于医院耗材使用方面的功能开发不多、应用较少。在使用该系统对医院耗材使用数据进行查询、检索时，系统暂时未实现近半年本院所有耗材用量的归纳、排名功能，依据系统自动检索并有针对性地对近期用量异常的耗材开展进一步排查、跟进的效果暂时仍未实现，管理人员在已经初步掌握耗材使用情况与线索的前提下，使用该系统更加具有操作性与有效性。

（2）系统实践方面。本系统研究难点为确保采集数据的客观性，需要减少每位医务人员的专业特点和用药习惯对用药数据的干扰。同时，应避免数据需求部门在采集数据中获得的统方数据成为新的廉政风险点。

针对以上难点，目前已针对性地完成以下工作：调研学习浙江永嘉"三资"智慧监管系统，充分汲取其优秀信息化智慧监管经验；成立智慧监管工作专班并召开两期专题研讨会。医院已完成药品耗材智慧监管系统项目总体设计，包括框架思路计划、调研、项目信息系统设计；完成信息软件系统开发和调试，撰写研究报告；邀请相关专家提出修改意见等。同时，针对数据的客观性，纪检监察部门在使用有关数据时，可通过询问医务处及相关部门等方式，排除医务人员个人使用药品、耗材偏好对数据造成的干扰。同时，为防范统方数据成为廉政风险点,使用本监控系统时需进行双人审核,另外也要加强对医院纪检干部个人职业素养教育,筑牢思想堤坝,规避廉政风险。

六、系统成果运用

公立医院药品耗材动态监控"智慧纪检"平台设计与实现,让"数字"与纪检深度融合,提高纪检部门日常监督执纪过程中发现线索、预防腐败、监督权力运行等工作的成效。

成效一:用"数字探头"实现监督"快、狠、准"。满足纪检部门开展日常执纪监督,加强对医院重点临床科室及采购部门的用药与采购管理。通过大数据的使用,完善用信息化手段管事、管人。让数据多跑路、提高工作效率,用数据说话、更有说服力,擦亮监督"探头"、精准监督检查。

成效二:用"数据思维"压实"一岗双责"。由各部门负责人、科主任去理解、分析"数据",寻找差距和原因,制定相应的对策,不断强化各部门负责人、科主任作为科室党风廉政建设主体的责任意识。

成效三:用"多维数据"推进比对促廉。通过多个维度的数据关联、对比、归纳,准确发现医院药品与耗材使用过程中可能存在的内部倾向性、苗头性问题,及时"咬耳扯袖",开展谈话提醒,防患于未然。让"乱伸的手"无处施展,用自然科学的方法和手段解决社会科学的问题,助力医疗卫生行业树"新风"、立"廉风"。

2020年以来,运用该平台,医院纪检监察部门已针对3项问题线索、6个药品进行分析,开展提醒谈话30人次、诫勉谈话和批评教育3人次、科室集体约谈6人次、约谈药品厂家代表16名、暂停临床使用药物2种。

七、系统的可持续性

在完成医院智慧纪检平台建设的过程中，需要由专业的技术团队负责医院智慧纪检平台的组建工作和运营完善工作。通过双链驱动，打造基层医院药品耗材智慧监管系统，在开展日常监督、信访线索办理时，快速掌握相关人员既往涉及药品、耗材采购与使用数据，将发现问题、分析问题、处理问题贯穿于监督全过程，促使各相关监督部门从原先的整合不足、共享不足转变为同心同向、共建共享的工作状态。借助信息系统，挖掘数据内容，利用数据信息，建立大数据意识。善用大数据，推动大数据技术与纪检监察工作深度融合，让大数据为监督执纪问责工作提供最大便利，成为监督新工具、新手段。

针对系统的推动与后续的完善、更新问题，通过深入贯彻落实全省数字化改革大会精神、建立健全数字化改革工作推进机制，推动各项改革任务落细落实，需要由医院成立数字化改革专班领导小组，尤其是智慧监管组。其职责为负责牵头制定实施全院数字监督系统建设方案，建立健全目标任务、重点项目、数据需求、存在问题等工作清单，强化工作协同，统筹推进各项任务落地见效，不断优化、细化、迭代升级智慧纪检平台建设方案，全面提升数字监管系统建设智慧化水平，持续优化与改进完善智慧纪检平台建设。

八、系统的推广程度

依托公立医院药品耗材动态监控"智慧纪检"平台，有助于实现药品、耗材使用关键环节全流程、全生命周期监管，可以实现"让数据站岗、让数据说话、让数据问责"，通过"线上＋线下""智能＋人工"的方式，不仅可以提高纪检监察工作效率，还能提高监督执纪过程中发现问题的能力。通过平台实践运用，改变以往数字监督仅关注数字等结构化数据的惯性思维，将目光聚焦到沉淀的大量文本等非结构化数据。运用电子数据和科技手段，为纪检工作精准监督、深入研判、科学决策提供智慧引擎，间接促进和保障医院业务的健康开展和卫生事业的可持续发展。此系统成果的运用，可以在全医疗行业进行全面推行推广。

伴随着国家对全面从严治党的高度重视以及地方政府对"大数据"应用和对医院管理的重视，运用医院药品耗材使用监管系统或将是大趋势。同时，医院纪检机构运用药品耗材使用监管系统，也极大地增强了医院领域内纪检机构对于廉政风险的预测能力，利于为全体医院环境整体营造廉洁、安全的执业氛围。对于地方基层治理，此系统提供的廉洁创新经验可以为各领域的基层腐败治理提供理论基础与实践参考，共探新发展背景下清廉温州建设的新使命，共享清廉建设与基层治理现代化研究新成果，共谋清廉"温州建设"新蓝图。

参考文献

[1]陈洪连，吕玉雪.智能监察：价值、逻辑与反思[J].北京航空航天大学学报，2020（7）:86-96.

[2]黄磊.信息联动提升监督质效[N].中国纪检监察报，2020-04-28（7）.

[3]邬静艳，汪红梅.医院"数字纪检"模式探索与实践：数据挖掘与分析在医院纪检监察工作中的应用[J].中国医院，2019（23）:18-20.

[4]邓静.药品耗材专项整治中的医疗综合监管成效[J].解放军医院管理杂志，2019（11）:1076-1078.

[5]祁静.宜宾：开启"智慧"纪检新模式[J].廉洁四川，2021（1）:73.

[6]任速飞，等.药事干预辅以纪检监督对中药注射剂使用的影响[J].中医药管理杂志，2019（15）:83-85.

[7] NGUYEN T A, DANG T H, ROUGHEAD E E. Corruption

Practices in Drug Prescribing in Vietnam: An Analysis Based on Qualitative Interviews[J].BMC Health Services Research,2018,18(1):587.

[8] BOUCHARD M,et al. Corruption in the Health Care sector: A Barrier to Access of Orthopaedic Care and Medical Devices in Uganda[J]. BMC International Health and Human Rights, 2012,12(1):5.

[9] UMMU HANI, et al. Inventory Management of Medical Consumables in Public Hospital: A Case Study[J]. Management,2013,3(2):128-133.

公权力监督视野下推动亲清政商关系构建的逻辑与对策 [①]

付翠莲 [②]

摘　要：亲清新型政商关系明晰了政商交往的边界与尺度。研究发现，通过政商交往清单指引、规范监督制约机制、搭建政商交往平台，政企双向发力，强化对权力运行全过程监督制约，政商关系得到显著净化。公权力监督视野下要厘清政商关系构建的内在机理和逻辑，明确"政""商"两个层面的主体责任，规范公权力的运行程序，完善公权力的法律规范体系；同时，理顺政府与市场关系，培育企业家精神，强化廉洁从业的企业内控机制，是构建"教育、制度、监督、惩处"并重的防腐机制的有效路径。

关键词：权力监督；亲清政商关系；有效市场；有为政府

---

① 原文刊发于《地方治理研究》2023 年第 1 期。本文系温州市社科联项目"'两个健康'背景下推进温州清廉民企建设研究"（21wsk087）、清廉温州建设研究中心项目"公权力监督与亲情政商关系研究：以温州清廉民企建设为例"的研究成果。

② 作者简介：付翠莲，内蒙古乌兰察布人，博士，温州大学法学院教授，硕士生导师，瓯江特聘教授，清廉温州建设研究中心成员，研究方向：廉政建设与治理、清廉民企建设。

一、问题提出与文献综述

（一）问题提出

政商关系自古是一个相对敏感、复杂的议题，其包括政治与市场、政府与企业、政治家与企业家三大关系。党的十八大以来，伴随着高压反腐的制度变迁，建立在制度化、法治化基础上的"亲""清"新型政商关系逐步形成。以习近平同志为核心的党中央对非公经济领域构建"亲清政商关系"高度重视，党的二十大报告进一步强调"全面构建亲清政商关系，促进非公有制经济健康发展和非公有制经济人士健康成长"[1]。公权力监督和亲清政商关系间是辩证统一的关系：强化公权力的监督，对于斩断"围猎"与甘于被"围猎"利益链、破除权钱交易关系网起到关键作用；构建亲清新型政商关系反过来也促进了对公权力运行全过程的监督制约、净化了政商关系的氛围。

改革开放以来，一方面，我国的民营经济在促进经济增长、带动科技创新、扩大群众就业、增加政府税收等方面发挥着重要作用，民营企业家的社会地位与影响力也日益提高；另一方面，因行政分权、财政分权下的体制转轨，使得政府与企业之间、政府官员与企业家之间政商关系变得复杂并滋生大量腐败现象，使得公平竞争的市场环境扭曲、资源的配置效率降低，经济社会的可持续性发展受到影响。究其原因，习近平总书记指出："有些部门和地方对党和国家鼓励、支持、引导民营企业发展的大政方针认识不到位，工作中存在不应该有的政策偏差"[2]，导致政商交往出现诸多"负面现象"，如在涉企服务中存在故意刁难、办事拖拉、推诿扯皮；对民营企业随意性执法、选择性执法，向企业乱摊派、乱检查、乱收费、乱罚款；把政策优惠当成熟人的"福利""红包"，或以政策、纪律为借口把民营企业合理诉求拒之门外等[3]。针对上述政商交往中的"乱象"，早在2015年5月，习近平总书记《在中央统战工作会议上的讲话》中强调指出："党政领导干部和非公有制经济人士不能搞成封建官僚和'红顶商人'之间的那种关系，也不能搞成西方国家大财团和政界之间的那种关系，更不能搞成吃吃喝喝、酒肉朋友的那种关系。"[4]2016年3月，习近平总书记在全国政协联组会上第一次用"亲"和"清"两个字精辟概括并系统阐述了新型政商关系，其内在的要求既"亲"又"清"，而非只"亲"不"清"或只"清"不"亲"，具体内涵可以从两个方面来把握：一是对执掌公权力的主体领导干部而言，要做到"亲"上加"清"，即与民营企业接触交往，当他们在发展过程中遇到难题时要有效作为、靠前服务，主动帮助非公有制企业解决难题、实现健康发展，引导帮助非公有制经济人士健康成长，并与非公有制经济人士民营企业家在交往中保持清白、纯洁的关系；二是对民营企业家而言，要做到"亲"而又"清"，既要积极主动与党政部门进行沟通交流，又要洁身自好走正道、遵纪守法办企业。与传统政商关系具有非正式、不平等、人格化等特征相比较，新型政商关系则是受法律认可并保护的、具有独立、平等、合作、互补和非人格化等特征[5]。2020年7月21日，习近平总书记在企业家座谈会上指出："涉企政策制定要多听企业家意见和建议"[6]，这是对亲清新型政商关系中"亲"的内在要求，拉近了政企之间的空间和心理距离，但也要划清政企之间"清"的界限。党的二十大报告强调要全面构建亲清政商关系，亲清新型政商关系不仅是政商关系的应有之义，也是新时代的必然要求，有利于矫正传统政商关系畸形扭曲的发展势头，促使政商间这一重要的社会关系步入正轨，对于充分激发非公有制经济的发展活力、促进非公有制经济健康发展和非公有制经济人士健康成长具有重要意义。

如何把握好政商间交往的"度"，使政商关系不越界、不疏远，离不开对公权力的监督。公权力是人类命运共同体为生产、分配和消费公共物品和服务，维护社会公平正义，实现社会有序发展而对共同体事务进行决策、立法和执行的权力，其存在的目的是保护公民权利、维护公共秩序和谋求公共福利[7]。公权力监督即"侧重于对执掌权力的主体在动态行使权力过程中的全方位监督"[8]。对公权力监督本质上是对执掌公共权力的主体进行的监督，尤其要重视对"一把手"和领导班子的监督。党的十八大以来，党中央就如何适应全面从严治党新形势、强化党内监督的同时，进一步强化国家监察，落实党委的主体责任和纪委的监督责任，加强党风廉政建设，做到守土有责，致力于把公权力关进制度的笼子。习近平强调指出："公权力姓公，也必须为公"[9]，没有监督的权力必然导致腐败。为着力完善党和国家的监督体系，强化对公权力的监督，各地根据自身实际走出了各具特色的廉政建设道路。新征程上，如何把握政商关系的内在规律性、厘清政商交往边界，以进一步明确领导干部与企业家打交道的公私界限，把握"亲"的程度、"清"的尺度？剖析政企互动的作用机理，通过何种途径强化公权力监督？如何廓清政企边界、优化政商交往的实践路径？本文以温州"清廉民企"建设为例，解析通过强化公权力监督推动构建亲清政商关系的内在逻辑和机理，着力消除公权力行使过程中的监督空白与盲区，以确保权力在正确的轨道内运行。

（二）文献综述

国外学者从人性的角度阐明了对权力监督的必要性。霍布斯基于"人性本恶"的认识指出，人们为了自我保全，构建出拥有不受制约的最高权力和绝对权威的"利维坦"，即"把大家所有的权力和力量托付给某一个人或一个能通过多数的意见把大家的意志化为一个意志的多人组成的集体。……大家都把自己的意志服从于他的意志，把自己的判断服从于他的判断"[10]，这样就通过订立契约构建出一个君主制国家。阿克顿勋爵在《自由与权力》一书中指出："权力导致腐败，绝对权力导致绝对腐败"[11]，意指失去制衡的"绝对的权力"必然会倾向于残暴、腐败和不义，势必影响公民的正当权利，扰乱社会的正常秩序。洛克提出有限政府理论，认为如果缺少对政府权力的外在约束，容易走向两个极端：或权力过度集中导致腐败并逐渐走向专制政府，或放任无为导致行政效率低下乃至政府失灵。在洛克看来，"如果掌权的人由于滥用职权而丧失权力，那么在丧失权力或规定的期限业已届满的时候，这种权力就重归于社会，人民就有权行使最高权力，并由他们自己继续行使立法权，或建立一个新的政府形式"[12]，因而，他主张通过建立严格法律约束的有限政府以遏制政府权力的滥用。休谟在论证为何要对公权力进行监督时一针见血地指出，"在设计任何政府体制和确定该体制中的若干制约、监控机构时，必须把每个成员都设想为无赖之徒，并设想他的一切作为都是为了谋求私利，别无其他目标"[13]。不论是霍布斯的"人性原则"，还是休谟的"无赖假定"，西方哲学家都在"人性恶"和"权力恶"双重恶的理性人假设基础上，主张有必要对权力进行监督和规范。

自习近平首次提出构建亲清新型政商关系以来，国内学界从不同视角、不同层面对其内涵和构建方式进行了广泛讨论，相关研究大体可分为三个方面。一是强调党建在构建亲清政商关系上发挥的重要作用。隗斌贤认为，民营经济是我国经济制度"生态效应"的内在要素和基础性动力，构建"亲清"政商关系必须弘扬企业家精神，充分发挥非公党建在构建"亲清"政商关系中的独特作用[14]。叶青认为，构建"亲""清"新型政商关系，促进非公有制经济健康发展和非公有制经济人士健康成长，要坚持以党建促"亲""清"落到实处[15]。二是在政商关系发展背景、演化过程及对公权力约束方面，研究者多从"权力"与"资本"、"政府"与"企业"的宏观角度，提出要将厘清权力边界、大力反腐和深化体制改革相结合。储建国认为，要将过去模糊的政商行为清晰化，同时要建立"利益诱导机制"以调动官员和商人发展经济的积极性，建立"责任共担机制"以保证对自己的行为负责[16]。虞崇胜等认为，政商关系先后经历了前资本主义社会权力神化、资本主义社会权力道德化和社会主义社会权力客观化三个阶段，公共权力与私有资本之间既存在博弈亦均须受到制约。[17] 唐亚林在批判勾肩搭背的官商关系的同时，主张党委和政府主要领导干部要保持与辖区内代表性企业和企业家代表人士的定点定期联系[18]。三是在亲清政商关系视域下清廉民企建设成效研究方面，相关研究认为，推进清廉企业建设工程，一方面，要加强和改进非公企业党建工作，充分发挥非公企业党组织和党员的引领作用；另一方面，要从加强廉洁从业的企业内控机制建设和健全民营企业预防腐败的外部监督机制双向发力[19]。目前,关于清廉民企的研究主要关注政企关系及民企内部合规建设，且相关理论成果也较为缺乏。

综上，学界关于亲清政商关系及清廉民企建设的已有研究主要侧重于如何构建新型政商关系，而对于民企内部合规建设、各地清廉民企建设的研究则存在经验总结较多、理论建构不足，泛化研究居多、体系建构不足等情况。

二、公权力监督视野下推动亲清政商关系构建的逻辑

政商关系是"政"与"商"在履行职能和工作交往过程中所形成的相互作用关系，其本质是双方的地位关系。在"官本位"社会里，社会的本质是"人治"，"商"永远摆脱不了对于官场的从属性及依附性；而在"商本位"社会，法治下纯粹的依附官场关系会走向市场，并在市场中逐渐成熟和独立。强化公权力的监督、构建亲清新型政商关系二者之间是相互促进、有机契合的关系。加强对公权力的监督和制约，净化政治生态，有助于在法治政府框架下建立亲清新型政商关系。构建亲清政商关系，有助于破解传统政商关系的难题，使政、商双方在社会主义市场经济的宏观格局下明确各自的权力边界，灵活地调整各自定位，既需要强化制度保障，也要

求政商双方的自觉。

（一）强化公权力监督，厘清个人私利与涉企公权力之间的关系

在哲学意义上，政商关系是一对辩证统一的矛盾关系，这一矛盾体现为"政""商"两个面向，是矛盾的主要方面和次要方面。在我国现有的政治经济制度之下，毫无疑问，"政"是这对矛盾关系中的主要方面，"商"则属于次要方面，在两者相互运动变化发展过程中，"政"发挥着主导甚至是决定性作用。科学地把握"政"，强化公权力监督，不仅能够推动"商"实现更好发展，而且有助于亲清政商关系的构建。对公权力监督是确保构建良好的亲清政商关系的关键举措，公权力监督的成效如何，直接关系到亲清政商关系构建的进度和最终成效。首先，强化公权力监督，明确掌握公权力的领导干部的职责范围，划定公权力行使的高压线，可以减少甚至避免公权力对亲清政商关系构建的肆意干扰。其次，强化公权力监督，既明确了公权力"不可为"的范围，也明确了公权力应该也必须作为的边界，让公权力可以积极作为、主动作为，并为亲清政商关系的构建提供必要支持。最后，强化公权力监督，不仅要实现政商关系的"清"，还要实现政商关系的"亲"；不仅要关注自身的监督，还要帮助非公有制企业强化清廉建设和内部监督，这将有助于厘清个人私利与涉企公权力之间的关系，加快清廉民企建设进程。

（二）构建亲清政商关系，减少公权力寻租的机会

强化公权力监督和构建亲清政商关系虽然是两个议题，但某种程度上两者又是相互联系的。构建亲清政商关系的实质是研究掌握公权力的领导干部与非公有制企业人士间如何建立恰当、合适的关系，是探讨公权力与非公有制经济的博弈问题。首先，构建亲清政商关系，有助于把公权力关进制度的笼子。习近平在十八届中央纪委二次全会上强调："加强对权力运行的制约和监督，把权力关进制度的笼子里，形成不敢腐的惩戒机制、不能腐的防范机制、不易腐的保障机制。"[20] 构建亲清政商关系内在要求是实现公权力从"绝对"向"相对"的转变，强化对公权力的制约和监督，确保权力在"刚性"的制度笼子里运行，通过对权力形成有效的制约和监督，实现"公权力姓公，也必须为公"的目标。其次，构建亲清政商关系，可以减少公权力寻租的机会。影响亲清政商关系构建的一大难题就是"亲而不清"，"政""商"之间存在一些不清不楚、不明不白的关系，公权力往往会主动寻租。亲清政商关系的构建进一步明晰了政商交往的界限和禁区、红线和底线，打破各种类型的"卷帘门""玻璃门""旋转门"，从制度层面细化了政商交往规范，可以减少甚至避免公权力寻租。最后，构建亲清政商关系，需要充分发挥纪委、监委的专责监督作用。纪检监察机关应从厘清政商交往"亲"的程度、"清"的尺度入手，制定出台政商交往正负面清单，通过教育引导、制度规范以及查处震慑，充分发挥纪委监委专责监督的作用，完善权力监督制约机制，斩断"围猎"与甘于被"围猎"的利益链，进一步破除权钱交易关系网，促使领导干部主动作为，促进非公有制经济人士健康成长。

（三）厘清"公权"与"私产"间的关系，营造公平竞争的法治建设环境

党和政府出台的政策文件多次强调重视、保护和发展民营经济。党的十六届三中全会通过的《关于完善社会主义市场经济体制若干问题的决定》首次提出要"健全归属清晰、权责明确、保护严格、流转顺畅的现代产权制度"；党的十七大报告也强调要"创造条件让更多群众拥有财产性收入"；党的十九届四中全会赋予民营经济制度构建中的新功能，重申了"两个毫不动摇"，提出要完善构建亲清政商关系的政策体系，健全支持中小企业发展制度，促进非公有制经济健康发展和非公有制经济人士健康成长。从学理上看"公权"和"私产"之间的关系，对"公权"要"设定、规范、制约"，对私产要"公开、高效、清廉"。公权就是指公共权力，由各级政府部门来行使。而私产指的就是私有财产，私人使用、转让这些财产时由公权提供保障。政府拥有配置资源的权力是公权和私产结合的前提条件[21]。要用法律和制度规范约束"公权"不能私用，坚持"法无授权不可为"。法律保障"私产"不能公用，可以通过激励的方式使"私产"以合法途径转化为社会资产而成为内生的生产要素。同时，约束"公权"不能私用，法无授权不可为，不可以利用公权力剥夺和赎买"私产"。近年来，出现了一些地方政府运用公权力任意处置私产的现象，这使部分民企生存环境变得更加艰难，面对行业准入、产业政策、资源配置、财政扶持、金融支持、亏损补贴、税费减免等方面与国企的不平等对待，一些企业不得不通过打擦边球或行贿的方式求生存。在经营过程中，一旦民企发生不规范或轻微违法行为，有的地方政府就会据此强行介入民企经营、插手民营企业经济活动甚至任意处置民企财产；有的地方政府则采取强行接管和托管的方式，趁机假以罪名对民企私产进行剥夺。由此可见，厘清"公权"和"私产"之间的关系，提高领导干部运用法治思维和法治方式开展工作、推动发展的能力，有助于营造公平竞争的法治环境，能够使民营企业家获得安全感并对未来有明确稳定的预期，使"法治是最好的营商环境"真正落地。

三、构建亲清政商关系视域下温州清廉民企建设的地方实践

2018年出台的《中共浙江省委关于推进清廉浙江建设的决定》提出推进清廉企业建设工程，同年，浙江省工商联等9个部门联合印发《关于推进清廉民营企业建设的实施意见》。自此，"清廉民企"开始频繁出现在官方话语中，并以浙江为试点在全国各地推行。清廉民企的地方实践，核心就是构建适应地方经济社会发展要求的亲清政商关系实践平台。从2018年成功获批创建新时代"两个健康"先行区以来，温州纪检监察机关以清廉民企建设为抓手，通过强化

对公权力运行的全过程监督制约，全面推进亲清政商关系的构建，着力解决民营企业发展中的堵点痛点，取得了突破性、阶段性的重要成果，为亲清政商关系的构建奠定了基础、创造了条件。

（一）厘清干部职责界限，强化公权力监督

明确干部职责边界是监督约束公权力的关键。只有明确干部职责范围和边界，才能使受到制约的公权力在行使过程中从"绝对权力"转变为"相对权力"，才可以有效地避免腐败。温州一方面加大对"政"的自我监督力度，通过"三清单一承诺"制度规定了党政领导干部"可为、不可为、必须为"的范围与界限，明确干部的具体职责，组织全市 3.5 万余名公职人员书面签订《反对"挈篮子"承诺书》，并报同级纪检监察机关备案；另一方面，温州建立了"两个健康"政企恳谈机制，开展"万企评部门"行动，努力探索"商"对"政"的监督途径。通过定期邀请党政领导、相关职能部门、民企代表、商会代表以及第三方机构共商对策，建立政企恳谈机制，商讨解决民营经济发展中的营商环境、要素支撑、政策落实等共性问题，要求县、市、区政府组织民营经济人士对行政机关及其工作人员进行评议，并将评议情况纳入考核内容。"两个健康"政企恳谈机制和"万企评部门"行动，畅通了政府与企业家的常态化沟通渠道，有效实现了对公权力行使过程的监督。

（二）开展专项整治活动，营造干净干事氛围

为了深入贯彻落实中央八项规定精神，严防"四风"问题反弹回潮，优化营商环境，2020 年 6 月，温州各级纪检监察机关在全市范围内针对市管干部开展了"两违"整治行动，整治行动包括领导干部违规参与民间借贷、违规从事营利活动专项整治，持续整治违规吃喝、违规收送礼品礼金等问题，强化对公权力的监督。通过专项整治抽查核查重点单位、梳理起底问题线索、挂牌督办突出问题、深化以案促改等行动，在全市范围内全面开展自查自纠，改进作风，划出政商"红线"，坚决纠正政商交往"不清"问题。通过严肃整治损害政商关系的不正之风和腐败问题，进一步规范党员干部政商交往行为，督促党员干部在政商交往中守住原则底线，在全社会营造了风清气正、干净干事创业的氛围。

（三）明确民企主体责任，打造亲清政商关系样本

围绕新时代"两个健康"先行区创建目标，温州充分发挥民营企业在清廉民企建设过程中第一责任主体的作用，推动清廉思想、清廉制度、清廉规则、清廉纪律、清廉文化融入民营企业发展中，清廉民企建设正成为众多民营企业的自觉行为。在这一过程中，党和政府发挥了应有的指导作用，引导民营企业家弘扬新时代浙商精神，促使政商之间形成规则明、关系清、行为廉、风气正的健康关系。在党和政府的指导下，不少民营企业积极作为，清廉民企建设成效显著，正泰、森马、奥康、红蜻蜓等22家企业被确定为清廉民企示范点[22]。截至2022年9月，温州全市设立32个"亲清直通车"联络站和12889个营商环境效能监测点，55家民企成立纪委，精心打造正泰集团等22家清廉民企示范点[23]。这些试点民企突出示范引领，着力优化民营企业发展环境，引领民营企业形成清廉风尚，助推温州形成风清气正、和谐公平的民营经济"清廉生态圈"，为亲清政商关系的构建打造了企业清廉样本。

（四）建立沟通渠道，搭建亲清政商关系的交流平台

亲清政商关系中的"亲"强调领导干部要有所作为，要真心服务企业、履职尽责，企业家也要与政府部门领导干部建立良好的沟通关系。为了加强政商之间的沟通交流，温州设立了全国首个"温州民营企业家节"，成立"清廉民企建设联盟"，设立"民营企业家健康成长促进中心"，通过"政企圆桌会议"等平台保证企业家参与涉企政策的制定，搭建"民营企业维权服务平台"，设立"企业维权接待日"，实现企业维权"最多跑一次"。通过举办"亲清政商学堂"、亲清政商"云学堂""创二代"挂职锻炼等形式，让企业家和党政干部"同在屋檐下、亲清共成长"，在涉企政策制定、企业难题解决、企业权益维护、企业人才培养等方面都搭建起政商关系的交流平台。近年来，受疫情影响，温州有不少民营企业难以正常复工复产，出现资金链断裂困境，一些民企更是处于破产边缘。聚焦民营企业面临的痛点难点，温州实施"融资畅通工程"，首创"小微企业资产授托"新模式，推出"无还本续贷"等政策措施。通过一系列有所作为的"亲"，领导干部真心服务企业，帮助民营企业解决了大量急难愁盼问题，并助力许多企业东山再起，从而为构建亲清政商关系打下了坚实的基础、营造了良好的舆论环境。

综上，温州通过强化对公权力监督推动亲清政商关系构建成效显著。《浙江日报》发布的浙江省新型政商关系"亲清指数"（2020）对全省 11 个城市的政商关系进行全面评价，温州政商关系中"亲清指数"为 83.5；"亲近指数"为 81.5，居全省第二；"清白指数"为 85.5[24]。温州正成为我国民营企业清廉建设的高水平示范区，成为彰显清廉浙江乃至清廉中国"重要窗口"责任担当的主阵地。

四、公权力监督视野下推动亲清政商关系构建的策略

整体来看，当前我国政商关系仍然不同程度地存在"亲而不清""清而不亲""不清不亲"的问题；个别民企对清廉民企建设在思想认识上存在偏差从而导致廉洁文化氛围不浓、清廉民企示范企业引领带动作用不明显；政企囿于"清廉民企"的政策性指导，而缺乏配套的理论支撑与实践方案；许多政府服务仍是"管"有余而"服"不足，清廉民企建设体制机制上存在的弊端仍有待突破。"清廉民企"建设作为助力民营经济健康发展的支撑，需要进一步总结和完善温州清廉民企建设经验，在强化公权力监督、改善制度供给、优化营商环境、激发市场活力等方面推动清廉民企建设制度化、常态化，为我国民营经济发展注入持久动力，这也是构建亲清新型政商关系的重要方面。亲清政商关系的实质在于政企双方在社

会主义市场经济的宏观背景下明确各自的行为边界，灵活地调整各自的定位，这既需要制度的保障，也需要政企双方主体的自觉。要发挥好领导干部与非公有制经济人士的主体责任，在国家保障法治、政府追求善治、企业完善规制等方面持续发力。

（一）领导干部的主体责任

1.首先，明确权责，规范公权力的运行程序

对公权力的监督就是对公权力的约束和规范，实现从"绝对权力"向"相对权力"的转变，明确权责范围是对公权力进行有效监督的关键。在构建亲清政商关系的过程中，明确公权力"可为""不可为""必为"的界限，让领导干部尤其是"一把手"和领导班子在行使公权力的过程中有章可循、有规可依。法治要求确保"程序正义"[25]，因而，公权力的运行程序要科学规范，尤其是在涉及资源配置和项目审批时，要加强对权力的监督和制约，坚定不移全面从严治党，把制度优势转化为治理效能。

2.创新机制，完善公权力的法律规范体系

构建亲清政商关系离不开服务型政府和法治政府建设。"亲""清"政商关系表面上看是政府与企业、官员与企业家之间的关系，实际上指向了政商关系的两个层面，即伦理与法律制度。"亲"在中国语境中不仅是态度，还具有伦理层面的意义。政府及其官员为企业服务本是责任与义务，是非人格化的，但在非正常的政商关系和特定的文化体制下，亲有所亲也必有所疏，背后是权钱交易，至少会因人情、面子不同而不同。"清"则事关法律制度层面。"清"指的是遵纪守法、按章办事，任何违法行为都要受到惩处。法治政府的构建需要完善公权力的法律规范体系，建构适合中国国情且行之有效的权力制衡机制，坚持不敢腐、不能腐、不想腐一体推进，以此作为新时期健康政商关系的制度保障。

3.加强沟通，搭建政商交往平台

在亲清新型政商关系中，"亲"强调要"有所作为"，即秉持亲商、安商、富商理念,在不触碰纪律红线和法律底线的前提下,搭建领导干部与企业、企业家接触交往的平台;"清"强调"有所不为",即领导干部要清正廉洁,企业家要诚信守法,两者关系要保持"清"。可见,没有"亲"就不可能实现真正意义上的"清"。通过政企正常的沟通渠道,以"亲"的行为,可以更好地实现"清",进而实现对公权力的有效监督。如,温州推出"政企圆桌会议"、设立"企业维权接待日"、开展"万名干部进万企"、创办温州"民营经济学院"、组建民营企业家"新时代讲习团"、举办"亲清政商学堂"培训班以及线上的亲清政商"云学堂"等"政府搭台,企业唱戏"的政商沟通渠道,使政商关系逐渐朝着平等、合作、共赢的方向发展。

(二)非公有制经济人士的主体责任

1. 积极培育和弘扬企业家精神

企业家精神是指一种能力或过程,以创新精神为核心,具有勇于创造的素质[26]和实现"创造性破坏"[27]和实现"创造性破坏"的能力,也即企业家创造新企业、改变传统生产方式进而打破既有的市场平衡的能力。企业家精神是企业的核心竞争力,直接关系到企业的健康发展和企业家的健康成长。2017年9月,《中共中央、国务院关于营造企业家健康成长环境弘扬优秀企业家精神更好发挥企业家作用的意见》,首次以专门文件的形式明确了企业家精神的内涵,即"爱国敬业、遵纪守法、艰苦奋斗、创新发展、专注品质、追求卓越、履行责任、敢于担当、服务社会";同时提出加快建立依法平等保护各种所有制经济产权的长效机制,企业家应当主动肩负社会责任,积极参与公益活动,具备底线意识,在企业发展壮大的同时做到义利兼顾,与社会其他阶层达成共识,携手共建信用社会。

2. 完善企业廉洁风险防范制度

从企业社会信用机制、考核评价机制、三级联动机制的建立健全入手，在组织保障、制度完善、法纪教育等方面，引导民企将清廉建设融入企业生产经营管理的全过程。首先，建立健全民营企业权力监督约束制度。加强对决策运行和重点环节、重点部门权力的监督。围绕企业人、财、物等重要事项和产、供、销等重要环节，制定涵盖物资采购、进货检验等环节的廉洁管理制度，帮助民营企业排查管理漏洞，有效减少企业失信腐败行为的发生。其次，建立健全民营企业腐败行为惩戒警示制度。加强对侵犯企业、企业家合法权益的违法犯罪行为尤其是企业内部人员犯罪的监督惩治，坚持对企业腐败行为"零容忍"。最后，加强企业诚信体系建设。引导广大民营企业依法诚信经营和企业员工廉洁从业；综合协调推进民营企业诚信体系建设，健全跨区域跨部门的守信联合激励和失信联合惩戒机制。

3. 加强廉洁从业的企业内控机制建设

加强反腐内控机制建设的关键在于企业自身，但同时也离不开党委政府的推动和职能部门的参与。首先，强化党的政治引领和思想引领。坚持"党政引领、企业主建"理念，强化纪检监察机关、工商联等部门在清廉民企建设中的导向引领作用，填补民营企业纪检组织存在的"空白点"。其次，强化廉洁从业的企业内控机制。亲清政商关系构建需要民营企业"唱主角"，充分发挥其主体作用，调动民营企业的积极性。抓住廉洁从业企业内部管控机制建设这个核心，围绕企业人、财、物等重要事项和产、供、销等重点风险环节，行业主管部门要帮助民营企业排查管理漏洞和廉洁风险，协助民营企业架构起一整套全覆盖、全链条的防范内控制度机制。最后，强化督查考评。构建亲清政商关系，企业自身必须建立合理的制度规则，需要强化企业内部督查考评，确立企业法人地位并保持与领导干部之间的合法化、规范化往来，最终形成"教育、制度、监督、惩处"并重的防腐机制。

五、结论

政商"亲"则两利，"清"则双安。推动政商关系从盘根错节走向亲近清白、从政企合谋走向政企合作，关键在于完善公权力监督制约机制。习近平总书记在党二十大报告中指出："健全全党统一领导、全面覆盖、权威高效的监督体系，完善权力监督制约机制，以党内监督为主导，促进各类监督贯通协调，让权力在阳光下运行。"政商"亲"则两利，"清"则双安。推动政商关系从盘根错节走向亲近清白、从政企合谋走向政企合作，关键在于完善公权力监督制约机制。习近平在党的二十大报告中指出："健全全党统一领导、全面覆盖、权威高效的监督体系，完善权力监督制约机制，以党内监督为主导，促进各类监督贯通协调，让权力在阳光下运行。"在全面从严治党的大背景下，以优化政务服务、规范政商交往为重点，加强对政商交往中存在的苗头性、倾向性问题的教育和监督，强化对权力运行全过程的监督制约，帮助民营企业加强制度建设与日常管理，是有效防控民企腐败风险、构建亲清政商关系的关键。当前，政商关系在制度层面存在一定的滞后性和机械性，在原有制度基础上仍需细化政商交往的红线和底线。一方面，要进一步完善制度规范，从规范领导干部廉洁从政行为入手，画出纪法红线和政策底线，建立规范化、制度化的政企沟通渠道，完善政商交往正负面清单，厘定"可为"与"不可为"的界限，建立健全重大事项动态报告、接到请托事项登记报告等制度规定。另一方面，要加大对损害亲清政商关系行为的惩处力度，坚持高压震慑，加大对行贿行为的打击力度，实施行贿人"黑名单"制度，通过建立健全"围猎"贿赂行为惩戒机制，在公权力和私人利益之间筑建起一道"防火墙"，有效防范商业贿赂等腐败现象，推动构建公平竞争的市场环境。

参考文献

[1]习近平.高举中国特色社会主义伟大旗帜 为全面建设社会主义现代化国家而团结奋斗——在中国共产党第二十次全国代表大会上的报告（2022年10月16日）[M].北京:人民出版社，2022.

[2]习近平.在民营企业座谈会上的讲话[EB/OL].（2018-11-01）[2022-05-26]. http://www.gov.cn/xinwen/2018-11-01/content_5336616.htm.

[3]安红.看！温州实施"三清单一承诺"[N].浙江日报，2019-02-21（11）.

[4]中共中央文献研究室.习近平关于社会主义政治建设论述摘编[A].北京：中央文献出版社，2017.

[5]王建均.构建"离不开靠得住"的新型政商关系(上)[N].中华工商时报，2015-01-27（3）.

[6]习近平.在企业家座谈会上的讲话[N].人民日报，2020-07-22（2）.

[7]廖金萍，廖晓明.基于大数据技术应用的公权力监督[J].江西社会科学，2021（4）：226-234.

[8]刘堂灯.强化权力监督与推进国家治理能力现代化[J].辽宁行政学院学报,2020（1）：13-19.

[9]习近平.在新的起点上深化国家监察体制改革[J].求是，2019（5）：4-9.

[10]霍布斯.利维坦[M].黎思复，黎廷弼，译.北京：商务印书馆，2010.

[11]阿克顿.自由与权力[M].侯建，范亚峰，译.北京：商务印书馆，2001.

[12]洛克.政府论（下）[M]. 叶启芳，瞿菊农,译.北京：商务印书馆，1964.

[13]休谟.休谟政治论文选[M]. 张若衡，译，北京：商务印书馆，2009.

[14]隗斌贤.新时代民营经济"两个健康"的理论与实践探索[J].治理研究，2019（2）：19-30.

[15]叶青.以党建促"亲""清"落到实处[N].人民政协报，2019-03-19（3）.

[16]储建国.政商关系：清晰界定才能更好构建[J].中国党政干部论坛，2016（6）：7-9.

[17]虞崇胜，何路社.公共权力与私人资本的博弈：政商关系之历史与现实[J].廉政文化研究，2020（2）：1-14.

[18]唐亚林.重塑新型政商关系的互动机制与交往规则[J].中国党政干部论坛，2016（6）：26-30.

[19]付翠莲."清廉民企"建设的实践成效、制度障碍与深化路径——以"两个健康"先行区温州市为例[J].廉政文化研究，2021（2）：59-65.

[20]中央文献研究室.十八大以来重要文献选编（上）[M].中央文献出版社，2014.

[21]潘士远.公权和私产结合：一个理论分析[J].浙江学刊，2006（1）：179-183.

[22]清廉民企看温州 打造清廉民企建设的"温州样本"[EB/OL].（2019-11-20）[2022-06-18]. http://news.66wz.com/system/2019/11/20/105210752.shtml.

[23]扬清廉之风 绘共富图景——深化"清廉温州"建设工作综述[EB/OL].（2022-09-30）[2022-11-18].http://www.wzlzw.gov.cn/art/2022/9/30/art_1443892_58899595.html.

[24]浙江11市新型政商关系构建得如何？来看这个指数[EB/OL].（2021-05-21）[2022-06-25]. https://zj.zjol.com.cn/news.html?id=1670504.

[25]朱小宝.法治视阈下的亲清政商关系构建[J].法制与社会，2021（6）：87-88.

[26]弗兰克·奈特.风险、不确定性与利润[M].郭武军，刘亮，译.华夏出版社，2013.

[27]SCHUMPETER J A.The Creative Response in Economic History[J]. The Journal of Economic History, 1947(2): 149-159.

企业合规背景下反商业贿赂的难点及对策研究 ①

宾雪花　谢高澈 ②

摘　要： 作为不正当竞争的一种手段，商业贿赂行为是长在经济社会肌体上的一颗毒瘤，违背了公平竞争的市场原则，直接危害我国经济社会的健康发展，破坏社会主义市场经济秩序，滋生经济犯罪，必须对其进行有效治理。在企业合规的背景之下，对商业贿赂行为的规制和突围进行探讨显得尤为重要。我国已在《反不正当竞争法》《刑法》中对商业贿赂行为进行了一些规制，但是还不够完善，存在处罚力度较弱等问题。所以，在国家采取制定专门法、加强打击力度等措施的基础之上，加强企业内部的合规治理，在国家和企业两个层面发力，对于商业贿赂行为的治理来说十分必要。

关键词： 企业合规；企业商业贿赂；法律规制；反不正当竞争法

---

① 本文系 2021 年清廉温州建设研究中心课题"企业合规中反腐难点及对策研究"（QLY2021005）的阶段性研究成果。
② 作者简介：宾雪花，湖南湘潭人，温州大学法学院副教授，硕士生导师，温州大学公法研究中心执行主任；谢高澈，浙江杭州人，2022 级浙江工商大学经济法学硕士生。

一、引言

商业贿赂是通过贿赂扭曲市场关系而获取交易的一种市场腐败行为。当前企业反商业贿赂的形势依然严峻，商业贿赂不仅损害了其他经营者的潜在经济利益，也扰乱了市场竞争秩序，不利于公平竞争。除了行业监管、社会舆论监督和法律手段等外在介入手段，从根本上来说，企业商业贿赂的治理还需要发挥其自身的控制和参与作用，所以建立完善的企业合规管理制度显得尤为重要。企业合规是反商业贿赂的重要条件，科学、完善的制度和规范又是企业合规经营的支撑，它一直是企业努力建设的一个大目标，但是过去走关系的传统商业习惯和利益最大化需求，严重阻碍了企业合规的实施。因此，在企业合规的背景下，如何突破现在的规制困境并找到对策，显得十分重要。

二、商业贿赂行为的解构

（一）商业贿赂的概念与特点

在我国，商业贿赂是随着商品经济的出现而出现的，它的定义有广义和狭义之分。狭义的商业贿赂定义见 1996 年国家工商行政管理总局颁发的《关于禁止商业贿赂行为的暂行规定》第 2 条，即商业贿赂指经营者为销售或购买商品、接受或者提供经营性服务，而采用财物或其他手段贿赂对方单位或者个人的行为。这里的其他手段可以是提供免费旅游、免费考察等给予财物以外的其他利益手段。而广义的商业贿赂是由我国现行的《反不正当竞争法》第 7 条规定的。第 7 条对商业贿赂的主体、手段、目的、范围进行了定义：首先，行贿者是经营者及其工作人员，受贿者是交易相对方的工作人员、受交易相对方委托办理相关事务的单位或者个人，以及利用职权或者影响力影响交易的单位或者个人；其次，在手段上一般体现为财物等；再次，商业贿赂的目的是谋取交易机会或竞争优势；最后，在范围上，将采取明示方式向交易相对人支付折扣或向中间人支付佣金排除在外。相比于狭义的商业贿赂行为，广义的商业贿赂行为还包括商业受贿行为，也就是交易相对方接受行贿者财物或其他不正当的好处。

商业贿赂行为不同于其他不正当竞争行为。首先，商业贿赂行为不仅违反了《反不正当竞争法》的规定，还违反了刑法、行政法和会计法等经济法律规范的规定。比如在账外暗中给对方财物，是会计法上所禁止的收支不入账的行为；其次，不存在合法的商业贿赂行为和不合法的商业贿赂行为之分，商业贿赂行为只要存在，就都是违法的；最后，商业贿赂行为的社会危害性更大，不仅损害了其他经营者的合法权益，还助长了腐败现象，不利于保护国家资产。

与其他贿赂行为相比，商业贿赂在主体、对象、目的上都有所不同。首先，商业贿赂的主体是经营者，而不包括消费者、政治组织等；其次，商业贿赂的对象是交易相对人或者能够影响交易的单位或个人，它们与经营者之间在地位上往往是平等的，而在其他贿赂行为中，行贿者往往是因为对方有某种特殊的地位才向之行贿，双方的关系往往是管理与被管理等不平等的关系；最后，商业贿赂与其他贿赂行为在目的上的区分标志是是否以营利为目的。在商业贿赂中，行贿者往往是为了追逐经济利益，而在其他贿赂行为中是为了谋求个人利益、政治权利等。

（二）商业贿赂的本质

在商业贿赂行为中，行贿者通过提供财物或免费旅游等其他不正当手段，而不是降低成本、提高技术、提高质量来获取交易机会、提高竞争优势，导致市场占有率由行贿的质量和数量来决定，严重违背了公平竞争原则，损害了其他竞争者的合法权益，这从本质上来说是一种不正当竞争行为。

谋取竞争优势、争取交易机会，这是市场竞争的应有之义，并不是什么贬义词，而是应当鼓励的，只不过不应当采取商业贿赂这种不正当的手段。"从经济学角度上看，市场是买卖双方相互作用共同决定商品或劳务价格和交易数量的机制。"[①]交易双方也正是在此种机制下才获得了商业利益。市场机制下自然少不了竞争，而为了获取更大的商业利益，经营者自然会采取一定的手段去获取交易相对方的认可，商业贿赂就是手段之一，除此之外，还有管理角度的优化管理和技术角度的创新。

但商业贿赂和商业利益诱惑又是存在区别的，商业利益诱惑是市场经济的应有之义，交易双方无论给对方多少利益，都是协商一致的共赢行为，并不存在商业贿赂。"雪花"啤酒案中，销售员销售商品时，向销售方交纳进场费、提供现金等行为，被工商行政机关认定为商业贿赂，这是混淆了商业贿赂和有奖销售、促销行为之间的界限。商业贿赂和商业利益诱惑之间的界限十分模糊，不仅导致执法者在执法过程中有困惑，易导致行政争议，而且导致经营者担忧自己的远期商业模式能否带来利益，不知如何在合规的情况下实现商业利益诱惑。二十多年以前，在商业贿赂概念刚刚出现、交易模式尚未得到市场的检验、商业惯例也并不成熟的情况下，交易双方经常简单地通过暗中在账外给对方大量回扣的方式争取交易机会。其把商业贿赂的标志认定为暗中账外给回扣，主体上不区分行贿方和受贿方，并把用金钱或其他物质利益获取交易机会或竞争优势的行为，都归为负面的商业贿赂。

（三）反商业贿赂的必要性

商业贿赂行为的大量存在对初创产业的初生成长期极为不利，对于处于新兴或弱势地位的中小产业者来说，竞争优势和利润空间受到严重挤压，对其生存和成长极为不利。对于市场来说，商业贿

[①]孙百昌：《浅析新〈反不正当竞争法〉中的商业贿赂》，《中国市场监管研究》2018年第3期。

赂行为更是不利于公平竞争秩序的维持，市场相关经营者的信赖感大大下降，甚至可能导致劣势资源和优势资源之间发生恶性竞争，最终致使市场调节失灵。商业贿赂行为不仅是经济问题，更是政治问题。在信贷、土地出让、招投标等领域，商业贿赂行为的大量增长，会引起钱权交易、官商勾结、权力寻租等政治腐败问题。对于社会来说，商业贿赂行为的破坏力也非常大。首先，商业贿赂行为严重违背了诚实信用原则，是一种极为不公正的行为，此种行为的大量存在不利于社会征信体系的稳定运转，从而导致投资需求和资源流转速率下降。其次，投资环境受商业贿赂行为的影响也会恶化，从而导致投资者失去信心，面对投资机会也不敢下手。第三，从社会层面上来看，商业贿赂行为的存在不利于社会主义良好风尚的形成，使不公正、不诚信的风气盛行。社会治理的基本目标是建立诚信社会、公正社会、法治社会，而商业贿赂行为与此相违背。所以，反商业贿赂无论对于国家还是企业来说都是必要的，对国家来说，反商业贿赂有利于建立诚信社会；对企业来说，反商业贿赂有利于在公正的营商环境中获取交易机会。建立法治社会必须反贿赂，贿赂必然破坏法治。

三、商业贿赂行为规制的检视

我国对于商业贿赂行为的规制主要有两个法律渊源。一个是1979年通过的《中华人民共和国刑法》及配套司法解释，其已经经过11次修订和修正，最新一次修正是2021年3月的《刑法修正案（十一）》。该法规定了行贿罪、对单位行贿罪、单位行贿罪等数个罪名。不过，一旦商业贿赂行为触犯到了刑法，社会危害性和后果都是极为严重的，所以以不触犯刑法为企业反贿赂合规管理的目标是十分危险的，也很少有企业这样做。另一个法律渊源是1993年公布的《反不正当竞争法》，该法最新一次修订是在2019年，其对商业贿赂的规制主要体现在第7条和第19条。其中，第7条对商业贿赂的主体、手段、目的、范围进行了定义；第19条则是对商业贿赂行为的法律规制，主要体现在没收违法所得、罚款、吊销营业执照三方面。此次修法的重点之一就是明确对商业贿赂行为的禁止。《反不正当竞争法》第7条第1款充分考虑了国情和实际情况，明确了商业贿赂的外延，将"利用职权或者影响力影响交易的单位或者个人"归入商业贿赂的主体范围，突破了经营者之间的商业贿赂关系。不过，在对商业贿赂的认定上，应当始终以竞争自由为初衷，以不正当性为根本衡量标准，明晰不正当交易和正当交易的界限。

相比于我国法律，外国法律对于企业商业贿赂行为的规制要完善一些，对于我国有较大的借鉴意义。

第一，《联合国反腐败公约》作为历史上联合国首部治理国际反腐败行为的法律文件，对于国际反腐败治理起着重要作用。《联合国反腐败公约》有着科学的理念和原则，是商业贿赂治理领域最具影响力的法律文件，于2005年在第十届全国人民代表大会常务委员会第十八次会议上在我国生效。其对于我国商业贿赂治理具有以下几点借鉴意义。首先，在贿赂方式上，根据《联合国反腐败公约》的规定，无论是直接还是间接，无论是主动索取还是被动接受，都要承担相应法律责任，具体包括许诺给予、提议给予、实际给予。"许诺给予，即行贿人明确向受贿人承诺，只要公职人员在执行公务时按照行贿人的要求作为或者不作为，行为人则会给予有关人员一定的好处；提议给予，即行贿人尽管没有明确承诺会给予相关人员好处，但却向相关人员暗示，只要公职人员在执行公务时按照行贿人的要求作为或者不作为，行为则可能会给予有关人员一定的好处；实际给予，即贿赂物已经交付给相关人员"。[①]由于商业贿赂

---

① 庄德水：《我国治理商业贿赂法律体系的现状及其立法建议：以〈联合国反腐败公约〉为参照》，《求实》2007年第3期。

行为具有滞后性和隐蔽性，《联合国反腐败公约》如此规定，可以避免公职人员以"不明知""以家人为中介"等方式逃避法律责任，且无论是否在公务活动中，只要接受了贿赂，就要受到法律制裁。其次，在贿赂内容方面，《联合国反腐败公约》指出是不正当好处，也就是说违背职业道德获取的有形或无形利益。而我国《反不正当竞争法》对于贿赂内容的规定是交易机会或竞争优势，即财产性利益，外延要比不正当好处小。

第二，美国对于商业贿赂的治理也比较完善。作为世界上第一部反垄断法律规范，美国 1890 年的《谢尔曼法》就已经对商业贿赂行为进行了规制，其指出，市场竞争主体不得通过不正当手段获取市场竞争优势。之后颁布的《克莱顿法》在之前的基础上，具体化、明确化了对商业贿赂行为的规制，十分便于实施，指出了商业贿赂的定义、种类、禁止、处罚。除了对国内商业贿赂的治理，对于海外商业贿赂的治理，美国也制定了相应的法律，即《海外反腐败法》，得益于严格有效的会计结算制度、经营者信用评估制度和内部审计制度。此部法律成为了规制商业贿赂行为最主要的法律之一，有效预防和治理了商业贿赂行为。此部法律具有以下几个优点：首先，对商业贿赂的表现形式、手段、适用范围进行了明确与拓宽，指出"任何人不得通过贿赂的手段与他人取得商务、保持商务、给予或是解除商务"；其次，允许商务表现形式的多样性，即口头和书面均可；最后，商务参与主体的广泛性，包括经营者、消费者个人、政府等，即任何与商业行为有联系的均是商务参与主体。

第三，德国对于商业贿赂有别于对公务员的贿赂行为这一点，在其《反不正当竞争法》中作了明确规定。对于商业贿赂行为的表现形式和法律责任，它是这样规定的：第一，在商业交易中，以竞争为目的，对企业的职员、受任人提供、允诺或授予一定的利益，以使其以不正当的方法使自己或他人在购买商品或营业上得到优惠的，处一年以下有期徒刑或并处罚金。第二，"企业的职员或者受任人，在商业交易中以要求、使他人允诺或接受利益为条件，以不正当方法使他人在购买商品或营业上的竞争中受到优惠，应受上述同样的处罚。"[1]但是在商业贿赂的含义上并没有做出明确规定。另外，关于"折扣"是否应当被认定为商业贿赂，作了以下几点明确：第一，折扣的适用对象是日常生活所需的服务或商品；第二，给予折扣的目的是竞争；第三，种类上包括现金折扣、特殊折扣和数量折扣；第四，日常生活所需服务或商品最终必须由经营者以零售方式卖给消费者。

　　企业合规对于防治商业贿赂行为来说有着重要作用，而在企业合规的规制方面，国际上存在这样一种趋势：随着经济一体化的发展，欧美事前规制性的企业合规逐渐开始建立。如根据现行德国法的规定，股份公司的董事会负有采取合规措施和预防危及公司存续的违规事件发生的义务，更是建议上市公司设立合规管理体系。再如作为企业合规母国的美国，早在20世纪60年代，企业就采取了合规措施来避免反垄断处罚，再之后将合规理念传播到了金融业。20世纪90年代颁布的《量刑指南》规定，企业具备符合有效的合规体系的情况下可以被减轻处罚，促使企业采取合规措施来符合指南的要求。《联合国反腐败公约》更是规定"各缔约国均应当努力制定和促进各种预防腐败的有效做法""定期评估有关法律文书和行政措施，以确定能否有效预防和打击腐败"。[2]合规的含义通常来说包括广义和狭义两个方面，"广义的合规指企业合乎一切法律、法规、公司规章以及企业职业伦理规范；而狭义的合规主要指反商业贿赂合规，就是公司经营活动不违反反商业贿赂方面的法律规范"。合规管理体系就是一套由机构和制度构成的能够持续运行的机制。这是每一个企业都应当做的合规。它可以是全面合规，也

---

[1] 王清：《反商业贿赂立法的国际经验及其启示》，《武警学院学报》2010年第9期。
[2] 参见《联合国反腐败公约》第5条第2款和第3款。

可以是某些方面的专项合规。专项合规计划是针对特定的合规风险企业所建立的专门化的合规管理体制，这些专项合规计划不仅受企业一般性的合规政策、程序约束，还要分别确立专门性的合规组织、合规政策、管理手册、预防体系、识别体系以及应对机制。商业贿赂到底是反贿赂方面的专项合规还是刑事合规，取决于是否有现行法律规制与之相配套，如果没有相关的法律规定，合规就没有相应的法律依据和法律后果，也就得不到合规制度想要达到的实施效果。我国目前在《刑法》《反不正当竞争法》中都对商业贿赂行为作了禁止性规定，并规定了刑事责任和行政责任，只不过对于一些问题，（如执法主体、惩罚力度等）规定得不够完善。这就是说企业不仅要做到反贿赂合规，更要做到刑事合规。而且，企业不能以刑事合规为目标，而是要以反贿赂合规为目标，刑事合规只是最低要求，以刑事合规为合规目标是非常危险的。在国家司法层面，无论是通过给予起诉裁量优惠，还是合规（承诺）企业量刑建议上的优惠，利用刑事司法手段促进企业建立科学、合理、有效的企业合规体系，即"合规刑事化"的角度将"刑事合规"认定为一种激励机制，是可以说得通的。

　　建立有效、完善的企业合规计划和内部控制机制是治理商业贿赂的重要手段，而对商业贿赂的预防和治理又是企业合规的目标。所以，企业合规是否科学、合理，对于商业贿赂行为治理是否有效起着重要作用。从商业贿赂行为的风险防范角度来说，合规制度也是有价值的。企业建立科学、有效的反贿赂合规体制，能够体系化地有效预防、动态监控、及时应对贿赂风险，从而降低甚至排除绝大多数风险，使公司风险达到预期的经营水平。在反贿赂合规方面，中兴公司是一个很好的例子。中兴公司的反贿赂管理体系包含了八要素，这八要素是以专门设置的负责反商业贿赂合规管理工作反贿赂机构（即合规管理委员会下设的反商业贿赂合规部）以及相关文件《反贿赂合规手册》和《反贿赂合规政策》为基础的。具体来说，包括高层对于合规管理的重视、健全的合规组织、充分的资源投入、系统的风险评估、反贿赂合规政策体系、有效的流程监管、全方位的培训和沟通以及持续的监督与改进。放眼国际，自水门事件起，正如上面提到的，美国《反海外腐败法》《联合国反腐败公约》等反贿赂法律越来越多，显而易见，国际上也非常重视反贿赂工作。而中国目前的反商业贿赂立法呈分散式，并无统一化、体系化的反腐败法和反商业贿赂法对商业贿赂行为进行规制。我国反贿赂执法动态表明，我国的刑事、行政执法力度在不断加大，相关制度也在不断完善，但还需进一步完善，并需要借鉴国际经验。

企业的商业贿赂行为往往是由其成员完成的，而促使企业成员参加贿赂的直接原因很可能是激励机制和业绩压力。根据《反不正当竞争法》第7条的规定，企业员工的商业贿赂行为就是企业的商业贿赂行为，除非企业能够证明该员工的行为与企业争取竞争优势或谋取交易机会无关，而企业员工一般受激励机制影响才去实施行贿行为。所以，企业除了要证明企业进行了反贿赂合规制度和管理之外，还要证明该员工的行贿行为没有受到激励机制的影响。因此，企业在合规建设中应当关注激励机制和业绩压力对成员的影响，以及成员为了达成目标所采取的方法，从而降低行贿风险。

当前，我国企业的合规建设存在三个"缺乏"，即缺乏执行力、缺乏系统性、缺乏操作性。首先，由于激励机制不健全、考核措施不完善、评估体系不科学、常常以谈话等方式而不是行政处罚来追究责任等原因，导致大多数企业的合法制度执行不到位。其次，在合规制度的系统性上也存在缺陷。一方面是大多企业的合规制度不能覆盖所有的业务活动，导致员工在进行交易活动时可灵活把握的空间较大，从而产生风险；另一方面是对于同一交易活动，合规制度内部可能存在冲突，从而导致存在多种操作标准。最后，合规制度的操作性较低。制度对于操作的方式和内容往往采用比较原则性的规定，员工对此会产生多种理解，从而体现为操作上的差异。此外，市场具有多变性，而制度如果不及时更新，就会产生滞后性，无法适应现实需要，从而阻碍业务发展。我国在商业贿赂治理方面存在的漏洞，是迫切需要企业制定有效的合规计划、长期的合规经营来弥补和提高保障的。在我国当前针对商业贿赂的惩治方法中，治理效果对行政执法机关及其公职人员的外部监督情况有极大的依赖性，一旦外部监督不到位，商业贿赂行为便会越来越猖狂。所以，对于商业贿赂的有效治理，在坚持法律治理、行业监督等外部监督手段的根本前提之下，加强企业合规经营、发挥企业自身的作用便显得尤为重要，这也是治理商业贿赂的必由之路。

2014 年，国际标准化组织发布的《合规管理体系指南》提出了企业建立、发展、实施、评估、维护和改进合规管理体系时应注重的关键因素，如组织环境、领导力、计划、支持、运行、效果评价、改进等。这个复杂的体系落实到具体的企业实践中，其过程大概包括"识别合规风险，健全合规制度，强化合规职责，完善合规机制，推进持续合规，以及形成合规文化"。[①]可见，商业贿赂治理和企业合规建设之间存在密不可分的联系，需要以其为依托。而对企业合规建设而言，企业合规文化的建设尤为重要。合规文化对于企业合规建设来说不是可有可无的，而是相关法律法规和企业内部制度产生实效的保证，"它是一种使企业的各项经营、交易活动都符合法律法规和内部制度的文化，具体包括合规管理、合规机制、合规理念等"[②]。一方面，良好向上的企业文化能够引导员工形成正确的经营理念，而不是只知道一味追求利润，从而自觉或不自觉地抵制商业贿赂行为，提高自身素质。另一方面，良好的合规文化可以全过程、全方面地控制商业贿赂行为。以往的商业贿赂治理措施不具有系统性，往往只针对某一阶段的企业，而商业贿赂贯穿于

[①] 赵宏瑞：《新时期以合规文化建设规范企业商业贿赂治理的逻辑与路径》，《南京财经大学学报》2020 年第 2 期。

[②] 陈琦：《新时期商业银行合规文化建设研究》，《浙江金融》2013 年第 11 期。

企业发展的设立、决定、执行等全过程。最后，对企业商业贿赂行为的控制主要是对企业商业贿赂风险的控制，具体包括企业运行、操作、信誉风险，企业合规文化建设能够对商业贿赂风险进行防控，或能够在其出现时自如运用相关手段进行应对，从而避免企业危机的发生。

四、企业合规下商业贿赂行为规制的困境

目前，我国对于商业贿赂的治理，从主体上来说，市场监督管理部门是商业贿赂行为的主要监管主体，同时，经济监察部门、公安机关、司法机关也发挥着一定作用，总的来说就是集中治理、多机关联合执法。从立法上来说，针对商业贿赂行为的治理主要由法律、部门规章、行业规范、司法解释四部分立法组成。其中法律有《反不正当竞争法》《反垄断法》，部门规章有《关于建立医药购销领域商业贿赂不良记录的规定》，行业规范有《中国证券投资基金业协会会员反商业贿赂公约》，司法解释有《关于办理商业贿赂刑事案件适用法律若干问题的意见》。目前的治理体制未能较好地预防和治理商业贿赂行为，主要存在以下几点缺陷。

（一）企业传统人脉经营与商业贿赂的冲突，造成商业贿赂屡禁不止

中国自古以来是人情社会，"人情世故"的文化延续到企业领域，演变为了"你从别人那里赚取利润，就要给别人更大的回报"的经营理念，在经营中自然也比较注重人脉的积累。人们在经营活动中自然会考虑给企业往来合作伙伴一定的好处，尤其是在自己有求于人时更会如此。这就使得在企业经营活动中，行贿、受贿的商业贿赂行为变为一种得到普遍认可的"潜规则"或"经商之道"。况且，在现实生活中，很多交易双方原本就是朋友或亲戚，在没有商业交易往来之前就存在礼尚往来，所以，在双方发生商业交易往

来后，很难认定什么样的礼尚往来是商业贿赂。此外，一些官员的家属也在从事商业经营，它们之间存在一种特殊的人脉关系。表面上看是官员在正常履职，家属正常进行交易行为，但实际上家属是利用了官员的权力进行贿赂，从而获得交易机会或竞争优势，破坏了公平的竞争秩序，但由于官员一般不会采取明显方式滥用职权，对这种商业贿赂行为很难进行认定，也就无法进行规制。

（二）为公司盈利的企业经营目标与商业贿赂的冲突

公司具有逐利性，而商业贿赂行为正是帮助公司获得利润的手段之一，这对于公司来说两者之间是具有一致性的。马克思在《资本论》中引用的邓宁格《工会与歇工》中的名言恰恰说明了人们趋利避害的本性："一有适当的利润，资本就会非常胆壮起来。只要有百分之十的利润，它就会到处被人使用；有百分之二十，就会活泼起来；有百分之五十，就会引起积极的冒险；有百分之百，就会使人不顾一切法律；有百分之三百，就会使人不怕犯罪，甚至不怕绞首的危险。"但是对于国家来说，商业贿赂行为作为不正当竞争的手段之一，对社会危害极大，是需要预防和治理的，这就和企业的营利目标之间产生了冲突。行贿往往能够以较小的经济代价获得较大的经济利益，一旦达到目的，公司获得的利益可能是投入的数十倍，所以，在利益的驱动下，企业不惜以身试法。在实践中，行贿主体往往是公司员工，它们实施行贿行为的直接原因是企业激励机制和业绩压力。在理想情况下，公司员工不仅能为公司带来利润，自己也能获得颇为丰厚的业绩奖励，所以，大多数人会选择铤而走险。

（三）在立法方面存在局限性

首先，《反不正当竞争法》的适用主体及行为限于实施行贿行为的经营者及其员工，而受贿的单位及其受贿行为则不在规制范围内，这虽然有利于简化判断商业贿赂行为的主体，但是导致相关机关没有相应法律依据对受贿单位实施处罚，此部分违法主体也可以由此逃避法律的制裁。另外，"经营者"的定义并不明确，且现实中很多商业贿赂行为是由"非经营者"实施的。

其次，在行为的处罚力度上，《反不正当竞争法》对商业贿赂行为的处罚内容是由监督检查部门没收违法所得，处十万元以上三百万元以下的罚款。情节严重的，吊销营业执照。而在实践中，企业的行贿总额往往高达千万元，谋取到的利润更是高于行贿支出，企业的违法成本相比于利润非常渺小，企业总是能以较低的违法成本换取较大的利润，导致商业贿赂行为频发。此外，在行为规制上，以刑事处罚为主，民事救济途径较少。现在我国对商业贿赂行为的规制重心仍在维护市场竞争公平、有序的宏观层面，却忽视了对其他经营者竞争利益的保护。然而，商业贿赂行为不仅损害了社会公共利益，更损害了其他经营者的民事权利。所以，我国应当设置相应的民事救济途径，以免其他经营者因商业贿赂而失去交易机会和竞争优势，却无法寻求救济。

针对《反不正当竞争法》中提到的经营者反证制度，虽然能够有效、精准地打击商业贿赂行为，更好地针对"为经营者谋取交易机会或者竞争优势"这一不正当竞争目的，维护经营者的合法权益，但是在实践中缺乏一定的可操作性。首先，"为经营者谋取交易机会或者竞争优势"这一点是从主观方面去认定还是从客观方面去认定并不明确。如果是从主观方面去认定，很难直接证明员工进行此行为时的主观状态，只能从其行为的具体方式和后果来推定其做出此行为时的心理状态。但由于员工的职务行为一般和企业存在很大关联，员工的职务行为也较容易被认定为为企业谋取交易机会或竞争优势的行贿行为。如果是从客观方面去认定，只要员工的职务行为客观上为企业谋取到了交易机会或竞争优势，就可以认定为企业行为，则又忽视了主观上的目的。其次，虽然有禁止商业贿赂制度的存在，明确禁止商业贿赂行为，但是并不能保证企业存在放纵员工实施商业贿赂的可能。企业员工的贿赂行为能为企业带来高额利润，企业无疑会对企业员工的贿赂行为采取纵容的态度，甚至设置一些指标来诱使员工实施商业贿赂行为。反正制度的存在初衷是旨在加强企业的合规建设，但经营者可能会利用此制度，采取给予员工一定补偿等手段，将原本属于企业的法律责任转嫁给员工个人。

除了《反不正当竞争法》，《刑法》对商业贿赂行为也有一定的规制内容，但是二者之间的衔接做得并不是很好。首先，在商业贿赂数额起刑点的设置上，《德国刑法典》并无限制，只要符合主体和行为要件就构成犯罪，就要受到刑事处罚。其次，其对受贿主体的规定也较为全面，其将商业贿赂的责任直接归属于企业员工。第三，其对行贿者和受贿者规定了相同的刑罚，从而避免受贿企业及员工出于商业受贿行为不用承担法律责任的侥幸心理而接受贿赂。相比于《德国刑法典》，我国《反不正当竞争法》只对行贿主体进行了规制，受贿主体并不受其调整。而我国《刑法》对商业贿赂数额的起刑点有一定的规定，但受交易相对方委托的且能够对交易活动施加影响的非国有单位和非利用职务便利的国家工作人员接受或索取商业贿赂的行为并不受刑法规制。可见《反不正当竞争法》与《刑法》在立法上并不衔接。无论是行贿行为还是受贿行为，都损害了其他经营者的合法权益，不利于维持公平的竞争秩序，且二者属于对向行为，应共同接受处罚，只处罚行贿一方的行为不合理。

（四）在执法实践上操作的难点

从执法主体上看，在实践中虽然已经形成了工商行政管理部门执法为主，经济监察部门、司法机关、公安部门执法为辅的治理模式，但是由于缺乏详细的执法规则，导致不同的部门在查处商业贿赂行为的力度、标准上存在分歧，这种多头执法的混乱情况自然就加大了执法成本，降低了执法效果。想要有力查处商业贿赂行为，不仅要有明确的执法主体，还要有精准打击、强度到位的执法手段。然而，由于工商行政管理部门不能采取扣留、查封等执法手段，很难对以实物相折扣的变相贿赂行为进行取证，导致企业能够较容易地逃避法律制裁。对于商业贿赂行为，一些地方甚至睁一只眼闭一只眼，轻视其具有的危害性，给地方投资环境带来了极大破坏。实践中，执法机关往往还采取运动式执法这种具有反复性和临时性的社会治理方式。我国相关法律制度立法分散，缺乏系统性，适用性大大降低，甚至有所冲突，政府往往将重点放在打击特定案件上，一旦风气有所好转，就松懈了对商业贿赂的治理，使治理流于表面。这种集中人力、物力、财力在特定时间、空间进行的"运动式"行政执法行动，针对商业贿赂乱象可能会在短时间内"销声匿迹"，取得比较明显的效果，不过，风头一过，行动一收兵，又会"死灰复燃"。对此，政府应当将对商业贿赂行为的治理和打击纳入常态化治理机制。最后，商业贿赂行为因涉案数额、手段等因素的不同，也有社会危害性大小之分，而由于行政执法和刑事司法之间没有形成合力来打击商业贿赂行为，没有良好的衔接机制，最终被审判定罪的商业贿赂案件并不多，这就更加助长了想要进行行贿和受贿企业及员工的气焰。

五、企业合规背景下反商业贿赂的突围

在企业合规的背景之下，反商业贿赂行为如何突围，光靠国家或企业某一层面的努力是不够的，必须将国家和企业两个层面的措施相结合，应在国家完善的法律制度、机构设置等基础上，以企业合规建设为线贯穿始终。正如前面所说，只有有了国家层面的保障，企业合规才有据可循，违反规定的人才能受到应有惩处，从而使想实施商业贿赂行为的人不敢实施，有效预防商业贿赂行为再发生。具体来说包括以下几点。

（一）企业层面

首先，专门的事要由专门的部门来做，法律应当要求各类企业组织设置专门的反商业贿赂合规管理部门，从而保证有专门的人员

履行反商业贿赂职责，及时发现商业贿赂行为，准确追究相关人员责任，并在事后及时反思商业贿赂行为发生的原因，弥补制度漏洞。具体来说，一方面应当加强工作人员的反商业贿赂宣传教育，明确其在反贿赂方面的权利和义务，如举报义务和不会因维护反商业贿赂制度而遭到打击报复的权利；另一方面，应当制定具体的反商业贿赂措施。一是对送礼、赞助等利益行为建立严格的管控制度，在人员和程序上需层层把握；二是完善财务制度，对现款支付、财务报销等行为进行严格把控；三是建立及时报告制度的同时，对商业贿赂行为举报人进行保护；四是对一些易于发生商业贿赂的项目进行更严格的尽职调查；五是建立商业贿赂问题反馈和纠正制度。

其次，有了反商业贿赂合规管理部门还不够，必须要有相应的反贿赂制度与之相匹配。比如应对薪酬和绩效考核管理制度进行优化，在传统考核制度下，员工往往以眼前利益为重，抱有侥幸心理，进行违规操作以获取利益，这对于企业的长远发展来说是十分不利的。企业制定薪酬和绩效考核管理制度时应当以有利于长远发展为根本前提，注重安全性、稳健性，可以优化薪酬结构，在采用年薪制的前提下增加风险收入，并提高其比例。在奖励操作规范、认真负责的员工的同时，对于经常违规操作的员工也要保持"零容忍"的态度，严肃处理，通过合规考评机制促进员工行为的规范化、合法化，在全面落实合规问责和合规绩效考核制度的同时，把合规作为企业经营绩效考核的指标之一，再把合规经营案件防控作为员工履职考核的基础。"通过一定激励机制对一般人员进行有效控制和引导的同时，针对高管，还可以建立更加具有针对性的高管离任审计制度和高管终身责任制度等。"①

---

①赵宏瑞：《新时期以合规文化建设规范企业商业贿赂治理的逻辑与路径》，《南京财经大学学报》2020年第2期。

最后，应提高员工对企业合规文化的遵从意识，将企业合规文化贯穿于企业反贿赂合规机制的始终。在一般的企业中，员工能够获得的利益与企业能够获得的利益之间总是存在极大的差距，导致员工并没有维护企业合规合法经营的意识，从而导致商业贿赂等行为滋生，所以可以通过员工持股等方式加强员工的主人翁意识，从而促进企业合规经营。

（二）国家层面

1. 重构经营者责任制度

由于反证制度在现实中缺乏可操作性，企业员工的主观状态难以证明，会成为经营者将责任转嫁给员工，从而谋取高额利润的手段，且企业员工的行贿行为发生的一部分原因是企业缺乏相关方面管理教育，所以对企业员工的行贿行为，企业并非完全没有责任，反而是合规制度不到位的表现。针对此漏洞，应当将企业的过错推定责任修改为无过错责任。也就是说无论企业是否存在过错，企业员工的行贿行为是否为了为企业谋取交易机会和利润，只要实施了贿赂行为，企业就应当承担相应责任。此种责任原则相比于过错推定原则，更能够促使企业合规经营，防止与员工合谋逃避法律责任现象的出现。此项制度构建的法理基础在于雇主对雇员职务侵权行为的无过错责任员工，员工的行贿行为也是职务行为的一种，便自然可以适用无过错责任。当然，针对企业对员工行贿行为真的不知情的情况，可以允许企业拥有承担责任后向员工追偿的权利。

2. 提高公众参与治理商业贿赂的积极性，建立举报人奖励和保护制度

对商业贿赂行为进行打击的难点不仅在于高昂的执法成本，更在于较强的行为隐蔽性，行政执法机关难以发现以秘密方式进行的商业贿赂行为。而与行政执法机关相比，社会公众的接触面更广、更密切，具有较强优势，能够帮助营造诚信、积极向上的市场环境，没有社会公众积极参与治理，执行效果会大打折扣。《美国虚假索

取法》有一项极具特色的制度，即"公益私人诉讼"制度，私人代表可以代表国家向违法者提起民事诉讼，并获取赔偿中的一定报酬。此项制度可以提高商业贿赂行为知情者的热情，使其积极揭发商业贿赂行为，对相关者提起诉讼后，能获得赔偿金的 15%—30% 的奖励金。由于此项制度规定的是惩罚性赔偿，法律责任十分严厉，商业贿赂行为主体需要赔偿国家 3 倍损失的高额赔偿金，从而能够较好地促使企业加强自身的合规建设。此外，《联合国反腐败公约》也呼吁各缔约国采取有效措施吸收公众参与到反商业贿赂的斗争中去。我国可以对举报人实施奖励和无罪制度，增加法律鼓励条款。具体来说包括两方面的内容：一方面是有关机关要从国家、社会、企业各个层面对举报人的身份进行严格保密，防止举报人遭到打击报复；另一方面是无论是行贿者、受贿者还是知情人，只要进行举报，就可以免于刑事或行政责任，且可以获得举报贿赂金额相应比例的奖励。

3. 制定专门法并对相关内容进行完善

有关部门制定一部预防和惩治商业贿赂的专门法，应体现综合治理、惩防并举、特殊犯罪特殊处理、慎重准确等原则，"将中国家庭财产申报制度、中国金融实名制度、中国遗产税与赠与税制度、中国公民信用保障号码制度等一系列科学的反腐败制度纳入我国防治商业贿赂领域最具权威性、专门性的法律框架之内，不仅便于执法机关执法操作，同时便于震慑腐败分子"[①]。同时，立法的覆盖面应当扩大：西方发达国家在反商业贿赂方面的立法上呈现出规定具体、操作性强、注重事前预防等特点，我国则呈现出覆盖面小、立法分散、可操作性弱、较为滞后、轻预防而重惩治等特点。所以，我国应当提高相关法律制度的可操作性和系统性，扩大适用范围的覆盖面，在立法体系的建设上以预防为主的同时兼顾惩罚。同时在

① 王明高：《遏制商业贿赂蔓延的立法借鉴》，《人民论坛》2015 年第 7 期。

专门法中应当进行以下几点优化。第一，针对刑法和经济法衔接不当问题，可以将刑法与经济法交叉规制的惩治方法调整为专门化的惩治方法，要么设置一个专门惩治商业贿赂的委员会，要么完全纳入刑法的调整范围。对于商业贿赂行为的手段，不能单纯认定为支付好处，而是无论何种手段，只要有利益关联，均可认定为商业贿赂。第二，在商业贿赂的主体规定上，不能仅仅限制于经营者，而是从事相关交易活动的任何人都可以成为商业贿赂的行为主体。第三，如今的商业贿赂行为愈加隐蔽、复杂，针对执法主体不明确的问题，可以成立一个专门的监管部门来治理商业贿赂行为，对商业贿赂进行灵活、弹性调整，加强治理的专门性、规范性，从而强化治理效果。

4. 加强惩处力度，提高违法成本

目前，会计违法行为的惩处力度仍然较轻，我国应当对会计法律制度进行不断完善。西方发达国家普遍采取刑事、民事处理同时进行、附加取消退休金等方式对商业贿赂行为进行惩治，惩治十分严格，且设有独立的反商业贿赂机构调查商业贿赂行为，防止受到外部人为因素的影响。较大的违法成本和完善的法律责任形式可以大大降低商业贿赂行为发生的频率。如对受贿、行贿、索贿等行为，日本除了没收非法所得、进行罚款以外，还要根据情节轻重判处监禁，最多达 7 年。而我国实践中，单位对于一次假账行为要承担的罚款是 10 万元左右，而企业员工做一次假账就可以为企业带来远大于 10 万元的利润，自己能获得的经济利益与工资相比也颇为丰厚。所以，大多数企业员工还是愿意冒这个风险进行违法违规行为的。我国应当提高会计制度的严厉程度，比如采取取消从事违法行为人员的会计从业资格等措施，从而督促相关人员履行义务，遵守行业规则。

5. 加强国际方面的商业贿赂协作

随着全球化趋势的进一步加强，在"一带一路"的背景之下，

我国应当加强国际方面的商业贿赂防治。目前，由于法律规制不统一、信息不流通等原因，以及不同国家在发展阶段、社会状况和法治模式上存在的差异，商业贿赂行为有了可以钻的漏洞，对此，应当进行国际合作，减少信息差，比如建立一个有关商业贿赂的国际信息共享平台，对商业贿赂行为进行公示和备案。另外，美英等国在反海外商业贿赂犯罪法律中，对跨国贿赂行为规定明确、惩处严厉。而我国的反商业贿赂立法缺乏对海外商业贿赂行为的规制，应借鉴美英等发达国家的经验，建立健全我国的反海外商业贿赂立法，维护我国的国际形象。全国人大常委会于 2005 年 10 月批准我国加入《联合国反腐败公约》。与《联合国反腐败公约》相比，我国的反商业贿赂立法还存在明显差距。例如，《联合国反腐败公约》明确要求，各缔约国要在预防性反腐败政策中体现法治、妥善管理公共事务和公共财产、廉政、透明度和问责制这些国际实践证明行之有效的反腐败原则。

6. 形成相关部门间处理商业贿赂行为的协作机制

在明确党委领导的前提下，公安、审计、纪检、工商、检察等部门之间应当根据自己的职能分工进行协商和交流，"建立信息通报、线索移送、案件协查和联席会议机制，明确案件移送的标准及责任，做到各司其职，各尽其责，形成齐抓共管，合力打击商业贿赂的态势，维护市场秩序"[①]。相关部门之间应当形成处理商业贿赂行为的协作机制。同时，行业协会可以根据相关行业规则对商业贿赂行为进行监督和揭露，制定定时、定点、定量的财务报表抽检、披露信息审核计划。此外，政府应当转化职能，对市场管理秉持可持续发展理念，积极促进市场公平竞争，在观察市场态势的同时，总结规律、提出措施提高市场活跃程度，同时应当贯彻政企分开原

---

① 孙钟超、王广娜：《从经济法角度论商业贿赂》，《山西省政法管理干部学院学报》，2012 年第 3 期。

则，清楚认知到自己的职能范围，不得越权干涉，要实现职能转化，从而推进对商业贿赂行为的治理。

六、结语

商业贿赂行为对于优化营商环境来说是一大阻力，对于公平的市场竞争秩序来说也极为不利，所以，如何预防和治理商业贿赂行为就成为了亟待解决的一大难题。与海外国家相比，我国对于商业贿赂的治理还不够完善，存在许多问题，需要从国家和企业两个层面进行完善。从国家层面来说，必须制定和完善科学、合理、严格的法律法规，避免不法经营者逃避法律制裁，完善的法律法规也是企业合规经营的指引；从企业层面来说，建立完善的合规制度是治理商业贿赂的重要条件。

参考文献

[1]丁茂中.《反不正当竞争法》对商业贿赂规定修订的得失[J].中国市场监管研究,2018(1):34-37.

[2]徐春阳.商业贿赂的经济法思考[J].商业经济研究,2015(30):116-117.

[3]姜明安.深圳反贿赂机制和制度的重要创新[J].人民论坛,2017(21):112-113.

[4]孔颖琳.《反不正当竞争法》中商业贿赂域外适用讨论[J].哈尔滨师范大学社会科学学报,2019,10(3):64-68.

[5]王建敏.比较法视野下商业贿赂治理立法研究[J].法学论坛,2010,25(6):124-129.

[6]孙钟超,王广娜.从经济法角度论商业贿赂[J].山西省政法管理干部学院学报,2012,25(3):22-24.

[7]王明高.遏制商业贿赂蔓延的立法借鉴[J].人民论坛,2015(7):27-28.

[8]王清.反商业贿赂立法的国际经验及其启示[J].武警学院学报，2010,26(9):42-45.

[9]李剑.反思"雪花"啤酒案商业贿赂本质的误读[J].上海财经大学学报.2009,11(3):34-41.

[10]孔祥俊.论新修订《反不正当竞争法》的时代精神[J].东方法学，2018(1):64-80.

[11]徐磊，蔡丽辉.美国反商业贿赂控防实践及启示[J].人民论坛，2014(34):233-235.

[12]孙百昌.浅析新《反不正当竞争法》中的商业贿赂[J].中国市场监管研究,2018(3):47-50.

[13]黄伟丰.商业贿赂治理的法律框架研究[J].中国市场监管研究,2016(1):57-59.

[14]王达坡.我国商业贿赂经济法治理研究[J].北方经贸,2019(9):64-65.

[15]庄德水.我国治理商业贿赂法律体系的现状及其立法建议——以《联合国反腐败公约》为参照[J].求实,2007(3):61-65.

[16]陈琦.新时期商业银行合规文化建设研究[J].浙江金融,2013(11):45-47.

[17]赵宏瑞.新时期以合规文化建设规范企业商业贿赂治理的逻辑与路径[J].南京财经大学学报,2020(2):8-17.

[18]赵宏瑞,刘伟.刑事合规与商业贿赂治理：内涵、功能与理论基础[J].社会科学家,2021(3):128-132.

[19]钟磊.优化营商环境视角下我国商业贿赂法律规制探讨[D].上海华东政法大学,2020.

[20]杨力.中国企业合规的风险点、变化曲线与挑战应对[J].政法论丛,2017(2):3-16.

[21]陈瑞华.企业合规制度的三个维度——比较法视野下的分析[J].比较法研究,2019(3):61-77.

[22]陈瑞华.有效合规管理的两种模式[J].法制与社会发展,2022(1):5-24.

[23]陈瑞华.中兴公司的专项合规计划[J]中国律师,2020(2):87-90.

[24]华东师范大学企业合规研究中心.企业合规讲义[M].北京:中国法制出版社,2018.

[25]程宝库.商业贿赂全球治理的立法与实践[M].北京:法律出版社,2006.

[26]彭阳春.治理商业贿赂问题解答与案例点评[M].北京:法律出版社，2006.

[27] NICHOLS P M. The Business Case for Complying with Bribery Laws [J]. American Business Law Journal, 2012, 49(2):325-368.

[28] ZHOU J Q, PENG M W. Does Bribery Help or Hurt Firm Growth around the World? [J]. Asia Pacific Journal of Management, 2012, 29(4):907-921.

以微信公众号运营增强高校廉洁文化教育成效的路径研究[①]

翁 浩 王雨晴[②]

摘 要：随着新媒体技术的普及和推广，越来越多的高校将微信公众号运营纳入纪检监察工作和日常廉政教育的重要平台，在助推全面从严治党建设上发挥一定的作用。然而，在实际运营中，相关微信公众号存在一些共性的难题，比如关注量低、互动性差、吸引力不足等。文章以部分浙江高校纪检微信公众号为研究样本，重点从运维理念和具体策略等方面提出对策和建议。

关键词：微信公众号；高校廉洁文化；教育成效

廉洁文化教育是高校纪检监察工作的重要环节，在贯彻落实立德树人根本任务过程中具有不可或缺的地位。在"微时代"的当下，新媒体为广大大学生提供了数量众多、使用便捷、内容精彩的信息交互平台，眼花缭乱的"微作品"以"润物细无声"的形式时刻影响着大学生的思想行为。当下很多高校开设了学校纪检微信公众号作为开展廉政传播教育的有效抓手和重要平台，在加强警示教育和

---

① 本文系 2021 年度清廉温州建设研究中心常规课题项目"'微时代'下以微信公众号增强高校廉洁文化教育成效的路径研究"（QLY2021006）的研究成果。
② 作者简介：翁浩，安徽六安人，硕士，温州大学讲师；王雨晴，河北唐山人，硕士研究生。

廉洁文化传播方面发挥重要作用的同时也存在一定的局限性，本文试从运维理念和操作策略两方面提出对策和建议。

一、微信公众号运用于高校廉洁文化教育的现状

根据相关数据统计，2022 年微信在全国的使用人数已经高达 13 亿，在国内所有社交平台上占据榜首。微信为用户提供了一个自由、平等的网络对话空间，在大学生群体中已然成为最基本的沟通工具。随着微信的普及，2012 年 8 月，华中科技大学开通了国内首个高校官方微信公众号。随后，其他高校纷纷效仿，创建本校的官方微信公众号，微信公众号的使用为高校以及各院系、行政部门日常工作、信息传播等发挥了重要作用。近几年来，高校纪检部门也纷纷开通了微信公众号，并将其作为开展党风廉政教育的重要平台，其运营目标主要是传播廉政要闻、公布重要案情、组织警示教育和廉洁教育等。

（一）微信公众号的优势

调查数据显示，96.48％的受访者将微信作为经常使用的社交工具，在使用微信的受访者中，关注微信公众号的受访者达 97.81％，高使用率主要是因为微信的功能和特性。

1. 微信公众号的主要功能

（1）消息推送。微信公众平台通过软件后台的用户分组和对用户地域位置的控制，来实现对微信公众平台消息的精准推送，微信用户就会接收到一些相关方面的推送信息。

（2）群发功能。用户数量较多的微信公众平台，如企业或学校，为了能够与所关注微信公众平台的用户进行消息互动与交流，就可以使用信息群发功能。对于用户而言，可以便捷地收到相关服务消息，并且信息保密程度高。

（3）自动回复。微信公众平台的自动回复功能有主动添加自

动回复、消息自动回复和关键词内容自动回复三种模式。其中，主动添加自动回复功能是微信公众平台管理人员在微信公众平台设置被动消息回复后，可以自动向关注用户发送针对即时消息已经设置好的回复。

此外，微信公众平台的开发模式可以提供服务接口，并自定义公众平台的"服务菜单""信息咨询""收发用户信息"等多个方面的使用功能。

2. 微信公众号的特性

目前，微信公众号已经成为绝大多数高校官方发声的重要平台。由于其迎合阅读习惯、用户关系平等、分享功能便捷等特点深受大学生的青睐。

（1）迎合阅读习惯

"微时代"下，信息传播的丰富性极大提高，大学生可以根据微信公众号等媒介自由选择学习内容，从而极大提高了学习兴趣和积极性。此外公众号推文的形式集图、文、视频、声音于一身，深受大学生喜爱，对大学生具有强大的亲和力与吸引力。在传播方式上，微信公众号是一对一的，未被阅读的信息会有一个红点收在订阅号的收藏夹里，而微博每天发布的信息不设限，容易被其他账号覆盖。另外微信公众号号基于强关系网传播，信息可信度较高，私密度也较高。

（2）用户关系平等

"微时代"下信息全方位传播，打破了传统自上而下的方式。在以微信公众号为代表的新媒体平台上，人人都可以发声，它采取点对点的传播形式，这在很大程度上促使了双向互动，微信用户之间的关系相对平等，交流起来更加顺畅。加上微信公众平台的智能自动回复，有助于缩小高校廉政文化宣传者与高校学生之间的距离、提升增强高校廉洁文化教育成效。在微信公众号中，群发推送是基础功能，由公众号单方面向用户推送消息。再就是自动回复，如果用户浏览相关信息时想得到某一信息，可以在公众号中将有关的词语发送出去，此时公众号就会自动回复消息。

（3）分享功能便捷

一般微信公众号平台每天发布 1-2 条"精选"信息，引起使用者关注与兴趣后，更多内容则是由使用者主动发掘、主动分享。据统计，公众号推文的点击量有大约15%来自用户的"朋友圈分享"，它的传播最终表现为由面向点传播，点迅速扩散成面的传播方式。另外，微信的信息推送几乎是瞬时同步完成的，受众接收信息没有时间差，这也保证了信息传递的及时，避免了中间环节的误导、加工和丢失。

（二）高校纪检类微信公众号的现状

高校纪检类微信公众号主要发挥的是学校纪检监察领域"官宣"和党风廉政宣传教育的功能。与高校官微或者国家纪检部门官微相比，高校纪检部门的微信公众号的社会关注度和影响力普遍较弱，基本上都处于"默默无闻"的运营状态中。既没有形成矩阵规模，也没有形成黏度强的用户群体，也没有打造出特别突出的个体。如温州大学的纪检监察公众号"清廉温大"，自上线以来定期发布纪检监察动态、党风廉政建设、反腐败工作资讯；宣传党中央、中纪委和学校党委全面从严治党的新部署、新要求、新举措；解读党内法规、政策规定。它的用户群体主要是二级单位党组织的纪委书记和纪委委员。

笔者通过微信搜索关键字"清廉＋高校名称缩写"或"高校缩写＋清风"等，共找到浙江省内高校 10 个样本："清廉杭师大"（杭州师范学院）、"清廉浙传"（浙江传媒学院）、"浙财清风"（浙江财经大学）、"清廉浙中"（浙江中医药大学）、"清廉温理工"（温州理工学院）、"清廉宁大"（宁波大学）、"清廉海大"（浙江海洋大学）、"清廉浙大"（浙江大学）、"清廉温医大"（温州医科大学）、"清廉浙旅"（浙江旅游职业学院）。根据调查，10 所高校中，最早注册的公众号"清廉宁大"和"清廉浙传"于 2017 年创立，"清廉杭师大"于 2018 年创立，"清廉温理工"于 2019 年创立，剩余样本都是在 2020 年后创立。

1.数量情况（图 1）。双一流且 985、211 高校 1 所（浙江大学），双一流高校 1 所（宁波大学），省部共建高校 4 所（浙江传媒学院、浙江旅游职业学院、温州医科大学、浙江海洋大学），省重点建设高校 3 所（浙江财经大学、浙江中医药大学、杭州师范大学），全日制普通本科院校 1 所（温州理工学院）。

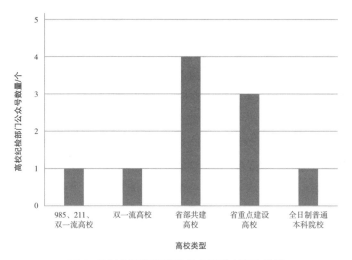

图 1　高校纪检部门微信公众号样本高校类型

2.命名情况（图 2）。高校纪检部门微信公众号的命名和地方各级纪委监委微信公众命名情况相似，整体并不统一，形成了几大类型，既有"高校名称 + 清风"的清风型，如"浙财清风"（浙江财经大学）；还有"清廉 + 高校名称"的清廉型，如"清廉宁大"（宁波大学）、"清廉海大"（浙江海洋大学）。根据此次 10 个样本统计分析，清风型有 1 个，清廉型有 9 个。

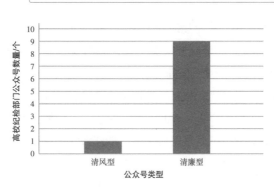

图 2　高校纪检部门微信公众号样本命名情况

3. 发布情况（图 3）。2021 年 10 月—2022 年 4 月，样本高校纪检公众号发布的推文情况如下：

"清廉杭师大"发布 44 篇（2 篇校内原创，42 篇校外转载）；设置"清风吟""莲心源""阳光下"等 3 个窗口，未提供在线举报服务。

"清廉浙传"共 66 篇（19 篇校内原创，25 篇校外转载）；设置"清风颜品""廉政动态"等 2 个窗口，未提供在线举报服务。

"浙财清风"共 132 篇（65 篇校内原创，67 篇校外转载）；设置"品学倡廉""清廉浙财""微信矩阵"等 3 个窗口，未提供在线举报服务。

"清廉浙中"共 85 篇（36 篇校内原创，包括学校下的医院，49 篇校外转载）；设置"清廉资讯""清廉浙中""信访举报"等 3 个窗口，并提供在线举报服务。

"清廉温理工"共 100 篇（3 篇校内原创，97 篇校外转载）；设置"在线举报""往期回顾""联系我们"等 3 个窗口，并提供在线举报服务。

"清廉宁大"共 48 篇（9 篇校内原创，39 篇校外转载）；未设置窗口。

"清廉海大"共 13 篇（13 篇校内原创）；未设置窗口。

"清廉浙大"共 24 篇（3 篇校内原创，21 篇校外转载）；未设置窗口。

"清廉温医大"共 167 篇（80 篇校内原创，87 篇校外转载）；设置"廉政要闻""警示教育""在线举报"等 3 个窗口，并提供在线举报服务。

"清廉浙旅"共 120 篇（9 篇校内原创，87 篇校外转载）；设置"旅院清风""肃纪守廉""网上举报"等 3 个窗口，提供在线举报服务。

调查发现，各高校纪检部门的微信公众号的功能主要定位于廉情通报、警示教育等。大多数监督举报菜单只是提供了监督举报方式，并不提供微信直接举报功能。10 个微信公众号中，有 7 个设置菜单栏，其中 4 所高校提供举报途径。而在这 4 个有举报途径的高校纪检微信公众号中，有 2 个仅提供电话号码以及信访邮件地址（"清廉浙旅"和"清廉浙中"），另外 2 个则以问卷形式受理在线举报（"清廉温医大"和"清廉温理工"）。

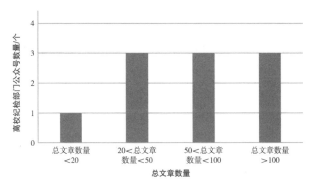

图 3　高校纪检部门微信公众号样本发文数量

4. 原创数量（图 4）。各高校纪检部门微信公众号发布的内容大同小异，其中原创作品普遍较少，多数为转发中央纪委国家监委网站微信公众号发布的内容或者转发省级纪委监委微信公众号发布的内容。

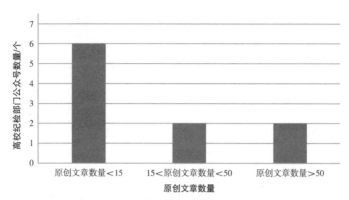

图 4 高校纪检部门微信公众号样本原创数量

原创文章是微信公众号的重要内容，也是考察微信公众号吸引力的硬指标，一个微信公众号如果只是简单地转载文章，那么必定是缺乏价值的。调查发现，除了"清廉海大"主要发布学校关于廉政活动的情况，其余公众号都是以转载警示教育文章和学校开展廉洁活动相结合。在近半年的时间里，10 所高校中只有 4 篇推文的阅读量达到 1000 以上（表1），其中阅读量最多的一篇是由"浙财清风"发表的"引以为戒！高校疫情防控最新警示案例"（非原创），阅读量达 6750。

表 1 高校纪检部门微信公众号样本阅读量情况

公众号名称	文章名称	阅读量（人次）	性质
清廉温医大	@温医大学子 第六届全国大中小学生廉洁文化书法创作大赛来了！	1520	非原创
清廉杭师大	关于做好五一、端午期间正风肃纪工作的通知	63	非原创
清廉浙传	深入落实全面从严治党 持续推进"清廉浙传"建设——我校召开 2022 年全面从严治党推进"清廉浙传"建设工作会议	300	原创

公众号名称	文章名称	阅读量（人次）	性质
浙财清风	引以为戒！高校疫情防控最新警示案例	6750	非原创
清廉浙中	引以为戒！高校疫情防控最新警示案例	5892	非原创
清廉温理工	学两会精神、扬廉洁清风｜廉洁教育主题演讲比赛	52	原创
清廉宁大	中共浙江省纪委通报 10 起违反中央八项规定精神问题	248	非原创
清廉海大	深化清廉教育，筑牢思想防线——食药学院食品科学与工程学科党支部扎实开展廉政主题系列教育活动	62	原创
清廉浙大	《中国纪检监察报》头版头条刊文：《中管高校纪检监察机构立足抓常治长 监督推动师德师风整治落实落细》	289	非原创
清廉浙旅	【警示教育】"榜样"的坠落——台州市人大常委会原党组成员、副主任陈祥荣严重违纪违法案剖析	1012	非原创

二、当下高校纪检部门微信公众号运营中存在的问题

通过对标中央和省级纪检监察政务微信公众号，以及一些创办时间较长、影响力较大的高校纪检监察微信公众号，如同济大学"风清同济"、华中师范大学"廉洁华大"等平台，笔者发现地方高校纪检监察微信公众号从内容创作到运营维护都存在一些共性突出的问题。

（一）受众面狭窄，影响力有限

微信公众号的活力很大程度上反映在吸引用户关注的数量上，关注的用户越多，公众号的生命力就越强。样本调查数据显示，大

多数高校纪检类微信公众号的粉丝数都低于1000，相比各高校官方微信公众号，纪检监察类的微信公众号的关注群体偏少，有的地方高校纪检监察微信公众号创办以后甚至变成了"僵尸号"，没有定期及时更新，创办以后还有许多党员领导干部和教师不知道微信公众号的存在。鉴于一个高校动辄上万人的师生人数，几百人甚至更少的粉丝数量，与师生人数规模不成比例，影响力有限。究其原因，主要在于相关部门对于该类公众号的作用认识不充分，重视度不高，对新媒体的传播规律把握不足等。

（二）缺乏原创作品，阅读量低

新媒体传播规律的核心是"内容为王"，传播内容是吸引受众的最主要因素。当前高校纪检部门微信公众号内容建设上存在比较突出的问题就是缺乏原创、形式单一、吸引力不足。目前，高校纪检监察公众号基本以传播党的理论、发布校内外纪检要闻等为主要内容，不少高校都是通过直接转载中央纪委国家监委网站微信公众号的信息来维持日常运营，有的高校将校园网上的党风廉政类新闻信息直接搬到微信公众号上，内容和形式上都缺乏原创。如果不立足于原创，单纯依靠转载发布，就会逐渐丧失微信公众号的存在价值，对于转载的内容，用户大多会选择略过，或者直接关注相关的原创微信公众号。作品缺乏吸引力造成的最直接的结果就是阅读量低，达不到廉政教育的目的，久而久之，微信公众号发布的内容就成了"谁写谁看，谁看谁写"。

（三）服务功能有限，设计开发不全

微信不仅方便了大学生的沟通与交流，为大学生的生活提供了更多的乐趣，并且一定程度上丰富了大学生的学习资源。除了提供资讯以外，提供线上服务是微信公众号的重要功能，也是提高客户黏性的重要手段。调查发现，很少有地方高校的纪检监察部门对微信平台功能作深度开发利用，纪检监察微信公众号主要用于廉政宣传。有的高校虽然在公众号上提供联系电话和电子邮箱，但只是将举报信访的途径公布在公众号相关菜单上，并没有提供直接的掌上服务。只有实现系统完善、功能强大、便民利民，才可最大限度地释放出政务新媒体的最优效率。

（四）专业人才匮乏，缺少团队建设

新媒体行业具有一定的专业性，高质量的公众号推文对于软文编辑、图片特效处理、视频剪辑、动画制作等要求较高。然而高校纪检监察部门对微信公众号的运营多采用本部门直接管理，由纪检监察干部和学生兼职完成创作、发布、维护的全过程。具体管理人员由于日常本职工作繁忙，对微信公众号投入的精力较少，而且对新媒体技术创新手段运用并不充分，因而在微信公众号的运营水平上相对滞后，加上由于专业限制，具体管理者对于受众阅读喜好研究不深，并没有积极迎合读者的阅读习惯，在选题、素材处理等方面缺少精益求精的打磨，造成用户黏度不高。调查发现，大多数高校纪检部门的微信公众号推文的主要形式为纯文字或文字加图片形式，相对于新媒体可容纳图文、音频、视频等各类载体的特点，显得尤为单调，此外推送时除主题内容外，编辑与受众的互动交流性语言较少，整体显得较为严肃，容易使受众产生距离感。

三、增强微信公众号廉洁教育成效的路径

习近平总书记在党的新闻舆论工作座谈会上强调，随着形势发展，党的新闻舆论工作必须创新理念、内容、体裁、形式、方法、手段、业态、体制、机制，增强针对性和实效性。新时代，以微信公众号为代表的新媒体在高校纪检监察工作中的应用，对高校纪检监察工作而言，既是一种机遇，又是一种挑战。微信公众号的有效运营可以放大全面从严治党、反腐倡廉工作的声音，展现学校党员干部克己奉公、踔厉奋发的精神面貌，提高对广大师生接受廉政教育的效果。微信公众号运营已经不是要不要做的问题，而是怎样做

好的问题。

（一）运营新媒体需要树立的理念

1. 坚持用户至上，克服以我为中心理念

高校纪检监察部门的新媒体首先是服务于学校中心工作、服务党政大局、服务反腐倡廉核心工作的，在坚守这一理念不动摇的同时，还应该看到新媒体和传统媒体存在的显著区别，即用户至上的新媒体理念。这要求新媒体的运营者不能粗暴地把传统媒体上的信息照搬到新媒体上，而应当根据用户的阅读喜好、阅读习惯，在内容、形式、题材等方面进行技术处理并有所取舍，克服"以我为中心"的方式，而应更多地以用户为中心。只有真正做到以用户为中心，公众号才可能被用户长期关注，增加用户黏性，达到很好的运营效果。

2. 坚持推陈出新，避免落入俗套

新媒体的"新"不仅仅是区别于传统媒体的含义，它更主张积极运用新技术、新形式、新语言，尽其所能向用户提供全新的阅读体验，新媒体的发展进步、更新换代从未停止。作为纪检监察微信公众号的运营者，必须加强新思想、新技术、新理念的学习掌握，确保运营方式走在前列，只有保证了"新"的特征，才能保持较高的关注量、阅读量，进而形成影响力，实现思想引领的目标。

3. 坚持内容为王，重视信息深加工

新媒体的成败主要看内容的吸引力。如果是信息通报，就必须抓住信息发布的第一时间并保证权威性；如果是深度软文，则一定要有生动的案例和精美的排版，让内容饱满起来，避免呈现生硬的说教和言之无物。

4. 增强互动，加强服务功能的开发

新媒体独特的工具性属性要求它能够给用户提供多种便捷的服务，并实现运维者和用户的互动。优秀的微信公众号大多能给用户提供优质的服务，在读者留言区一般都有较为生动的互动形式。

（二）具体策略

1. 提高关注量，扩大覆盖率

新媒体做大做强的基础是保持较大规模的粉丝群体。高校纪检微信公众号的受众主要包括全校普通师生党员、"关键少数"党员干部、校内纪检条线同仁。高校可以利用线上线下多渠道向师生群体推介微信公众账号，利用微信公众号嵌入的相关服务增加公众号吸引力。此外，作为学校纪委的官微，还应当发挥政治功能和组织功能。对于师生党员，学校纪检部门可以和组织部门联合扩大宣传，在师生党员群体中广泛宣传，引导他们关注；对于校内纪检条线人员，如二级纪委书记、支部纪检委员等，则应要求他们必须关注；对其他党政机关的负责人，要号召他们主动关注。同时，在一些关键时间节点，针对固定人群特别是党员干部，要按时发布重要信息、开展廉政教育、做好廉政宣传。

无论传播形式如何变化，优质内容始终是保持微信公众号良好发展的原动力，微信公众号的运营并不是简单地对相关文章进行"二次搬运"，而是需要运营者掌握并分析读者的阅读偏好，灵活采用话语修饰、多元素融合等策略对原文进行深度加工。只有保证了内容才能维持运营并不断增加关注量。

2. 专注内容生产，增强线上互动

聚焦主责主业的同时打造学校特色。作为全面从严治党、党风廉政建设和反腐败斗争的信息发布、政策宣传、激发教育、舆论引导的宣传阵地，高校纪检微信公众号要始终聚焦主责主业，把传播正风肃纪反腐正能量作为工作的主要内容，同时结合学校实际打造自身特色。

一是要紧扣中央纪委全会、高校巡视等重要事件，围绕重点及时推出具有高校特色的相关报道。

二是充分用好校内外案件资源，加大典型案件通报的曝光力度，营造"强高压、长震慑"的氛围。

三是注重内容的表现形式。对于大段文字必须进行提炼，并灵活运用音视频等多种手段发布信息，特别是要加强对短视频、动图的运用。

四是立足原创，谨慎转发。微信公众号的内容应该坚持立足原创，即使是上级的内容，也应该是消化理解后，结合学校实际再发布，而不能照抄照搬。如果长时间只是转发，不做原创，那么用户可能会取消关注。日常运维中应更多聚焦校内信息的采集和深度挖掘，实现微信公众号的内容接地气，如征集廉政公益广告作品，把优秀的廉政作品以广告、短视频、动漫、H5等多种形式在微信公众号上进行展播，这样既有利于提高高校纪检监察微信公众号在师生中的知名度，也能较好地提高师生的参与度。

3. 建设专业团队，挖掘平台功能

校园新媒体运维需要专业团队共同协作、定期更新才能保持长久吸引力。高校纪检部门不同于学校宣传部，在微信公众号的运营上缺乏专业性、技术性人员，同时纪检部门的工作量较大，很难再拨出专门人力去做微信公众号的日常运维工作。为克服专业力量薄弱的缺陷，高校可通过设立勤工助学岗位、建立新媒体社团组织等途径建立较为稳定的学生运维团队，具体负责日常平台的技术操作和维护，在相关领域教师的指导管理下，既保证微信公众号的功能定位，又较好体现校园新媒体贴近学生、形式活泼的特性。

高校还应积极引入校外专业新媒体建设成果，借助社会力量，定期开展平台功能的开发、设计、升级，例如根据实际需求在确保信息安全的前提下，嵌入在线举报、问卷调查、廉政知识竞答等小程序，充分实现纪检监察微信公众号平台的廉政宣传和育人功能。另外，高校纪检微信公众平台还可以充分挖掘校内相关领域专家资源，在公众号上开展廉政讲座、分享精品课件、展示廉政文化作品等。

　　高校在反腐倡廉建设中运用新媒体尚处于起步阶段，还存在很多不足和缺陷。进一步提高纪检部门微信公众号运营水平需要不断强化内容建设，提高运维水平，挖掘校内外资源，还要通过不断的创新表达，讲好全面从严治党故事。

参考文献

[1]张琰,吴宇轩."中央纪委国家监委网站"微信公众号：创新表达，讲好全面从严治党故事[J].传媒，2021(16):11-13.

[2]刘敏.中国共产党意识形态话语运行机制的逻辑架构[J].山东社会科学,2021(3):182-187.

[3]武志晨，吴利瑞.高校纪检部门微信公众号的运营现状及改进策略[J].廉政文化研究,2019(6):54-63.

[4]习近平.论党的宣传思想工作[M].北京：中央文献出版社,2020：383.

[5]刘红旗，杭育新.利用微信公众平台提升高校党风廉洁教育质量[J].廉政文化研究,2019(2):64-67.

[6]李亚青，王静.高校思想政治教育网络育人探究[J].学校党建与思想教育,2020(4):60-62.

[7]胡艺华.论习近平思想政治教育隐喻艺术及其方法论启示[J].理论月刊,2021(9):25-35.

[8]牙韩彰，周剑峰."互联网+"打通监督执纪"最后一公里"[J].当代广西,2019(15):21-22.

新时期温州清廉国企
建设研究[①]

倪　婧　张战仁　陈文芝[②]

人类政治文明史的主题，始终围绕对权力的争夺与控制展开。人类生活的本质在于社会性及公共性，人类生活要安宁幸福，离不开对经济社会公共权力的干预与控制。然而，对权力的运用需要一分为二辩证地去看待，权力的运用在造福我们的同时，也有可能对经济社会发展造成破坏。没有规制的权力，往往会导致让人不寒而栗的严重后果。如何把权力关进笼子、让权力的规制运行造福人类，不仅是人类社会面临的重大挑战，也是学术研究的永恒主题。

国有企业是国务院和地方人民政府分别代表国家履行出资人职责的国有独资企业、国有合资企业以及国有资本控股企业，包括中央和地方国有资产监督管理机构和其他部门所监管的企业本级及其逐级投资形成的企业。国有企业腐败的产生也是对国有企业组织权力运行的监督丧失所致。为形成不敢腐、不能腐、不想腐的国有企业组织运行的权力监督制度，近年来，不少国有企业以制约和监督权力运行为核心，不断完善相关制度。通过采取一系列有力举措，我国国企企业权力运行监督取得了新成效。

---

① 本文系清廉温州建设研究中心课题（QLY2021007）的研究成果。
② 作者简介：倪婧，浙江温州人，温州大学讲师，主要从事企业成长与管理研究；张战仁，江西上饶人，广东财经大学教授，主要从事创新管理与区域经济研究；陈文芝，浙江温州人，温州大学副教授，主要从事区域发展研究。

全球知名咨询公司麦肯锡最早提出了大数据时代的概念。麦肯锡称："数据已经渗透到当今每一个行业和业务职能领域，成为重要的生产因素。"进入 2012 年，大数据（Big Data）一词越来越多地被提及，人们用它来描述和定义信息爆炸时代产生的海量数据，并命名与之相关的技术发展与创新。2015 年 8 月，国务院正式发布《促进大数据发展行动纲要》，明确提出全面推进国家大数据发展和应用，加快建设数据强国。在我国全国各地推进大数据发展战略过程中，已经开始出现了大数据技术监督我国国企权力运行的成功案例。那么又该如何理解、解释这种新的权力监督技术？它背后是否可能蕴含着什么样的新理论元素？是否能从中挖掘、归纳出一般性理论？

清廉国企建设是清廉温州建设的重要组成部分，是温州国企领域落实全面从严治党的总抓手，是推进国企高质量发展的重要政治保证。2018 年以来，温州市纪委市监委派驻市国资委纪检监察组，围绕"清廉温州"建设的总体要求，持续打响"清廉国企"建设攻坚战，各市属国企纪委以实际行动响应"清廉国企"建设号召，有效维护了国资国企改革发展的良好环境，推动了清廉思想、清廉制度、清廉规则、清廉纪律、清廉文化全面融入企业经营发展。清廉国企建设既是一项系统工程，又是一项长期任务，涵盖经济社会发展的方方面面，需要各部门各单位凝智聚力、同心同行。

近年来，为认真贯彻落实浙江省委、省纪委及温州市委、市纪委数字化改革要求，温州国企紧扣省、市数字化改革工作的各项决策部署，加大了国企"公权监督、数字赋能"的数字化改革工作力度。推进国企公权的数字化监管已然成为温州清廉国企建设的重中之重。在温州国企探索推进国企公权大数据监督的过程中，温州全市国企公权智治化整体水平不断提高，尽管成绩斐然，但仍存在一些薄弱环节。为进一步提高政治站位，温州国企需在总结前阶段纪检监察数字化改革工作的基础上，进一步部署推进国企公权力大数据监督应用建设，温州国企公权监督的数字化改革工作已进入关键的破难攻坚阶段。由此，本文将以温州清廉国企的智治建设为例，对新时期温州清廉国企的建设展开系统研究。

一、温州国企公权监督与大数据技术应用的耦合

经济基础决定上层建筑，任何行为和事物都是在一定经济基础上存在和发展的。从组织机体与外部环境的关系看，组织机体与外部环境是相辅相成的。组织机体不是被动地适应外部环境，它本身就是环境的一部分，组织机体在个体和环境交界处按照环境条件来塑造自己。一个健康的国企组织权力系统，也是与外部环境相适宜的一种组织生态，必然与外部要素交换共生。

作为组织权力生态学的核心概念，组织权力生态本质上是一种关系系统，指组织权力系统内部各要素以及组织系统与外部各要素之间错综复杂而又相互关联的关系状态。按照组织权力生态的系统构成，组织权力生态主要强调两种关系形态及其有效建构，即组织权力系统内部各要素之间的权力关系结构状态，和组织权力系统与外部环境构成的关系结构状态。这两者对组织权力生态的影响并不完全等同。社会结构、经济发展水平、自然环境是外部结构因素，相较于这些外部结构因素，组织制度、权力结构、政治文化、行动主体的价值取向及行为方式等内部要素对组织生态的影响更为直接。这正是人们在讨论组织权力生态问题时产生不自觉偏向的重要原因。

组织权力生态对维护组织的正常运行作用巨大，组织都是在一定组织权力生态下运行的。由一定的组织权力生态及其衍生而来的组织权力风气，对组织的形成、巩固和组织发展的基本形态具有深刻影响。

总体而言，一个成熟的国企权力管理及组织者往往会把良好的

组织权力生态构建当作提高组织效率、促进组织发展的重要战略手段。然而，组织权力生态的形成及稳定并不是一成不变的，它极易受到外部因素的影响，须要组织权力管理者适时而动、适性而为。

为推动组织权力生态有效建构，监测预警是基础性环节。这种基础性环节主要体现在两个方面。一是对组织的运营情况进行监测；二是对组织运行存在的瑕疵进行修复。监测是条件和前提，修复则是建立在对组织运营情况准确了解的基础之上。国企公权监督的组织权力生态监测预警需要借助一定的技术支撑。在电子信息技术加速发展的今天，这个技术支撑就是大数据。按照目前通行的看法，大数据是具有超大规模、能快速流转且适时传递的数据流。它也是"无法在可容忍的时间内用传统 IT 技术和软硬件工具对其进行采集、存储、管理和分析的数据集合"引用。作为观察组织权力现象与组织权力系统内外各要素交互关系的重要介质，大数据技术从客观呈现、适时监测和提前预警三个方面，为组织权力生态系统的自我净化提供了足够科学的技术支撑。

首先，大数据可以对组织权力生态的当前总体状态进行客观再现，实现对组织权力生态运行"人过留痕、雁过留声"的无死角记录。由于数据的海量性，纷繁复杂的世界和错综复杂的事物在大数据形成之前，难以做到无死角的全记录，但借助电子信息技术，大数据系统可以以数据流或数据集合的形式，使对事物的全过程无痕记录成为可能。依托大数据，可以对组织权力生态中各要素之间的内在逻辑和因果关系进行准确分析和记录，并在此基础上为用户提供有助于决策的参考意见。

其次，大数据对企业权力组织生态的监测还是动态的，纵向维度上，大数据还可以对企业权力组织生态的变动过程进行适时监测。组织权力生态由多个相互联系制约的结构因素复合形成，因为外部环境等的变化，组织权力生态本身不是一个不变的系统，而是一个变动不定的过程，因此对组织权力生态的监测除了关注组织权力某个时间节点的状况外，还要在纵向维度上树立动态变化的观点，对企业权力组织生态的变动过程进行适时监测。通过叠加多次数据流，大数据可以得出企业权力组织生态在各个时间段内的行动轨迹曲线结果，做到对企业权力组织生态的全过程动态监督。

最后，大数据还可以发挥对国企组织权力生态异常变化的预警作用。应用大数据全过程记录监督外，还可以发挥大数据的智慧运算效果，对异化的组织权力生态迅速作出提前预警。

总体而言，大数据对组织权力生态的监督作用是多方面的、综合的和系统的。运用大数据技术，可对一个地区或一个系统的权力生态进行记录监测，这是大数据智能运用的一个表现。通过复杂算法，大数据还可以提前预警组织权力运行的恶化情况，把权力运行的恶化扼杀在苗头中，避免对组织权力生态造成过大损失。

二、温州国企公权监督智治现状

如前所述，大数据技术对国企公权监测预警具有显著的支撑作用。抓住这个有力支撑，必将对优化企业权力生态带来新的有力工具。温州市是浙江省第三极、长三角南大门城市，市内民营经济活跃、国有经济强韧。历经几轮整合重组，温州将市本级百余家低、小、散的国有企业整合形成 10 家市属国有企业的国资管理新格局，所属二级企业 133 家、三级及以下企业 152 家，共有员工 28000 余人，党的基层组织 389 个，党员 6417 名。2021 年 1—9 月，10 家市属国企累计实现营业收入 199.22 亿元，同比增长 16.81%；实现利润总额 4.95 亿元，同比增长 157.38%。国有经济的快速发展对国企公权监督提出了新的要求，为此，近年来温州市充分利用大数据，为国有企业公权生态"画像"预警，进而为优化国有企业公权监督贡献技术力量。总体上看，温州市国有企业公权监督数据赋能实践探索主要集中体现在五个方面。

一是温州国企公权监督的数字化改革共识不断凝聚。健全党和国家监督体系，是党的十九大的重要部署。推进公权力大数据监督，是一项贯彻中央要求、落实省委部署、回应现实需要的全方位深层次变革。近年来，温州市国企把数字化改革作为全面深化改革的总抓手，推动国企公权监督数字化改革的共识不断加强，已形成"一把手"领衔、班子带头、全员参与的良好氛围。温州市现代集团等已组建推动温州国企公权监督数字化改革的工作专班，尝试集中企业全部的力量推动温州市国企公权监督数字化改革任务的落实落地。发动全企业员工立足本职工作开展"头脑风暴"，构建监督场景，群策群力，为企业公权力大数据监督应用提供高能级的监督模型集群，已建立强化"一本账"统筹的管理机制。

二是温州国企公权监督数字化改革的基础建设不断完善。为对标落实浙江省委、省纪委的数字化改革要求，温州市国企公权监督数字化改革的基础建设不断完善，国企公权监督效能不断提升。通过数字化改革工作的深入推进，温州市城发集团所属资产公司等已初步形成"监督一屏掌控、管控一贯到底、数据一键获取、预警一有即出"的数字化"监管大脑"平台，已着力构建起覆盖事前、事中、事后的在线监督闭环。随着温州市国企公权监督数字化改革的基础建设的不断完善，以云计算、物联网、人工智能、区块链、数据中心等为核心的数字基建，通过平台、系统、数据、终端等综合性应用嵌入治理流程，可以快速提升部分温州市国企清廉建设智慧治理的效能。

三是温州国企公权力数字化监督改革的应用场景不断齐全。多跨场景应用是数字化改革牵一发动全身的重要抓手。被监督单位核心业务的数字化、场景化，是实现国企公权力大数据监督的前提和基础。按照时任浙江省委书记袁家军以多跨场景应用为抓手，推动公权监督数字化改革走深走实的指示精神，温州市国企不断提高政治站位，国企公权力数字化监督改革的应用场景不断齐全。温州市现代集团已成功探索走出了一条"小切口、大规划"的场景应用路径，城发集团所属数发集团、资产公司等国企已经形成了"一屏观天下、一数治全企"的监督智能治理格局。部分国企已实现权力事项全流程的场景线上运行，保证了温州市国企公权监督应用场景开发建设的可操作性及实用性。

四是温州国企公权力数字化监督改革的效果不断呈现。习近平总书记指出，监督是治理的内在要素，在管党治党、治国理政中具有重要地位。温州市现代集团、城发集团所属资产公司等国企的公权数字化监督能力得到了很大加强，具体表现如下：首先借助数字化手段，实现了监督过程的实时全覆盖，通过风险智能预警提示，最大限度压缩了暗箱操作空间，确保了温州市国企公权在阳光下运行，做到了信息的公开透明及业务的阳光监管；其次进一步提高了监督的精准性，提升了治理效能。对预警数据的归集、分析和研判，有利于温州市国企更快地发现高频问题，方便部分温州国企更有针对性地开展警示教育、约谈提醒、督导检查和案件查办，让监督执纪问责效能得以叠加放大；最后借助数字化手段，增强了监督的正向保护作用，通过公权行使全程留痕功能，在便于追责问责的同时，可更好为改革者负责、为担当者担当，让温州国企一线干部能卸下思想包袱，放开手脚、做好工作。

五是温州国企公权力数字化监督改革的创新力度不断加强。数字化改革是牵一发动全身的综合性集成改革。按照时任浙江省委书记袁家军以创新手段推动浙江省公权监督数字化改革的要求，温州市国企公权力数字化监督改革的创新力度不断加强，工作中亮点不断。温州市城发集团所属资产公司在国内首推租赁权网络竞拍模式；城发集团成为全省第三、全市首家国家级企业电子文件归档试点单位，企业电子文件归档与电子档案管理试点工作已顺利通过国家档案局专家验收，城发集团从业务、技术、功能三个层面着手，已实现电子档案管理多个创新，等等。温州市已迈出国企公权监督数字化改革的新步子,已全面实现国企公权监督流程的数字化改革创新。

三、温州国企公权监督智治问题及建议

推进公权力大数据监督是中国特色社会主义监督制度浙江实践的重要举措。通过目标化管理、专班化推进、节点化攻坚等有力举措,温州国企公权监督已成功启动了智治化方向的改革,温州国企公权监督改革已构建起具有温州市特色的国企公权大数据监督体系,数字基建已初具规模,为推进我国国企治理的现代化提供了"温州样本"。但由于起步不久,温州市国企公权监督数字化改革在摸着石头过河的过程中,因为工作侧重点的不同,也呈现出了一些问题,突出表现为数字基建的短视性。对国企公权监督的数字化改革,还处于相对前期的"雁过留声"的权力运行过程的数字再现阶段,重采集、轻利用。由于场景应用标准化推进工作的滞后,温州市各国企推动公权监督数字赋能改革工作的合力远未形成,基本都是一家企业一套数字平台系统,给温州市探索形成针对数字监督特点的、相对统一的权力监督过程添加了阻力。温州市城发集团所属的资产公司等国企仍同时采取线上、线下两种方式对公权力的运行展开监督,由于缺乏权力运行监督过程的再造,传统监督模式与新兴线上的监督模式尚未形成有机互补的功能结构,造成了监督资源的浪费。温州市国企公权监督的智治化改革需要继续在加强顶层设计、提高数据智能分析水平、加快线上监督的全面迭代升级及推动国企公权监督数字改革标准化运作等方面下功夫。

一是要构建"一杆到底"的顶层设计。国企监管对象具有点多面广、业态众多的特点,由于管理链条长,传统监督方式难以有效覆盖,对国企权力运行的监督急需数字化改革。温州市国企行政权力运行流程面临的数字化改革任务同样艰巨,但在现实的改革过程中,也将遭遇往自己身上割肉的改革阻力,权力的运行流程与

数据流动之间的关系频繁博弈，在信息化规划设计、智慧基础设施建设、智能治理标准体系、数据资源标准规范等方面缺乏统一的推进思路，很少有企业已构建推动国企公权监督数字改革的"一杆到底"的顶层设计，迫切需要形成企业领导一任接一任干、一茬接一茬抓的制度体系，保证公权监督全覆盖，不因人因事而变化，将公权监督智治化治理纳入制度化建设轨道。温州市城发集团所属资产公司等国企公权监督的数字化改革已实现从1.0到2.0的转变，调研企业中，只有现代集团对国企公权监督的数字化改革有前瞻性的谋划，大多企业还处于一边干、一边学的前期摸索阶段。据浙江省纪委的调查，由于缺少顶层设计，浙江省数字化改革推进项目的资金浪费问题比较突出。下一步温州市应将国企公权监督的智治化治理纳入制度化建设轨道，由市国资委协调推进国企公权监督数字化改革的信息化规划设计、智慧基础设施建设、智能治理标准体系构建、数据资源标准规范确定。温州市属国企在市国资委统一领导下，负责制定本企业的公权监督数字化改革发展规划，构建推动本企业公权监督数字化改革的"一杆到底"的顶层设计。温州市纪委、市监委驻市国资委纪检监察组对市属国企公权监督数字化改革一以贯之的执行情况进行监督。

二是要实现预警分析智能化。时任浙江省委书记袁家军在2021年4月20日召开的浙江省数字化改革第一次工作例会中，针对浙江省的数字化改革强调，下一阶段浙江省要以做实"三张清单"为抓手，打造最佳应用，加快形成实践成果。虽然温州市国企围绕国企公权力智慧监督进行了不少有益探索，也形成了系列实践成果，但普遍存在重开发、轻利用的问题，对数字监督的实际效果缺乏考量。温州市国企公权监督的数字化改革，重点仍放在督促推动公权力行使全生命周期在线运行、留痕可溯方面，保证公权运用监督的"有据可查、有源可溯"。按照时任浙江省委书记袁家军下一步数字化改革出实践成果、打造浙江省发展重要窗口期的指示精神，温州市国企在已完成对公权运行数据的全过程抓取基础上，下一步的工作重点应放在数据的深挖掘上，进一步提高对数字监督成本数据的利用效率及监督准确性，做到对数据留痕可查与数据智能分析运用的有机结合。建议由温州市国资委、温州市纪委牵头组建建立温州国企公权监督大数据监督实验室，负责数字监督的智能分析技术开发及推广。同时由温州市纪委市监委驻市国资委纪检监察组定期组织召开国企公权数字化监督经验交流会，及时总结和推广温州市国企公权数字化监督的先进经验。

三是要实现传统监督方式自线下到线上的有机迭代。习近平总书记在中共中央政治局第三十四次集体学习时强调，数字技术正日益融入经济社会各领域全过程，我国需把握好数字经济发展趋势和规律。为推动对数字技术的应用，温州市国企公权监督的数字化改革存在两个极端模式：一种是线上对线下的完全取代式，希望在人员完全不干预的情况下，实现公权监督的完全自动化；另一种是线上与线下并行式，希望借以降低对关键业务数据的遗漏或遗失风险。权力监督的数字化改革，既不是对过往模式的简单复制，也不是对现有公权监督模式的完全取代。不仅线上与线下并行式会徒增监督成本，造成监督资源浪费，线上对线下的完全取代式也不可行，再强大的机器智能系统也只能起到辅助管理作用，不能实现完全的自动管理。鉴于线上与线下监督的互补作用，下一步温州市国企公权监督的数字化改革，一方面要进一步强化数字化手段对传统监督方式的升级迭代作用，探索数字赋能推动国企公权监督流程重塑；另一方面要探索推动国企公权监督数字化改革人机结合的最佳结合点，做到对国企公权监督的人机统一，推动传统监督方式自线下到线上的有机迭代。建议由温州市纪委组建的数字化改革专班，牵头指导温州市国企公权监督的顶层设计，市国资委组建的数字化改革专班负责制定国企公权监督线下到线上迭代的具体实施方案，各国企成立公权监督流程数字化重塑领导小组，负责具体落实。

四是要统筹资源实现数字监督的多跨协同。企业任何一个业务都不是孤立的存在，它们都有着前后环节的管理、监督，以及支付结算之间的相互关系。数字智能分析监督的一个重要手段是通过对比分析这些关系，精准发现问题。据对温州市现代集团的调研，技术设计人员普遍反映，二级部门在设计自己的场景应用时，都希望在技术开发中，能做到与自己关联的业务场景开发必须是最大程度的简单、自动，却很少考虑上级部门对该部门数据的质量要求，导致归口部门无法做到对企业二级部门数据的关联碰撞分析，温州市国企各业务场景应用统筹开发的力度不足。按照时任浙江省委书记袁家军在2021年5月10日召开的数字化改革多跨场景重大改革需求研讨会暨市委书记工作例会中提出的破除部门工作和业务壁垒，建立企业场景应用开发多跨项目统筹机制的要求，温州市各国企下一步应成立推动企业公权监督数字化改革的专职职能部门，其成员涵盖二级部门一线数字技术开发人员及纪检监察人员，由企业一把手直接领导。由该专职职能部门系统梳理纪检监察核心业务数据集成清单、数据资源清单、业务协同流程图、数据集成流程图等，推动国企业务应用系统从"多个端口""多个系统"向"一进一出""一屏掌控"转变，推动国企纪检监察各项工作系统互联、数据贯通，高标准落实国企公权监督整体智治综合应用建设各项任务。

五是要推动国企公权监督数字改革标准化运作。为响应全省公权力数据监督改革，温州市大部分市属国企均已部署推进公权力大数据监督应用建设，温州市国企公权力大数据监督实践探索初见成效。但由于业务内容及业务特性的不同，温州市国企公权监督的数字化改革尚未形成协同推进态势，往往一家企业一套数据平台，急需市国资委牵头建立温州国资数据中心，方便国企之间数据快速交换。随着国资数字化改革的推进，温州市国资大脑建设已经启动，据对城发集团的调研，温州市国资大脑的建设仍面临严重的数据体系标准不一的问题。因为数据标准的不统一，温州市国企业务监管数字与纪检监察监督数字的对接通道也尚未打通。后续要将纪检监察监督与业务监管数字化改革深度融合。建议由市国资委牵头，加快国资大脑建设，统一监督数据标准，推动国企纪检监察各项工作系统互联、数据贯通。由市纪委组织推动，在明确跨层级、跨部门、跨系统、跨领域协同事项的基础上，横向协同党内监督和行政、审计、财会、统计、群众等各类监督主体，纵向贯通住建、民政、市场监管、公安等部门信息系统，形成协同推进温州市国企公权监督数字化改革的工作格局。

四、总结

清廉国企建设既是一项系统工程，又是一项长期任务。新时期清廉国企建设应改变传统的权力监督方式，引入现代化的数字手段。温州作为长三角南大门城市，按照浙江省委关于"清廉浙江"建设的部署要求，近年来也加大了清廉国企建设的力度。温州国企普遍加大了权力监督的数字化改革力度，新时期温州清廉国企建设智治转型的特点明显。本文以温州清廉国企的智治建设为例，对新时期温州清廉国企的建设展开了系统研究。指明了数字赋能与温州清廉国企建设的天然联系，并对温州清廉国企建设取得的成绩及存在的问题展开了系统的调研分析，并指出了温州清廉国企建设智治转型下一步的重点。研究预期对新时期温州的清廉国企建设有较强的现实指导意义。

温州市"清廉小微企业园"建设的现状调查研究[①]

林 巍[②]

一、研究背景

为了深入贯彻落实习近平总书记考察浙江重要讲话精神，温州市委十二届十一次全会提出，要高标准打造清廉浙江示范区。温州市纪委始终牢记习近平总书记对温州"续写创新史"的殷殷嘱托，锚定争创社会主义现代化先行市的奋斗目标，以先行示范、走在前列的姿态和担当，协助党委充分发挥全面从严治党的引领保障作用，在"重要窗口"建设中奋力打造一批具有温州特质、温州辨识度的标志性清廉建设成果。

小微企业园是小微企业创业的摇篮，是"清廉温州"建设过程中的重要建设单元。市纪委监委、市纪委监委派驻市人大纪检组、市经信局，于 2021 年 5 月 17 日召开全市"清廉小微企业园"建设部署会，以小微企业园"十条刚性措施"为引领，深化清廉民企建设系列举措，推动小微企业园"四大清廉机制"建设，即"清正高效的运营机制、亲清完善的服务机制、清新活力的文化机制、清明严格的监督机制"，进一步提升小微企业园运行规范度、服务满意度、

---

① 本文系清廉温州建设研究中心课题"加强小微企业园建设管理领域廉洁风险防控研究"（QLY2021008）、国家社科基金一般项目"空间集聚视角下的小微企业高质量发展的治理机制研究"（19BGL271）的研究成果。
② 作者简介：林巍，浙江平阳人，博士，温州商学院副教授。

文化引领度、管理公信度，并积极推进第一批 16 个试点园区创建。争取在 2023 年前实现"清廉小微企业园"全覆盖，助力小微企业园高质量发展。

二、建设现状

2021 年 8-9 月，温州市纪委监委派驻市人大纪检组会同市经信局分组，对全市各县市区、产业集聚区的小微企业园进行了督查调研。通过汇报交流、实地考察、企业家座谈等多种方式，重点督查各地"十条刚性举措"落实情况、"清廉小微企业园"长效机制落实情况、试点建设情况。

（一）十条刚性举措基本落实

各地区有关部门高度重视针对前期督查过程中暴露出的双合同管理、企业入园把关不严、转租现象普遍、配套设施和服务不完备等主要问题，及时召开小微园专项整治部署动员会并制定行动方案，对巡察中发现的问题逐一开展整治。通过自查和督查等方式，摸排安全生产、运营管理、公共配套等各类问题 387 处，完成整治 3250 处，整治率达到 95.96%。同时，进一步严格入驻企业合同履约监管，要求所有入园企业都要落实合同管理，规范企业厂房流转。从本次督查的情况来看，十条刚性举措的落实情况较好。

（二）清廉长效机制逐步形成

根据全市"清廉小微企业园"建设部署会的要求，各县市区优选了部分园区作为试点开展建设工作，全市共确立 16 家小微企业园作为清廉园区首批创建试点。在当地纪委和经信部门的指导下，各试点园区紧密围绕现有运营机制是否高效、服务机制是否完善、文化机制是否形成和监督机制是否严格四个方面，园区面貌发生了明显改观，逐步建立起具有本地区特色的清廉长效机制和做法。如龙港市专门将"清廉小微企业园"建设纳入当地考核指标进行规范引导；苍南县纪委会同县经信局、苍南工业园区，共同开展本地区全域清廉创建工作。

（三）清廉建设氛围日益浓厚

温州市纪委监委派驻市人大纪检组和市经信局坚持构建健康稳定的亲清政商关系，通过督促指导，用文化引领运营机构不断提升园区的清廉建设氛围。一方面，首批各试点园区在"清廉小微企业园"建设中，严守廉洁自律，坚持"标本兼治、惩防并举"，形式多样地开展了宣教倡廉、制度保廉、共建倡廉、监督促廉工作，形成廉洁园区全覆盖；另一方面，在本次督查调研中，试点园区均已落实了清廉建设的专属场地，绝大部分的装修方案已经确定并开展了前期的装修工作，至 2021 年年底，绝大部分试点园区装修工作完成，"清廉小微企业园"建设氛围由点到面的发展态势良好。

三、开发模式比较

温州市是浙江省最先启动小微企业园开发建设的地区。全市规划建设小微企业园 171 个，竣工认定 101 个，以五种开发模式为主，分别是政府主导开发模式、工业地产开发模式、企业联合开发模式、龙头企业开发模式和村集体开发模式。不同开发模式的开发主体目标、开发流程、运营效果、配套服务等方面均存在明显差异。下面分别对五种开发模式的开发流程及优缺点进行比较分析。

（一）政府主导开发模式

该模式下，地方政府通过国有投资公司以公开方式取得土地使用权，用地成本、建设费用委托有资质的中介机构统一核算。园区建成后，入驻企业须经政府筛选、审批，政府将厂房统一出售或出租给入驻企业。政府或其设立的国有公司将园区配套设施租赁给园区企业，享有租金收入，配套设施的运营管理由其直接管理或交由物业公司负责。

该模式具有以下优点。一是权威性强，开发建设速度快，成本易控制。政府牵头协调园区开发建设各个利益主体的关系，开发阶段受到的阻力小于市场开发主体，有利于保障园区的建设质量，有利于加快建设速度，控制建设成本。二是入园把关严，后期管理规范，服务较完备。该模式能够较好地把握产业准入，政府的各项产业政策可以得到有效贯彻，有利于政府平抑厂房价格，指导行业转型升级和园区后期管理，政府具备的社会资源能够给予小微企业较全面的服务。但是该模式对财政投入要求较高，使政府的财政负担加重，同时园区多以标准工业化厂房的形式建造，不能满足不同行业小微企业的多样化需求。

（二）工业地产开发模式

该模式是由开发商竞拍取得土地使用权后，采用带建设方案出让、限价销售的开发方式投资建设小微企业园。生产厂房、办公设施和生活服务设施分割出售或者出租给小微企业使用，产权登记参照商品房模式，由政府统一限定最高销售均价和最高销售价格。园区采用自主招商模式，由开发商组织招商团队进行自主招商，申请入园企业资料统一上报至所属地政府后审查入园。按照政府要求，开发商需要自持园区的非生产性用房，并由其出租给园区企业以获取租金收入，配套设施的运营由开发商委托机构直接管理。

工业地产开发模式由市场主体主导开发建设，可平衡政府和市场的信息不对称，厂房的设计分割更贴近小微企业的实际需求。同时开发与建设速度快，有利于减轻政府投资压力，激发社会投资活力。但经过调研后发现，该模式存在的问题较多。首先，园区开发照搬住宅预售政策，不符合产业招商实际。所沿用的房地产税收政策造成开发主体在建期间要缴纳城镇土地使用税和各类规费，销售期间要预征土地增值税，推高了厂房建造成本，小微企业要缴纳物业维修资金，房产税按厂房销售价格征收，小微企业负担较重。其次，开发商以销售厂房为主要盈利来源，易出现炒地皮、炒房产现象。园内企业存在私自出租、通过股权变更等手段转卖厂房的情况，同时由于缺乏厂房退出机制，低效企业的厂房无法回收，导致园区产业集聚度低。最后，园区的运营能力不足。开发商不具备产业园区的运营经验，管理能力欠缺，园区服务仅停留在提供物业服务的初级层面。部分开发商将自持配套设施以租代售，已从园区运营管理中完全退出。

（三）企业联合开发模式

该模式下，由同行业或者行业内上下游小微企业签订联合竞投协议，明确出资比例，设立联合体。联合体竞得土地使用权后，与国土部门签订土地使用权出让合同，并明确土地使用权分摊办法和成员地块占比。小微企业园实行统一规划、统一设计、统一建设。入驻企业在确定联合竞投协议前须经过当地政府的审核批准，不符合产业导向或者明令禁止的高污染、高耗能限制类企业不能入园。

企业联合开发模式的优点包括以下几点。一是园区内的规划布局贴近企业的实际需要。园区厂房的规划、设计、建设、功能配套上更符合本行业的实际需求，企业满意度高。二是开发建设成本实现企业共担。企业共同出资联合建设厂房、环保处理设施、职工宿舍、食堂以及文体中心等公共配套设施，共同分担前期规划建设阶段的各项费用，有效减轻了企业负担，有利于同行业企业相互抱团，保护产业链，发挥规模效益。但该模式在建设期间存在协调沟通难、建设进度慢的突出问题。由于企业诉求不同，业主委员会前期需要花费大量的时间进行反复协调，如果部分企业资金出现困难，对园区的建设进度会产生严重影响，导致该类型园区建设进度普遍缓慢。当园区建成投入使用后，部分企业对统一管理始终不配合，园区各项工作推进难度大。和工业地产开发模式类似，该模式的治理主体是业主委员会，因业主委员会不具备执法权，不能对业主的安全生产行为进行有效监督和管理，部分园区安全环保事故频发。

（四）龙头企业开发模式

该模式下，龙头企业利用自身闲置土地，按小微企业园的规划要求进行设计和审批，委托有资质的建设公司，投资建设小微企业园。建成后，在补缴出让金、按规定缴纳税费的前提下，可分割转让给上下游企业，解决了上下游小微企业缺乏发展空间的难题，形成了集中化、模块化、规模化并具备完整产业链的集聚平台。入驻企业名单首先由龙头企业进行前期审核，经当地政府确认后审批入园。

龙头企业开发模式有利于提高土地利用率，园区的产业集聚度高。龙头企业招引相关联的上下游优质企业入驻园区，保障了龙头企业供应链的安全，并有效降低了上下游企业的经营成本，有利于发挥龙头企业的示范引领作用，促进同行业和上下游小微企业协同集聚发展。但该模式也存在明显的缺陷，龙头企业前期对闲置用地进行改造，需要独自承担沉重的开发成本，资金压力较大。同时，龙头企业也不具备专业化运营小微企业园区的能力、经验和团队，较难为多个入驻企业提供完备的配套服务。

（五）村集体开发模式

该模式是由村集体牵头，利用本村现有的闲置土地或低效工业用地，投资开发建设小微企业园。项目投入使用后，首先由村集体对入驻企业进行前置审查，符合当地产业规划要求的企业交由当地乡镇主管部门审批入园。厂房和配套设施由村集体负责出租给入驻企业，日常园区的运营管理由村集体负责。

这类模式能给村集体带来稳定的租金收入，有利于调动村集体开发园区的积极性，园区新建的安全、环保、商务、文体等配套设施有利于改善村庄落后的发展面貌。但是，该模式同样存在明显的缺点。一是入园缺少把关，产业集聚度低。村集体在规划征用集体土地时会与村民产生利益冲突，园区建成后为了弥补村民利益，村集体未对企业入驻标准进行严格把关，"低散乱"企业入园后，造成园区产业混杂，安全隐患多。二是管理粗放，服务能力差。园区管理团队由村民组成,不具备专业的管理经验和能力,管理水平低,小微企业无法获得需要的各类服务。

综上所述,从小微企业园的开发阶段(前期规划和开发速度)、运营阶段(入园审核、主导产业明确与否、安全隐患、考核退出机制)、配套服务(配套设施、物业服务、产业服务、服务质量)三个方面,对现有的五种小微企业园开发模式的开发效率、运营效果和配套服务进行比较(表1)。结果显示,政府主导开发模式的园区优点突出,治理能力强,政策执行效果好。而工业地产、企业联合和村集体三类开发模式的运营管理及配套服务方面暴露的问题较多,后期治理的难度大。

表1　小微企业园开发模式比较

比较维度	开发模式	政府主导	工业地产	企业联合	龙头企业	村集体
开发阶段	前期规划	有	有	有	有	有
	开发速度	快	快	慢	快	慢
运营阶段	入园审核	严格	不严	严格	严格	不严
	主导产业	明确	不明	明确	明确	不明
	安全隐患	少	多	多	少	多
	退出机制	有	无	无	无	无
配套服务	配套设施	完备	有	有	有	无
	物业服务	有	有	有	有	有
	产业服务	有	无	无	有	无
	服务质量	好	一般	差	一般	差

四、主要问题

(一)相关部门重视程度不足

相关部门政治站位不够高,思想认识不够到位,没有将"清廉小微企业园"工作当成一项重要的政治任务,而是将其当作一项普通的工作任务来研究、部署和决策。牵头单位责任意识不强，未充分发挥牵头主抓和协调督促作用。在这次全市范围内的督查中发现，清廉园区建设工作多由各县市区经信部门负责牵头，个别县市区的纪委并未参加，在指导清廉园区建设方面配合度不高，导致部分县市区清廉园区建设工作开展进度缓慢，较大程度上影响了"清廉温州"建设工作的推进。

（二）刚性举措执行存在偏差

本次督查过程中，暴露出各县市区在"十条刚性举措"执行中存在偏差。如主管部门入园审核把关不严格，合同履约管理不到位，入园企业亩均产出低，税收贡献度不高等问题。在2020年专项整治中，全市累计补签完善入园合同3812家，但在此次督查中，仍有部分整治后新入驻的企业未落实双合同管理。在督查中还发现，部分园区公共配套不完善，个别园区公配设施违规出售，造成资源错配。如部分村集体建设小微企业园，受限于区位环境等条件限制，园区配套往往存在不足。此外，部分工业地产类园区存在后续企业股权转让、厂房出租难监管的问题。如经开区对园内企业出租管理无法做到有效监管，后续厂房流转、出租管理力度不够；如苍南、龙港等地，部分个别企业拥有多个产权证，后续私下股权转让监管难度大。

（三）园区企业配合程度不高

从本次督查中发现，温州市小微企业园区整体产业能级相对较低，集中在价值链下游的企业比例较高。存在"三多三少"现象，即微型企业多、规上企业少；企业数量多、优质企业少；生产传统初级产品的企业多、生产科技附加值高产品的企业少。小微园区内90%的企业为规下企业，该类型企业结构简单，以生产为主，管理人员较少，管理层次不高，非生产性的管理需求不高，企业负责人普遍缺少清廉文化建设的意识，导致在园区运营过程中配合度不高，有抵触行为。

（四）运营机构服务能级不高

在督查中发现，各县市区小微园的运营管理水平普遍不高，运营主体多为商业住宅类的物业公司。该类型机构仅负责园区公共区域的清洁、车行管理等基础的生活性服务工作，运营管理水平较低，缺乏企业培育、技术指导等较高层次的生产性服务能力。本文课题组在 2021 年 4 月对已投运的 91 个园区发放了问卷，调查结果显示，园区运营机构的主要收入来源依次为园区物业费、厂房租金和政府给予的奖励或补贴，其中物业费占比 63.74%，厂房租金收入占比 32.97%，政府奖励或补贴占比 26.37%。说明现有运营机构主要依赖厂房租金和物业费收入，其当前所提供的产业相关服务尚未形成合理的盈利模式，导致后期园区运营机构的服务能级不高（图 1）。

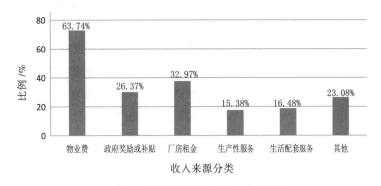

图 1　园区运营机构的收入来源占比

同时，督查中还发现，工业地产开发模式的园区运营矛盾突出。工业地产开发商以盈利为主要目的，企业入园时制定的物业费标准较高，但所提供的服务仅是基础性服务。后续园区业主成立业主委员会后，为了降低物业费，主张更换开发商指定的物业服务公司，造成全市多个工业地产开发商运营团队退出园区的日常运营或被架空的局面。如龙港的彩虹智慧园、龙湾的置信小微园、平阳的万洋小微园等。

（五）清廉建设氛围尚未凸显

清廉园区建设工作刚刚铺开，各县市区主管部门和园区运营机构对该项工作的理解还不深刻，针对清廉园区建设的标准和实施方案尚未确定，建设进度偏慢，造成各地园区清廉文化氛围没有形成。先行试点园区的清廉文化元素比较少，特别在园区的醒目位置，如园区入口和公共区域等地点。在对首批 16 个创建园区的督查中发现，各地推进的力度还存在较大差异，仅有少量的园区已形成了较浓厚的清廉文化氛围。如瓯海的科创小微园、永嘉的珠岙小微园和苍南的华山小微园，需要加快形成一批典型示范清廉园区。

五、建议对策

（一）高度重视清廉园区建设

首先，要切实提高政治站位。各部门须始终牢记习近平总书记对温州"续写创新史"的殷殷嘱托，深入贯彻落实习近平总书记考察浙江重要讲话精神，各司其职、协同推进，真正将"清廉小微企业园"建设当作当前一项重大任务来完成；其次，要进一步强化职责分工。各县市区纪委监委要高度重视清廉小微园建设工作，要明确清廉小微园建设工作的职责分工，强化部门、街道间的工作协调机制，共同高质量推进清廉园区建设；最后，要及时进行督促整改。可由县市区纪委监委联合经信局等职能部门不定期开展综合督查、专项督查，对督查中发现的相关问题进行督查督办，督促整改落实，确保"清廉小微企业园"建设高质量完成。

（二）加强刚性举措执行效力

一是严格企业入园把关。推行"招商在前、建设在后"机制，严格把关企业入园审核，把握主导产业 70% 的底线要求，坚决将不符合入园要求的企业排除在外。同时，对标"十条刚性举措"，严格规范管理，主管部门要加大对园区的监督指导力度。针对当前有招商困难的园区，在市级层面统筹管理小微企业园的招商工作，引导符合产业门槛的优质企业入驻小微企业园；二是进一步强化考核引导。坚持"亩产论英雄"导向，加快建立企业"亩产效益"和"亩产能效"综合评价制度，倒逼现有园区中的落后产能加快淘汰、低效企业转型转产，支持优质企业加快发展，并对入驻企业合同违约履行等情况进行严格倒查。

（三）加快出台清廉建设标准

根据《关于实施"政企携手·共促清廉"计划深化清廉民企建设的意见》（温纪发〔2021〕8号）和《温州市"清廉小微企业园"长效机制建设实施方案》精神，由县市区各部门、各街道结合本地区园区的实际情况制定出台建设标准，同时组织、协调、指导清廉园区推进建设工作。第一批试点园区的运营机构应重点围绕园区民主决策、事务公开、企业服务等方面，加快制定具体的实施方案，确保首批"清廉小微企业园"建设工作按时、按质、高效完成。

（四）建立运营机构评价体系

一是开展园区运营机构绩效评价工作。通过对运营园区机构设定考核指标的方式，倒逼园区运营机构加大投入，强化其对企业的服务能力。对运营能力明显不足的园区，可采取由国有公司牵头进行重组的方式，以政府购买服务的方式补足其短板，强化其运营管理能力。同时，要加大对优秀运营机构的鼓励力度，如对获评四星、五星级的小微园区的运营机构给予一定奖励。二是提升园区物业的准入门槛。会同有关部门，出台《温州市工业物业管理条例》，制定出台工业物业费指导价，增加现有园区物业的职责，形成与工业制造类园区相适应的物业管理体系。对园区运营机构团队提出明确硬性要求，直接负责人必须为园区主导行业的从业人员，须熟悉园区入驻企业的经营特点，运营团队须聘请专业安全监管人员和环保专家，确保其对园区进行定期安全环保隐患排查，并及时与所在地主管部门进行有效对接，及时进行整改，切实提升园区的规范化管理水平。三是加大政策和资金扶持力度。对于出租类园区，其盈利模式可以为园区服务提供资金支持的，给予相应的政策优惠和资源支撑；对于产权类园区，如园区运营方缺少完备的服务能力，由所在地街道或开发区管委会提供相应的资金支持。同时，筛选各县市区中入园起点高，且有较强发展潜力的小微企业园，加大各方面的扶持力度，着力发挥园区运营机构的平台功能，实现园区企业的全周期精准服务和管理，有力助推入驻企业向高精专特发展。

（五）做好清廉园区示范引领

一是加大氛围的营造。对首批 16 个创建"清廉小微企业园"的园区，要加大推进力度，以本次督查为契机，在全市范围内筛选出运营规范、机制形成、氛围浓厚的典型园区，并通报表扬。通过互学互看、组织交流的方式，做好示范引领工作，加快各县市区"清廉小微企业园"建设步伐；二是提升廉洁文化引领度。搭建沟通平台，提升服务企业满意度，着力打造园区风清气正的文化环境，倡导以清为美、以廉为荣的价值取向，使清廉成为一种自觉、一种风尚。充分发挥党组织核心要素示范作用，扩大园区党组织覆盖面，强化园区党组织党建主体责任，加强党员党规党纪教育，开展纪律监督，广泛调动、全面激发各种要素活力；三是加大媒体宣传力度。要联合相关媒体，强化对第一批"清廉小微企业园"典型园区的宣传报道，引导各园区企业积极参与、监督清廉园区建设，形成良好氛围。

六、典型案例

（一）瓯海科创小微园

根据清廉小微园的试点建设方案，科创瓯海小微园不断强化服务理念，提升服务水平，与企业建立了"亲""清"的服务和被服务关系，做到亲企助企、亲而有矩。该园区清廉建设的主要有以下做法有。

1. 建立清正高效的运营机制

一是建立"三位一体"履职机制。在运营管理机制方面，瓯海科创小微园自成立以来，在温州市大学科技园管理委员会的监管和委托下，由温州市大学科技园发展有限公司负责园区的经营管理，成立企业发展、后勤保障、行政部3个职能部门，开展招商引资、后勤保障、创业辅导、物业管理、技术转让等工作，提供工商注册、税务登记、法律咨询、科技服务、投融资等全方位服务，为科技企业和创新人才营造一流的创新创业环境。二是建立民主决策机制。园区严格按照国有企业民主决策方面的要求，加强建章立制，建立民主决策机制。首先园区梳理业务流程，明确各岗位职责，细化责任分工，根据实际情况完善内部管理、园区后勤配套管理、园区企业管理3方面共32项原有的管理制度，进一步明确议事决策范围，完善公示、报告、决策、实施等民主决策流程，严格执行重大集体决策、监事会实时监督制度，通过招投标、合同法等规定进行常态化管理，执行事后跟踪评价，鼓励园区企业全程参与；其次是建立廉政档案，全面梳理岗位风险点，做好各岗位廉政风险防控和廉政提醒，每月至少开展1次谈话提醒；最后是强化员工学习内控管理制度，推进内部管理规范化、有序化、常态化。三是建立公开公示机制。园区高度重视园区官网、微信公众号等线上平台的宣传公示作用，将园区入园标准、入园流程、优惠政策、租金价格、财务使用等事项按照相关法律规定进行公开公示，并将公开公示机制在企业群内及线下企业入驻时告知企业，发挥企业对清廉园区建设的重要监督作用。

2. 打造"亲清"完善的服务机制。

一是政务服务高效化。园区坚持不断提升公共服务中心10个窗口工作人员的服务能力，优化窗口服务机制及内容，提高服务效率及企业政务服务满意度。同时，在窗口、园区官网、微信公众号、智慧园区系统完善政务服务清单及申请流程中，让企业办事"最多跑一次"，甚至线上办理"一次也不跑"。二是配套服务全面化。在商务配套和生活配套方面，园区会议中心、人才公寓、餐厅、咖啡吧、书吧、篮球场、健身房等配套设施一应俱全，现有人才公寓400余套，包括标间、单间、套间和集体公寓，配备电视、洗衣机、冰箱等电器，实现拎包入住，餐厅可接待1000人就餐。在专业服务方面，园区坚持从人才、企业发展的一切需求出发，从弥补科技创业、人才创业经验不足的短板，到加强创业服务与指导，降低创业风险，提高成功率，营造最优营商环境，着力打造集"行政服务＋公共服务＋专业服务＋融资服务＋配套服务"于一体的综合服务链。服务链涵盖技术转移、项目培育、企业孵化、企业加速、产业推进、产业转移等六大方面的34项服务，已通过温州市质监局、科技局的服务业标准化认定。同时在园区公共服务中心建设法律咨询、金融服务、人力资源、知识产权、物业服务、企业开办、商务服务、评估审计、技术转移、企业推广等10个面对面服务、代办窗口，提供一站式创新创业服务，实现企业办事不出园、最多跑一次。三是效能服务数字化。在园区公共服务中心设立效能监测点，建设智慧园区系统、官网、微信公众号等网络平台，企业可在智慧园区系统企业端口、效能监测点，向园区反馈服务满意度、服务改进建议、投诉、服务需要等各类信息。在企业反馈信息后，园区相应的工作人员应在2个小时内受理登记，根据事情具体情况转交责任部门办理，责任部门须在3个工作日内处理并给予回复反馈。同时园区将定期针对企业反馈的问题进行分析，找到问题的源头进行整改，保障服务质量，助力企业健康发展。

3. 打造清新活力的文化机制。

一是坚持党建引领。在园区1号楼2楼建设党群服务中心，以"一家两中心"为整体架构，以党建为引领，以资源清单、需求清单、项目清单为载体，以红色管家和书记直通车为运行机制，以"入党、入园、入职"为特色品牌，建立中共温州市国家大学科技园总支部委员会，规范设置党组织架构，定期开展组织各类党规党纪教育，发挥对园区内非公企业的联结、辐射、带动作用。以服务企业、服务党员及服务人才为需求，有效吸引工会、团委、妇联、科协、统战等部门进驻党群服务中心，突出党建带群建功能布局展示区、活动区、功能区，组织开展创业竞赛、人才招聘、文体活动、技能培训、职工联谊、产品发布、开业典礼等多项活动，打造集政治中心、服务中心、文化中心于一体的党建综合体。二是强化清廉示范。以"正面清单"为引领，优化涉企服务，为园区企业入驻企业提供全方位支持，在网站、微信、宣传栏、户外宣传屏主动向园区企业公布有效的政策解读与明确指引，帮助企业争取各类扶持政策；以"负面清单"为红线，实行公共服务中心服务评价机制。主要关注涉企工作中故意刁难、办事拖拉、推诿扯皮，向企业乱摊派、乱检查、乱收费，把政策优惠当成熟人的"福利""红包"，或以政策、纪律为借口把企业合理诉求拒之门外等问题。通过问卷调查、走访座谈、电话访问、意见箱反馈等形式让企业为服务评分数、提意见，开展作风效能评议，根据企业评分评选"服务之星"。对受到差评的人员和服务机构进行警告，并开展谈话提醒，造成严重后果的解除合作关系并移交相关部门处置；以"引导清单"为指南，引导企业自觉做到积极建言献策、反映实情，主动加强与园区、政府的沟通交流，为促进"两个健康"提供"温州智慧"。园区定期召开座谈会、恳谈会，广泛征询企业意见与建议，积极对接相关职能部门传达企业呼声。三是深耕清廉文化。结合温州民营经济发达、非公党建经验丰富、创新创业活力蓬勃的地域特色及清廉要素，深入探索园区与主导产业结合的党建文化，利用网络、文艺节目、党课、职工联谊等方式，让园内企业认同、学习、宣传清廉文化，鼓励企业多反馈意见，洁身自好、走正道，在正确的道路上发展壮大。同时继续完善党群服务中心、创客书吧等公共配套设施，规范廉洁文化宣传，营造诚信守法、廉洁从业的清廉文化氛围，建设好清廉园区和清廉民营企业。

4.建立清明严格的监督机制。

一是建立重点环节事先备案机制。园区严格按照规定,在立项后,将建设管理中的土地租赁信息、建设方案、主导产业、入园标准、投资入统等情况,向市、区两级小微园办登记备案,落实好事前监管。二是建立内部监管机制。温州市高教园区建设管理委员会与园区内部管理制度基本健全,各岗位职责明确,后续将继续细化责任分工,根据实际情况不断完善双方内部管理权力清单,强化内部管理、园区后勤配套管理、园区企业管理三大方面的流程控制,确保依法规范运作。三是建立企业评价机制。在场地使用方面,园区在企业入驻前会告知其入驻合同的具体条款,在条款中约定租金、物业费价格、场地使用率、空置场地收回、消防安全等具体内容,提高企业对场地的使用率;在政策支持方面,园区将入驻的每一家企业的位置、面积、产值绩效等信息录入智慧园区系统,在公共展示中心的电子屏幕上进行信息公开,实现大数据管理,保证企业在孵化周期内的发展情况阳光公开,对产值绩效不佳的企业及时予以清退。

(二)永嘉珠岙小微园

永嘉珠岙小微园于 2019 年 12 月 27 日全部完成竣工验收,已入驻企业 26 家,其中规上、限上企业 7 家,省级高新技术企业 2 家。2020 年度实现营业总收入 34272.20 万元,税收 1377.11 万元。该园区清廉建设的主要有以下做法。

1.建立清正高效的运营机制。

该园区坚持"公开公正"原则,建立信息公开机制,将入园标准、厂房租赁、财务使用等事项纳入公开公示范围。所有入驻企业均已签订《企业入园管理合同》,并按照合同要求,落实安全生产、环保、卫生等相关方面的要求。园区现由属地瓯北街道对物业管理机构、入驻企业实行全程监督、管理及服务,督促落实清廉小微企业园建设"第一责任主体"。

2.建立"亲清"完善的服务机制。

园区公共基础配套设施完备,正在完善数字化园区的建设和"亲清阳光室"的打造,建成后可充分利用网络平台、政务代办服务点等载体,为企业提供更好的生产经营、研发服务、仓储物流、消防安全、后勤保障等服务,让企业办事"不出园",全面提升园区政务服务便利度。园区同时大力推广"企业码",将企业服务综合平台向小微企业园延伸,为入园企业提供专业化、精准化、定制式的政策咨询、政务代办、金融服务、人才培训、法律税务等第三方服务。

3.打造清新活力的清廉文化。

园区坚持党建引领,发挥党组织核心要素示范作用,按照"1+X+N"组织框架,由园区综合党组织牵头,4家企业党支部共建,15家未建党组织的园区企业参与,成立以5家以上企业组建的3家联合支部,覆盖所有园区企业的党建共同体,优化配强工作班子,统筹抓好园区党建工作,使园区党建工作形成"一盘棋"。依托园区党建服务中心,为党员提供教育培训、党务咨询、图书阅览、娱乐休闲、矛盾调解等"一站式"服务。规范开展"三会一课""主题党日"等活动,加强党员党规党纪教育,开展纪律监督,广泛调动广大党员职工深度融入小微园制度建设和运营管理,一体推进清廉小微企业园建设。

4.建立清明严格的监督机制。

园区将建设管理中的土地出让公告、建设方案、主导产业、入园标准、投资入统等情况,向属地主管部门登记备案,落实事前监管。同时,园区业主委员会、物业公司建立内部管理权力清单,明确岗位职责,规范运行流程,强化内部流程控制,确保依法规范运行。

高职院校"国有民办"运行模式监督机制研究 [①]

郑铁豪　朱婷娴　陈汉新 [②]

摘　要：近年来，政府不断重视和支持职业教育产业。2021 年 4 月，习近平总书记在全国职教大会上强调，要推进新时代职业教育产业的多样化发展，深入推进管理机制、办学模式、保障措施的完善。新修订的《中华人民共和国民办教育促进法实施条例》规定要支持国有企业办职业教育，国企举办职业学校是校企合作、校企双赢的事，应当鼓励和支持。《职业教育法（修订草案）》首次拟以法律形式提出支持举办混合所有制职业院校，"国有民办"高职教育迎来了又一个高速发展期。日益复杂的经济活动，使得"国有民办"高职院校在运行监督机制方面也带来前所未有的挑战。本文分析了当前"国有民办"模式高职院校运行监督机制存在的问题，提出须发挥各级监管部门的能动作用，在顶层设计、治理体系、协同监督、服务保障等方面积极探索，进行必要的改革创新，以期形成自下而上、完善健全的"国

---

① 原文刊发于《时代人物》2022 年第 18 期。本文系清廉温州建设研究中心课题"高职院校'国有民办'模式运行监督机制探索研究"（QLY2021009）的研究成果。
② 作者简介：郑铁豪，浙江温州人，浙江东方职业技术学院纪委书记、经济师；朱婷娴，浙江温州人，浙江东方职业技术学院纪检室科员，研究实习员；陈汉新，浙江温州人，浙江东方职业技术学院纪检室副主任，高级经营师、助理研究员。

有民办"高职院校监督机制。

关键词：高职院校；国有民办；运行；监督机制

当前，职业教育事业正处在快速发展阶段，外部巡视巡察的局势倒逼和自身风险防范的内在渴求均对"国有民办"高职院校在运行监督方面提出更高要求，尤其全面强化监督机制，是促进职业教育治理体系和治理能力现代化的有益探索，也是规范"国有民办"高职院校持续发展的关键环节，更是全面监督"国有民办"高职院校国有资产不流失的重要实践。

一、"国有民办"模式的概念及特征

对于"国有民办"模式，学术界不同的学者从不同的角度理解都各不相同。笔者认为，"国有民办"的办学模式应该是一个开放的、综合的概念，不仅可以从不同的层面对办学模式进行界定和分析，而且可以从投资主体、办学模式、办学体制机制等方面进行综合分析，才能全面反映"国有民办"模式的实质。

（一）"国有民办"模式的概念

高职教育中的"国有民办"模式意味着，按照法律规定的程序，将学校交由有法人地位的国有组织承办，资产及其增值仍为国有，而学校办学以及运营经费则完全或在很大程度上由承办者所承担，承办者需要承担自负盈亏的风险。"国有民办"高职院校是介于政府办学与私人办学之间的一种新型办学模式。

（二）"国有民办"模式的特征

尽管各"国有民办"模式高职院校形成原因迥异，国有资产占学校总资产的比例各不相同，但仍然具有如下共同特征。首先，具有明显的非营利性。全部资产同公办学校一样属于国有，资产的保值增值也属于国家所有。比如浙江东方学院为温州市现代服务业发展集团有限公司独有投资建设，资产划归集团所有，办学机制为民办。其次，国有单位在管理中发挥重要作用。第一，作为学校最高的决策机构，董事会中的部分成员有国企领导，也有国资委成员；第二，政府在这些"国有民办"高职院校的董事长、校长和书记等重要人事任命中发挥重要作用。比如，浙江东方学院的领导班子由温州市委组织部直接任命，浙江树人大学历届董事会的主要成员都是在任的政府官员，山东潍坊工商职业学院院长是诸城市教育局的党委委员。最后是实行"国有民办"的体制机制。在不改变高职院校办学性质的前提下，经营管理权与所有权分离，政策与待遇也与公办学校区分。

二、高职院校"国有民办"模式运行监督机制现状及存在问题

当前，国有民办体制处于"二元结构"的教育法律体系夹缝中，只能以类似"法外行动"的形式，按照"就近原则"运用现有法律解释自身的办学创新活动。我们必须直面的一个尴尬现象：一方面能够通过"东拼西凑"在法理上证明自身合法，另一方面有相当的法律条文和释法机构解释可以说明"混合制"办学不合法。这一矛盾使"国有民办"高职院校运行监督机制陷入了更大更多的冲突当中。

（一）特殊属性导致监管缺位

长期以来，上级主管部门对"国有民办"高职院校的监管只侧重于教育事业的发展和业务问题，对党风廉政的监督相对薄弱，没有建立有效的监督监测机制。一是政府监管的力量还较薄弱。从国家到地方，都把"国有民办"高职院校与民办高校实施同类监督，没有专门的"国有民办"高职院校监督体系，难以对全国各地"国有民办"高职院校的动态进行有效监督，对"国有民办"高职院校的监督战略和政策似乎不够。从国家到地方基层没有统一的制度，

监管口径不统一，监督质量难以达到预期。对"国有民办"高职院校的行政监督中，存在着机构不健全、责任不明确、工作人员不配位、监督工作片面化4方面不足。在学校运行监督过程中遇到实际问题，往往无处咨询，上级部门无法支持或根本无所作为。二是多头监管的情况还较普遍。教育、国资、所属国企集团等部门都对"国有民办"高职院校负有监管责任，但目前上级职能部门的政策制度和实际行动无法形成监督合力，经常是集权式干预多、服务少，管理越位或者缺位多，协同服务少，无法实现齐抓共管的统一监督模式。浙江东方职业技术学院于2021年9月开始接受市纪委巡察组首轮巡察，此前因归口问题从未接受过上级巡察。

（二）内部治理监督机制错位

如果内部治理监督机制不合理、权力分配不平等，导致机构之间出现权责混乱重叠以及缺失的现象，一旦出现突发事件，各部门推卸责任，那么内部监督将无法达到应有的效果。可以说，如果管理机构没有良好且完善的运行机制，不具备科学的运作模式，更无法产生强有力的执行力，这样便形同虚设，学校纪检部门根本无法实现下级对上级的决策监督、治理监督、办学监督。一是董事会成员结构不合理。虽然董事会作为"国有民办"高职院校的最高决策权力机构，但《民促法》并没有明确董事会成员比例，缺乏制度规范。同时，一些办学者不愿放弃对"国有民办"高职院校的控制权，虽然已建立董事会框架下的校长负责制，但伴随着董事会集中制决策事项的弱化，并不能充分体现董事会治理体系。二是内部治理结构不合理。"国有民办"高职院校的校长要么成为董事会命令的执行者，在董事会治理下形同虚设，要么董事会治理结构制约"国有民办"高职院校校长的决策。浙江东方职业技术学院属于党委领导下的校长负责制，校长由市委组织部任命，党委主要发挥政治核心、保障监督职能。然而，仍有许多"国有民办"高职院校校长的行政权力得不到保障，在董事会没有足够的话语权。董事会、党委和执行部门在民主治理、群策群力、分工合作方面仍然缺乏协调，"三驾马车"还未在学校顶层设计体系上并驾齐驱，这对"国有民办"高职院校的监督机制造成了不利影响，在某种程度上，将影响到学校运营管理和决策推行的效率。三是监事监督职能存在缺失。《民促法》首次提出要完善民办学校的监督机制，"以权力约束权力"是防止权力滥用的重要形式。监事会是监督"国有民办"高职院校规范办学、科学决策的重要机构，但实际中很多"国有民办"高职院校的监事会和教职工代表大会形同虚设。根据走访调查，"国有民办"高职院校建立的监事会存在履行监督职能不到位、参与学校"三重一大"决策事项较少的情况，监事权限发挥不够甚至成为摆设，导致监事会监督职能缺失，师生及利益相关者权益得不到有效保障。

（三）协同监督机制缺乏统筹

为贯彻落实党的十九大和中央纪检监察体制改革的有关精神，"国有民办"高职院校已开始建立"三察一体"监督机制。但总体而言，部门间的协同仍旧停留在自发的事件驱动下的自然关联层面。因缺乏统一有效的监察信息平台，监察机制还存在管理粗放、信息不对称、无法对监察信息进行有效跟踪的问题，协同监督机制仍然处于起步阶段。一是监督主体各自为政，监督力量和资源缺乏统筹。目前"国有民办"高职院校在内部管理过程中，缺乏内部巡察监督和其他监督部门的充分参与，整个监督体系依旧存在监管不周密、不深入、不到位的问题。系统监督缺乏整体性，各主体之间协调不足。纪委监督、民主监督、审计监督和其他职能监督各自为政，横向监督受阻，导致最后出现监督弱化、监督失衡的状况。对于公办高职院校，上级会定期开展巡视巡察，发现存在的问题，及时抓早抓小，发现问题早提醒早纠正。浙江大学甚至从2015年开始，已经研究制定内部巡察工作实施办法，积极探索对二级单位开展内部巡察工作。而对于"国有民办"高职院校，缺少定期的上级巡察监督，如浙江东方职业技术学院于2021年才接受办校以来的首轮巡察。二是监督方式方法单一，联动监督和网络监督不够。一方面，"国有民办"高职院校的职能部门并不完全了解其监督主体责任，为了规避相应的廉政风险，他们过分倚仗于纪委的监督，与招投标、采购、职称评聘、人事任免、招生有关的所有行政业务都需要纪委监督。纪委通常通过出席会议、听取报告、核实信息、专项督查、面谈函询以及线索调查等方式进行常规监督，这就造成监督主体过于单调。另一方面，缺乏自下而上的民主监督和多层次联合监督，例如社会监督和师生监督，监督网络还未形成。三是监督职能存在差异，产生无效和重复监督问题。由于监督主体的职能差异化导致协同监督存在困难，尽管审计办公室、纪律检查委员会和监察委员会都属于监督部门，但审计办公室的工作侧重于对政策执行、经济收支和内控预算进行审计监督，纪律检查委员会主要偏向于主体责任落实及党风廉政情况，监察委员会则对领导干部职权行使状况进行监察监督。在"国有民办"高职院校管理中，校长通常分管审计室，纪委书记分管纪检监察机构。同时，因监督的范围和目标各不相同，很容易导致双重监督或无效监督。审计主要是监督学校的收入支出以及财政领域决策执行情况，不具强制力和约束性。相比之下，纪检监督具有强制力和服从性，对校内所有对象的履职履责、作风建设情况进行监督。但因缺乏力量协同和部门统筹，出现了监督职权越位、重复监督等问题。第四，师生监督力量虚化，民主监督和基层监督薄弱。虽然"国有民办"高职院校的教职工有权参加学校的民主管理，并通过教代会和工会进行民主管理、实施民主监督，但教代会一年只召开一次，不能随时对具体问题进行监督，每年的提案大部分流于形式。"国有民办"高职院校的工会不是核心职能部门，常因缺乏人手，导致监督职能空白。就学生来说，缺乏参与监督的主体意识，参与党建、文化活动多，主动监督少。即使发现了教师或者领导干部的违纪违法行为，也不了解如何通过正确的渠道监管，或者采取无视的行为。

三、高职院校"国有民办"模式运行监督机制的对策及建议

正视"国有民办"高职院校运行监督机制存在的问题，能够促进我国"国有民办"职业教育事业迅速发展，满足社会对职教多样化、选择性的需求，应尽快找到相应的对策加以解决。如何扬长避短运行"国有民办"高职院校监督机制，是本文所探讨的关键。

（一）搭建运行监督机制的顶层设计

从宏观层面看，董事会领导下的校长负责制是对高校领导体制、办学机制、经济制度的重大调整，是对"国有民办"高职院校治理的顶层设计，也顺应了新时代"国有民办"高职院校的发展需要。首先，进一步明晰组织隶属关系。政府必须尊重每所"国有民办"高职院校的实际状况，考虑其办学历史，避免"一刀切"的管理方式，切实协助"国有民办"高职院校解决体制机制、土地划拨、财政支持、人才引进、教师编制等问题。此外，政府必须充分考虑"国有民办"高职院校差异化的办学特点，"确立和遵循'政府主导、属地管理、因地制宜、一校一策'的原则"。如浙江东方职业技术学院纪检工作分别接受市纪委一室、四室和国资委、教育局、现代集团等纪检部门指导；全面从严治党考核归国有企业系统，党风廉政建设考核归高等教育系统，上级部门应该明确纪检工作的归口管理，统一考核工作标准予以综合指导，还有调整党组织隶属关系。比如浙江东方职业技术学院为国企温州市现代服务业发展集团有限公司投资的一所高职院校，直属于温州市人民政府，性质为国有企业办学。其次，应建立行之有效的"国有民办"高职院校监管的纪实平台。在"国有民办"高职院校建立一套运行监督系统，主要探索构建国有民办高职院校运行的有效监督，针对"国有民办"高职院校的八大重点领域，梳理各大领域监督指标，每月在纪实平台实行动态监督。比如学校规模不断扩大，办学自主权越来越大，资金

使用量庞大，缺乏有效监督制约，腐败领域潜在的风险较大。如果在纪实平台每月体现资金预算的执行动态，资金流动态就会一目了然，还能达到反腐败治本的目的。第三，建立权力清单动态化管理和制约机制。通过平台定期反馈廉政风险点的防控情况与成效，并在平台上向各个运行部门进行公布，接受监督，加强对廉政风险点执行过程的监控与实时反馈，全面构建运行监督体制机制。实现权力分置，优化权力配置，从而实现权力的有效制约。

（二）完善运行监督机制的治理体系

"国有民办"高职院校的治理体系是否完善，直接关系到学校学术氛围的营造和高素质人才的培养，拥有完善的治理体系，可以使学校明确办学方向，从而有助于提升其综合竞争力。一是健全董事会组织治理体系。董事会属于"国有民办"高职院校的最高决策机构，也是其内部治理的关键，因此要完善"国有民办"高职院校治理体系，应从优化董事会制度建设入手。为了更好地实施民主集中制决策事项，保证决策的公正与独立，可以适当增加在教育、财政和法律法规领域有一定影响力的独立董事比例。除此之外，还应在教师团队中选派优秀代表进入董事会，保证办学的公益性。二是确保校长具备行政事务的决策权。校长的决策与学校办学方向和教学质量息息相关，优秀的校长可以带领学校实现快速发展。因此"国有民办"高职院校应以自身实际情况为出发点聘任校长，保证学校的利益及发展。三是发挥监事会的独立性。要完善"国有民办"高职院校的监督机制，就要通过合理的制度明确外部监管和内部监管内容，明确监事会建设机制、成员遴选机制及运作形式，赋予监事会独立的监督权限，使其充分发挥监事会的职能。另外，学校党委应积极配合监事会，两者有效配合形成联动监督机制，在党委领导下的监事会，可以进一步优化内部治理体系，提升监督效能。

（三）联合构建协同契合的监督机制

高校实现部门一体化监督，要共享常态信息，密切关注重点工作。一是内部审计和纪检监察的联动协作。在具体实践中，"国有民办"高职院校应以整体监督体系为指导，加强各部门之间的协同合作，尤其是内审和纪检监察两个重要部门，更应不断沟通实现信息共享，建立监督工作沟通协调和信息的共享机制，不断提升监督的有效性和协同性，增强互动意识和合作意识。两部门之间的配合主要通过以下方式实现：纪检监察部门定期参加审计联席会议，对专项审计项目的确定、重点工作布置、审计整改提供有效的建议，对审计结果进行客观评价，以帮助审计部门提高工作成效；同时审计部门提供的各项报告和台账也可以作为纪检监察工作开展的重要参考。每年在明确内审和纪检监察任务后，两个部门根据工作实际通过抄送工作报告、共享台账数据、召开专题联合会议等手段构建协同契合的监督机制，对责任落实、重点项目、廉政风险、日常监督开展情况、存在的重大潜在隐患、巡察整改落实情况等信息及时沟通交流。二是巡察整改和纪检监察的共同推进。对巡察过程中发现的线索和问题，根据职责分工和干部管理权限，向其所在党总支、组织人事处、纪委办公室进行报告或移交。与此同时，为了提升整改质量，在巡察部门督促整改的过程中，校纪委也应对被巡察部门的整改落实工作推进情况进行监督。开展"未察先改"，为进一步推动巡察"体检"效果，有效解决巡察空档期过长、同类问题得不到及时纠正的问题，纪检室按照"共性问题统一整改、个性问题分类解决"的原则，对上一轮被巡察过的部门单位对照"共性问题清单"开展"回头看"，确保前期整改落实到位。以未被巡察单位以巡察发现的问题为镜子，对照"共性问题清单"，主动"对号入座"，深入开展"自我体检"，做到"未察先查，未察先改"；在进行共性问题的整改时，举一反三，在一定范围内公开，争取达到巡察发现一类问题、整改一类单位的效果。三是民主监督和纪检监察的协调配合。贯彻教代会制度，使民主监督意识得以提升。保障教工代表的合法权益，有针对性地研究出台落实教代会代表意见的保证性制度，实行提案落实责任追究制。充分发挥公开渠道的作用，使教职工可以及时获取党务校务相关信息，同时对过往经验进行总结，不断完善现有工作方法，形成具有一定特色的监督制度并将其在全校范围内推广。通过新媒体和传统媒体等不同的方式实现信息公开，促进信息公开制度的建设，发挥师生监督的作用，提高监督的针对性。拓宽信息公开的渠道，重点关注信访举报线索，抓早抓小，从根源上解决腐败不断滋生的现象。对于收到的群众信访举报，纪检监察部门应马上联合其他部门召开专项会议，组成专案联合调查组共同开展调查工作，形成案件发现、移交和查处的良性循环。

（四）形成监督执纪问责的强大合力

大力加强"国有民办"高职院校纪检干部队伍建设，对标"忠诚干净担当"提升干部人才队伍整体素质和能力，着力建设一支信念坚定、作风过硬、纪律严明、清廉正派、敢于担当的专业化纪检监察干部队伍。建立学校纪检干部监督网络体系，整合资源建立"国有民办"高职院校特色纪委委员、基层党组织纪检委员两级纪检工作队伍。一是建立纪委委员分片协作联系工作机制。"国有民办"高职院校各级纪委之间要实现信息的共享和联动沟通，遇到重大问题要及时商议，提高纪检监察干部的办案信心和办事效率。目前"国有民办"高职院校纪检机构存在人员不足、责任不清的问题，可以按需建立纪委委员分片联系工作机制，明确工作重点，均衡分配优化。按照"统一协调、分片指导，就近整合、全员参与"的原则，划分纪检监察联系片区，加强对口联系、挂钩指导，凝聚人力资源，形成全面覆盖、搭配平衡的良好工作格局，推动纪检监察工作高质量发展。二是建立上下联动整合办案力量工作机制。应对工作需求，由纪检机构工作人员担任"联络员""指挥员"，牵头调动各级纪检干部，采取既重点监督又协同作战的工作方式，合力攻坚克难。建立联系站点机制，全方位指导审查程序、取证要求和立卷标准等工作。学校纪委应起到头雁效应，与下级纪检委员建立联系，随时交流工作经验，在认真研判的基础上分类、分级列出复杂问题清单，再由联动机制归口，真正实现多方联动，共同处理。三是着力提升纪检干部监督执纪履职能力。不断提高自身业务水平，紧跟上级精神、紧扣业务知识与时俱进，加强思想淬炼、政治历练、实践锻炼、专业训练。坚持求真务实的工作作风，严肃执纪问责，使纪律规矩成为履职尽责的"护身符"和指导言行的"方向标"。把好选拔任用质量关，加强与"国有民办"兄弟院校纪检监察机关之间的联动，探索交叉执纪的办案模式，推行双向进入交叉任职、上挂锻炼，进一步提升实战能力，不断打造年轻干部队伍的"蓄水池"和"练兵场"。健全机构设置，注重人岗匹配，发挥党内同志和党外人士优势特长，补短板强弱项，努力锻造一支忠诚干净担当的铁军。

四、结语

当前，"国有民办"高职院校的运行监督不平衡与不充分的矛盾依然存在，"国有民办"模式的高职院校角色处于公办与民办之间的灰色地带，其办学业务的复杂性、风险防控的隐蔽性、自主权领域的运行监督机制还存在缺失，纪检部门的人防与技防水平有限，发现隐性问题水平低下等问题，导致各个领域运行监督无法充分发挥其关键作用。为了进一步推进"国有民办"模式的高职院校运行监督机制建设，学校应建立健全运行监督体制机制，充分发挥办学运行的有效监督作用，走出监督制约的困境与监督失效的瓶颈，为促进"国有民办"高职院校高质量发展提供保障体系。

应时而动，顺势而为。党的十九大报告提出"支持和规范社会力量兴办教育"，为"国有民办"高职院校的发展提供了良好机遇和广阔空间。面对新时代发展之需和严峻考验，"国有民办"高职院校纪检队伍要胸怀"国之大者"，推动新时代纪检监察工作高质量发展。作为一所"国有民办"高职院校，除了充分发挥职业教育的办学使命，一定要在立足现状和风险管控的基础上，认真梳理过去、理性反思，建立监督体制机制，因地制宜地探索出适合自己发展的风险管控机制，才能立足职教改革新时代，开创职业教育新作为。

参考文献

[1]王一涛,冯淑娟.我国民办高校内部治理的基本类型分析[J].浙江树人大学学报(人文社会科学版),2015,15(6):1-6,13.

[2]刘亮军.非营利性民办高校政府监管的"善治"选择[J].高教探索,2019(11):84-89.

[3]林志新,徐盈.高职院校反腐倡廉监督机制探究[J].厦门城市职业学院学报,2017(4):25-29.

[4]梁小婉,林敏.大监督体系下高校内部审计与纪检监察的联合协同创新研究[J].商业会计,2021(2):67-69.

[5]张德文,冉云芳,王一涛.我国民办高职院校基本现状、困难挑战与应对策略[J].职教论坛,2018(10):108-116.

[6]庄德水.结构改革与职能发展:我国监察机构的治理[J].中共天津市委党校学报,2018(5):49-57.

[7]张耘川."四项举措"做实做细巡察"后半篇文章"[J].农电管理,2020(7):22.

[8]毛清.浅析国有企业内部审计在纪检监察工作中的运用[J].四川有色金属,2019(4):52-54.

[9]黄志兵.国有民办高校两位一体法人治理模式分析[J].中国社会科学院研究生院学报,2009(6):139.

[10]冷书君,林杰.权责统一视角下大学内部权力运行制约与监督机制研究[J].现代教育管理,2018(12):63-67.

试论我国《监察法》的立法特质

黄金桥①

摘　要：《监察法》是党的十八大后党和国家快速成功推进国家监察体制改革的重大立法成果，为巩固国家监察体制改革重要成果、保障国家监察体制的规范运行、用法治思维和法治方式反腐败等提供了坚强有力的法律支撑。《监察法》以《宪法》为依据，较为全面系统地规定了监察工作指导思想和基本原则、监察机关的性质和地位、监察机关的职能和职责权限、监察范围、监察程序、对监察机关和监察人员的监督和法律责任等重要内容，为坚定走中国特色社会主义监察道路、构建集中统一权威高效全面覆盖的国家监察体系奠定了坚实的法律基础。《监察法》是一部对国家监察工作起统领性作用的国家基本法律，属于重要的反腐败国家立法。《监察法》集反腐败法、组织法、行为法、授权法、控权法、程序法等规范属性于一身，鲜明体现了"诸法合一"的综合性基础性支柱性立法特质。

关键词：监察法；监察体制改革；监察权限；监察机关

2017 年 10 月 18 日，习近平总书记在中国共产党第十九次全

---

① 作者简介：黄金桥，湖北孝昌人，法学硕士，中共湖北省委党校政法教研部教授。

国代表大会上的报告中明确提出："深化国家监察体制改革，将试点工作在全国推开，组建国家、省、市、县监察委员会，同党的纪律检查机关合署办公，实现对所有行使公权力的公职人员监察全覆盖。制定国家监察法，依法赋予监察委员会职责权限和调查手段，用留置取代'两规'措施。"这一重大改革要求与立法目标在五个月后得以实现：2018 年 3 月 20 日，第十三届全国人民代表大会第一次会议高票通过了九章六十九条的《中华人民共和国监察法》（以下简称《监察法》），同日习近平签署国家主席令公布施行。《监察法》是党的十八大后国家监察体制快速改革的产物，它为国家监察体制改革奠定了坚实的法治基础，在国家监察体制改革的阶段性法制保障方面画上了一个比较完美的句号。《监察法》是在短时间内制定通过的，其起草论证过程与国家监察体制改革试点及试点推开实践同步，承载了国家监察体制改革顶层设计者赋予的诸多立法愿景，在深化国家监察体制改革、加强对所有行使公权力的公职人员的监察监督、深入开展反腐败工作及推进国家治理体系和治理能力现代化等方面，具有重大意义，鲜明体现了"诸法合一"的综合性立法特质。

《监察法》实施后，2020 年 7 月 1 日实施了与《监察法》配套的《中华人民共和国公职人员政务处分法》（以下简称《政务处分法》），《政务处分法》共七章六十八条，专门规定了监察机关实施政务处分的原则、种类、权限、程序和法律责任等。2022 年 1 月 1 日起又实施了与《监察法》配套的《中华人民共和国监察官法》（以下简称《监察官法》），《监察官法》共九章六十八条。《政务处分法》和《监察官法》的立法目标都是"推动（进）监察工作规范化、法治化"。尤需注意的是，2021 年 9 月 20 日起又实施了由国家监察委员会全体会议通过的九章二百八十七条的《中华人民共和国监察法实施条例》（以下简称《实施条例》）。本文以《监察法》及《实施条例》等为主展开论述。

一、《监察法》的反腐败法特质：构建了中国特色反腐败斗争的制度框架

多年前，一些学人不断呼吁中国要尽快制定诸如反腐败法之类的国家立法，期待以此能够有效解决腐败高发多发和大案要案频发易发的难题。《监察法》的实施使这一愿望庶几得以实现。《监察法》是反腐败国家立法，是一部对国家监察工作起统领性和基础性作用的法律，其第一条开宗明义将"深入开展反腐败工作"作为立法目标。这一定性要联系党的十八大后党和国家加强以反腐败为指向的国家监察体制改革及其立法来理解。首先，既往的行政监察体制对于新形势下的反腐败工作捉襟见肘。党的十八大后，反腐败斗争形势依然严峻复杂，与党风廉政建设和反腐败斗争的要求相比，我国的行政监察体制机制存在着明显不适应问题。主要表现在：监察范围过窄，行政监察对象主要是行政机关及其工作人员，还远远没有做到对所有行使公权力的公职人员监察全覆盖；反腐败力量分散，反腐败职能既分别行使，又交叉重叠，没有形成合力；体现专责和集中统一不够等。其次，必须明确国家监察体制改革的目标。深化国家监察体制改革，是以习近平同志为核心的党中央从新时代党的历史使命出发作出的重大决策部署，是事关全局的重大政治体制改革，是党和国家政治体制、政治权力、政治关系的重大调整。为此，有必要组建党统一领导的反腐败工作机构即各级监察委员会，将行政监察部门、预防腐败机构和检察机关查处贪污贿赂、失职渎职以及预防职务犯罪等部门的工作力量整合起来，把反腐败资源集中起来，把执纪和执法贯通起来，攥指成拳，形成合力。国家监察体制改革的目标是，整合反腐败资源力量，加强党对反腐败工作的集中统一领导，构建集中统一、权威高效的中国特色国家监察体制，实

现对所有行使公权力的公职人员监察全覆盖。[①]再次，必须通过立法实现改革目标。制定《监察法》是深化国家监察体制改革的内在要求和重要环节，是贯彻落实党中央关于深化国家监察体制改革决策部署的重大举措，是坚持和加强党对反腐败工作的领导，构建集中统一、权威高效的国家监察体系的必然要求。十八届中央政治局、中央政治局常务委员会和中央全面深化改革领导小组多次专题研究深化国家监察体制改革、国家监察相关立法问题。通过立法，把党的十八大以来在推进党风廉政建设和反腐败斗争中形成的新理念新举措新经验以法律形式固定下来，巩固国家监察体制改革成果，使党的主张通过法定程序成为国家意志，为新形势下反腐败斗争提供坚强法治保障，保障反腐败工作在法治轨道上行稳致远。[②]

《监察法》的实质属性是反腐败国家立法，这一点也集中体现在《监察法》的立法目的、监察委员会的职能、监察工作指针、监察委员会的职责等具体的制度性内容之中。（1）《监察法》第1条将"深入开展反腐败工作"规定为主要目的之一。（2）《监察法》第3条明确规定了监察机关的法律地位和三项职能："各级监察委员会是行使国家监察职能的专责机关，依照本法对所有行使公权力的公职人员（以下称公职人员）进行监察，调查职务违法和职务犯罪，开展廉政建设和反腐败工作，维护宪法和法律的尊严。"（3）《监察法》第6条是关于监察工作方针的规定，从立法上回答了如何实现"三不腐"。《监察法》第6条规定："国家监察工作坚持标本兼治、综合治理，强化监督问责，严厉惩治腐败；深化改革、健全法治，有效制约和监督权力；加强法治教育和道德教育，弘扬中华优秀传统文化，构建不敢腐、不能腐、不想腐的长效机

[①] 李建国：关于《中华人民共和国监察法（草案）》的说明，最后访问时间：2020年9月10日，http://www.npc.gov.cn/npc/xinwen/2018-03/21/content_2052363.htm.
[②] 李建国：关于《中华人民共和国监察法（草案）》的说明，最后访问时间：2020年9月10日，http://www.npc.gov.cn/npc/xinwen/2018-03/21/content_2052363.htm.

制。"此外，《实施条例》第5条规定：监察机关应当坚定不移惩治腐败，推动深化改革、完善制度，规范权力运行，加强思想道德教育、法治教育、廉洁教育，引导公职人员提高觉悟、担当作为、依法履职，一体推进不敢腐、不能腐、不想腐体制机制建设。根据解释，这些规定的主要目的是贯彻落实党的十九大精神，将党的十八大以来反腐败工作的重要思想、目标、要求和实践经验总结，以法律的形式固定下来，有利于继续强化不敢腐的震慑，扎牢不能腐的笼子，增强不想腐的自觉，通过不懈努力换来海晏河清、朗朗乾坤。[①]（4）《监察法》第11条全面规定了各级监察委员会反腐败（预防和惩治腐败）的三项职责：监督、调查、处置。

二、《监察法》的组织法特质：形成了中国特色监察机关的组织系统

在我国，由《宪法》规定的国家机关大多有专门的组织法，这几乎是一种传统，而制定这些组织法的依据仍然是《宪法》。（1）全国人大组织法。《宪法》第78条规定："全国人民代表大会和全国人民代表大会常务委员会的组织和工作程序由法律规定。"1982年12月10日，第五届全国人民代表大会第五次会议通过了《中华人民共和国全国人民代表大会组织法》（五章四十六个条文），2021年修改后为五章四十九个条文。这个组织法是在1954年组织法的基础上修改补充的。"这次提请大会审议的《全国人民代表大会组织法（草案）》，是在1954年制定的《全国人民代表大会组织法》的基础上，由全国人大常委会办公厅和法制委员会草拟的。……这次拟订的《全国人民代表大会组织法（草

[①] 中央纪委国家监委法规室：《中华人民共和国监察法释义》，中国方正出版社2018年版。

案）》，根据宪法的有关规定，并总结我国建立全国人民代表大会以来的工作经验，对 1954 年制定的《全国人民代表大会组织法》作了较大的修改和补充，主要是对全国人大和全国人大常委会的组织和工作程序作了一系列的具体的规定。"①（2）国务院组织法。《宪法》第 86 条规定："国务院的组织由法律规定。"1982 年 12月 10 日，第五届全国人民代表大会第五次会议通过了《中华人民共和国国务院组织法》（以下简称《国务院组织法》）（十一个条文），其第一条规定："根据中华人民共和国宪法有关国务院的规定，制定本组织法。"1982 年的《国务院组织法》是在 1954 年国务院组织法的基础上重新拟定的。"《国务院组织法（草案）》，是在 1954 年制定的《国务院组织法》的基础上，由国务院重新拟订的。……这次拟订的《国务院组织法（草案）》，是根据宪法的有关规定，总结多年来政府工作的实际经验和一年来国务院机构改革的经验，以 1954 年制定的《国务院组织法》为基础重新修订的。为了进一步健全国务院的组织和各项工作制度，有利于提高国家行政机关的工作效率和工作质量，草案对原组织法作了一些重要的修改和补充。"②（3）地方各级人大和地方各级人民政府组织法。《宪法》第 95 条规定："地方各级人民代表大会和地方各级人民政府的组织由法律规定。自治区、自治州、自治县设立自治机关。自治机关的组织和工作根据宪法第三章第五节、第六节规定的基本原则由法律规定。"现行的《中华人民共和国地方各级人民代表大会和

---

① 习仲勋（时任全国人大常委会副委员长兼法制委员会主任）：《关于四个法律案的说明》，1982 年 12 月 6 日在第五届全国人民代表大会第五次会议上。最后访问时间：2018 年 9 月 11 日，http://law.npc.gov.cn:8081/FLFG/flfgByID.action?flfgID=247161&showDetailType=QW&zlsxid=23.

② 习仲勋（时任全国人大常委会副委员长兼法制委员会主任）：《关于四个法律案的说明》，1982 年 12 月 6 日在第五届全国人民代表大会第五次会议上。最后访问时间：2020 年 9 月 11 日，http://law.npc.gov.cn:8081/FLFG/flfgByID.action?flfgID=247161&showDetailType=QW&zlsxid=23.

地方各级人民政府组织法》（六十九个条文）是 1979 年 7 月 1 日第五届全国人民代表大会第二次会议通过的。现行《宪法》通过后，1982 年的修改情况是："《地方各级人民代表大会和地方各级人民政府组织法》是 1979 年修订的，这次由法制委员会拟订了修改决议草案，根据宪法作了一些相应的和必要的修改。同时，为了保持法律的稳定性，可改可不改的都没有改。……1979 年第五届全国人民代表大会第二次会议通过的《地方各级人民代表大会和地方各级人民政府组织法》，经过 3 年来的实践，总的看来是适用的。修改决议草案大部分条款是根据宪法作相应的修改。"[1]迄今为止，1979 年的"地方组织法"经历了 1982 年、1986 年、1995 年、2004 年、2015 年、2022 年六次修改，最近一次修改决定是 2022 年 3 月第十三届全国人大五次会议通过的，共五章九十条。（4）人民法院组织法。《宪法》第 129 条规定："人民法院的组织由法律规定。"现行的《中华人民共和国人民法院组织法》（六章五十九个条文）是 1979 年 7 月 1 日第五届全国人民代表大会第二次会议通过的，经过了 1983 年 9 月、2006 年 10 月、2018 年 10 月三次修改。（5）人民检察院组织法。《宪法》第 135 条规定："人民检察院的组织由法律规定。"现行的《中华人民共和国人民检察院组织法》（六章五十三个条文）是 1979 年 7 月 1 日第五届全国人民代表大会第二次会议通过的，经过了 1983 年 9 月 2 日第六届全国人民代表大会常务委员会第二次会议的首次修改和 2018 年 10 月十三届全国人大常委会第六次会议的第二次修改。

2018 年 3 月《宪法》第五次修改时，在第三章"国家机构"中增加规定了现在的第七节"监察委员会"（增写了五个条文），

---

[1] 习仲勋（时任全国人大常委会副委员长兼法制委员会主任）：《关于四个法律案的说明》，1982 年 12 月 6 日在第五届全国人民代表大会第五次会议上。最后访问时间：2021 年 9 月 11 日，http://law.npc.gov.cn:8081/FLFG/flfgByID.action?flfgID=247161&showDetailType=QW&zlsxid=23.

各级监察委员会成为新的国家机关。同时，《宪法》第 124 条规定："监察委员会的组织和职权由法律规定。"这一规定使人们产生了制定监察委员会组织法的惯性思维和合理期待。而从《宪法》对其他国家机关的上述相关规定来看，即便在《监察法》施行后，也还是很有可能出台监察委员会组织法的。然而，在最近几年里这也只是一种可能性而已，因为在十三届全国人大常委会立法规划中，并没有制定监察委员会组织法的立法规划。从解释论视角看，《宪法》关于"监察委员会的组织和职权由法律规定"中的"法律"，可以理解为监察法，而不是惯常意义上的监察委员会组织法。而从上述几个国家机关组织法的内容看，《监察法》关于"监察机关及其职责""监察范围和管辖"等事项的规定，实际发挥了类似监察委员会组织法所发挥的作用。从这个意义上讲，说《监察法》是组织法（《监察法》包括了监察委员会组织法的主要内容），并不为过。

三、《监察法》的行为法特质：厘定了监察机关依法履职的各种行为边界

法律是调整需要由法律调整的各种社会关系的行为规范，为各种特定社会关系的主体划定了行使权力（权利）、履行职责（义务）、承担责任的行为边界，因此，任何一部法律都可以说是行为法，差异只在于具备这种特性的多少和强弱。通常所说的法律规范所具有告知作用、指引作用、评价作用、预测作用、教育作用、强制作用等，归根结底都是着眼于人的行为而言的。法学是研究人的行为的学科，而最有法学学术意义的行为，或许就是法律行为。法律行为一词源于德国法学理论和德国民法典，中文的"法律行为"一词是由日本学者借用汉字中的"法律"和"行为"两个词，把德文 rechtsgeschaft（由"rechts"和"geschaft"组成）译为"法律行为"。[1] 德国法学

---

① 张文显：《法学基本范畴研究》，中国政法大学出版社 1993 年版。

家萨维尼对法律行为给出的定义是"行为人创设其意欲的法律关系而从事的意思表示行为"，大多数法学家接受了这一定义。《中国大百科全书·法学卷》将法律行为解释为"能发生法律上效力的人们的意志行动，即根据当事人的个人意愿形成的一种有意识的活动。它是在社会生活中引起法律关系产生、变更和消灭的最经常的事实。"①法律行为具有社会性（对社会关系实施调整）、法律性（由法律规定并产生法律效果）、可控性（法律控制和人的自我意志控制）和价值性（是人的行为选择的价值载体）等特点。法律行为主要分为个人行为与团体行为、角色行为与非角色行为、单方行为与双方（多方）行为、自为行为与代理行为、行使权利的行为与履行义务的行为、积极行为与消极行为、抽象行为与具体行为、要式行为与非要式行为、合法行为与不合法行为、有效行为与无效行为、私法中的法律行为与公法中的法律行为等类型。

根据上述法律行为的相关原理，《监察法》具有很强的行为法属性。（1）《监察法》是公法，各级监察委员会是《宪法》规定的公权机关，依照法律规定独立行使监察权，不受行政机关、社会团体和个人的干涉。《监察法》设定和规制的行为主要是监察机关实施的监察行为，与监察机关的职能（第三条）、职责（第十一条）、职权（第四章）相对应，监察行为包括监察机关的职能行为、职责行为和职权行为，这些行为都具有法律行为的属性。监察委员会依照《监察法》和有关法律规定履行监督、调查、处置三项职责的行为，是公法上的法律行为。《监察法》第四章是关于"监察权限"的规定，监察机关在行使职权时，可以依法采取谈话、讯问、询问、查询、冻结、调取、查封、扣押、搜查、勘验检查、鉴定、留置等措施，每一项措施实质上都表现为监察机关和监察人员的职务活动和职务行为，也是典型的公法法律行为，具有明确的法律效力，产生清晰的法律后果。（2）监察机关的监察行为，是角色

---

① 张文显：《法学基本范畴研究》，中国政法大学出版社 1993 年版。

行为和自为行为，是行使权力和履行义务相统一（履职尽责）的行为，是积极行为和要式行为，多数情形下也是有相对人的具体（监察对象）行为。值得注意的是，《监察法》第65条详细列举了监察机关及其工作人员不得为之的多种行为，否则要承担相应的法律责任。（3）某些重要而具体的监察行为可能需要专门立法予以特别规定。例如，《监察法》第45条具体规定了监察机关根据监督或调查结果，可以依法作出如下几类处置：谈话提醒、批评教育、责令检查，或者予以诚勉；作出政务处分决定；作出问责决定；移送人民检察院依法审查、提起诉讼；提出监察建议；撤销案件。其中的政务处分问题，因为在监察实践中适用频率会很高，而且涉及的具体问题比较复杂，需要专门进行规定。有鉴于此，在2020年7月1日《政务处分法》实施前，2018年4月，中央纪委国家监委联合印发了《公职人员政务处分暂行规定》（二十三个条文）。

四、《监察法》的授权法特质：赋予了监察机关目标所需的反腐败职权

《宪法第五次修正案（草案）》提出对我国现行《宪法》作出21条修改，最后全部通过。其中11条同设立监察委员会有关。修改后的《宪法》第三章"国家机构"第六节后增加一节，作为第七节"监察委员会"，用五个条文就国家监察委员会和地方各级监察委员会的性质、地位、名称、人员组成、任期任届、领导体制、工作机制等作出规定。《宪法》第123条、124条和125条分别规定：中华人民共和国各级监察委员会是国家的监察机关；中华人民共和国设立国家监察委员会和地方各级监察委员会；中华人民共和国国家监察委员会是最高监察机关，国家监察委员会领导地方各级监察委员会的工作，上级监察委员会领导下级监察委员会的工作。相比于对全国人大及其常委会、国家主席、国务院、地方各级人民代表大会和地方各级人民政府、民族自治地方的自治机关等国家机关

的职权作出的较为详细的列举性规定，《宪法》对监察委员会的职权并未同样作出列举性规定，而是通过"监察委员会的组织和职权由法律规定"对之后的下位法进行授权。

《监察法》以《宪法》为依据，具体承接并落实《宪法》"监察委员会的组织和职权由法律规定"的授权规定，对监察委员会的职权作出了明确规定，通过立法明确赋予监察委员会职权，彰显了授权法的特质。《监察法》和《实施条例》第四章专章专门规定"监察权限"，条文数分别是十七条和一百四十四条，都是所有各章中条文最多的，详细规定了监察机关的监察权限。仔细研习后会发现，《监察法》及《实施条例》对于监察委员会职权的规定呈现出独特的规范逻辑，即具有明显的分散性、层次性、递进性。（1）三合一的监察权。监察委员会的监察权主要来源于行政监察权和检察机关对职务犯罪的侦查权，但又比原来的行政监察权和检察机关职务犯罪侦查权更为宽广。《监察法》用监察权统领监察委员会的职能、职责和权限，是三者合一的监察权，换言之，监察权涵盖了监察委员会的职能、职责和权限三项内容，从职能到职责再到权限（主要涉及第三条、第十一条、第四章等），由宏观抽象逐步到微观具象。（2）《监察法》第 3 条规定的是监察委员会的四项职能：依照《监察法》对所有行使公权力的公职人员进行监察，调查职务违法和职务犯罪，开展廉政建设和反腐败工作，维护《宪法》和法律的尊严。如果对照《中国共产党章程》第 46 条对纪委任务的规定，《监察法》对监察委员会职能的规定，实际上就是监察委员会应当完成的任务。（3）《监察法》第 11 条规定了监察委员会的三项职责："监察委员会依照本法和有关法律规定履行监督、调查、处置职责。"这三项职责其实就是三项前后相继的监察权力：监督权、调查权、处置权。每一项权力都有具体的内容（各自对应的事项）：监督权是对公职人员开展廉政教育，对其依法履职、秉公用权、廉洁从政从业以及道德操守情况进行监督检查。调查权是对涉嫌贪污贿赂、滥用职权、玩忽职守、权力寻租、利益输送、徇私舞弊以及浪费国家资财等职务违法和职务犯罪进行调查。处置权就是对违法的公职人员依法作出政务处分决定；对履行职责不力、失职失责的领导人员进行问责；对涉嫌职务犯罪的，将调查结果移送人民检察院依法审查、提起公诉；向监察对象所在单位提出监察建议。不仅如此，《监察法》第45条还详尽规定了处置权的具体类型。《监察法》施行后，各界对监察委员会调查权的性质关注和争议颇多。（4）《监察法》第四章集中规定了监察机关的"监察权限"。监察机关的监察权限其实就是监察机关在承担职能、履行职责过程中所能够采取的各种措施或手段。观之立法条款的具体内容，监察权限中的10多项措施，主要是为监察机关三项权力之一——调查权服务的，具体诠释了调查权的实际面相，正可谓是"调查措施"。此外，《监察法》第六章还专门规定了国家监察委员会在反腐败国际合作领域的统筹协调和组织协调等重要职责权限。为了保障监察权的顺畅行使，《监察法》第4条规定："监察委员会依照法律规定独立行使监察权，不受行政机关、社会团体和个人的干涉。监察机关在工作中需要协助的，有关机关和单位应当根据监察机关的要求依法予以协助。"

五、《监察法》的控权法特质：彰显了监察权也必须受监督的控权理念

根据《宪法》和《监察法》的规定，监察机关的监察权是一种特殊而强势的公权。为避免权力滥用侵害权利或导致腐败，监察权也必须受到制约和监督，监察权也应被关进制度的笼子里。因此，《监察法》既是授权法，也是控权法，二者并不矛盾，犹如一枚硬币的一体两面，是公权机关权力法定即权力来源法定、权力性质法定及权力边界法定的必然映射。说《监察法》是控权法，主要有两层意思，一方面，《监察法》明确赋予监察机关诸多权力种类，划定了监察机关权力行使的界限，监察机关不得逾越法定权力界限，应当严格遵循"法无授权即禁止"的公权行使法则。从这个意义上

讲，授权同时也具有控权的隐含意义。另一方面，为了使监察机关能够正确正当行使法定权力，《监察法》对行使方式、行使程序、行使要件等事项进行了较为详细的规定，这些规定客观上能够起到限制与控制权力的作用，防止权力滥用，保证监察权在法定轨道上合目的性运行。考虑到监察委员会性质的特殊性（是行使国家监察职能的专责机关，与党的纪律检查机关合署办公，是实现党和国家自我监督的政治机关，不是行政机关、司法机关）、监察职能的广泛及监察权的强大，对监察机关行使权力进行必要的控制，是非常必要的。

　　《监察法》主要从以下几个方面凸显出对监察权进行监控的特质。（1）《监察法》第一章总则对监察权行使和监察工作应遵循的原则提出了明确要求。《监察法》第4条规定：监察机关办理职务违法和职务犯罪案件，应当与审判机关、检察机关、执法部门互相配合，互相制约。《监察法》第5条规定：国家监察工作严格遵照《宪法》和法律，以事实为根据，以法律为准绳；在适用法律上一律平等，保障当事人的合法权益等。这些规定渗透了权力制约思想。（2）监察机关应当以合规合法的方式行使各种监察权限。比如，《监察法》第18条规定：监察机关及其工作人员对监督、调查过程中知悉的国家秘密、商业秘密、个人隐私，应当保密。再如，《监察法》第25条规定，监察机关对调取、查封、扣押的财物、文件，监察机关应当设立专用账户、专门场所，确定专门人员妥善保管，严格履行交接、调取手续，定期对账核实，不得毁损或者用于其他目的。对价值不明物品应当及时鉴定，专门封存保管。（3）确立程序制约机制规范监察权的行使。《监察法》专设监察程序一章，全面规定监察机关履行职责、行使职权必须严格遵循的程序。（4）彰显监督者必受监督的铁律。《监察法》第七章专章规定"对监察机关和监察人员的监督"（九个条文），《实施条例》第七章进一步用二十三个条文详细规定"对监察机关和监察人员的监督"。这些规定明确了对监察机关和监察人员进行监督的十多种具体措施，极大地消除了人们心目中"如何监督监督者"的疑问和顾虑。比如，《监察法》第55条规定：监察机关通过设立内部专门的监督机构等方式，加强对监察人员执行职务和遵守法律情况的监督，建设忠诚、干净、担当的监察队伍。对权力的监督最终会落实到行使权力的具体的人的头上，《监察法》第61条就属于这种情况的问责条款：对调查工作结束后发现立案依据不充分或者失实，案件处置出现重大失误，监察人员严重违法的，应当追究负有责任的领导人员和直接责任人员的责任。（5）通过法律责任机制最大限度实现控权的立法预期。根据《监察法》第65条的禁止性规定，监察机关及其工作人员如有滥用职权、玩忽职守、徇私舞弊等行为的，对负有责任的领导人员和直接责任人员应当依法给予处理。（6）《监察法》中的国家赔偿条款。国家赔偿制度是督促国家机关依法行使职权、防范公权滥用的制度，根据《监察法》第67条的规定，监察机关及其工作人员行使职权，侵犯公民、法人和其他组织的合法权益造成损害的，依法给予国家赔偿。总之，"规范反腐败机构及其工作人员行使职权行为，防止其滥用职权，保护被监察人员人权和其他合法权益"是《监察法》的重要立法目的，为达此目的，《监察法》设计和确立了一系列相应的规范、制度，而且这些规范制度应该说是非常有力和有效的。[①]

六、《监察法》的程序法特质：全面贯穿了遵循正当法律程序的正义思想

《监察法》和之前的《中华人民共和国行政监察法》都很重视程序问题，《监察法》第五章相对集中规定了多达十五个条文的"监察程序"，《实施条例》第五章"监察程序"的条文高达六十六个，《监察法》及《实施条例》将实体规定与程序规则熔入一炉，彰显

[①] 姜明安：《论监察法的立法目的与基本原则》，《行政法学研究》2018年第4期。

程序法特质。这些程序规范包括以下类型：（1）严格运用程序把好监察对象的问题线索处置关。监察机关应当严格按照程序开展工作，对于报案或者举报，应当接受并按照有关规定处理，建立问题线索处置、调查、审理各部门相互协调、相互制约的工作机制。同时，监察机关对监察对象的问题线索，应当按照有关规定提出处置意见，履行审批手续，进行分类办理。线索处置情况应当定期汇总、通报，定期检查、抽查（第三十七条）。为此，监察机关应当设立相应的工作部门履行线索管理、监督检查、督促办理、统计分析等管理协调职能。（2）严格按照程序行使各种监察权限。《监察法》在规定监察机关行使监督、调查职权时，有权依法向有关单位和个人了解情况，收集、调取证据，可以采用谈话、讯问、询问、查询、冻结、搜查、调取、查封、扣押、勘验检查、鉴定、留置等措施。监察机关在采用这些监督、调查手段时，应该严格遵循法定程序。《监察法》第 25 条规定，监察机关采取调取、查封、扣押措施，应当收集原物原件，会同持有人或者保管人、见证人，当面逐一拍照、登记、编号，开列清单，由在场人员当场核对、签名，并将清单副本交财物、文件的持有人或者保管人。《监察法》第 41 条规定：调查人员采取讯问、询问、留置、搜查、调取、查封、扣押、勘验检查等调查措施，均应当依照规定出示证件，出具书面通知，由二人以上进行，形成笔录、报告等书面材料，并由相关人员签名、盖章。（3）严格履行监察机关内部审批和报批程序。《监察法》第 38 条规定：需要采取初步核实方式处置问题线索的，监察机关应当依法履行审批程序，成立核查组。初步核实工作结束后，核查组应当撰写初步核实情况报告，提出处理建议。承办部门应当提出分类处理意见。初步核实情况报告和分类处理意见报监察机关主要负责人审批。《监察法》第 40 条规定：经过初步核实，对监察对象涉嫌职务违法犯罪，需要追究法律责任的，监察机关应当按照规定的权限和程序办理立案手续。监察机关主要负责人依法批准立案后，应当主持召开专题会议，研究确定调查方案，决定需要采取的调查措施。

又如，监察机关采取留置措施，应当由监察机关领导人员集体研究决定。设区的市级以下监察机关采取留置措施，应当报上一级监察机关批准。省级监察机关采取留置措施，应当报国家监察委员会备案。再如，监察机关在调查贪污贿赂、失职渎职等职务犯罪案件过程中，被调查人逃匿或者死亡，有必要继续调查的，经省级以上监察机关批准，应当继续调查并作出结论。（4）严格遵循监察对象申请复审复核的程序。根据《监察法》第49条的规定，监察对象对监察机关作出的涉及本人的处理决定不服的，可以在收到处理决定之日起一个月内，向作出决定的监察机关申请复审，复审机关应当在一个月内作出复审决定；监察对象对复审决定仍不服的，可以在收到复审决定之日起一个月内，向上一级监察机关申请复核，复核机关应当在二个月内作出复核决定。

《监察法》及《实施条例》规定的一系列程序规范和制度内容具有非常丰富的权力运行逻辑和极为深刻的正义思想。（1）监察程序体现了程序公正精神。"在社会生活中，为了形成一定的结果或状态，人们伴随着一段时间经过的活动过程是必要的。这就是广义上的'程序'。如果把重点放在实体的正义上，程序则可能被视为只具有次要的意义。但是，由于程序的不同从而引起结果发生了重大变化的情况，也是我们生活中的常识。于是，就有了可能考虑程序自身的存在理由以及区分合乎正义与不合乎正义的程序。这种在程序的层次上成为考察对象的正义，可称之为'程序的正义'（procedural justice）。"① 监察权既是实体性权力也是程序性权力，是实体权和程序权的高度统一。监察机关拥有诸多重要职权，及其行使这些权力可以相应采取的一些强制性措施，但同时也必须在法定程序内行使职权。程序正义是"看得见的正义"，依法定程序行使的监察权，才能够真正实现立法目的。（2）监察程序体现了权

① ［日］谷口安平：《程序的正义与诉讼》，王亚新、刘荣军译，中国政法大学出版社1996年版。

力制约精神。程序是对权力汪洋恣肆的限制，程序规则是权力制衡机制。监察程序是保证监察机关理性有序行使监察权的制度化基石，用正当法律程序将实体权关进程序规则的笼子里，有助于防止监察权的滥用，最终有利于实现实体公正。（3）监察程序体现了人权保障精神。一是关于录音录像的规定。《监察法》第 41 条第 2 款规定："调查人员进行讯问以及搜查、查封、扣押等重要取证工作，应当对全过程进行录音录像，留存备查。"二是刑期折抵符合法治要求。《监察法》第 44 条第 3 款规定："被留置人员涉嫌犯罪移送司法机关后，被依法判处管制、拘役和有期徒刑的，留置期限应当折抵刑期。留置一日折抵管制二日，折抵拘役、有期徒刑一日。"① 三是关于被留置人员的权利保障。《监察法》第 43 条规定：留置时间不得超过三个月。在特殊情况下，可以延长一次，延长时间不得超过三个月。省级以下监察机关采取留置措施的，延长留置时间应当报上一级监察机关批准。监察机关发现采取留置措施不当的，应当及时解除。此外，《监察法》第 44 条规定了"保障被调查人的饮食、休息和安全，提供医疗服务，讯问被调查人应当合理安排讯问时间和时长"。四是明确规定了监察机关的国家赔偿责任。《监察法》第 67 条规定："监察机关及其工作人员行使职权，侵犯公民、法人和其他组织的合法权益造成损害的，依法给予国家赔偿。"将监察机关纳入国家赔偿的义务机关，承担对监察对象的赔偿责任，体现了规制权力和保障人权的双重法治精神。

---

① 陈光中、兰哲：《监察制度改革的重大成就与完善期》，《行政法学研究》2018 年第 4 期。

论监察职务犯罪调查人员的出庭作证义务 [①]

王 译 [②]

摘 要：职务犯罪调查人员对取证行为的合法性承担出庭作证的义务，这实质上是非法证据排除规则在庭审阶段的体现。为贯彻证据调查的直接性原则与在场原则，职务犯罪调查人员须就取证行为的合法性予以口头说明，并应承担接受询问和质证的实质义务。作为公职人员出庭作证，职务犯罪调查人员应从身份上确立"程序证人"的基本属性。出庭作证义务的设定应从证据调查的直接性、确保真实发现及平衡"调—诉—审"三方权利义务关系等方面考量。从作证主体上，辅助职务犯罪调查的工作人员应承担出庭作证义务，同时应明确"程序证人"诉讼负担的具体限度。从审批程序上，应注重法官"通知"义务与"提请＋批准"程序之间的平衡关系。从违反出庭作证义务的后果上，应厘清不出庭和出庭作证不合法之间的差异化规制方式。

关键词：传闻证据；程序证人；直接性原则；交叉询问

---

① 原文刊发于《宁夏大学学报（人文社会科学版）》2022 年第 3 期。本文系国家重点研发计划重点专项"智慧司法科学理论与司法改革科技支撑技术研究"（项目编号：2020YFC832400）的阶段性研究成果。
② 作者简介：王译，湖南邵阳人，法学博士，硕士生导师，湘潭大学纪检监察研究院特聘研究员。

一、引言

2018年《刑事诉讼法》的修订进一步强化了监察调查与刑事诉讼程序间的协调与衔接。诚如学者所言，《刑事诉讼法》的修改与《监察法》法法衔接，具有至高的合宪性，其职能互补具有内在的合理性，破解难题具有极强的实践性，以及在跨境追逃追赃国际合作中具有周密的战略性等突出特点。[①]由监察调查程序可知，职务犯罪调查终结后，经审查起诉而进入到法庭审理中的监察证据具备相应之证据能力。在英美法系庭审规则中，为形成法官心证，法院在庭审期间，须对起诉证据作证据关联性与可采性审查。而我国在刑事庭审阶段对起诉证据作法庭调查时，当前立法尚未明确职务犯罪调查人员出庭作证的义务。监察调查人员就取证行为合法性担负出庭作证义务，实质上是非法证据排除规则在庭审阶段的体现。为在法庭审理中避免监察调查移送起诉的证据欠缺了法官必要的证据调查，同时为贯彻证据调查的直接性原则与在场原则，监察调查人员须就其在监察调查期间所收集证据的行为合法性予以口头说明，并应接受交叉询问以及辩护方的质证，此应为当前完善监察证据衔接规则的应然期待。为表述方便，"职务犯罪调查人员"实质上即"负有职务犯罪案件监察调查职责的工作人员"。从审查起诉阶段的实质审查规则可知，法官在法庭审理阶段，可运用实物鉴真法则排除非法实物证据，借鉴大陆法系"证言拒绝权"明确不得"强迫自证己罪"在非法证据排除规则中的内涵。为避免审查起诉与法庭审理两个阶段分别由检察机关和法院负担证据审查之义务引发的内容重复，本文贯彻证据调查直接性原则，对职务犯罪调查人员出庭作证义务作进一步论述，主要从调查人员出庭作证义务的应

[①] 吴建雄：《刑事诉讼法与监察法衔接的反腐逻辑与反腐理念》，《新疆师范大学学报（哲学社会科学版）》2019年第3期。

有内涵、设定必要性以及实践路径等方面展开，以期为完善与刑事审判程序间的衔接提供可行建议。

二、职务犯罪调查人员出庭作证义务的应然内涵

在一般刑事案件的审理过程中，检察机关基于公诉人的主体地位，须对起诉罪名所涉证据的合法性审查承担举证责任，证明过程中存在由侦查人员出庭说明情况的义务。侦查人员作为证明主体，以"法院通知"为程序启动前提，在审理期间就取证合法性事实当庭"说明情况"，其法律依据源于《刑事诉讼法》第59条第2款。该规定作为我国2012年《刑事诉讼法》修正案的重要内容，是对侦查机关收集证据进行法庭调查的重大立法进步，其在对取证行为合法性进行书面"说明情况"的基础上增加了"出庭"义务。[①]其他涉及侦查人员取证行为合法性的规范性文件，还可从2017年"两高三部"《关于办理刑事案件严格排除非法证据若干问题的规定》（以下简称《严格排除非法证据规定》）中找到依据。此规定承继了2010年《排除非法证据规定》，从主体上将"讯问人员"扩大至"侦查人员"，从内容上扩大了证明义务的范围。从讯问笔录、讯问过程的录音录像资料或者其他证据，到包括讯问、勘验、检查、搜查、扣押、羁押等侦查过程在内，监察机关应对调查期间收集的全部证据的合法性予以证明。此处规范中体现的侦查人员出庭作证义务，是为证明监察调查人员在"程序性事实"中同样可具备程序证人的身份。在《刑事诉讼法》第59条第2款中，立法尽管表明了侦查人员的出庭并非作为代表身份，而是须作为"程序证人"的角色，但由现有规范可知，当前并无规定要求侦查人员必须接受"法

[①] 侦查人员出庭作证在 2012 年《刑事诉讼法》修正案中为第 57 条第 2 款，在 2018 年《刑事诉讼法》修订后顺序调整至第 59 条。

官"和"辩护人"的询问。[①]

笔者认为，在结果归责层面，职务犯罪调查已具备刑事诉讼特质。且《监察法》第33条在证据收集层面准用刑事证据标准。虽然职务犯罪调查人员出庭作证义务的设立仍暂付阙如，但这并非表明法官不存在对职务犯罪案件的证据调查义务。对照侦查人员出庭作证的现行规范与制度法理，职务犯罪调查人员出庭作证义务的内涵范畴须界定在合理的学理框架之内，从而在未来立法完善时符合应然的运行实效。具体内容包括以下三个方面：

其一，职务犯罪调查人员出庭作证义务的实现须以干涉主义为基础，作为法官进行直接证据调查的必要方式。刑事诉讼作为以公权力为主导的诉讼构造，在大陆法系早期的刑事诉讼法理论中以干涉主义为理论基础，"干涉主义"从实体上代表以国家权力为内容的公诉权特质，而从程序上又体现为"职权主义"的另类样貌。[②]在审理期间，尤以法官"通知"侦查人员出庭最为明显。其二，职务犯罪调查人员出庭作证的身份应为证人。对照现有侦查人员出庭作证的制度设计，出庭作证的侦查人员从身份上存在着"实体证人""程序证人"与"证人否定"三种形态，[③]还有学者将其归纳为"目击证人""程序证人"与"辨认鉴真证人"。[④]根据大陆法

[①] 有学者提出，侦查办案人员无论以何种证人身份出庭均应以"问答"方式接受询问和质证，这是为了回应出庭作证主体证人身份属性的应然逻辑前提。当检察机关可提请法院通知侦查人员出庭时，其应属证明义务范畴。参见张保生：《非法证据排除与侦查办案人员出庭作证规则》，《中国刑事法杂志》2017年第4期。

[②] 刑事诉讼以不准检事不起诉及犯人被害者私和为原则，因而干涉主义强调程序启动的主动性。因而，出庭作证更表现为公法上的义务特征。参见[日]冈田朝太郎：《刑事诉讼法》，熊元襄译，上海人民出版社2013年版，第9页。

[③] 董坤：《侦查人员出庭说明情况问题研究》，《法学》2017年第3期。

[④] 侦查人员出庭作证的身份一般划分为"目击犯罪发生的证人""关于量刑事实的证人"以及"非法证据排除程序中的情况说明人"等几种类型。笔者认为，此类划分不足以概括实践全貌，因其仅以"事实"或"程序"为二分法标准提出三种类型，缺失"辨认鉴真"与"证人否定"的情形。参见程衍：《论非法证据排除程序中侦查人员的程序性被告身份》，《当代法学》2019年第3期。

系证据法原理，出庭作证乃是以人的证据方法实现法官证据调查效果。证人指依靠五官作用，就观察所得的事实向法官或合议庭作陈述的证据方法。[①]其三，职务犯罪调查人员出庭作证属于诉讼义务，内容上应涵盖出庭义务、陈述义务、证言义务与宣誓具结义务等四个方面。[②]

出庭义务即指证人应到场义务，到场属于公法义务的应尽内容，须在法官诉讼指挥下到达庭审空间以内，在诉讼当事人之间接受询问与质证。若违反此义务则应由法官对其进行制裁。[③]陈述义务即就真实感知如实供述，此职务犯罪调查人员出庭作证，主要指对调查阶段证据收集行为与方法上是否合法的事实进行供述，因而对犯罪事实"目击"以及对物证的辨认鉴真不应涵盖在此种情形内。证言义务即职务犯罪调查人员应接受法官询问，接受公诉方与辩护方的交叉询问与质证。职务犯罪调查人员作为公务员，在证人询问质证程序中存在特殊情形，即职务上应遵守秘密事项的保密义务。除经由法官释明有碍国家利益外，不得拒绝接受询问与质证。[④]此证言义务的不履行，从程序上一般由上级机关决定。由此，公职人员因拒绝证言而产生的不利得以免除。因我国刑事诉讼并无审判上的宣誓与具结义务，从理论上，宣誓义务为确保证言真实而以具结作

[①] 占善刚：《证据协力义务之比较法研究》，中国社会科学出版社 2009 年版，第 143 页。

[②] 刑事诉讼中的证人义务类型划分也应参照此理，这是由于当前我国立法实践中证人宣誓或具结的规定付诸阙如。参见占善刚：《证据协力义务之比较法研究》，中国社会科学出版社 2009 年版。

[③] 与出庭参加言词辩论当事人的诉讼负担对比，证人出庭作证的诉讼义务有别于当事人缺席对该诉讼法上负担的不履行，证人不出庭从后果上存在着法官对证据能力认定的影响。但当事人缺席从程序上亦应参照当事人不出庭作证的效果予以适用。参见占善刚：《我国民事诉讼中当事人缺席规制之检讨》，《法商研究》2017 年第 6 期。

[④] 占善刚：《证据协力义务之比较法研究》，中国社会科学出版社 2009 年版。

为方法，亦符合伪证罪的构成要件。[1]

三、探讨设立职务犯罪调查人员出庭作证义务的必要性

当前立法之所以对侦查机关不派员出庭或减轻其出庭义务，主要考虑到侦查一线工作人员压力巨大的实际现状。当侦查人员就侦查阶段取证行为合法性出庭作证时，其出庭率与出庭效果可因办案压力乃至作证义务内容之缺失受到一定减损。当立法以不出庭之方式要求侦查人员可提出书面的"情况说明"时，即表明其举证责任从立法上得以减轻或免除，[2]但这导致非法证据排除的真实性受到影响。实践中，立法对侦查人员出庭作证的规定仅停留于"代表身份"，而非赋予其与辩护人进行对质的诉讼权利。诚如学者所言，在单纯的"合法性说明"中充斥着带有"虚伪表示"的出庭作证形式，这可导致侦查人员不仅自证其罪存在客观不能，而且有悖于直接言词原则。从形式上，此类"虚伪表示"若从"书面"转换到"言词"，也并不能将侦查人员出庭作证的要求反映在刑事庭审过程之中。[3]也有学者表示，立法对侦查人员出庭作证的规定，属于对其高负荷工

---

① 是否应就职务犯罪调查人员出庭作证设置签署如实作证的保证书程序，须考量侦查人员出庭作证配套立法的进展情况。宣誓具结义务在德国刑法第154条、日本刑法第169条以及我国台湾地区"刑法"第168条中，可作为"伪证罪"成立要件之一。参见占善刚：《证据协力义务之比较法研究》，中国社会科学出版社2009年版。
② 此类举证责任的实现一般通过提出文书的方式完成。文书提出作为证据方法，其主体上应满足不负举证责任的前提条件。在日本刑事诉讼法中，主要指刑事案件的诉讼文书，其内容上主要涉及不应公开的审理事实。显然本文所指"书面情况说明"不属此类，应以证人身份出庭对取证行为合法性之程序性事项承担举证责任。转引自占善刚：《证据协力义务之比较法研究》，中国社会科学出版社2009年版。参见[日]小林秀之：《新证据法（第2版）》，弘文堂2003年版，转引自占善刚：《证据协力义务之比较法研究》，中国社会科学出版社2009年版。
③ 程衍：《论非法证据排除程序中侦查人员的程序性被告身份》，《当代法学》2019年第3期。

作的有限关照。同时，此种处理契合了自由证明当中的证据调查基本方式。因疏漏产生的司法责任，可导致侦查机关办案积极性降低。由此，立法设计的出庭说明情况的义务，有别于"传统证人"的接受交叉询问与质证义务。[①] 当前，侦查人员尽管须承担"书面说明情况"的义务，但作为侦查机关的代表，不论从身份还是从诉讼义务履行方式上，均有别于普通刑事审理程序中的一般证人。

从功能意义上看，立法对"书面"到"口头"的出庭方式变革，绝非希望仅为此类表示增加所谓的言辞形式，而更希望从证据调查之实施层面注重出庭义务的实质内容。因此，职务犯罪调查人员出庭义务的设定，须从证据调查的直接性、以真实发现为目的的庭审实质化、优化"调查－审判"关系等三个维度分别展开。

（一）为贯彻证据调查直接性原则

证据调查是法院从证据方法中获取证据原因的诉讼行为，法官或合议庭在证据调查的结果中可形成裁判事实的重要基础。[②] 职务犯罪调查人员出庭作证，其目的在于将取证行为合法性予以自证，从而在法官的直接亲历感知中形成心证。倘若仅由书面的文书进行审理，无异于从事实认定上比照刑事二审程序采取书面审理，有悖于言词原则。从刑事诉讼构造中的两造对立可知，言词辩论原则亦为证据调查直接性原则的直观反映。职务犯罪调查阶段因排斥适用刑事诉讼法，其调查过程之单向、封闭与秘密程度均高于刑事侦查，极易导致证据收集的合法性在书面的单方自证中难以自圆其说。在刑事审判过程中，非法证据的排除可经由言词辩论对取证行为合法性进行深度探知，以对在刑事审查起诉阶段证据筛查功能予以补足。较之书面的材料审查或侦查人员出庭以言词方式简要作出

[①] 董坤：《侦查人员出庭说明情况问题研究》，《法学》2017 年第 3 期。
[②] 法官进行证据调查，基于直接性与在场性，可依照直接体验获取一手判决资料，有助于实现证据价值与证据调查结果的最优评价，同时便于真实发现。参见占善刚：《证据协力义务之比较法研究》，中国社会科学出版社 2009 年版。

的"情况说明",法官让职务犯罪调查人员出庭作证的目的,并非将既有的"现成材料"交由法庭进行重新宣读,而为借助五官作用在询问与质证中形成心证,从而避免出庭证人的虚伪供述对判决结果造成的不当影响。由此,证据调查的直接性更须以询问与质证方式得以实现。诚如学者所言,有别于事实部分的严格证明标准,取证合法性系证据能力的判断,乃属程序的事实之证明,经自由证明即为已足。[①]

(二)为实现真实探知的目的

有学者指出,以证人身份直接出庭参与庭审,乃是依照法定证据调查方法,对负有证明义务的主体行为予以限定,其目的在于诉讼推进与真实发现。[②]"以审判为中心",即要求控、辩、审三方均须围绕事实认定、法律适用的标准与要求展开,其关键在于实现庭审实质化。[③]尽管证人不得被强迫自证其罪,但职务犯罪调查人员就取证行为合法性的程序性事实出庭并接受质证,不仅可回应调查期间证据收集的秘密性质疑,更可帮助包括法官在内的庭审参加主体充分发掘取证细节,反映实质性的庭审效果。[④]在传统证据法理论中,证据收集合法性事实的认定被排除在证明对象范畴之外。证据收集合法性事实既非实体性事实,亦非程序性事实。倘若将取证行为合法性事实作为证明对象,须满足一方当事人运用证据加以证明的条件。因而,对于证据收集行为合法性的事实再提出相应的

[①] 陈朴生:《刑事证据法》,台湾三民书局1979年版。

[②] 刑事诉讼除严格证明情形外,对于一般刑事案件的审理采用自由心证主义,因而言词辩论相较于文书材料,更能直观体现法官在证据调查中基于五官作用呈现的判断价值。此以人证为法定的证据方法,是调查特定事实的客观要求所在。本文所指的职务犯罪调查人员,包括既有规范中侦查人员在内的"取证行为合法性",作为"程序性事实"即应贯彻此原则。参见占善刚:《证据协力义务之比较法研究》,中国社会科学出版社2009年版。

[③] 程凡卿:《以审判为中心视角下的侦诉与审判关系研究》,《法学杂志》2018年第1期。

[④] 陈卫东:《以审判为中心:解读、实现与展望》,《当代法学》2016年第4期。

证明，则存在循环证明之嫌。由此，借助法官通过对证据材料的审查判断辅以印证证明规则，将证据收集合法性事实在程序性争点的自由证明标准中可予明辨之。[①]倘若将此类事实排除，则让职务犯罪调查证据合法性事实免于证明或直接形成自证，有悖于证据调查的基本逻辑。当严格证明与自由证明存在证明负担的分野时，须明确前者是为了适用于实体犯罪事实的证明；而作为自由证明范畴的程序争点，并不受法定证据方法与证据程序的限制，可超出自由心证法定限制以评价系争证据的证明力。[②]因而，证据收集行为的合法性事实若排除在证明对象外，则无法官自由评价以确证该类事实证据能力的可能。笔者认为，为实现真实探知目的，证据收集合法性事实应属于证明对象。即便存在重复证明之虞，亦不得否认其证据事实的本质。近些年来，我国在逐步完善非法证据排除规则。对于监察机关收集证据的合法性问题，当前虽未形成独立程序，但至少从证明对象范畴视角，相较于传统证据法学体现了较为明显的进步。

（三）为平衡"调—诉—审"三方的权利义务关系

当前，监察机关拥有的调查与处置职能实然地覆盖了整个刑事司法机关。作为监察覆盖对象范畴之内的法院，在地位上虽与监察机关同属"一府一委两院"的政治权力体系，但在实践中，法院往往难以对监察机关移送的证据在庭审中再行审查职责。

而排斥适用刑事诉讼法的职务犯罪调查实践现状，在调查过程中，除内部的上下级监督外，仅能以衔接至刑事诉讼程序后的司法

---

① 在实体性争点适用的严格证明标准之下，自由证明标准适用于程序性争点乃为大陆法系证明标准理论的应有之义。对于证据收集合法性事实，既可突破严格证明关于法定证据方法的限制，还可由法庭对不具备证据能力的证据资料依照自由心证进行裁量。裁量范围涵盖证据出示方式以及法官对证据调查方式的选择等。参见［日］田口守一：《刑事诉讼法（第7版）》，张凌、于秀峰译，法律出版社2019年版。

② 自由评价系争证据的证明力是证明系争是否合法告诉的相关证据。参见林钰雄：《严格证明与刑事证据》，法律出版社2008年版。

审查为对监察调查程序的外部监督方式。从理论上，作为"必要原则"与"最后手段"，检察机关举证遭遇困境时，职务犯罪调查人员出庭作证可为防范证据能力不足的证据材料成为刑事判决提供依据，又可为避免冤假错案形成由法官主导的第二道证据审查程序。因我国法官的直接证据调查在庭审实质化中须理顺调查与审判之间的关系，其势必在刑事一审中就实质的书面"情况说明"的情形予以有效应对。当缺失必要的出庭质证的证据资料时，即便从形式上具备合法性要件，仍有沦为传闻证据之虞。理论上除"程序证人"身份外，当调查人员以"辨认鉴真证人"身份出庭时，已然类似于鉴定人出庭的义务，此时有效质证的实现须以可出庭接受询问为前提。[①]因而，基于传闻证据排除规则适用的强制性与可操作性，为避免其不真实、未经宣誓具结，以及有效质证缺失对法官裁量产生的不当影响，其规制目的在于再次审查调查人员以"辨认鉴真证人"身份出庭提出的书面鉴定意见。[②]

此外，基于证据调查对法官心证产生的直接影响，作为间接证据的取证行为合法性事实，在缺失必要的证人出庭时，应作为传闻证据以排除其合法性。而事实上存在着可变通的实践做法，即在职务犯罪调查中，对于取证合法性部分，往往通过出具调查和羁押文书以及书面的"情况说明"替代出庭作证，以规避与辩护人、被告人之间的交叉询问和对质。"交叉询问"在比较立法中又被称"交互诘问"，而基于交互诘问的反诘问，作为"对质权"的内容被美国证据法学者John Wigmore认定为"为发现真实之有效利器"。

---

① 在英美法当中，出庭证人的到场宣誓义务的履行可对事实认定的效力产生重要影响。尤其在以"目击证人"身份出庭时，通常由目击证人提供关于侵害事实的直接证据，宣誓并接受询问可使得构成旁证之事实具备更有益的可采性。参见 Albert H. Putney. "Criminal Law Criminal Procedure Wills Administration: Examination Questions." Cree Publishing Company Minneapolis, 1908(10).

② 刘玫：《传闻证据规则及其在中国刑事诉讼中的运用》，中国人民公安大学出版社 2007 年版。

当有效质证无法得到保障时，防范冤假错案俨然是制度的"空中楼阁"。①从职务犯罪调查到刑事审判，其程序衔接从本质上反映了基于同种性质诉讼标的"调查—诉讼"阶段的差异。"调查—审判"衔接程序的正当性在于排除审前预判，其指正式庭审开始之前，法官对职务犯罪调查移送审查起诉的相应证据材料已经形成了先入为主的内心确信。在正当司法的程序控制与相互协作的前提下，调审衔接制度的运行更应侧重强调对调查证据的司法审查，确保调查人员出庭作证以及接受包括律师在内主体询问的有效质证制度。②

因此，即便现今侦查人员出庭作证制度往往在实践中仍易流于形式而成为"情况说明"的宣读程序，但其身份上的证人属性须在立法中得以明确。③出庭义务的确立可在确保有效质证的前提下，最大限度防范冤假错案对司法公信造成的负面影响，同时还可确保监察机关监督效能在正当司法程序中得以彰显。

四、职务犯罪调查人员出庭作证义务的可能限度

对职务犯罪调查人员出庭义务作具体化建构，实则为追求司法的正当程序原则，避免因调查取证行为的不合法，而从程序上剥夺了犯罪嫌疑人、被告人在法庭审理中的辩论权与质证权。有学者提

---

① 参见林钰雄：《严格证明与刑事责任》，法律出版社 2008 年版；Daniel H. Foote：《当事人进行主义：日本与美国》，王兆鹏译，《台湾法学丛刊》1999 年第 174 期。

② 张可：《以审判为中心的侦审关系：反思、追问与展望》，《郑州大学学报（哲学社会科学版）》2017 年第 2 期。

③ 即便是将"书证"转换为"人证"，仅停留于将取证合法性的"书面说明"改换为"口头说明"，拒绝与辩护人的质证实然形态上并非呈现出证人的属性。参见董坤：《侦查人员出庭说明情况问题研究——从〈刑事诉讼法〉第 57 条第 2 款切入》，《法学》2017 年第 3 期。

出，法庭认为现有证据不足以证明监察调查人员取证行为的合法性时，辩护人存在申请调查人员出庭作证的需要。即法官以出庭证人为证据调查方法，通过当庭质证发现违法取证的细节，借助直接言词原则实现自由心证目的。①现有的监察法与《严格排除非法证据规定》未明确对此类证据的调查方式，且侦查人员出庭作证义务亦因"侦查机关代表"身份存在虚置之嫌。立法应立足于监察法文本规范，参考《刑事诉讼法》中关于侦查人员出庭作证的概括规则，对其出庭义务予以具体化。尤其是辩护人享有申请职务犯罪调查人员出庭作证的程序启动权，才是法官证据调查的应有之义。职务犯罪调查人员出庭作证义务的具体构建，主要为了反映刑事审理过程中当控辩双方穷尽其他证明手段和证据方法时，不足以排除法官对监察调查人员取证行为合法性的合理怀疑，此时调查人员履行出庭作证义务，可在庭审质证环节补足缺失的言词证据。且《刑事诉讼法》第 192 条第 1 款规定，该类证人证言对案件定罪量刑存在重大影响的，应由本人亲自出庭接受询问与质证。由此，出庭作证义务的具体规制应从出庭作证的主体范围、程序证人的身份属性、出庭作证的批准程序、作证义务违反的不利后果等方面进行考量，以确保职务犯罪调查人员收集证据的能力可通过庭审质证辩论环节，从而取得证据的实质效力。

（一）出庭作证的主体范围

出庭作证的证人主体范围应涵盖负有职务犯罪调查职责的监察机关工作人员。此处所指"监察机关工作人员"，从目的上解释，应为行使"职务犯罪调查职责"的"工作人员"或"监察官"，但不应限于二者，尤其在需要专家证人出庭时，其作为监察辅助人员

---

① 程衍：《论非法证据排除程序中侦查人员的程序性被告身份》，《当代法学》2019 年第 3 期。

亦须承担出庭作证义务。[①]对于职务犯罪调查期间协助办理犯罪案件的借调办案工作人员（包括公安机关进行技术调查协助的工作人员），亦应对其调查收集证据行为的合法性担负出庭作证义务。但因出庭作证耗时费力，奋战在一线的职务犯罪办案人员往往身兼数责，也许虽然职务犯罪案件已进入刑事审判环节，但其本人可能因办理其他案件而无法抽身出庭。尤其在以简化庭审环节、提升诉讼效率为目标的诉讼改革背景下，对出庭作证人员的范围界定，须满足"与本案取证行为存在直接关联"的必要前提。[②]监察机关亦须从内部将出庭作证的人员范围限定于"职务犯罪调查部门"，承担"职务违法调查"职责的工作人员不在此列。同时，作为职务犯罪被告人近亲属的调查人员，其强制出庭作证义务亦并非当然免除，而须考量其作证效果对案件的直接影响，此属参照《刑事诉讼法》第 193 条例外规定予以考量的特殊情形。[③]

（二）程序证人的身份界定

职务犯罪调查人员出庭作证的身份应界定为"一般的程序证人"。此项要求是为保障被告人的质证权，从而让出庭作证义务具体化的基础性要求。当前司法实践中，对于侦查人员出庭作证存在的三类身份性质，立法应肯定侦查人员的"程序证人"身份属性。监察调查人员取证行为的合法性，在现代证据理论中作为程序性事

[①] 监察法第 14 条规定"国家实行监察官制度"。当《监察官法》实施后，出庭作证义务主体应为承办职务犯罪案件的监察官，体现主办监察官的权责对等。而在涉及专业知识从而需要专家辅助人出庭协助作证时，也可作为出庭作证的主体对待。参见江国华：《中国监察法学》，中国政法大学出版社 2018 年版；刘练军：《监察官立法三问：资格要件、制度设计与实施空间》，《浙江社会科学》2019 年第 3 期。

[②] 出庭作证人员主体范围不应无限制扩大，否则有违诉讼效率。因此，立法可由法官或合议庭就当事人提出调查人员出庭作证的申请予以权衡和判断。

[③] 立法技术上作为但书条款的"目的性限缩"，在特殊案件中应根据证据调查的需要，实现强制近亲属出庭作证的目的。参见张翔：《"近亲属证人免于强制出庭"之合宪性限缩》，《华东政法大学学报》2016 年第 1 期。

实其实并无异议，这主要应同以实体性事实为证明对象的"目击证人"身份相区别。后者就目击犯罪情况出庭作证，存在主观判断上的随机性和任意性。辩护方对此种类型的证据难以提出合法性质疑，故立法须限缩出庭作证的身份类型。从出庭作证的内容上看，既然实体性事实排除在举证事实范畴外，那么对涉及罪名判断与刑罚裁量的事实，亦不应由职务犯罪调查人员以程序证人的身份出庭。对于"辨认鉴真证人"身份适用于职务犯罪调查人员出庭作证的情形，笔者对此表示赞同。"辨认鉴真"往往通过物证鉴定技术，将书面的鉴定意见呈现于法庭审理过程之中。法官对其真实性认定，须从质证辩论、交叉询问等环节中感知。

当监察调查人员缺少"辨认鉴真证人"身份时，法院将"鉴定意见"作为直接证据采信，已经体现了传闻证据的部分特质。在一般情形下，法官若要求双方对"取证行为合法性"进行质证，这实际上隐喻了"鉴定意见"可作为取证结果的内在逻辑。甚至，当监察调查人员自身已具备对该部分证据的判断能力时，还可扮演"专家辅助人"帮助法官强化心证。因此，将"辨认鉴真"的意见排除在"取证行为合法性事实"之外，这并非"程序证人"应有范畴的体现。

对此，为避免程序性事实作为传闻证据从而影响法官判断，立法须强调对职务犯罪调查期间"辨认鉴真"行为合法性的审查，并完善传闻证据排除规则。内容上，包括控辩审三方的动议规则、辩论与质证程序以及法官审查程序。[①] 若无辩护人的帮助，被告人在庭审过程中极难发现控方提出的哪些有罪证据存在传闻属性。因此，

---

① 非法排除动议规则源于英美法，指经由调查或扣押获得的不可接受的证据，须依照《联邦刑事诉讼规则》第 41 条（e），向受害方提供关于排除非法证据的动议要求。除非无机会或辩护人存在未提出该动议的理由，否则证据排除动议应在审判或聆讯前提出，但法院可酌情在审判或聆讯中受理该动议。参见 Bradshaw, Robert W. Jr. "Exclusion of Illegal Evidence under the Federal Rules of Criminal Procedure." Duke Bar Journal, 1955—1956, 5（2）.

确立非法的辨认证据排除规则，可赋予被告人或辩护人相应的程序救济权利。职务犯罪调查期间，倘若辨认程序存在违法事由，则调查人员应在法官通知下出庭接受辨认程序的合法性质证。[①]同时，法官应向被告人阐明某一证据的潜在传闻属性。此种义务的履行，仅在该程序尚不足以证明取证合法性时，方可由法官询问辩护人或被告人是否需要通过申请予以排除。[②]

（三）出庭作证的程序控制

职务犯罪调查人员出庭作证义务的履行，应当注重法官"通知"与"提请＋批准"的审查程序。有学者提出，法院"通知"应视为对出庭的"批准"，属于法官审判指挥权或自由裁量权范畴。检察机关或辩护人提请、申请，或建议法官通知侦查人员出庭作证，则属诉讼权利，也反映了法官在证据调查方式上的不同路径选择。[③]

首先，不论以"通知"方式进行诉讼指挥，还是以"提请"方式赋予诉讼权利，均未改变法官对职务犯罪调查人员以出庭方式履行作证义务的客观要求。程序启动主体上的多元性可确保任意一方在怠于履行"提请"或"申请"义务时，其他方均可申请监察调查人员出庭作证。鉴于控辩双方主体地位不对等以及攻击防御方法上的信息不对称，辩护人或被告人还可享有对不予批准决定的上诉权。例如，当辩护人、被告人向法官申请通知职务犯罪调查人员出庭作证后被驳回时，应然享有对不予批准出庭作证的裁定或决定提出上诉的权利。

其次，对于口头作证方式的限定，立法应明确询问方式可包

---

① 穆书芹：《侦查阶段刑事错案防范之侦查理念、行为与制度构建》，《中国刑事法杂志》2016年第1期。

② 程衍：《刑事审判中鉴定人出庭率之提高：以传闻证据规则的引入为视角》，《社会科学家》2017年第7期。

③ 张保生：《非法证据排除与侦查办案人员出庭作证规则》，《中国刑事法杂志》2017年第4期。

括直接询问与交叉询问。且在询问与质证过程中，应当重点突出与"取证行为合法性"有关的特定事实内容。对于此类特定主体出庭作证的情形，辩护人在交叉询问中使用"诱导式发问"能否被法官允许，可作为职务犯罪案件审理过程中"庭审实质化"要求的侧面反映。"诱导式发问"的目的并非违反直接言词原则和辩论原则。在不被立法允许的情形下，此种情形往往考虑的是接受询问的对象是否属于真实意思的表达。而对于直接询问的情形，应避免辩护人以"是—非"形式的问答过程。[①]

最后，对于职务犯罪调查人员出庭宣誓与具结义务的程序设计，日本刑事诉讼法要求，以证人身份出庭作证时，应当经历法定的宣誓程序。"出头宣誓及供述之义务，但诉讼法分别情形，或唯令负担宣誓及供述之义务，而免出头之义务；或令出头宣誓而免供述，或令出头供述，而免宣誓"，对"无故拒绝宣誓，或既为宣誓而拒绝证言，裁判所听取检事意见之后得用决定之方式科以一定财产的制裁"[②]。我国刑事诉讼法并未规定证人的宣誓程序，由此仅可考虑要求监察调查人员出庭作证时，可对作证内容的真实性予以书面具结，以避免不真实的证言有碍法官公正裁量。

（四）作证义务的违反后果

职务犯罪案件中，监察调查人员出庭作证应明确对作证义务违反或者不履行的不利后果。以侦查人员出庭作证的诉讼程序规制为例，监察调查人员出庭作证能否享有德国公法上的拒绝证言权？拒绝证言为回避制度涵摄，非基于亲属关系的拒绝证言可从出庭义务的违反后果中得以考证。因监察机关在调查阶段具备证据收集的天然优势，从定罪与量刑的预先判断层面，可与被调查人对象之间形成不对等关系。因而，作为大陆法系中适用于一般出庭证人

---

① 牟绿叶：《侦查人员出庭作证的中国模式》，《新疆警察学院学报》2012 年第 1 期。
② [日] 冈田朝太郎：《刑事诉讼法》，熊元襄译，上海人民出版社 2013 年版。

的诉讼权利，拒绝证言权可因未履行作证的告知义务而归于无效。然而，监察调查人员的出庭作证不应适用于拒绝证言权。其原因在于，调查人员的作证义务由调查职责而产生，属于职责上的诉讼负担，有别于当事人对诉讼义务的自由处断。[①]由此，违反出庭作证义务表现在不出庭作证和出庭作证不合法两类情形，对该义务违反的程序规制也体现在如下两个层面。其一，不履行出庭作证义务将导致取证行为的合法性事实缺乏证据能力。倘若穷尽其他方式仍无法证明取证行为合法性的，即便在以程序性事实为证明对象的情形中，职务犯罪调查人员出庭义务的不履行亦可由法官依照推定的事实认定方法予以解决。[②]其二，当职务犯罪调查人员不履行出庭作证义务或出庭作证违法时，可对其科以司法处罚。依照各国立法案例，对强制出庭作证义务违反的证人，一般可科以秩序罚款或秩序拘留。参照我国《刑事诉讼法》第193条第2款规定，对违反出庭作证义务的情形，允许科以的司法处罚包括训诫和司法拘留。此时立法面临的问题是，是否有必要将财产罚作为监察调查人员出庭作证义务违反的制裁类型？笔者认为，这要考虑出庭作证义务违反的主体，是否在证人属性上代表了监察机关的职务犯罪调查部门。[③]职

---

① 拒绝证言权体现在《德国刑事诉讼法》第54条之中，设置的初衷是为了避免其陈述对作为证人亲属被告人产生不利的后果。我国对此种情形已通过回避制度予以解决，但本文所提到的监察调查人员出庭作证中的拒绝证言情形还可理解为，对公职人员出庭义务违反的不作为是否存在应予规制的必要。参见克劳斯·罗科信：《刑事诉讼法（第21版）》上册，吴丽琪译，法律出版社2003年版。
② 作为取证行为的基础事实，需要在质证中得以印证，然而出庭义务的不履行将导致"基础事实"与"合法性结论"之间不存在逻辑上的因果联系。基于事实存疑时法官应作对被告人有利的解释，此时应推定取证行为不合法。参见陈瑞华：《看得见的正义（第2版）》，北京大学出版社2013年版。
③《法国刑事诉讼法典》第110条规定，对未到庭的证人可科处五级违警罪的罚款，但我国因侦查人员乃至职务犯罪调查人员出庭作证为履行公职，倘若单位作出不出庭决定而违反作证义务时，以司法罚款作为处罚方式不仅存在间接性追责困难，更有悖此种义务设定的基本法理。参见汪海燕、胡常龙：《刑事证据基本问题研究》，法律出版社2002年版。

务犯罪调查人员作为履行公职的主体，由个人做出的职务行为具备了公权力属性，因而从原则上不应被纳入财产罚的规制对象范畴。职务犯罪调查人员在办理职务犯罪案件过程中，出庭作证义务的履行应当作为"监察机关"的代表而非个人。但是，代表单位出庭作证又体现为实质上的证人义务。由此，调查人员出庭作证仍应接受法官的诉讼指挥、询问以及质证，而不可超越证人身份立场，以监察机关代表的身份免除诉讼负担。[①]与此相反的是，调查人员仅可在出现不可归责的事由而不能出庭作证时，方能免除因作证义务违反产生的不利效果。[②]

因此，职务犯罪调查人员出庭作证不是单纯地参与庭审"说明情况"，而应表现为对作证义务履行效果的"具体化"。[③]这类似于公诉方对起诉书内容的具体化，主要表现为：其参与作证的方式一般应通过"交叉询问"完成，并非基于公诉方预先设定的"直接询问"而仅达到一方预期效果。[④]依照《刑事诉讼法》第 59 条第 2 款、第 193 条第 2 款，职务犯罪调查人员出庭作证的相关内容可完

[①] 此处可对比我国当前公益诉讼制度中检察机关"公益诉讼起诉人"的身份定位，其在法定诉讼担当情形下作为公益诉讼的代表，本质上仍应以"原告"身份履行诉讼当事人义务而不得居于超然地位，享有超出应有诉讼权利以外的公权力属性。例如，在取证手段上应与普通原告具有相同权利。职务犯罪调查人员出庭亦同此理，其身份属性影响作证义务的履行效果，违反时应准用一般证人的规定。

[②] 此时免除不利处分是否涉及对单位主体的作出？笔者认为，当监察机关对调查人员出庭义务履行确有错误的，不应纳入财产罚，而应追究相关人员的领导责任与直接责任。监察机关内部形成的自我冲突应由法院决断。

[③] 出庭证人既然以言词方式承担作证义务，其与公诉方对起诉证据进行具体陈述的存在原理近似。主张的具体化在不区分诉讼性质的前提下，均须要求当事人作出具体的陈述，而非作纯恣意的、射幸式的陈述。参见占善刚：《主张的具体化研究》，《法学研究》2010 年第 2 期。

[④] 交叉询问作为保障证言真实性的有效措施，体现于以问答的形式充分展开的案件细节，刻意地隐藏或掩饰极易在交叉询问中得以探知，因而我国当前刑事审判中，对公职人员出庭作证的制度设计存在方式上的限定，回避交叉询问的程序设计实质上否定了出庭证人对证明对象的亲历性。

善为："负有职务犯罪调查职责的监察机关工作人员（监察官）根据法院通知，对职务犯罪调查活动中提取、制作和保管实物证据的过程和情况，以及谈话、询问或讯问、采取留置等监察调查措施的过程和情况，应当出庭作证，并接受被告人及其辩护人的质证。"

五、结语

在职务犯罪案件的监察调查过程中，仍存在用行政执法替代刑事侦查取证的现象。这可导致执法证据衔接刑事诉讼难以通过要求办案主体出庭作证以呈现直接言词原则。完善职务犯罪案件的非法证据排除规则，应从刑事诉讼证据规则作进一步规制与完善。在调查程序启动上，监察机关可基于调查原因的二元分类，对职务违法和职务犯罪证据使用同等的证明标准，否则易混淆"入罪"和"出罪"的法定门槛。类似行政证据的监察违法调查证据应当区别于刑事证据标准，从而形成差异化的证据规则。在监察调查终结后移送审查起诉时，作为庭前证据审查的第一道关口，检察机关对该部分证据的审查应建立在起诉标准之上。对照行政证据衔接刑事诉讼的证据审查认定过程，行政证据可直接作为刑事证据使用，突破了适格取证主体的硬性要求，这关涉行政证据评价的合法性。但是，《刑事诉讼法》第54条第2款使得法院采信行政证据时，可不受刑事诉讼非法证据排除规则的约束。因此，监察移送审查起诉的证据，其审查判断不应过多地受《刑事诉讼法》第54条第2款的影响。并且，应避免行政执法形成的证据资料可作为起诉证据直接使用。在法庭审理期间，法院应当就非法证据排除规则的适用，对进入庭审的全部证据予以调查。这是法院与检察机关在不同的刑事诉讼阶段适用非法证据排除规则的内在要求。[①]在规避传闻证据的立法探讨层面，

---

① 张泽涛：《论刑事诉讼非法证据排除规则的虚置》，《政法论坛》2019年第5期。

确立职务犯罪调查人员出庭作证制度，是为了避免将传闻证据作为职务犯罪案件事实认定的主要依据来源。这可为立法完善明确两种情形：一是针对绝对的证据排除与可裁量的证据排除规则，是为明确区分证据取得严重违法与瑕疵补正证据之间存在的区别；二是就实物证据的绝对排除与相对排除以鉴真法则为基础，这实质上是完成法庭审理中的鉴定意见质证环节，并将其作为"鉴定"合法的必要前提。

参考文献

[1]吴建雄.刑事诉讼法与监察法衔接的反腐逻辑与反腐理念[J]. 新疆师范大学学报（汉文哲学社会科学版），2019（3）：30-36.

[2]冈田朝太郎.刑事诉讼法[M]. 熊元襄，译.上海：上海人民出版社，2013.

[3]董坤.侦查人员出庭说明情况问题研究[J]. 法学，2017（3）：173-182.

[4]小林秀之.新证据法（第2版）[M]. 东京：弘文堂，2003.

[5]占善刚.证据协力义务之比较法研究[M].北京：中国社会科学出版社，2009.

[6]程衍.论非法证据排除程序中侦查人员的程序性被告身份[J]. 当代法学，2019（3）：66-75.

[7]陈朴生.刑事证据法[M]. 台北：三民书局，1979.

[8]程凡卿.以审判为中心视角下的侦诉与审判关系研究[J]. 法学杂志，2018（1）：124-130.

[9]陈卫东.以审判为中心：解读、实现与展望[J]. 当代法学，2016（4）：14-21.

[10]田口守一.刑事诉讼法（第7版）[M]. 张凌，于秀峰，译.北京：法律出版社，2019.

[11]林钰雄.严格证明与刑事证据[M]. 北京：法律出版社，2008.

[12] PUTNEY H A. Criminal Law Criminal Procedure Wills Administration：Examination Questions[J]. Cree Publishing Company Minneapolis, 1908(10):271.

[13]刘练军.监察官立法三问:资格要件、制度设计与实施空间[J]. 浙江社会科学》2019（3）：50–59，156–157.

[14]张翔."近亲属证人免于强制出庭"之合宪性限缩[J]. 华东政法大学学报，2016（1）：56–69.

[15]穆书芹.侦查阶段刑事错案防范之侦查理念、行为与制度构建[J]. 中国刑事法杂志，2016（1）：89–101.

[16]刘玫.传闻证据规则及其在中国刑事诉讼中的运用[M]. 北京：中国人民公安大学出版社，2007.

[17] FOOTE D H.当事人进行主义：日本与美国[J]. 王兆鹏，译.台湾法学丛刊，1999（174）：16–18.

[18]江国华.中国监察法学[M]. 北京：中国政法大学出版社，2018.

[19]程衍.刑事审判中鉴定人出庭率之提高：以传闻证据规则的引入为视角[J]. 社会科学家，2017（7）：134–139.

[20]张可.以审判为中心的侦审关系：反思、追问与展望[J]. 郑州大学学报（哲学社会科学版），2017（2）：33–38.

[21]张保生.非法证据排除与侦查办案人员出庭作证规则[J]. 中国刑事法杂志，2017（4）：30–39.

[22]牟绿叶.侦查人员出庭作证的中国模式[J]. 新疆警察学院学报，2012（1）：34–41.

[23]克劳斯·罗科信.刑事诉讼法（第21版）（上册）[M]. 吴丽琪，译.北京：法律出版社，2003.

[24]陈瑞华.看得见的正义（第2版）[M]. 北京：北京大学出版社，2013.

[25]汪海燕，胡常龙.刑事证据基本问题研究[M]. 北京：法律出版社，2002.

[26]占善刚.主张的具体化研究[J].法学研究，2010（2）：110-122.

[27]张泽涛.论刑事诉讼非法证据排除规则的虚置：行政证据与刑事证据衔接的程序风险透视[J].政法论坛，2019（5）：67-80.

治理现代化视域下全面从严治党的贵州视角研究

李 剑 李 雪 郑莉红 李莎莎[①]

摘 要：推进国家治理现代化必须深入推进全面从严治党，全面从严治党必须贯穿于国家治理现代化全过程。在政党治理的背景下，全面从严治党的意识还需强化、机制还需硬化、方式还需实效化、制度还需系统化、执行还需坚决化，因此要提升治理腐败效能，推动制度优势转化为治理效能。在国家治理现代化视域下推进全面从严治党进程中，要通过政治引领、宗旨铸魂、目标牵引、问题导向、制度筑基等路径，一体推进不敢腐、不能腐、不想腐，用政治思维统领全面从严治党，以法治思维落实全面从严治党，以全面从严治党新成效推动国家治理能力现代化。

关键词：治理能力；现代化；治党；治理

治理体系现代化的核心是党的领导能力建设，从法学角度来说，就是要推进全面从严治党，推进党的执政制度化和法治化。国家治

---

① 作者简介：李剑，贵州毕节人，贵州省毕节市人民检察院员额检察官；李雪，贵州毕节人，贵州省毕节市委组织部干部；郑莉红，贵州贵阳人，贵州省商学院副教授；李莎莎，贵州茅台人，茅台学院副教授。

理现代化中，政党治理是核心和关键。全面从严治党作为政党治理现代化的重要表征，作为国家治理现代化的最核心、最关键的组成部分，从顶层设计和具体部署上规定了国家治理现代化的重要方面，深化和拓展了国家治理现代化的理论与实践。

一、内涵与联系

治理能力现代化作为全面深化改革的目标，与全面从严治党具有内在的逻辑一致性。全面从严治党是国家治理体系和治理能力现代化的关键因素，党的全面领导是实现治理现代化的政治保证。

（一）推进国家治理现代化必须深入推进全面从严治党

政党治理为国家治理提供前提和保障，国家治理为政党治理提出要求和方向，实现政党治理与国家治理的良性互动，是中国共产党在新时代实现中华民族伟大复兴的中国梦所作的战略选择。加强政党建设，落实全面从严治党，进一步完善国家治理体系，提高国家治理能力。而要实现国家治理能力现代化，就要不断加强全面从严治党的力度，运用政党治理与国家治理的机理和规律，健全政党治理与国家治理良性互动的法治生成机制、文化发展机制、制度运行机制和本领增强机制建设，推进二者的有机统一和协调发展。推进治理现代化必须推进全面从严治党向纵深发展，着重加强党的组织建设和党风廉政建设。只有推动全面从严治党向基层延伸，使管党治党责任在基层落地生根，不断筑牢基层党组织的战斗堡垒，不断增强党推动发展、应对挑战的能力，解决好侵害群众利益的不正之风和腐败问题，才能推动基层治理体系和治理能力现代化，进而推动国家治理能力现代化。

（二）全面从严治党必须贯穿于国家治理现代化全过程

在中国特色社会主义制度和国家治理体系中，党的领导制度具有统领性地位。全面从严治党是一场自上而下推动的党的自我革命，也是一场以自我革命为先手和动力的社会革命，这就要求党的治理能力现代化，也必须自觉对标国家治理现代化目标。特别是党的领导贯穿渗透于国家治理体系和治理能力建设的全过程、全领域，也必须自觉把全面从严治党贯穿于提升国家治理效能全过程，切实增强党治国理政的系统性、创造性、实效性，也就必须自觉把党的政治领导、组织领导、思想领导、文化领导、理论领导以及实践指导落实到国家治理的各领域、各方面、各环节，以全面从严治党引领提升国家治理效能。

二、困惑与挑战

日前，笔者制作了调查问卷，选择了 G 省某市作为调查地区，对该市的行政机关、企事业单位进行调研，发出调查问卷 1700 份，收回有效问卷 1654 份。统计分析结果如下。

在"您对当前惩治和预防腐败的个人感受"中，1564 人选择了"力度越来越大"，50 人选择了"力度和以前一样"，40 人选择了"力度越来越小"（图 1）。

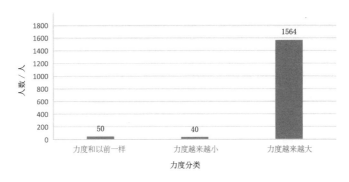

图 1　群众对当前惩治和预防腐败的个人感受

在"您认为本地区强化'不敢腐'的震慑，发挥作用最大的是"中，449 人选择了"办大案，打'老虎'"，251 人选择了"治微腐，拍'苍蝇'"，318 人选择了"惩黑恶，打'黑伞'"，516 人选择了"查办违反中央八项规定案件"，119 人选择了"查办权力集中部门的腐败窝案、串案"，1 人选择了"其他"（图 2）。

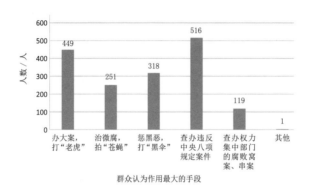

图 2　群众认为本地区强化"不敢腐"的震慑发挥最大作用的手段

在"您认为当前能够制约本地区（部门）党员领导干部搞腐败的因素"中，743 人选择了"非常多"，434 人选择了"比较多"，202 人选择了"一般"，117 人选择了"比较少"，158 人选择了"不了解"（图 3）。

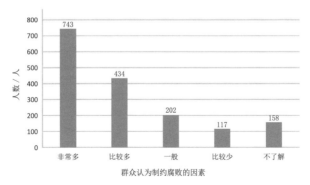

图 3　群众认为当前能够制约本地区（部门）党员领导干部搞腐败的因素

在"您认为本地区（部门）党员领导干部搞腐败的动机"中，142人选择了"非常大"，66人选择了"比较大"，189人选择了"一般"，786人选择了"比较小"，471人选择了"不了解"（图4）。

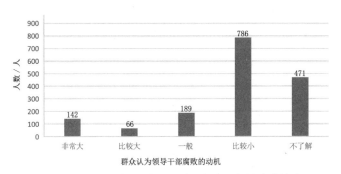

图4　群众认为本地区（部门）党员领导干部搞腐败的动机

在"您认为本地区（部门）执行反腐败方面的制度规定情况"中，1029人选择了"非常好"，511人选择了"较好"，97人选择了"一般"，3人选择了"不好"，14人选择了"非常不好"（图5）。

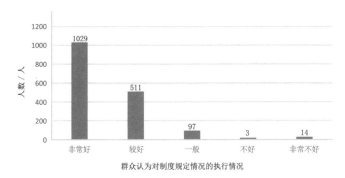

图5　群众认为本地区（部门）执行反腐败方面的制度规定情况

在"您认为当前"'关键少数'的廉洁度怎么样"中，769人选择了"非常好"，563人选择了"较好"，192人选择了"一般"，24人选择了"不好"，106人选择了"不评价"（图6）。

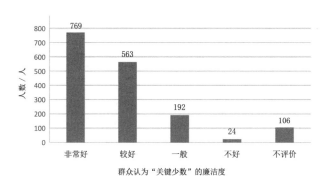

图6　群众认为当前"关键少数"的廉洁度

在"您认为本地区（部门）党委（党组）在一体推进'三不腐'上的作用"中，968人选择了"非常好"，546人选择了"较好"，131人选择了"一般"，6人选择了"不好"，3人选择了"非常不好"（图7）。

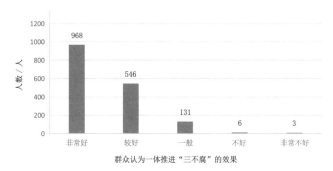

图7　群众认为本地区（部门）党委（党组）一体推进"三不腐"效果

在"您认为本地区（部门）在一体推进'三不腐'上最大的短板是"中，114人选择了"'不敢腐'的震慑还不够大"，447人选择了"不能腐的笼子还不够密"，401人选择了"'不想腐'的堤坝还不够稳"，644人选择了"'三不腐'还未形成一体推进的合力"，48人选择了"其他"（图8）。

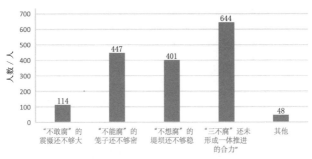

图8　群众认为本地区（部门）在一体推进"三不腐"上最大的短板

在"您认为当前在一体推进'三不腐'上要重点抓"中，258人选择了"政治监督"，266人选择了"查办案件"，574人选择了"体制机制建设"，339人选择了"思想政治教育"，197人选择了"协助党委共同推进"，20人选择了"其他"（图9）。

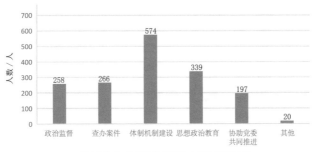

图9　群众认为当前在一体推进"三不腐"上要重点抓的内容

从调查情况和实践中看出，一些地方和部门还不同程度地存在党不管党，治党失之于宽、失之于软的问题，反映出全面从严治党的体制机制虽然建立，但仍不够完善和有效，距离国家治理现代化的要求还有一定差距。

（一）意识还需强化

有的地方从严治党的主体意识不强，存在"甩手掌柜"现象；有的对纪检监察工作的职责使命认识不深不准，对高质量发展内涵规律把握不到位，一体推进"三不""三项改革""三转"不平衡不协调；有的地方管党治党主体责任落实不够到位，形式主义、官僚主义问题屡禁不止，"三天两头向基层要材料""文山会海"现象依然存在；少数部门党组织管党治党重点工作推进不够有力，对"一案一整改"工作不重视、不研究、不对照检查，抄袭套改其他文字材料，存在应付了事的情况；有的党委（党组）履行主体责任不力，有的派驻纪检监察组监督不聚焦，有的纪检监察干部不愿斗争、不敢担当，当起了"好先生"；甚至有些领导身边发生了许多严重的问题，都只说别人，却不谈自己的责任，或存有"差不多"思想，或存有"好人主义"思想，或存有"看戏"思想，主体责任履行不力；有的监督主体受认知水平、格局境界所限，履行监督职责的政治站位不高，不能从全面从严治党的全局高度审视自身定位，履行监督职责的使命感不强；办案发现，一段时期以来，违反政治纪律和政治规矩问题成为影响 G 省发展、扰乱干部队伍思想的顽瘴痼疾。无论是 G 省某局党委原委员、副局长宫某某，还是某县委原书记张某某，其共同特点都是政治上出了问题，没有把"两个维护"作为最根本的政治纪律和政治规矩，导致行动越来越偏离中央的要求，走上了不归路。他们对中央全面从严治党政策心怀抵触，毫无"四个意识"，毫无政治底线，严重破坏当地政治生态。如宫某某想通过为违纪违法干部"喊冤""叫屈"，减轻纪检监察机关办案力度，避免"拔出萝卜带出泥"，特别是拔出他这样的"大泥"！

为了逃避处罚，他甚至杜撰事实、编造数据，公开发表攻击全面从严治党的不当言论，将全面从严治党与脱贫攻坚对立起来，造成不良影响。

（二）机制还需硬化

一些党组织在执行党的纪律时失之于宽、失之于软、失之于松；一些政治纪律和政治规矩发挥不了应有的震慑和警醒作用，甚至有"破窗效应"蔓延趋势；一些领导干部自由散漫，言行上失规失矩，政治纪律和规矩松弛，严重脱离群众，甚至滥用职权、以权谋私。如某县原副县长张某某政治上与党离心离德，大搞两面派、做两面人。经济上贪婪成性，以权谋私。生活上腐化堕落，追求低级趣味，沉迷于赌博。一再拒绝组织挽救，缺乏对党纪国法的敬畏；一些党组织在日常管理上过宽过软，致使有令不行、有禁不止，甚至顶风违纪。有的党组织主体意识不强，缺乏责任意识和担当精神。管党治党还带有一定的主观倾向和人治倾向，民主意识、法治理念贯彻不足，有的国有企业董事长把企业各项审批权牢牢抓在手中，致使公司规定、规矩和程序都成空话、摆设，严重破坏企业政治生态，导致好传统、好作风严重削弱，达不到治理现代化的标准。

（三）方式还需实效化

在实际中，从严治党还有走过场、搞形式主义、"运动化治党"倾向，有时感觉到"雨过地皮湿、活动一阵风"，往往是中央一个文件出台，然后各地各部门就进入到"学习领会、贯彻落实、经验总结"的循环套路中。这种"认认真真走过场、扎扎实实搞形式"的方式抓一阵松一阵，不仅解决不了政党治理问题，还可能适得其反，给党的公信力造成很大损伤。有的履行协助职责和监督责任办法不多，对政治监督内涵范围、方法途径把握不准，从政治上看待分析问题不够自觉；有的政治业务素质和履职尽责能力不足，对纪法规定学习不透、尺度把握不当。如在宫某某案"一案一整改"警示教育大会和专题民主生活会上，有的领导干部或照着稿子念；或置身事外空表态；或政治站位不高，持有"差不多"思想；或不结合自身工作职责，持有"好人主义"思想；或没有把自己、家属和身边工作人员"摆"进去，持有"看戏"心理和"吃瓜群众"心态，等等。此外还存在走形式的倾向，在专题民主生活会上，七星关区一区委常委在开展批评时不聚焦，当即被到会督导的省纪委副书记打断。因此，全面从严治党还需要进一步提高治党的法治化、科学化、民主化水平，提高实效性。

（四）制度还需系统化

在管党治党实践中，还没有形成一整套科学、系统、完善的管党治党的制度规范体系和制度程序，还没有形成健全、结构合理和配置科学的管党治党的制度体制机制。一些制度的形成过程不民主、不公开，缺乏群众基础；一些制度规定过于抽象、制度之间衔接配套不足、制度规范延续性不够，制度成为了"纸老虎""稻草人"，成了"牛栏关猫"，出现了"破窗效应"；一些制度规范过于抽象，弹性空间过大，留了"暗门"、开了"天窗"，容易给一些腐败行为留下空间；一些制度之间不衔接、不配套、相互排斥，执行起来让人无所适从；[1]一些制度朝令夕改，或已过时，丧失其严肃性和权威性，没有真正起到从严治党的作用。

（五）执行还需坚决化

有的单位制度执行力"缩水"的问题比较严重。有的应付执行，对法规的执行决心不大，工作标准不高，敷衍塞责，缺乏执行的具体办法和措施，对法规有传达没有检查，更不强调落实；有的选择执行，对法规奉行实用主义态度，对自己或本部门本单位有利的就执行，不利的就拖延，找借口不执行；有的被动执行，虽然法规规定得清清楚楚，但就是不主动执行，上级推一推就动一动，不推就不动；有的机械执行，把法规视为教条，不顾实际情况，生硬执行，凭老经验办，思维僵化，执行结果常常事与愿违；有的歪曲执行，以"结合实际"为借口，实则对法规自我取舍、断章取义，自我变通、曲解精神，另搞一套有利于自己的"土政策"；有的拒不执行，对某些法规条文本能地加以抵制，要么阳奉阴违，表面说执行，实际上抵制，要么说"法规本身有问题"，明目张胆地拒不执行。[1] 如G省某局党委原委员、副局长宫某某案中，暴露出其在重大问题上不同党中央保持一致，公开发表不当言论，违规组织用公款支付的宴请活动，违规借用下属单位和其他单位车辆供个人长期使用，违规干预干部选拔任用工作，违规摊派费用，违规向私营企业出借巨额资金，造成不良影响等问题。中国共产党作为中国特色社会主义事业的领导核心，其执政能力的高低在很大程度上决定着国家治理水平的高低。这种情况若不改变，政党治理就难以取得根本性效果，国家治理现代化就无从谈起。

三、腐败问题与剖析

在国家治理体系和治理能力现代化视域下做好全面从严治党，必须坚定不移深化反腐败斗争，一体推进不敢腐、不能腐、不想腐，使正风肃纪反腐更好地适应现代化建设需要，使监督体系更好地融入国家治理体系，释放更大的治理效能。十九届中央纪委五次全会强调，聚焦政策支持力度大、投资密集、资源集中的领域和环节，坚决查处基础设施建设、项目审批等方面的腐败问题。

近年来，G省共查办交通系统的职务犯罪人员198人。典型的有G省某公司原董事长耿某某、原副总经理马某某及覃某，某市某局原党委书记高某、某市某局原纪委书记张某、某市某局原总工程师杨某某、某集团公司原董事长王某某、某市某局原副局长严某某、某设计院原院长陈某某、某市某集团公司原总经理周某、某市某集团公司原董事长张某某等。

（一）基本情况

1. 贪污、贿赂案件突出

贪贿犯罪人数比为 81.3%（图 10）。其中，涉及贪污案件 27
人，涉及贿赂案件 134 人。例如，陈某利用担任某县某局副局长兼
某所负责人的职务便利，虚构事实，骗取公路养护资金 112227 万
元，其行为构成贪污罪；在担任某县某局副局长并兼任某县某建设
指挥部成员期间，非法收受他人贿赂 10 万元，其行为构成贿赂罪，
对其应依法实行数罪并罚。

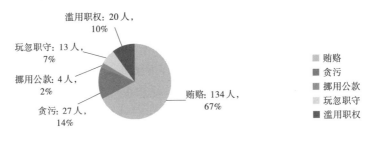

图 10　罪名分布图

2. 单位"一把手"、部门负责人犯罪突出

其中，厅级干部 4 人，处级干部 12 人，正科级干部 32 人，副
科级干部 45 人，副科级以下干部 105 人。例如，某市某局原党委
书记高某利用职务便利，为他人谋取利益，并收受贿赂、滥用职权，
造成国有资产损失，挪用公款给私人企业，最终以贿赂罪、滥用职
权罪、挪用公款罪数罪并罚。

3. 中年人犯罪突出

30 岁以下的 15 人，30—39 岁的 66 人，40—49 岁的 80 人，
50 岁及以上的 37 人（图 11）。例如，某市某集团公司原党委副书记、
总经理周某在 47 岁时被立案查处。全面从严治党绝没有"平安着陆"
的说法，终身追责也不会因为"已经退休"就"大打折扣"。例如，

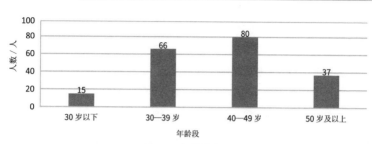

图 11　年龄分布图

某市某局党委副书记、纪委书记在 66 岁时被立案查处，此时已退休 6 年。

4. 招投标和转分包是易发多发环节

例如，杨某某在担任某管理区某局某股负责人，及某管理区某局某管理所副所长、所长期间，在工程招投标、工程拨付款过程中，利用职务便利，为他人谋取利益，收受贿赂共 29.9 万余元。从发案单位分类看，集中在项目主管、直管、承建和承包单位。例如，2008—2015 年，严某某在担任某市某局某站副站长，某办公室副主任兼综合计划科科长、总规划师、副局长以及某公路开发建设有限公司总经理助理、临时负责人等职务期间，利用职务之便，为相关工程承建商谋取利益，并在工程款拨付、工程量变更上给予方便，多次收受他人贿赂共 256.81 万元（图 12）。

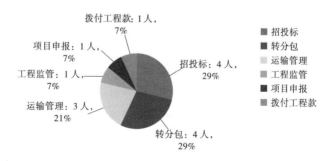

图 12　涉案环节分布图

（二）案件特点

1.作案隐蔽性强，具有群发性

小集团利益和交通建设的专业性，导致犯罪行为人之间形成了共同利益体，对外有较强的隐蔽性，犯罪群发性特征明显。特别是"一把手"腐败后，极易传染蔓延，危害班子、带坏队伍，形成站队式、抱团式腐败，被查处时往往会"拔出萝卜带出泥"。例如，某市某设计院涉嫌8人的腐败窝案中，杨某某在担任某市某设计院院长期间，指使该院班子成员冯某某、杨某、胡某、安某，以及财务人员丰某某套取、截留国有事业单位收入，设立账外账，并非法占有。同时，杨某某为了偿还个人借款，指使丰某某、朱某某、樊某虚列支出，骗取并侵占国有资金近90%的案件在作案3年以上发案。例如，耿某某利用担任G省某开发总公司党委书记、董事长，G省某集团公司党委书记、董事长，G省某委员等职务上的便利，为他人谋取利益，非法收受他人财物。退休以后，利用原职权形成的便利条件，为他人谋取不正当利益，非法收受他人财物。

2.犯罪手段呈现智能化、专业化

犯罪分子利用智力成果或者先进科技手段进行犯罪，在实施犯罪时手段升级，呈现专业化，具有较大隐蔽性。有的利用管理职权及专业知识，通过围标、串标、增加投资预算、虚增工程量、变更设计等手段，达到帮助他人中标、套取国有资金、实现共同分享"利益"的目的。例如，G省某公司原纪委副书记、监察室主任唐某某在某段高速第6标段的招投标过程中，将资格预审专家的进场评审时间、预审情况及部分评标专家名单提前透露给建筑商，使其顺利中标，从中受贿。

3.犯罪人群集中，利用权力谋私

第一类是利用管理权实施犯罪，主要有单位"一把手"、重点岗位负责人。例如，李某某在负责某县某所工作，及担任某局某站副站长和站长、某集团公司副总经理和总经理期间，利用职务之便，多次收受他人贿赂共39.35万元，就是利用对相关工程具有管理权的便利，以帮助工程老板协调征地拆迁、验收工程、签字拨付工程款等；第二类是利用监督权实施犯罪，主要体现在对招标和工程的监督管理中，明知存在违纪违法行为而放任自流；第三类是利用执行权实施犯罪，主要是各项目经理、养护管理人员或高速公路具体承建负责人，利用分包权、转包权、养护管理权或高速公路相关配套工程权进行谋利。

4. 涉案人员文化水平高、业务能力强

涉案人员普遍学历较高，多为本科文化，有的担任单位的领导职务，有的是交通系统的工程师、土建桥梁专家和工作业务能手，有的是从基层队伍中培养、选拔出来走上领导岗位的专家型人才。例如，具有高级工程师资格的杨某某，历任某地区某总公司副总经理，某设计所所长，某设计院院长，某局党组成员、总工程师，在交通系统工作了27年的他，利用职务便利，非法骗取、侵占公共财物。

5. 案件涉案金额大、作案次数多

从在高速公路建设、营运方面发生的腐败案件来看，100万元至不满1000万元的案件有18件。例如，2009—2017年，耿某某利用职务上的便利，先后12次收受他人贿赂共426.49万元；从行受贿发生的时间看，春节前后和其他节日比较集中，行贿人多以种种名目进行行贿。例如，某市某局原党委书记高某受贿案中，收受贿赂时间跨度长达10多年，从2005年至2017年，几乎年年收受贿赂。又如，在某县某局6件6人的腐败窝案中，行贿人平时除利用烟、酒、茶叶、红包等传统形式向某局领导及工作人员行贿外，还揣摩他们的喜好，利用打麻将的方式，变相贿赂。

6. 犯罪行为相互交织，呈行业倾向性

高速公路建设和营运管理系统职务犯罪行为，大多呈现持续性和相互交织的特点，具有利益共享的性质。例如，李某某利用担任某市某公司总经理、董事长的职务便利，收受或索取工程老板贿赂共 45.5 万元，为上述人员或所在公司谋取利益。在此期间，其利用职务便利，伙同其亲属以虚列代理人取得保险"返点"、伪造职工身份领取"工资"的方式，共同收受保险公司的贿赂共 111.38 万余元，为上述保险公司办理某业务提供帮助。在长期的持续作案中，腐败分子的违法犯罪行为相互交织、互相利用、合作配合，形成利益腐败链，在整个行业中已经形成了围绕"权力""项目"追逐各自利益的氛围，严重影响到整个行业，腐蚀了一大批干部。例如，在某市某设计院领导班子贪污窝案中，波及院长 1 人、副院长 3 人、科长 2 人、工程师 1 人、出纳 1 人。

（三）风险点分析和防控建议

1. 风险点之一：利用招投标权实施腐败

一是在工程招投标委托环节，选择"听话"的招投标代理机构，以方便"打招呼"。一些行业行政主管部门领导"打招呼"暗中指定中标人，一些招标人将实现内定人员顺利中标作为非书面的真实委托意愿，违反了"招标人可以自行委托招标代理机构，招标代理机构在其资格许可和受委托的范围内开展招标代理业务，任何单位和个人不得非法干涉"的法律规定。一些招标代理机构为了自身业务发展需要，将行业自律置于脑后，甚至不惜违法违规操纵招投标过程，千方百计实现行业行政主管部门领导的非法干涉和招标人的非法委托意愿；二是在制定规则环节，把应招标的项目化整为零，规避招标，或将应公开招标的项目改为邀请招标，或设置不合理条款限制，或以低价中标、高价结算的方式，排斥潜在投标人，或以招商代替招标，"私人定制"，帮助中标；三是在报名环节，放任或帮助不符合资质的主体借资挂靠，放任或帮助参标主体围标、串标、陪标，甚至先施工后招标，虚假招标；四是在评审环节，内定中标主体，或以不规范手段选择性地抽取专家，或将评审专家名单在评标前泄露，或以倾向性意见暗示，误导和诱导专家评审工作，或评审标准不公开，或评分因素权重具有明显倾向性，或评审专家违反评审规则进行评审；五是在合同签订环节，更改合同，签订与招投标文件规定不相符的合同；六是在履行合同环节，因中意的特定人未中标，而提出其他苛刻条件拒绝中标人，意图取消中标资格。

风险点防控建议：一是深化管理体系改革。按照投资、建设、监管、使用分离的原则，改革现行投资、建设、管理方式，加快推行建设资金第三方监督等机制，弱化相关行政管理人员对招投标的影响力；二是完善招投标法。推进阳光招标，纳入公共资源交易中心，研究电子化招标投标模式。资格预审采取合格制，详细列明全部审查因素和标准，避免设置不合理条件。加强对评标委员确定方式、专家抽取以及评标活动的监督。规范评标自由裁量权，减少人为干预招投标的因素；三是规范严密地选择招投标代理公司，防止个别决策，加强对招投标代理公司的监管，加大其违法成本，杜绝其违规操作；四是建立交通系统市场信用机制。制定信用评价办法、不良行为认定标准、守信激励和失信惩戒等制度，依法限制不良记录市场主体进入交通建设市场。

2. 风险点之二：利用转分包等执行权实施腐败

一是具有执行权的人常通过成立个人公司或者"内部承包"等手段，想方设法使自己或关系密切的特定主体承接工程；二是发包方"打招呼"。指定或暗示中标方将工程转包或分包给特定主体，收受特定主体贿赂；三是建设单位默许、纵容中标单位采用局部分包或劳务分包等方式转包、分包，收受中标单位贿赂；四是中标单位管理人员私下将工程转包给特定主体，或将项目分解后转包给若干关系单位，收受贿赂；五是将土建等施工准入门槛较低的项目，分包给非法挂靠的不具备资质的施工单位，从中牟利。

风险点防控建议：一是改革现行招投标模式，实现招投标精准化。应适时对现行招投标法进行修订，推进招投标的精准化和细致化，即一个建设项目不允许只有一个公司中标，从头到尾承建；二是规范分包的二级市场监管机制。从法律层面规范总分包的二级市场机制，逐步建立分包工程招投标、集体研究等机制，杜绝分包工程的随意性，解决分包市场无序竞争问题。

3. 风险点之三：利用施工监管权力实施腐败

一是监管与承建方串通，通过降低工程质量标准来减少成本、增大利润；二是相互串通，虚列项目，追加投资，进行贪贿；三是相互串通，高估冒算，套取工程款，进行私分；四是验收环节或以劣充优、以次充好，或故意拖延付款，以获取好处费。

风险防控建议：一是借鉴 ERP 等信息化模式进行管理，对工程设计、审批、招标，重大物资采购等事项的运作过程以及关键岗位实时监督，加强对工、机、料计量的监管，对工程计价单监管和工程量的现场复核，形成流程控制机制，对建设资金监管实行"管办分离"，规范资金拨付操作流程；二是采取项目部会计由中标公司统一委派，对公司负责，项目部工程计价单审核由项目部、工程监理人员、总工程师监理办公室共同进行，并终身负责；三是适时引入独立第三方开展过程控制，以专家制约专家，以技术监督技术，及时发现和纠正违规行为。

4. 风险点之四：利用变更设计追加投资腐败

一是管、建双方故意虚报变更的工程量，虚列隐蔽工程的变更量，规避监督，套取变更施工费；二是设计人员与施工单位串通，通过不合理设计变更为施工单位谋取利益；三是故意先施工，后履行变更手续，导致无法审核变更的合理性，无法准确核实工程量。

风险点防控建议：一是建立设计变更专家库，集体研究把关，联合多部门会审，明确变更设计参数，将变更部分与原设计和概算进行对比；二是在设计施工过程中引入设计监理，抓工程勘察设计深度，加强对设计人员、工程计价和监理的监督，加强对材料实际使用量、工期、出勤情况等原始情况的审计，防止高估冒算、虚列追加投资；三是对追加资金专款专用严格用款审批，加强对该部分资金去向审计。

5. 风险点之五：利用交通营运、线路审批等权力寻租

一是利用审批客运班车线路、经营危险货物运输许可等权力，为特定的人员谋取利益后收受贿赂；二是利用管理旅游车、营运车等职权和影响力，为运输公司、驾校、汽车修理厂等单位在业务和经营上谋取利益，收受贿赂；三是利用行政执法权，为没有营运手续的车辆提供保护，收受贿赂。

风险点防控建议：一是压缩行政审批事项，量化审批和处罚标准，健全决策、执行、监督既相互制约又相互协调的机制，建立重要岗位与风险点间的规则"隔离墙"；二是利用流程化对权力节点进行控制。推行权力清单机制，公开权力运行流程，通过细化分工和流程管理，强化对权力运行关键节点和风险点的控制。

四、破解路径与建议

全面从严治党是国家治理现代化的重要课题，关键在于推进制度化和法治化。习近平总书记在十九届中央纪委五次全会上强调，要深入贯彻全面从严治党方针，充分发挥全面从严治党引领保障作用，坚定政治方向，保持政治定力，做到态度不能变、决心不能减、尺度不能松，确保"十四五"时期我国发展的目标任务落到实处。年2月3日—5日，习近平总书记在贵州视察期间，又对反腐败工作作出了重要指示。因此，要以严格的执纪执法增强制度刚性，推动形成不断完备的制度体系、严格有效的监督体系，加强理想信念教育，提高党性觉悟，提升治理腐败效能。

（一）宗旨铸魂：以理想信念为基本点，构筑党的精神家园

1. 突出"教"的实效

以"禁止"和"惩戒"的方式，加强教育引导，筑牢思想防线，巩固深化"不忘初心、牢记使命"主题教育成果，强化中华优秀传

统文化、革命文化、社会主义先进文化教育，着力加强思想道德和纪法教育，推进廉洁文化建设，注重家风建设，秉持道德操守，坚守思想防线，持续深化思想淬炼、政治历练、实践锻炼，不断提高思想境界、政治素养、道德水平，筑牢党员干部拒腐防变思想堤坝。推进案发单位党委（党组）加强政治思想建设、纪律作风建设，切实发挥警示教育的治本功能，把做实警示教育作为一体推进不敢腐、不能腐、不想腐的重要环节，做细以"三会两书两公开"为主要内容的警示教育，通过召开支部会或干部大会、专题民主生活会或组织生活会、警示教育大会，在一定范围内发放违纪违法人员个人忏悔书和公开处分决定书，在党内、单位内公开有关案情和向社会公开以案促改情况，打出一套"组合拳"，分层分类开展警示教育。根据不同级别、不同岗位、不同领域党员干部特点，精选近年来同级同类发生的案件，因人因类、分级分类开展警示教育，以案说纪、以案释法、以案促改，以身边案例警示教育身边人，切实增强警示教育的针对性和实效性。在案件查办后，在案发地区、部门和单位召开警示教育大会和领导班子专题民主生活会，把反面典型跌入违纪违法深渊的教训说深说透，让党员干部受到教育和触动，让案件暴露的问题和短板得到揭示和整改，深化标本兼治。通过用活案例资源以案为镜、明纪释法，敦促各级党组织和纪律检查机关切实扛起全面从严治党的责任，深查细照、深化整改，不断增强纪律观念和纪法意识，自觉做到自省、自警、自律，铸牢拒腐防变的思想，防止重蹈覆辙。

2. 开展"一案一整改"

要加强反面警示，持续深化"一案一整改"，做深查办案件"后半篇文章"，做实同级同类干部警示教育，以案释德、以案释纪、以案释法。通过编印违纪违法案件警示教育读本，定期组织召开专题警示教育大会，听取服刑人员"现身说法"，督促领导干部把自己摆进去，在问题检视中知不足、明危密、受警醒，在案例警示中知敬畏、存戒惧、守底线，从内心深处筑牢拒腐防变的根基。通过"办好一个案子，撰写一份案例剖析报告，发出一份监察建议书，形成一次专项整改行动，召开一场警示教育大会"等环节，让每个案例都成为直击问题深处的"活教材"。对涉案干部宣布处分决定开展警示教育时，召开党员干部警示教育会，在一定范围内公开整改情况、基本案情、忏悔书，用典型案例反映出来的问题、腐败轨迹、违纪违法形式等教育干部。通过召开支部大会、警示教育大会等形式，深刻剖析违纪案件性质、案发单位政治生态等情况，提出整改建议意见，对症下药、精准施策，做到"查办一起案件，教育一批干部，完善一套制度，解决一类问题"，强化以案促教、以案促建，让警示直击灵魂深处。坚持用好用活纪律检查建议书和监察建议书等有力武器，以纪法刚性约束推动问题一项一项整改到位，督促相关单位拿出切实方案，查漏补缺，将"不敢腐"和"不能腐"贯通。

(二)目标牵引：以四项监督为切入点，强化权力运行制约

1. 加强"四个全覆盖"监督格局

要着力提升监督效能，做到定位向监督聚焦、责任向监督压实、力量向监督倾斜，形成纪律监督、监察监督、派驻监督、巡视监督"四个全覆盖"的权力监督格局。要在坚持和完善党和国家监督体系的大局中推进各项工作，加强对权力运行的制约和监督，深化运用监督执纪"四种形态"，完善发现问题、纠正偏差、精准问责有效机制，推进"四项监督"统筹衔接，推进纪委监委监督同党内其他监督有机结合。突出监督重点，精准监督，紧盯"关键少数"、关键岗位，管好关键人、管到关键处、管住关键事、管在关键时。要聚焦"两个维护"，严把政治关；聚焦"领头雁"，牵住"牛鼻子"；聚焦重点部门、关键岗位；聚焦中央八项规定，持续纠正"四风"。坚持把握重点和发挥优势相结合，以政治监督为重点强化纪律监督，用实际行动体现践行"两个维护"的坚定性；以有效覆盖为重点拓展监察监督，推动监察监督向所有行使公权力人员的全面有效覆盖；以精准嵌入为载体做实派驻监督，在监督权力、防控风险上充分体现"派"的权威和"驻"的优势；以整改落实为抓手推进巡视巡察监督，完善反馈问题整改成效量化评估体系，充分发挥巡视巡察利剑作用。通过整合各方监督信息，推进"四项监督"统筹衔接，把党委（党组）全面监督、纪委监委专责监督、党的工作部门职能监督、党的基层组织日常监督、党员民主监督等结合起来、融为一体，以党内监督为主导，推动人大监督、民主监督、群众监督、舆论监督等各种形式监督有机贯通、相互协调，形成决策科学、执行坚决、监督有力的权力运行机制，真正实现对所有监督对象的全面有效覆盖。

2.加强"一把手"监督和同级监督

盯住"关键少数"特别是主要领导干部，强化对权力集中、资金密集、资源富集部门和行业的监督，重点加强对高级干部、各级主要领导干部的监督，完善领导班子内部监督制度，破解对一把手和同级监督的难题。对各级一把手来说，党组织自上而下的监督最直接权威，尤其是上级一把手对下级一把手的监督最管用、最有效。上级一把手的评价、看法、意见，对下级一把手有着重要影响。上级党组织要多设置一些监督"探头"，注意从巡视巡察、审查调查、审计司法、信访举报等渠道发现问题线索，及时核查处置，有效加强对下级一把手的监督。上级一把手要多了解下级一把手日常的思想、工作、生活状况，多注意干部群众对下级一把手问题的反映，多听取下级领导班子成员对一把手的意见。要推深做实同级监督，通过党政正职"五个不直接分管"制度，分管副职向主要领导的定期报告制度，分管副职的定期轮换制度，集体决策、重大事项决策和主要负责同志末位表态制度等，把决策、执行、监督等权力相对分离，形成相互制约、相互监督的工作制度和权力约束机制，进一步加强对领导干部特别是主要领导干部的全面监督，不断完善领导班子内部监督制度，加强纪委对同级党委特别是常委会委员履行职责、行使权力情况的监督，发挥同级监督的最大效力，营造风清气正的政治生态。还要加强对领导干部"八小时以外"活动的监督。以维护领导干部的公众形象和防止利益冲突为核心，对领导干部在工作时间以外所从事的与职务影响相关或个人生活领域的活动强化监督，逐步建立起单位、个人、家庭、社会"四位一体"的动态监督模式。

（三）问题导向：以惩治腐败为发力点，提高治理腐败效能

1. 持之以恒强化作风建设

坚持从讲政治高度整治形式主义、官僚主义，从领导机关和领导干部抓起、改起，深化治理贯彻党中央决策部署只表态不落实、维护群众利益不担当不作为、困扰基层的形式主义等突出问题，下大决心重点整治变相发文开会、过度留痕等问题。要严防享乐主义、奢靡之风，巩固扩大领导干部利用茅台酒谋取私利问题的专项整治成果。坚守重要节点，紧盯薄弱环节，重点防范查处违规收送电子红包、私车公养、不吃公款吃老板等隐形变异问题。坚持纠"四风"和树新风并举，用好"四风"监督举报平台，更好地发挥群众监督和舆论监督作用，督促有关职能部门细化规定，列出正面、负面清单，推动党风政风和社会风气进一步好转。

2. 坚持零容忍态度惩治腐败

坚持无禁区、全覆盖、零容忍，对党的十八大以来不收敛、不收手、严重阻碍党路线方针政策的贯彻执行、严重损害党的执政根基，成为全面从严治党障碍的腐败问题从严查处，对主动投案者依规、依纪、依法从宽处理，对巨额行贿、多次行贿严肃处置，坚决斩断"围猎"和甘于被"围猎"的利益链，坚决破除权钱交易的关系网。深化金融领域腐败治理，坚决查处资源、土地、规划、住建、工程、教育、卫生、市场监管等领域和地方债务等各种风险背后的腐败，严肃查处国有企业存在的靠企吃企、设租寻租、关联交易、内外勾结侵吞国有资产等问题，高度警惕和严肃查处"裙带腐败""衙内腐败"。推动审批监管、执法司法、工程建设、资源开发、金融信贷、公共资源交易、公共财政支出等重点领域的监督机制改革和制度建设。推动构建亲清政商关系，规范领导干部配偶、子女及其配偶经商办企行为。建立惩罚性经济体制。加大对罚金的处罚力度，使涉案人员觉得得不偿失。对腐败中获取的非法所得应予彻底追缴，对已经挥霍的非法所得，应提起附带民事诉讼，诉请犯罪分子赔偿。要对贪污受贿行为进行追诉成本，核算完善惩罚体系，判决生效仍未执行财产刑的，纳入失信被执行人黑名单。

（四）制度筑基：以党内法规为关键点，严明政治纪律规矩

1. 构建政治生态研判机制

要坚持边研判、边净化、边建设的思路，着力构建党内政治生态分析研判长效机制。在党内政治生态分析研判过程中，各级纪检监察机关既注重发现各种表象问题，又注重深入挖掘问题背后的深层次原因，从体制性障碍、机制性梗阻、政策性创新等方面研究破解之道，向相关党委（党组）反馈意见、提出工作建议，推动各级党组织进一步坚持和加强党的全面领导。通过着眼于推动全面从严治党工作大局，探索构建党内政治生态分析研判长效机制，从一个案件暴露出的问题出发，对一个单位、一个地方的政治生态进行全面"把脉问诊"，推动形成风清气正的政治生态。要推动"研判 – 反馈 – 整改 – 落实 – 提升"的工作闭环，明确聚焦贯彻落实党中央重大决策部署，落实全面从严治党主体责任、民主集中制原则、选人用人规定等，建立各地各部门"政治监督活页"，将政治生态分析研判情况列为"政治监督活页"主要内容，做细做深做实日常监督。要以党的政治建设为主轴主线，坚持共性与个性、内部与外部相结合，把党内分析与群众评价、第三方评估有机结合起来，综合研判精准画像。加强对整改情况的跟踪督查，结合日常工作中了解的问题、主题教育期间查找的问题、上级有关部门点出的问题，推动集成整改、一体整改。

2.加强党内法规制度建设

要增强法治反腐的思维，创新反腐败的体制机制，将党内法规与国家法律制度建设置于优先和突出的位置，加快党内反腐败法规建设，充分发挥党内法规在预防腐败的独特优势；要统筹推进各环节党内法规制度建设，着眼"过去时"做好法规清理工作、着眼"进行时"做好即时建章立制工作、着眼"完成时"做好备案工作、着眼"将来时"做好前瞻规划工作；要统筹推进各层面党内法规制度建设，制定地方党内法规，着重规范"块"上重要问题；要制定部委党内法规，着重规范"条"上重要问题；[2] 要制定中央党内法规，着重规范"面"上重大问题，通过积极稳妥出台准则条例，搭建党内法规制度体系的四梁八柱；要有针对性地制定相应配套法规，为党内法规制度体系及时添砖加瓦，全面加强党内反腐败法规建设，推动党内法规法律化，使反腐败党内法规纳入法治的轨道，与国家相关法律协调统一、相互促进、相辅相成，构建规范的内容协调、逻辑严密的反腐败规范体系系统，保障反腐败规范化、制度化、法治化。

五、坚持两个思维与有机统一

（一）坚持用政治思维统领全面从严治党

1.持续压实政治责任，带头做到"两个维护"

要坚持不懈地推动习近平新时代中国特色社会主义思想进机关、进企业、进学校、进农村、进社区，使之成为人民群众的行动指南，引导广大人民群众听党话、跟党走，坚定走中国特色社会主义道路；要坚持不懈地引导社会各界代表人士增进对中国共产党和中国特色社会主义的政治认同、思想认同、理论认同、情感认同，与党同心同德、同力同向，凝聚起加快推进治理现代化的磅礴伟力；要完善保障"两个维护"落实的制度机制，坚决维护习近平总书记党中央的核心、全党的核心地位，坚决维护党中央权威和集中统一领导，在思想上政治上行动上自觉地同以习近平同志为核心的党中央保持高度一致。

2. 大力加强政治建设，使讲政治成为立身之本

党员干部特别是领导干部，必须始终保持清醒政治头脑，牢固树立政治理想，正确把握政治方向，坚定站稳政治立场，严格遵守政治纪律，筑牢拒腐防变的思想政治防线，始终把讲政治作为立身之本。要把党的领导落实到统筹推进"五位一体"总体布局、协调推进"四个全面"战略布局各方面，推动治理规范化、制度化、程序化发展。要坚持民主集中制，完善发展党内民主和实行正确集中的相关制度，更好地把民主集中制优势转变为治理的政治优势、组织优势、工作优势。

3. 严明政治纪律政治规矩，营造良好政治生态

在全面从严治党中，要紧紧抓住严肃党内政治生活这个有力武器，注重从政治上着眼、从政治上审视、从政治上解决党内突出问题，固本培元、增强自信；要坚持正确选人用人导向，突出政治标准，提拔重用牢固树立"四个意识"和"四个自信"、坚决维护党中央权威、全面贯彻执行党的理论和路线方针政策、忠诚干净担当的干部，使党内正能量充沛、政治生态生机盎然；要优化政治生态，匡正"引领"之风。政治生态好，党风政风就纯，干部作风就硬，社会风气就会发生根本性好转；要持续巩固和完善全面从严治党制度，着力构建全面高效的监督体系，完善权力配置和运行制约机制，一体推进"不敢腐、不能腐、不想腐"体制机制建设；要把规范党内政治生活摆在突出位置，进一步严明政治纪律和政治规矩，发展积极健康的党内政治文化，促进党内政治生活健康发展；要持续兴"三风"、纠"四风"，以优良的党风促政风、带民风，以优良的政治生态引领社会生态，推动社会风气取得根本性好转；要持续纵深推进扫黑除恶专项斗争，依法依纪惩处涉黑涉恶腐败和"保护伞"，加强社会治安综合治理，不断优化政治生态、社会生态，为推进治理现代化创造良好环境；要牢牢把握意识形态工作领导权，严格落实意识形态工作责任制，完善坚持正确导向的舆论引导工作机制，不断弘扬主旋律、传播正能量；要用严明的纪律维护制度，增强纪律约束力和制度执行力，推动干部严格按照制度履职尽责、善于运用制度谋事干事。

（二）坚持以法治思维落实全面从严治党

1. 运用法治思维巩固全面从严治党的成果

要运用法治思维进一步推进依规治党，充分发挥党内法规制度的约束作用，更加科学地管理党内生活，全面规范党组织和党员的行为方式；要将党的意识形态、思想政治、领导方式、价值取向进行全面统一与规范，将党性文化与法治思维融合在一起，以法律制度为先导、党政协调化建设为核心，建立完善的党内法律框架，以法律为限制，手段约束党员干部的思想和行为。既要慎用、又要善用留置、技术调查等措施，着力解决执纪执法不规范、不严格、不透明、不文明，以及不作为、乱作为等问题，充分保障被调查人员的合法权益；要主动对接以审判为中心的刑事诉讼制度改革，进一步细化谈话函询、初步核实、立案调查等监督执法程序和各项调查措施的使用条件、报批程序和文书手续；要发挥纪委监委合署办公优势，实现依纪监督和依法监督、适用纪律和适用法律、执纪审理和执法审理的融合；要严格依照《刑法》及相关司法解释的规定，准确把握入罪标准，防止畸轻畸重，围绕犯罪构成要件和量刑情节来收集、固定、审查、运用证据，用以准确证明罪与非罪、此罪与彼罪、重罪与轻罪等方面的情况；要通过坚持宽严相济的反腐败政策，当宽则宽、当严则严、不枉不纵，在党纪国法框架内实现政治效果、纪法效果和社会效果的统一；要注重执纪和执法的衔接，充分运用监督执纪"四种形态"，既注重查处职务违法犯罪，又特别关注"好同志"到"阶下囚"之间的过渡地带。[3]

2. 运用法治思维解决全面从严治党的问题

要运用法治思维,从制约权力的角度审视管党治党的突出问题,充分运用法治的指引、评价、预测、教育、强制功能,真正为权力划定边界,惩治违纪失范行为,达到标本兼治效果;要进一步完善党内法规制度体系,及时调整、补充、完善党员行为规范,逐步引导全体党员不仅要守国法,更要遵党纪。对于党内违法违纪分子,在先进行党规党纪的处分之后,还要对其叠加国家法律的惩处,落实"把纪律挺在前面,坚持纪严于法、纪在法前"。

3. 运用法治思维推进全面从严治党往深走

在处理问题时,要坚持法律规则的运用,强化以党规党纪管党治党的导向和力度,在加强党的政治建设、思想建设、组织建设、作风建设、纪律建设中充分体现法治思维,把用纪律管党治党作为第一要务,通过依规治党的一步步具体落实,引导和促进党员干部提高法治意识,在日常行为中遵纪守法;要按照《中国共产党章程》确定的基本原则、要求和任务,推进党内法规的修订完善,加快形成完备的党内法规体系,并注重党内法规与国家法律的协调统一、良性互动;要加快监察官制度、信访制度等方面的立法进度,及时做好党纪国法的清理工作,解决现有党内法规和国家法律滞后于反腐败实践发展、相互交叉重复甚至冲突等问题。根据反腐败斗争形势需要,通过修订《刑法》优化腐败犯罪罪名体系、优化相关犯罪构成要件和刑罚配置,以新的强大动力推进全面从严治党走向深入。[4]

参考文献

[1]孙涛.以全面从严治党推进国家治理现代化[N].青岛日报，2016-12-10(4).

[2]陈柯.国家治理现代化视域下全面从严治党路径探析[EB/OL].(2019-10-21)[2022-10-11].人民网，http://theory.people.com.cn/GB/n1/2019/1021/c40531-31411407.html.

[3]宋功德.全方位推进党内法规制度体系建设[N].人民日报，2018-09-27(7).

[4]田坤.用法治思维和法治方式巩固发展反腐败斗争压倒性胜利[J].中国纪检监察，2020(13)：50-52.

不只"铁面"，亦能"勤政"

——北宋赵抃廉政角色的多元分析及衢州传承初探

成鸿静　朱久良[①]

摘　要：文章以廉政文化为视角，对赵抃的廉政角色进行多元分析，提出"铁面清廉"和"勤政有为"共同构成赵抃的完整廉政角色，认为赵抃廉政文化在衢州的地方历史发展、赵抃故里文化和现代性转化上均得到了较好传承。作为现代实践的"清廉衢州"建设，在清廉机制打造上形成了多方面制度经验，并产生了如下启示：反腐工作需要更多的现代版"铁面御史"，现代官员需要秉承清廉自律的家风，并在"勤政角色"上积极实践。文章最后在赵抃廉政文化的现代传承和打造方面，试图提出有益的建设性建议，以期衢州在传承方面取得更长足发展。

关键词：赵抃；角色；铁面；勤政；衢州传承

众所周知，衢州籍北宋"铁面御史"赵抃在从政期间留下了众多的廉政事迹和惠民故事，其身上体现的廉政文化对后世影响较大。在学界看来，近年来对于赵抃的研究产生了较多成果[②]，不过多从

① 作者简介：成鸿静，黑龙江鸡西人，法学硕士，中共杭州市富阳区委党校助理讲师，中共浙江省委党校浙江省"八八战略"创新发展研究院研究人员；朱久良，浙江衢州人，文学学士，中共衢州市柯城区委党校讲师，中共浙江省委党校浙江省"八八战略"创新发展研究院研究人员。
② 相关研究成果和综述，可参见刘国庆：《赵抃研究论文集》，社会科学文献出版社 2011 年版；王燕飞、周日蓉：《新时期以来赵抃研究评述》，《河北科技师范学院学报（社会科学版）》2015 年第 4 期。

史学考证和文学评论角度入手，而关于赵抃廉政角色的深层次探讨较少，地方传承尤其是衢州传承方面^①的研究也较为薄弱。时值2021年衢州提出挖掘清廉文化、御史文化、清官文化^②之际，笔者欲围绕赵抃的廉政角色分析和衢州廉政文化传承，并结合实际调研成果进行初步性探讨。

一、北宋赵抃廉政角色的多元分析

赵抃在御史任上对权贵弹劾不避，对不法之事毫不容情，故有"铁面御史"的美誉。关于他的为官历程和廉政事迹，在白效咏《"铁面御史"赵抃研究》[1]一文中已有系统整理，本文不再赘述。笔者从廉政文化视角入手，认为赵抃在角色体现上既包括刚正角色、清廉角色，也包括勤政角色、能吏角色。

（一）赵抃御史任上的"刚正角色"和"清廉角色"

因赵抃在御史台的岗位职责是监督百官，故他身上表现出来的更多是秉直不阿，这是对外的"刚正角色"。此外，"正人先正己"，这种"刚正角色"对内则更多展现为一种清廉和自律。

首先，赵抃的刚正角色是后世最被称赞的部分。一方面，面对不法之事，赵抃不畏权贵、刚正不阿。例如，宋仁宗至和元年（1054年），赵抃任殿中侍御史，刚上任就上奏了《论邪正君子

①作为赵抃为官地之一的成都市和四川省，对于赵抃廉政文化的传承有很大贡献，相关学界出现了一些史料汇编和相关研究，例如《"铁面御史"赵抃清白文化史料集萃》（四川人民出版社2016年版）、《赵抃与四川》（载《成都大学学报》1994年第1期）等。在衢州方面，除了赵抃廉政文化丛书和崔铭先《铁面御史：赵抃》（商务印书馆2016年版）等书出版之外，并没有形成更多研究成果。
②衢州市提出深入挖掘以衢州历史文化名人孔洙为代表的南孔清廉文化，以赵抃、樊莹为代表的御史文化，以余端礼、李宗勉为代表的清官文化等具特色的清廉文化。参见徐双燕、卢敏偶、叶梦婷：《衢州擦亮清廉名片引领崇廉尚廉：我市高质量推进社会共建清廉衢州》，《衢州日报》，2021年2月21日，第2版。

小人》，提出要严格区分朝中"君子"与"小人"。作为仁宗皇帝老师的宰相陈执中权倾一时，宰相府中两名侍女不堪受辱并自缢身亡。赵抃得知后先后向皇帝递交奏折十二本，以"不学无术、结党营私、治家无方、屡出人命"等罪名对陈执中进行弹劾，最后使其下台。再如，赵抃对枢密院副使陈旭结交宦官、行贿买官的行为极为不满，屡次上疏皇帝进行弹劾却均未奏效，他便坚决要求同贬出朝，决不与之同流合污。此外，赵抃任河北都转运使时，按照职责规定，要核查前任宰相贾昌朝所任大名府的官库。在贾昌朝派人来通融的情况下，他仍然毫不留情、坚持核查。其不避权贵的性格特征体现得淋漓尽致。因此，痛恨贪腐、诛除强恶、清白为官，构成了赵抃刚正角色中的闪亮之处。另一方面，面对不公之事，赵抃也会伸张正义、保护忠良。当有功之臣受到不公处理时，他便上表奏折，请求恢复他们的职务，并竭力保护"君子"。例如，仁宗时名臣欧阳修遭受排挤，欲请求去地方为官，赵抃得知后立即向仁宗进言请求留用。事后看来，此举为后来欧阳修推动的北宋"诗文革新运动"创造了必要条件。

其次，赵抃为政时的清廉角色也成为被后世学习借鉴的精神财富。赵抃为政期间，不仅四次赴蜀任职，还曾三度治理杭州，尤其在成都任官时的清廉事迹成为后世佳话。他赴成都任官时，只带一琴一鹤入蜀。赵抃治理地方时坚守清廉，拒绝送礼，改变了蜀地"吏肆为不法，州郡公相馈饷"的吃喝风气，并作诗抨击贪腐污行①，后世赞其"以身帅之，蜀风为变"。在致仕回衢后，他仍保持清廉之风，不治产业，生活节俭，严以修身。

（二）赵抃为政地方时的"勤政角色""能吏角色"

赵抃在为政地方时所呈现出来的勤政角色，在一定程度上被后

---

① 赵抃《廉泉二首·其一》："岁旱江潢万井污，此泉深净肯清渝。伯夷死后泉流在，能使贪人一饮无。"

世所忽略。实际上，从为官经历来看，赵抃是先积累了丰富的地方官经历，然后才当御史官的 [2]，朝廷也正是先看到他成功的为政经历，才提擢他为御史官。因此，赵抃的"勤政角色""能吏角色"应得到更多重视，也应对此深度剖析。

其一，赵抃在治理地方时因州施策，有较高的治理智慧。他任官成都时"以宽为治"，任官青州时"宽而简"，任官杭州时"严而简"，治理虔州时"严而不苛"，出知越州时注重民生。他所任的地方都出现了秩序和谐的氛围，吏治较为清明。为此，苏轼对赵抃的治理风格较为赞赏，积极向他学习治理地方的经验。宋英宗多次下谕表扬赵抃，宋神宗也常以赵抃的善政来勉励官吏。《宋史》对赵抃治理政务的特点总结得精辟到位："其为政，善因俗设施，猛宽不同。"

其二，赵抃在审断罪案和处理危机上有着杰出才干。赵抃的"官印伪造案"成为古代司法史上的经典案例。他在担任武安军（现长沙）节度推官时负责刑狱之事，辖区内有人伪造了一枚官府大印。他仔细推理后认为："最新的规定是圣旨下达之后，谁再造假印当处以极刑，而这个人只是使用了以前造好的假印，实际上圣旨颁布之后他并没有再造假印，所以他不应被判死刑！"这个判定审慎严谨，很有说服力，这同现代司法理念中"法对生效之前的旧行为没有法律溯及力"的制度思想不谋而合。在处理危机方面，赵抃在任泗州通判时，邻近的濠州军队扬言要发动兵变。上级派赵抃代理濠州知州，他到当地衙署后镇定从容办公，压住了歪风邪念，并仔细调查前任知州克扣粮饷的情况，成功化解了濠州军变。

最后，赵抃体恤民情、为民造福的角色成了百姓心中的典型形象。例如，淮南路酒坊酒户为官吏盘剥，"破竭家产，赔纳官钱，负欠积压"，他请求根据地方实情免除泗州酒坊钱。宋代河北路、京东路流移之民较多，他便通过多方举措赈救当地流民。汴京汴河两岸增筑堤岸，宦官借机敛财，赵抃请求停止宦官掌握修筑汴堤的大权。最有名的例子当属赵抃主政越州（今浙江绍兴）时，当地大疫盛行，他制定旱灾预案，挖掘食品资源，有序救灾，形成了被人称赞的"越州救灾模式"。以上都体现了赵抃体恤民情、为民造福的为官角色。

二、赵抃廉政文化的传承与"清廉衢州"建设

衢州廉政文化源远流长，历史上出现过很多清官，这同赵抃廉政文化也应有一定关联。在当代，衢州也如火如荼地开展了"清廉衢州"系列建设。

（一）廉政文化浸入土壤：赵抃廉政文化的衢州传承

第一，衢州的廉政文化在宋代及以后均得到了传承。宋代有吏部尚书余端礼[①]、衢县县丞张应鳞和孔洙，明代有刑部尚书毛恺[②]、樊莹[③]，清代有"驴车尚书"戴敦元和衢州府西安知县陈鹏年，他们皆以廉洁为政为人，流传万世。

第二，赵抃故里的廉政文化得到了较好发扬。清廉孝悌文化在赵抃的出生地——衢州市柯城区沙湾村（又名"孝悌里"[④]）深深扎根，近年来该村以"赵抃故里"为文化主题进行了多方面建设。该村自行投资兴建的赵抃文化研学基地，涵盖了赵抃生平、思想等内容，并建有"清献书院""百孝讲坛"等场所。此外，在村"文

[①] 余端礼任官四十余年，轻徭薄赋，节用而爱人。南宋庆元元年，安徽、浙江发生大饥荒，时任右丞相的余端礼奏请宁宗皇帝，得准贷钱、发太仓之粟、降价以粜，拯救饥民无数。他也请于朝廷，力主将朝廷杂税悉数免去，当地百姓感极而泣。
[②] 相传毛恺在担任刑部尚书时，他的家人因屋舍界址问题和邻居起纠纷，家人写信希望他能跟县衙打招呼，使邻居让步。收信后，毛恺却劝家人主动把宅基地退后了三尺。邻居因毛恺的礼让而大为感动，也主动把围墙退后了三尺。
[③] 樊莹在明代弘治年间授都察院御史巡按云贵，因一举罢撤 1700 多名不称职的文武官员、贪官污吏而名载于《明史》。
[④] "孝悌里"因"铁面御史"赵抃回乡为继母守墓 3 年，孝感动天而得名。

化礼堂"基础上改造而成的"赵抃纪念馆"也初具规模。2008 年，赵抃 1000 周年诞辰之际，衢州文化届的有识之士提出加大对赵抃廉政文化的研究力度①，衢州各界对相关活动也比较重视。2010 年，柯城区纪委筹建了衢州市柯城区赵抃文化研究会[3]，后续也产生了很多文化成果。

第三，赵抃文化遗产得到了较好开发。衢州通过举办赵抃廉政文化节等活动，将廉政文化发扬光大。从 2009 年开始，衢州市赵抃廉政文化节连续举办了五届。一方面，该文化节开展社会文化活动，例如展示《赵抃廉政文化丛书》、演出廉政历史剧《铁面御史》、开展赵抃诗词吟诵比赛、在赵抃祠设曲艺专场、邀请学者进行廉政文化研讨等活动；另一方面，政府和纪检监察机关举行和廉政文化有关的系列活动。例如组织全市机关干部参观衢州市惩防体系建设成果展，将信访公开听证的观摩放在基层进行，并进社区开展现场咨询活动等。

（二）廉政表率首当其冲："清廉衢州"建设

为贯彻"清廉浙江"建设要求，衢州市委于 2018 年出台了《关于加快"清廉衢州"建设的实施意见》，此后"清廉衢州"建设迈入了快速的发展轨道。

1."清廉衢州"建设的进展

首先，该项建设受到高度重视。衢州市于 2018 年成立了"清廉衢州"建设工作领导小组。2019 年 7 月，衢州社会共建清廉衢州推进会召开，进一步部署清廉衢州的建设工作，并提出了"五项监督法"②。2021 年 3 月，为推动纪检监察工作更好地融入基层治理，衢州出台了《关于构建"合"字型基层监督体系 进一步提升基层监督效能的实施意见》，提出打造"抓人促事、一体联动、口

---

① 例如，刘国庆于 2008 年向衢州市政协提出开展赵抃 1000 周年诞辰系列活动的提案，详见刘国庆：《赵抃研究论文集》，社会科学文献出版社 2011 年版。
② "五项监督法"为专项监督、立项监督、常项监督、并项监督、外项监督。

形闭环"的"合"字型基层监督体系。通过基层监督体系的部署，"合"字型基层监督体系成为衢州对外展现监督执纪的基层品牌。

其次，"清廉衢州"建设在各层面有效落地。"清廉衢州"建设被细化为 7 个清廉单元①和 8 个清廉建设子项目②，通过分线推进清廉的社会共建。其中，子单元"清廉机关"建设由市直机关工委负责，他们利用浙江省"双建"③活动这一契机，部署相关活动。例如创建百家清廉示范点，印发《推进百家清廉示范点创建工作方案》，评选市级优秀清廉示范点等。

为推动"清廉衢州"建设在基层更好地落地，衢州也探索了"市县乡村"四级一体的监督模式。在村居建设方面，衢州市纪委监委出台了《强化清廉村居建设有力推动基层治理专项工作分工抓落实方案》。同时，衢州市将加强村监会和村级监察工作联络站规范化建设，以作为推进清廉村居建设的重要载体，充分整合村（居）监督力量，进一步加强对村（居）组织中行使公权力人员的监察监督，实现村级监察工作联络站全覆盖。④

2. "清廉衢州"建设的制度经验

经过数年发展，"清廉衢州"建设形成了一些制度经验。首先，清廉机制要在纪检监察制度的常规轨道上运行。国家、省级纪检监察机关本身有着完备高效的运行体制和工作模式，"清廉衢州"建设是在遵循监察相关法律法规和上级政策的前提下，对清廉机制的

① 7 个清廉单元依次为清廉机关、清廉村居、清廉学校、清廉医院、清廉国企、清廉民企、清廉交通、清廉文化，并分别由衢州市直机关工委、市农办、市教育局、市卫生计生委、市国资委、市工商联、市委宣传部对口负责。
② 8 个清廉建设子项目为"党建统廉""清廉网格""百乡共廉""医者廉心""书声廉韵""倡廉兴企""清廉指数""清风有礼"专项监督。
③ "双建"为清廉机关创建和模范机关创建。
④ 全市 1592 个村（社）已全部设立监察工作联络站，聘任监察工作联络站站长 1589 名、联络员 3211 名，有效推动村务监督力量一体运行。参见《衢州日报》2021 年 2 月 28 日的报道。

落实和细化。例如，针对巡视巡察上下联动监督工作，衢州在全省率先出台《关于推进市县巡察一体化建设的实施意见》《巡察整改日常监督暂行办法》，构建了市县一体巡、机制一体建、成果一体用、队伍一体抓的立体联动格局，为全省常态化推进巡察整改日常监督提供了衢州方案。此外，还出台了《巡察整改日常监督暂行办法》，整合纪检监察机关、组织部门监督力量，建立巡察整改日常监督"任务清单"，将监督内容进一步细化，运用多种监督方式对巡察整改工作开展监督。

其次，清廉机制的打造要体现地方的特色创举。"365监督在线"工作机制就是其中的代表，该机制于2020年建立，旨在全面强化党风政风监督，并更好地履行纪委监委的监督首责。该工作机制实施以来，得到了《中国纪检监察报》、中央纪委国家监委网站、《浙江日报》等媒体的报道。其中，柯城区"清廉网格365"智慧监督做法获选"新时代清廉乡村建设与乡村治理现代化研讨会"十大优秀案例，衢江区《"五项监督法"让精准监督不再"掉链"》入选首届"基层清廉建设（浙江）十大创新奖"。同时，在"最多跑一次""最多跑一地"的全省改革背景下，市纪委市监委创新提出"最多访一次"制度。衢州的"五个一"工作法[1]也得到了关注，其中的警示工作法取得了较好成效。近年来，衢州纪检监察机关围绕典型违纪违法案例，拍摄了一系列警示教育片，在社会各界取得了较好反响，起到了警示党员干部的作用。

值得注意的是，衢州各县（市、区）也形成了各具特色的工作模式。例如，衢江区梳理出了村（社区）监察工作联络站监察监督"十八招"；龙游县建立了村级监察工作联络站"问题直报"机制；江山市聚焦"三小一扶"[2]，每月分片区开展交叉检查并进行综合

---

[1]"五个一"工作法是指一评、一书、一建议、一警示、一报告。
[2]"三小一扶"是指基层小微权力规范运行、小额资金规范支付、小额工程规范管理和扶贫领域腐败作风问题。

廉情评价；常山县依托"常山慢城通"，打造了随手可查、即时监督、全程参与的基层治理监督平台；开化县建立了"灰名单"制度，对违纪违法问题突出的村实施联合惩戒。各地结合实际进行了较好的探索实践，进一步推动了基层监督制度化、规范化、常态化。

最后，清廉衢州建设的实践证明，纪检监察队伍建设是保证清廉机制的关键之举。从历史上看，赵抃所处的北宋时期政治较为清明，这和当时朝廷中以赵抃为代表的御史台监察制度和御史台、谏官、言官不无关系，更与那些铁面无私、刚正不阿、敢于同腐败现象抗争的铁面御史们分不开。所以，纪检监察队伍建设是清廉机制的关键之举。只有把纪检监察队伍抓好，锻造一支忠诚干净担当的新时代铁军，才能为清廉衢州建设提供强大的组织保障。因此，衢州也在深入开展机关党建"灯下黑"整治，并围绕领导干部这一"关键少数"，持续开展队伍建设的自我革命，积极履职尽责，守好一方清廉之地。

三、赵抃廉政文化的现代启示与思考

赵抃廉政文化是一种优秀的历史文化，应在现代社会中得到有效传承。这也为我们带来了很多启示和思考。

（一）赵抃廉政文化的现代启示

首先，反腐工作需要现代版"铁面御史"。"铁面御史"是对赵抃担任御史官职时的"刚正角色"和"清廉角色"作出的历史性评价。在当代国家反腐败建设中，一方面要对古代尤其是唐宋时期的监察制度和御史制度进行合理借鉴，另一方面也应进一步传承以赵抃为代表的监察官身上不畏权贵、刚正不阿的精神。易重华、鲁再书指出，"纪检监察干部和御史是跨越历史的同行，将反腐推向深入，要呼唤一大批现代铁面御史"，要"造就一大批有德、有才、有胆、有识的纪检监察干部"。[4]有德、有才是对包括纪检监察干部在内所有干部的基本要求，而有胆、有识是对纪检监察干部独有的岗位要求。从历史上看，赵抃也正是有胆有识的典型代表。

从当下来看，现代纪检监察工作所面对的形势比历史上任何时期都要紧迫。党的十八大以来，党中央更是将反腐败工作推向了一个更高的历史阶段，未来的纪检监察工作仍然要面对更多繁重的任务。这就要求纪检监察干部时刻保持一种战斗的姿态，需要更多有胆有识的"铁面御史"加入到反腐败工作中来。

其次，现代官员需要秉承清廉自律的家风。家风关系到党风和政风，清白的家风养成清正的作风，党员干部作风不端的根源往往是家风不正。赵抃以清廉自律传承清白家风，"吾门自昔传清白"[1]，在谏官领袖职位上不避权势，所言皆切时务。在他的影响下，次子赵屼孝悌忠信、止直不阿。因此，对现代官员的廉政教育，也应借"正小家之风"，树"风清气正之作风"，通过家风影响家庭成员对廉洁从政的认识，进而在思想认识上进一步树立廉政意识。

最后，赵抃"勤政角色"所带来的启示也不容忽略。潘殊闲在赵抃的为官智慧方面分析了背后的启示，指出"尽管赵抃是九百年前的封建官吏，但其为官的智慧并没有过时……赵抃的为官之道可以成为广大领导干部的借鉴"。赵抃在从政历程中一直勤政爱民、忧乐天下际，"欲去民忧同乐只，敢孤朝寄独恬然"[2]。赵抃为政审时度势，宽猛相济，从实际出发，当宽则宽，当严则严。以上这些都启示当代干部在从政时，要切实提升工作能力，提高分析问题、解决问题的能力。

（二）弘扬衢州赵抃廉政文化的对策建议

为推动赵抃廉政文化在衢州等地进一步推广，笔者认为至少可以从以下几方面进行。

---

[1] 赵抃：《清献集》卷三《信笔示诸弟侄子孙》。
[2] 赵抃：《清献集》卷二《再经江原县有作》。

第一，持续挖掘和打造全域全过程的赵抃廉政文化。作为衢州文化名片之一的赵抃廉政文化，要得到持续的高度重视。从文化的全域性来讲，无论是赵抃出生地沙湾村、晚年居住地书院村，还是东山边村赵抃墓以及文化景点赵抃祠，都需要进行全过程文化挖掘。开发千年沙湾古村可以成为一个切入口。当前，沙湾村正在打造以廉政文化教育基地、水上运动基地、农事体验基地和休闲观光基地为核心的旅游乡村。其中的廉政文化教育基地建设被社会各界关注，该基地已正式投入使用。在基地建设过程中，应进一步丰富全方面素材，特别要重视文化载体建设。比如编写廉政文化培训教材、高质量开展廉政培训班等。力争通过多方面举措将赵抃廉政教育基地打造成全省乃至全国的廉政文化教育基地，使赵抃的孝廉文化真正成为沙湾村以及衢州的金名片。

事实上，作为赵抃从政地之一的四川成都，早在 2015 年就已开展相关工作。例如，成都建成了青白江区廉政教育基地。因此，作为赵抃出生地的衢州更应迎头赶上。一方面要进一步深入挖掘赵抃廉政文化，另一方面要用好"赵抃故里"这一宣传载体，邀请赵抃曾经为官地的专家、学者，并结合浙江省宋史研究这一优势学科，进行全方位融合研究。此外，也可邀请学者、纪检监察部门以及赵抃后裔齐聚一堂进行探讨，树立起赵抃廉政文化的特色品牌。

同时，赵抃墓也应得到重视和保护。该墓位于衢州市衢江区莲花镇东山边村。据当地人说，墓上的许多文字虽然因年久而风化，但是墓碑上的"直"字历经 900 多年的风雨仍然清晰，这或许代表赵抃刚正不阿的廉政角色仍然响彻历史。衢州钟楼下的赵抃祠（又称"清献祠"①）是衢州的文化景点，政府和社会各界应对这些遗迹进行进一步保护。除了沙湾村已打造的清献书院、民间学者设立的清献书院外，政府可在适当时机成立官方性质的清献书院，并开

①"清献"二字是北宋王朝封给赵抃的谥号，后人尊称赵抃为"清献公"。

展相关系列活动。

第二，高度重视赵抃廉政文化的现代传承。除了打造清廉机关、清廉村居之外，也应进一步对外展示文化品牌。当前，衢州已在廉政文化节的基础上开发出了"赵抃－南宗孔氏家庙－书院中学－江滨北公园－沙湾村"为一线的"清风一日游"线路。该路线在宣传城市形象的同时，也在文化传承中再现了历史。同时，应想方设法地创新廉政文化的表现形式。例如发挥赵抃的人物形象和人格魅力，通过文化节、历史剧、电视剧、漫画、农民画、诗词吟诵、讲故事、曲艺、表演、理论研讨、学术交流等多种平台载体来展示文化产业发展的成果，让廉洁文化旅游文化形成良性互动。

第三，力争做到文化产业的廉政效用与经济效用的统一。如何将文化转化为产品，再将产品转化为商品，是所有文化产业的难题。文化品牌的打造非一朝一夕之功，贴合实际的谋划极为重要。为此，要汇聚人员和力量，树立产业思维，让文化与旅游深度融合。当前，衢州沙湾村开发了情景式体验，可以让游客充分感受到赵抃的人格魅力。下一步，对于文化产业的廉政效用与经济效用统一的实现路径，需要学界和实务界开展进一步的探索实践。

参考文献

[1]白效咏."铁面御史"赵抃研究[D].广州：暨南大学，2005.

[2]崔铭先.铁面御史：赵抃[M].北京：商务印书馆，2016.

[3]刘国庆.赵抃研究论文集[M].北京：社会科学文献出版社，2011.

[4]易重华，鲁再书.反腐常态化需要现代铁面御史[J].学习月刊，2016（23）：25-26.

新时代廉政建设的文化展开

——来自浙江省绍兴市的经验证据[①]

林　洋　陈玉婧[②]

摘　要：先进文化对新时代廉政建设具有推动作用，清廉文化建设是廉政建设的文化回应和重要内容。文化维度理论是深入理解清廉文化建设的一种学术视角，"不想腐"也是探究清廉文化建设哲学依据的切入点之一。近年来，浙江省绍兴市以"清廉绍兴"为目标，围绕清廉文化建设实施一系列做法，取得显著成效，积累丰富经验，对国内有关城市推动清廉文化建设具有一定借鉴意义。

关键词：廉政建设；清廉文化；绍兴

一、研究缘起

党的十九大以来，以习近平同志为核心的党中央持续加强对全面从严治党的战略部署，深入开展党风廉政建设和反腐败斗争，将

---

①原文以《新时代清廉文化建设的实践探索——来自绍兴市的经验》为名刊发于《辽宁行政学院学报》2021 年第 6 期。
②作者简介：林洋，安徽六安人，法学硕士，中共绍兴市上虞区委党校教研室副主任、讲师；陈玉婧，安徽池州人，经济学硕士，中共绍兴市上虞区委党校四级主任科员。

"清廉中国"建设置于实现"两个一百年"奋斗目标和中华民族伟大复兴中国梦的全过程。现实中，廉政建设是一项系统工程，涉及官方与民间、群体与个体等诸多环节，也受制于政治制度、经济水平等因素，而思想文化对廉政建设的影响是深远而持久的，廉政建设需要清廉文化的浸润与滋养，清廉文化需要廉政建设的巩固与强化，进而"以文化人"，紧扣"化"字，推动新时代廉政建设高质量发展。"深化整治形式主义、官僚主义顽瘴痼疾，让求真务实、清正廉洁的新风正气不断充盈。"[1]2018年，浙江省启动"清廉浙江"①建设；其后，绍兴市出台《关于加快推进"清廉绍兴"建设的意见》，将"政治生态山清水秀、党员干部清正勤勉、营商环境亲清和谐、社会风气清朗向上、文化氛围崇清尚廉"作为目标导向，拓展清廉文化阵地，加强清廉文化宣传，在全市范围内形成崇清尚廉的文化氛围。近年来，绍兴市按照《关于深入推进"清廉绍兴"建设的行动计划》，注重清廉文化培育，清廉文化与廉政建设逐步融为一体，清廉文化正擦亮"清廉绍兴"的底色。2021年2月，中共绍兴市第八届纪律检查委员会第六次全体会议提出，将清廉文化建设作为绍兴市深化标本兼治，健全不敢腐、不能腐、不想腐一体推进机制的重要举措，绘就新时代清风廉路图，打造清廉文化高地。2022年2月，中共绍兴市委第八届纪律检查委员会第七次全体会议进一步要求，完善"五廉并举"清廉文化建设体系，打造市域清廉建设范例。由此，浙江省绍兴市在廉政建设上传承创新、久久为功，成为全方位、宽领域、多层次地推进"清廉浙江"建设与"新时代文化浙江工程"的优秀样板和重要窗口之一。

---

① 2018年7月，《中共浙江省委关于推进"清廉浙江"建设的决定》第31条要求"加强清廉文化建设"。

二、研究回顾与理论依据

（一）清廉文化研究的发轫与发展

在廉政建设领域，清廉文化作为一种新文化类型，理论界与实务界对其开展研究相对较晚，可查资料中首篇研究文献为曾祥生于2004 年发表的《在文化中体味清廉》，该文提出：要认识到党风廉政宣传教育活动中文化功能的重要性[2]。此后，清廉文化便逐渐成为廉政建设中的热点话题，引起理论界与实务界关注。可以说，清廉文化研究虽起步较晚，但发展较快。2017 年，党的十九大报告提出，强化"不敢腐"的震慑，扎牢"不能腐"的笼子，增强"不想腐"的自觉，通过不懈努力换来海晏河清、朗朗乾坤；党的第十八届中央纪律检查委员会也向党的十九大工作报告指出，弘扬优秀传统文化，牢固坚定"四个自信"，强化"不想腐"。由此，清廉文化在政治话语中的地位与作用显著提升，这也迅速推动对清廉文化的研究。相关研究数量从 2018 年起大幅度增加。与清廉文化有关的研究成果在 2021 年达到顶峰，共 120 余项。经过 10 余年的发展和推进，清廉文化依然是理论界与实务界十分关注的重要课题。

总的来说，国内对清廉文化的研究大体分为基础研究与应用研究两类。前者主要围绕以下内容进行：清廉文化的意蕴、功能[3]；清廉文化的意义、路径[4]；中国古代清廉文化[5]、国外清廉文化[6]。而应用研究可分为清廉文化的影响群体与发生场域两类，前者如薛培等关于检察官清廉文化养成研究[7]，崔晖等对警察队伍清廉文化培育研究内容的分析等[8]；后者如伍海泉等对高校如何研究、传承清廉文化的实证探讨[9]，盘福东等对村落如何树立清廉文化自信集中论述[10]，章勤英聚焦企业如何打造清廉文化、净化经济生态[11]，陈海强则着重思考如何以清廉文化为切入点创建清廉机关、涵养政治生态[12]。总体来看，国内对于清廉文化的文献研究重在清廉文化的实践方面，相对缺少对清廉文化的理论研究，鲜有立足市域范围，对清廉文化建设进行比较系统全面的综合性研究。

（二）清廉文化建设的学理与哲理

"思想文化对反腐倡廉具有深层次的、持久性的影响。"[13] 时下，在党风廉政建设和反腐败斗争中，建设清廉文化与全面从严治党有机耦合，它也是百年大党如何始终永葆先进性和纯洁性、永葆青春活力、永远得到人民拥护和支持这一根本性问题的答案之一。然而，清廉文化建设应对清廉文化厘清概念、正本清源，因为清廉文化在一定程度上区别于廉洁文化、廉政文化。清廉文化主要指社会公众在生产生活中崇清尚廉的思想认知和行为模式，主要包括清明政治、清廉政府、清正干部、清朗社会等内容[4]。其中，清明政治是核心，清廉政府是关键，清正干部是基础，清朗社会是土壤。为从学理上加以阐释，作者尝试运用文化维度理论①进行初步分析，即文化是在一个环境下群体共有的心理程序，可将一群人与其他人进行区分。清廉文化建设的道路是运用多种清廉"元素"，形成崇清尚廉的环境，对特定对象的心理产生积极影响，使其"不想腐"，推进廉政建设。"价值观念是文化中最稳固并起决定性作用的部分。"[14]清廉文化是腐败文化的对立面，清廉文化建设是在区别"清廉的一群人"与"贪腐的一群人"，让其他人群也在清廉文化潜移默化、深远持久的影响之后，认识到清廉对个体发展、社会进步的巨大价值，促使更多的社会成员能守纪律规矩、重法治德行、严公德私德。

同时，任何国家的廉政建设都不可能离开其传统文化，没有传统的廉政现代化是"无根浮萍"，难有质量，更难可持续。因为廉政不仅仅是概念和词汇，而是具有文化性的，其丰富的内容不仅包

---

① 文化维度理论由霍夫斯泰德提出，用于理解不同国家的文化差异，具体包括权力距离、不确定性的规避、个人与集体主义、男性化与女性化、长期取向与短期取向、自身放纵与约束等六个基本的文化价值观维度。

括当下，更多来自于历史的经验和文化传统中的精神。换言之，清廉文化是革命文化、社会主义先进文化的有机成分，中华优秀传统文化是它的源头活水。当然，清廉文化建设也根植于中国共产党领导下的革命、建设和改革时期的党风廉政建设以及反腐败斗争的深厚经验。

当前，清廉文化建设是现代中国廉政图景的逻辑构成，在一体推进不敢腐、不能腐、不想腐的动态过程中，"不想腐"与清廉文化建设的关联性最强。究其原因，"不想腐"直接指向人的思想和行为，通过清廉文化建设促使人的思想向上，产生利于廉政建设的行为；同时，清廉思想支配着人的行为，清廉行为体现思想的先进性，这是清廉文化建设的哲学意蕴。具体分析，一是基于儒家哲学，宋明理学要求"知"先于"行"，认为"义理不明如何践履"[15]。清廉文化建设的旨趣在于通过不同途径传播清廉"元素"，为社会成员所认识和了解，产生对清正廉洁的思想自觉和行动自觉，形成拒腐防变的实质自律。二是马克思主义哲学也认为实践和认识是相互作用的，正确认识指导实践，推动实践达到预期效果。清廉文化建设有利于发挥清廉文化的教育、激励、凝聚等现实功效，堆积厚德养廉的社会土壤，引导社会成员在工作、学习、生活中以清为美、以廉为荣，党风政风、社风民风也更加清朗。

三、浙江省绍兴市清廉文化建设的主要做法

（一）独树一帜：打造清廉文化品牌

"清白泉"是绍兴市最具标识度、最有影响力的清廉文化品牌。2017年，依托"清白泉"清廉文化品牌，绍兴市开展了一系列清廉文化活动，清廉文化产品日趋丰富多样，如"清白泉·全国中小学生廉洁文化书法创作邀请赛""清白泉·廉洁家风大讲堂""清白泉·廉政法规知识微考学"等。同时，绍兴市的清廉文化品牌打

造也形成"头雁效应"，各市辖区、县、县级市依据工作实际和地方历史，形成"虞舜清风"（上虞区）、"一钱清风"①（柯桥区）、"清廉越乡"（嵊州市）、"天姥清风"（新昌县）等县域层面的清廉文化品牌。例如 2021 年 9 月，"中国廉德文化之乡"②上虞区以"展青瓷韵味，扬虞舜清风"为主题，开展全国清廉青瓷创作大赛，已征集作品 182 组，共 400 余件，这些实物让无形的清廉思想融入有形载体，创新推动清廉文化与青瓷文化融合发展。由此，5 个县域清廉文化品牌与市域清廉文化品牌同频共振、聚合裂变，形成清廉文化建设的品牌"谱系"。

打造清廉文化品牌是清廉文化建设的重心。该"拳头产品"的实质是在廉政建设中运用历史思维，即挖掘、梳理历史文化中的清廉"元素"，从历代先贤的清廉从政之道中获取一些灵感和智慧。具体而言，溯源"清白泉"后发现，它与北宋名臣范仲淹有关。范仲淹出任越州知府时，发现一口废井，清淤疏通后，井内泉水涌动，清澈甘甜，便取名"清白泉"，构筑"清白亭"，将井东凉亭命名为"清白堂"，以"清白而有德义，为官师之规"为要旨，写出名篇《清白堂记》。他认为泉水"所守不迁、所施不私"的特质对地方官员廉洁从政、清白做人深有启发，可引导地方官员坚守"清白"，不实施有悖于"清白泉"美名的偏失行为。

（二）就地取材：利用清廉文化资源

现实中，廉政已成现代化的标志性词语，廉政与法治不同，现代化视野中的廉政话语源于中国，而非西方。为此，清廉文化建设应立足丰厚的本土资源。近年来，绍兴市编印《绍兴清吏》等清廉文化读本，拍摄《亘古男儿一放翁，诗书清白赋家风》等廉政教育

---

① "一钱清风"的典故源于东汉名臣刘宠，他担任会稽太守时，仁爱惠民，清正廉明。离任时，他仅取百姓表达谢意的几百钱中的一枚，后投钱币入江水，以示"还钱"。"一钱清风"也是绍兴市内首个镇级清廉文化品牌。

② 2021 年 10 月，中国伦理学会正式授予上虞全国首个"中国廉德文化之乡"称号。

专题片，印发《清白记事》等宣传手册。同时，各市辖区、县、县级市用好清廉文化资源。越城区关注"名士清风"，选取王阳明"致良知"、鲁迅"立人为本"等家规家训^①汇编成册；上虞区打造"虞舜清风"，在村社布置《廉政四字歌》《廉政三字经》等字帖；新昌县则集中展现"天姥清风"，致力于对"清官文化"的研究……绍兴市已形成清廉文化建设"一地一品"的大格局。

利用清廉文化资源是清廉文化建设的基础。从某种意义上说，它正是传统文化的"复活"，将传统清廉文化中有韧性、有活力的部分保留，用现代文化作品呈现，使其获得新的时代内涵，更加富有生机与活力。传统社会中，清官廉吏众多，根据绍兴市史志办所编的《绍兴清官清吏》一书记载，历史上有名的清官中，52人为绍兴籍。此外，清官廉吏也"泼墨如云"以示高尚追求：陆游《示子孙》中的"富贵苟求终近祸，汝曹切勿坠家风"；王冕《墨梅》中的"不要人夸好颜色，只留清气满乾坤"；王阳明《第五道问》中的"今之所薄者，忠信也，必从而重之；所践者，廉洁也，必从而贵之"。接下来，这些宝贵的清廉文化资源也将在传统与现代"互文"的语境下发挥新的作用、产生好的效果。

（三）春风化雨：深化清廉文化影响

绍兴市注重将廉政建设融入社会成员生产生活全过程，力求清廉文化建设既"上接天线"，又"下接地气"。近年来，嵊州市在小学课程的古诗词中添加越剧流派曲调，创作《石灰吟》等"越韵古诗"；新昌县制作廉政戏剧《甄清官》，诉说明代廉吏甄完刚正不阿、为民请命的历史故事。清廉文化建设要在城市与农村两种空间内并行，绍兴市相应创排《于谦传之两袖清风》《包拯闯宫》等清廉戏，作为众多村社"社戏"的必备曲目，吸引大量群众观赏。

---

① 家规家训指家庭对子孙立身处世、持家治业所制定的规范与教诲，有的单独刊印，也有的附于宗谱。

除"社戏"外，绍兴市围绕"清廉村居"体系化、制度化建设要求，开展"越乡清风万里行"活动，清廉戏曲让农村群众的精神文化生活丰富多彩，凸显清廉文化成风成俗的价值。

深化清廉文化影响是清廉文化建设的目的。绍兴市是"戏曲之乡"，曾形成五大剧种、五大曲种[①]，传统戏曲以清廉文化为素材，编排具有"绍兴味"的曲艺作品，宣传、弘扬清廉文化，在本质上直接或间接改造了听众主观世界，使其在内心深处崇清尚廉、反贪拒腐，达到"治心"效果。总的来说，传统戏曲是一门综合性艺术，将曲词、音乐、美术、表演等熔铸为一，感染力强。绍兴市廉政建设通过传统戏曲在"政治之基"与"文化之美"上趋向统一，清廉文化则能教育感化、触及灵魂，从体制内直接、横向扩散至体制外，从公职人员直接、横向扩散至基层群众[②]，实现清廉文化知识、观念、价值规范的传承创新。

（四）另辟蹊径：开发清廉文化旅游

随着廉政与文化的不断碰撞，清廉文化建设与旅游经济发展的契合度持续提升。绍兴市有关部门对全市范围内历史文化景观进行调研分析后，深挖掘、广拓展其中的清廉"因子"。一者，改造升级周恩来风范园、胡愈之纪念馆、倪元璐纪念馆等廉政教育基地，新建王羲之家训综合馆、王冕故里、"天姥清风"家训馆等廉政教育基地，串珠成链、相得益彰，形成一条"全景式"的廉政教育路线；另一者，绍兴市正在完善清廉文化旅游的布局，加大人力、物力、财力的投入力度，规划建设系统完整的"清白泉·清风廉旅"，以此为突破口，打造清廉文化旅游的制高点，追求政治效益、经济效益、文化效益、社会效益的有机统一。

[①] 五大剧种为越剧、绍剧、新昌调腔、曲艺、其他，五大曲种为平湖调、词调、莲花落、宣卷、目连戏。
[②] 文化扩散指文化从一社会传递至另一社会，从一区域传递至另一区域，从一群体传递至另一群体的互动。

开发清廉文化旅游是清廉文化建设的补充。作为一种产业形态与政策对象，文化与旅游融合发展需要体现为一种可看见、可触及的载体。由于文化与旅游间含有多元交叉关系，文旅融合表现出多个层面、多种形式的融合。绍兴市把清廉文化嵌入旅游经济中，既产生清廉文化建设的现实意义，也增加旅游经济发展的附加值。与此同时，廉政建设中，历史文化遗产与现代生活场景的特殊时空结构可承载、激发社会成员的清廉文化记忆①，这种清廉文化记忆利于建构以个体文化身份认同为基础的地方清廉文化"软实力"。例如，上虞区深挖深化清廉文化，运用区域主体文化——孝德文化中的孝与廉、区域特色文化——青瓷文化中的青与清等元素底蕴，打造沿"浙东唐诗之路"②的上虞清风廉路，监督促进文化文明。接下来，绍兴市有关市辖区、县、县级市将继续用好宝贵的历史文化遗产——"浙东唐诗之路"，为建设"廉政大厦"添砖加瓦。

（五）集大成者：搭建清廉文化平台

2020 年 1 月 20 日，绍兴清廉馆正式开馆。该馆分别设置"自古清气满越州""勤廉为民践初心""激浊扬清谱华章"三大部分，运用现代科技，有序地陈列绍兴市古代先贤、近世先驱、当代楷模的清廉思想与行为，及十八大以来大力推进"清廉绍兴"建设的实践探索和重要成效。2021 年 6 月 26 日，绍兴清廉馆首次展出国画《新时代清风廉路图》，广大党员干部群众可通过数字交互、情景再现等，享受清廉文化"盛宴"。作为浙江省第一个清廉馆，绍兴清廉馆具备时间常态化、空间立体化、对象准确化、方式多样化等优势，成为展示清廉文化建设的载体、党员干部廉政警示教育的场所、浙江省乃至全国有一定影响的清廉文化地标。

①结合文化记忆理论，文化记忆作为一种机制，主要借助社会所提供的各种形式和媒体形成、传播与延续。
②从钱塘江出发，至绍兴鉴湖、上虞曹娥江等地，后抵台州天台，历史上 300 余位诗人写下 1000 余首佳作。

搭建清廉文化平台是清廉文化建设的汇总。文化教育、文明传播等都需要媒介，清廉文化是塑形工程，清廉文化建设首要介入对象是"关键少数"，尤其是"'关键少数'中的'关键少数'"；其次是一般公职人员，即"绝大多数"；最后是普通群众，从而实现全覆盖。党员干部群众可出入、受教育的清廉文化平台建设显然是客观需要。组织党员干部群众在清廉馆、清风馆等清廉文化平台开展清廉教育活动，既可引发共鸣，也可提出优化建议、完善策略，这也是质变。即从官方以清廉教育对象高效便捷获得服务出发，单方面提升廉政建设的内部效率，到关注清廉教育对象主动参与清廉文化建设的交付，在全社会范围协同各主体进行廉政价值共创。

四、浙江省绍兴市清廉文化建设的重要成效

（一）铸魂：全面从严治党纵深推进

推进不敢腐、不能腐、不想腐，是党风廉政建设和反腐败斗争的关键一招，是将全面从严治党向纵深方向推进的核心环节。一体推进不敢腐、不能腐、不想腐不仅是党要管党、从严治党的重要规律和优化路径，而且是新时代党的建设伟大工程的理论创新与实践探索，适用于全面从严治党的各个方面、各块领域。在马克思主义基本原理视域下，系统与要素论[1]是世界观的重要成分，也是辩证唯物主义在方法论上的具体表现。那么，运用系统与要素论分析，一体推进不敢腐、不能腐、不想腐则是一个层层深入、相互作用的系统，也是在党的领导下，实现廉政治理体系和治理能力现代化的动态过程中，诸多要素协同配合的路径选择。

该系统内，"不想腐"这一要素能占据主体地位、发挥主导作用，

---

[1] 系统是普遍存在的，系统与要素论的基本思路是以系统为对象，从整体出发，研究系统整体和组成系统整体内各要素的相互关系，本质上说明其结构、功能、行为以及动态，以把握系统整体，达到最优目标。

是系统平稳快速运行的根本保障。作为"牛鼻子"，"不想腐"的着力点是产生腐败行为的"主观方面"①，对应各种自我约束机制。因此，要在党性修养、官德政德等多个层面实现"不想腐"，就必须建设清廉文化，这也是廉政建设的应然文化表达。党员领导干部在清廉文化熏陶下，清廉"元素"会如清风般吹去心灵上的灰尘，达到"入心入脑"的效果，廉洁修身、廉洁齐家的价值观念会进一步形成，廉洁从政、廉洁用权的政治操守将进一步践行，进而自觉抵制享乐主义、奢靡之风，始终做到对党忠诚、为民负责。同时，清廉文化建设也能获得普通群众认可。绍兴市借助有关机构开展民意调查，结果显示，2017—2020 年，绍兴市在全面从严治党上的群众满意度分别高达 95.4%、95.4%、97.9%、98.1%，连续四年均居于浙江省前列。可见，清廉文化建设利于增强全面从严治党中各项措施的预见性、导向性，使目标、任务等更加清晰，这将有利于加速构建层次多、方位全、立体式的建党、强党、治党体系。

（二）健体：政治生态环境风清气正

"坚决清除一切损害党的先进性和纯洁性的因素，清除一切侵蚀党的健康肌体的病毒，确保党不变质、不变色、不变味。"[16]学理上，政治生态主要涵盖政治文化、政治制度以及政治行为，是学风、党风、政风、社会风气的综合观照。值得注意的是，在政党事业中，学风关系到党风，党风关系到政风，政风关系到社会风气，因而政治生态会对政治主体的价值取向和行为方式产生直接或间接的影响。"政治生态好，党内就会正气充盈；政治生态不好，党内就会邪气横生。"[17]良好向上的政治生态是廉政建设的核心追求，政治生态涵养理应锲而不舍、久久为功，廉政建设显然能润其土、涵其林、养正气、固根本。

---

① 在刑法基本理论中，"主观方面"是犯罪构成的共同要件（"四要件说"）之一，"主观方面"的外延大，包括犯罪动机、贪污受贿等腐败行为的发生与党员领导干部的某些内在冲动或内心起因等不无关联。

绍兴市在清廉文化建设过程中，场域上落实"五进"的要求，即持续推动清廉文化进机关、进村社、进企业、进校园、进医院，持久开展"清廉机关""清廉村社""清廉企业""清廉校园""清廉医院"建设。此外，清廉文化作品注重"一把钥匙开一把锁"，根据不同地域文化特色、不同群体学识喜好，创作不同内容与形式的作品。"任何机体都不是被动地继承，而是在个体和环境交界处按照环境条件来塑造自己。"[18]通过清廉文化建设营造风清气正的政治生态，在"美丽宜人"的政治生态环境下，社会成员观赏大量的清廉文化景观后，清廉思想接受、廉洁自律养成。时下，廉政建设正寻求"最大公约数"，通过正风肃纪反腐，党员领导干部不仅远离腐败之地，走出懒散的灰色地带，而且更忠诚廉洁担当、许党报国为民。如此，普通群众获得感、满意度自然大幅增加，认可支持、参与推进廉政建设的积极性、主动性、创造性急剧提升，党风廉政建设和反腐败斗争的社会号召力①源源不断，广泛的稳定的人力基础获得强化。

（三）赋能：经济文化社会协调发展

现实生活中，文化与经济是一对相互关联、相互影响的概念，文化属于上层建筑，而经济是文化形成的基石。当文化"遇见"经济，文化会逐渐演变为经济体系的一部分；当经济"遇见"文化，经济则会逐步符号化、人性化。一方面，廉政建设被界定为政治范畴，但廉政建设依然是促进地方经济文化良性循环发展的基础性、长期性工程；另一方面，文化具有维持社会秩序的功能，既能对社会成员进行道德教化、实践指导等，又能推动社会治理视野下社会成员的利益协调平衡。廉政建设有其文化维度，除文化意义上的阐释外，廉政建设作为加速传统文化与现代文化融通的纽带，对社会成员内

---

① 社会号召力是党在长期的治国理政实践中、在全社会范围内，形成的领导力和吸引力、凝聚力、组织力；党的社会号召力是党宝贵的政治资源，也是党领导下社会主义制度能集中力量办大事的重要成因之一。

心积极干预，能促进个体与社会关系融洽，利于社会和谐稳定。

　　"文化是区域旅游发展的核心要素和重要动力之一。"[19]绍兴市清廉文化建设直接将含有清廉"元素"的历史文化进行创造性转化、创新性发展，顺畅地形成一系列喜闻乐见的清廉文化旅游产品。例如，2019年10月，绍兴市柯桥区集中推出"清风廉旅"导引图，划分"稽山望梅""一钱竹风""清莲齐家""书香兰韵""纺城清风"5条清廉教育路线，清廉文化被寓教于乐、寓教于游。"中国特色社会主义道路是滋生于中华文化沃土的必然、社会主义核心价值观是对中华优秀传统文化的传承和升华。"[20]绍兴市是历史文化名城，留存中国历史的"青春记忆"，越文化具有众多的清廉"元素"，是"清廉绍兴"建设的文化基础，清廉文化建设是对越文化的巧妙传承和鲜明弘扬，与"率先走出人文为魂、生态塑韵的城市发展之路，建设近悦远来的品质之城"①辉映，历史感、时代感强烈有力。当然，在清廉文化适应市场经济发展的同时，需要与成为腐败文化温床的个体主义、利己主义划清界限，坚持集体主义原则，督促党员领导干部常怀律己之心，常思贪欲之害，释放榜样的正能量，为社会大众带头示范，共筑防腐拒变的思想堤坝，助力清廉文化建设。

五、浙江省绍兴市清廉文化建设的基本经验

（一）指向性维度：党的领导

　　"坚持和加强党的全面领导，是党和国家的根本所在、命脉所在，是全国各族人民的利益所在、幸福所在。"[21]中国是典型的后发外生型国家，实现"中国式现代化"离不开中国共产党的坚强领导，以汇

---

①2022年，绍兴市第九次党代会提出，未来五年，全市上下要奋力实现"五个率先"，以建设高水平网络大城市、打造新时代共同富裕地。

集更多资源，推进社会主义现代化国家建设。党的领导是中国特色社会主义最本质的特征，是政治稳定、经济发展、文化繁荣、社会和谐、生态优美的出发点和根本保证，这要求党始终保持先进性和纯洁性，加强执政能力建设，清廉文化建设也因此获得内生性动力。

清廉文化建设强调坚持和加强党的全面领导，是基于三点考量。首先，只有坚持和加强党的全面领导，清廉文化建设才能有政治高度。清廉文化建设要各部分配合联动，某一部分出现偏失，会束缚和阻碍清廉文化建设的全局性深化，影响党中央关于"清廉中国"等重大决策部署的贯彻落实，影响中国特色社会主义事业的发展大局。其次，只有坚持和加强党的全面领导，清廉文化建设才能有理论深度。习近平新时代中国特色社会主义思想是马克思主义中国化的最新成果，清廉文化建设要以此为根本遵循。清廉文化建设中政治问题的发现、政治逻辑的把握，需要我们不断提高政治判断力、政治领悟力、政治执行力；同时，深刻领会习近平总书记关于党风廉政建设和反腐败斗争的论述，对标对表，找准结合点、着力点，做到学思用贯通、知信行合一。最后，只有坚持和加强党的全面领导，清廉文化建设才能有实践力度。办好中国的事情，关键在党。中国共产党在治国理政的实践中，能够总揽全局、协调各方、凝聚力量。在清廉文化建设中，党能够制定正确的路线、方针、政策，提出具体的对策、建议、措施，选优配强各级领导干部，深入推进思想宣传工作，切实发挥纪检监察和群众监督作用，让清廉文化建设落地生根。

（二）主体性维度：人民至上

"党性与人民性的'统一论'的提出及其践行深刻改造党性、人民性的话语属性，将其由政治话语改造为政治议题。"[22] 回顾百年党史，在党的二大上，建设"群众党"的概念被提出；党的十九大中，"人民"二字出现逾 200 次，从新的高度强调"以人民为中心"。党的根基在于人民，它因人民而生，因人民而长；党的力量也在于人民，它因人民而兴，因人民而强。国家政治生活与社会生活中，腐败文化不仅消解党性，腐蚀党员领导干部的理想信念，而且减损人民性，侵害群众的根本利益，因而清廉文化建设是党始终保持与人民血肉联系的客观要求。

在清廉文化建设中，要读懂"人民至上"的丰富内涵和精髓要义，落实"人民至上"的价值追求和行动导向。第一，在目的上，一切为了人民，这是由党的性质和宗旨决定的。"四风"问题背离党的性质、宗旨和群众路线，应检修和扫除作风之弊、行为之垢；腐败问题是人民群众深恶痛绝的，必须坚决反对和打击，坚持"打老虎"与"拍苍蝇"并重、维护党的形象和维护人民的根本利益并举。第二，在主体上，一切依靠人民，这是由人民群众是历史创造者的地位决定的。人民群众是清廉文化建设的力量源泉，只有广泛动员、宣传群众，才能为清廉文化建设提供坚实的群众基础。因此，要在文化礼堂、街道社区、田间地头，从文本上传播清廉文化，口头上宣讲清廉文化，使其贴近基层、贴近群众、贴近生活，提高人民群众参与清廉文化建设的积极性和主动性，形成人民群众共建清廉文化的浓厚氛围和大好局面，汇集反腐倡廉的"汪洋大海"。第三，在效果上，交由人民群众检验。人民是新时代清廉文化建设的"阅卷人"，清廉文化建设的实际效果如何，应以人民满不满意、接不接受为标准。各级纪检监察机关理应建立人民意见和建议反馈通道，跟踪反馈信息，回应群众关切，解答群众诉求，接受人民监督，提供正反两方面廉政文化建设案例，传播廉政文化建设精品。

（三）方法性维度：传承创新

"为中国人民谋幸福、为中华民族谋复兴是国家治理现代化的伦理目标，也是国家治理现代化的德性所在。"[23]国家治理现代化包括政治、经济、文化等多方面，清廉文化建设利于产生高度廉洁的党和政府、忠诚担当的党员领导干部，这些是实现国家治理体系和治理能力现代化这个"第五种现代化"的主观条件。现实中，由于文化的独立性、延续性，我们要运用"否定之否定"的方法论对其进行改造，通过不断注入积极成分、剔除消极成分，在传承创新中形成以马克思主义为灵魂、现代廉政为机体、优秀传统文化为血肉的清廉文化。

文化是一种复合的整体，在形态上，可分为物质文化、制度文化、精神文化。其中，精神文化是平衡物质文化的方式，也是物质文化的有益补充，更是物质文化的内在动力。当前，为了实现清廉文化建设的跃升性变化、实质性超越，应写好"三化"的文章。一是学会转化。不仅要立足地方实际和历史文脉，寻求清廉文化建设内在的生命基础和外在的发展空间，赋予其鲜明的时代特质和光荣的现实使命，而且要有针对、有选择地学习国外的清廉文化建设经验，科学地运用"拿来主义"，增强清廉文化建设的广度和厚度。二是学会教化。清廉文化建设的出发点和落脚点是"人"，要为人的全面发展服务。为了让清廉教育"活"起来，除了常规的宣传、表彰、监督等官方教化途径之外，要更加注重"临场体验"的价值，巧用文字、图案、活动，让社会成员进入"清廉之境"，进而"润物无声"，引导社会成员向上、向善、向廉。三是学会优化。清廉文化建设要在观念上、行动上创新，就要集中运用现代科学技术，如互联网、大数据、区块链、人工智能等，并与乡村振兴战略、共同富裕示范区、文化强国、法治中国建设等有机结合，增强清廉文化建设在各个领域、各个方面、各个环节的"贴合度"与"穿透力"。

（四）过程性维度：体系推进

"治理体系是国家运行的制度载体和机制保障。"[24] 党的治国理政实践中，尤其注重制度建设的基础作用，清廉文化建设既要常态化开展，也要形成长效机制。也就是说，当前的清廉文化建设的"前途是光明的"，但"道路是曲折的"，是前进性与曲折性的

有机统一^①，"清廉中国"的现实化依然需要我们从严从实、久久
为功。为此，清廉文化建设要运用好系统观念，从总体上考虑、规
划各领域的举措，从制度上制订、出台一系列具有全局性、根本性、
稳定性与长期性的方案，以总揽全局、牵引各方，在体系推进中实
现清廉文化建设的高标准、高质量。

清廉文化建设要处理好"谁建设、如何建设以及建设效果"的
现实问题，理性认识和系统回应这些问题，也已成为当下落实清廉
文化建设总体要求和整体布局的关键所在、根本所在，这需要我们
在"三共"的实际环节上持续地发力。一要形成共识。党员领导干
部要坚定理想信念、坚守党的精神家园^②，夯实廉洁从政的思想道
德基础，筑牢拒腐防变的思想道德防线；其他社会成员要意识到清
廉文化建设的必要性和紧迫性，在学习、工作及生活中稳住清廉文
化建设的良好势头，切实巩固清廉文化建设的重要成果。二要切实
共建。清廉文化建设要多元主体合作共建，以形成建设共同体，即
从参与共建走向共同体共建。不仅要发挥党委领导作用、政府主导
作用，而且支持社会各方面参与，增强社会组织、企事业单位、市
场主体及公民个人投身清廉文化建设的责任感，通过教育培训，提
升各主体的能力素养，以各尽其能、各展所长。三要全面共享。对
某一区域，推出清廉文化资源库，"线上"网络版与"线下"书籍
版"菜单化"，使清廉文化建设更具象化、有形化、大众化；对若
干区域，区域协同发展亟待系统支持，除监督协助、案件协办等，
在清廉文化建设上要互通信息、借鉴做法、增进友谊。

---

①基于马克思主义发展观，任何事物发展并非一帆风顺、一蹴而就的，而是前进
性与曲折性的有机统一。
②党的精神家园是中国共产党自成立后在领导和团结中国人民在革命、建设以及
改革中逐步形成的心理、情感与精神的统一体，也是中国共产党创造的精神财富
的总和；从"伟大建党精神"到"新时代北斗精神"，党的精神家园始终是中国
共产党领导全国各族人民攻坚克难、干事创业的强大力量源泉和坚固精神支撑。

六、研究发现及相关启示

清廉文化建设既是习近平同志主政浙江时提出的"文化大省"[①]建设的内容，也是廉洁文化、廉政文化建设实践的提升和拓展，对学懂弄通做实习近平新时代中国特色社会主义思想，坚持思想建党、理论强党和制度治党统一，一体推进不敢腐、不能腐、不想腐机制具有重要意义。浙江省绍兴市不仅有清廉文化的思想源头和实践先例，特别是历代官吏的身体力行留下的丰富文化资源，而且有地方党委、政府在清廉文化建设上的政策创新与制度供给和社会大众的合力推动。当然，中国特色社会主义新时代下，廉政建设要继续进行富有规律的"文化"书写，以持续地对社会结构、政治组织、生活习惯、价值观念等产生有益影响，并借助现代科学技术等力量达到"尽其所能"的高度。

进一步分析浙江省绍兴市的清廉文化建设，可得出若干理论研究上的启示。与清廉有关的文化传统不仅是历史的创造，而且需要在现实语境下进行解读与创造。廉政建设的意义重大，是一场深刻的变革，正在改变中国社会。同时，理论界必须注重古代中国的廉政传统和农耕社会清廉文化的深层价值，立足中国基本国情和地方实际，从中国历史文化传统和经济社会发展个案之中，研究与清廉文化建设相关的问题，形成中国立场和中国话语[②]，打造能在国际社会上通用的廉政理论，为其他国家廉政建设提供中国方案。

"在每一个社会中，离心力和向心力同时在相应协作和彼此对

---

① 2005年7月，浙江省委通过《关于加快建设文化大省的决定》，提出重点实施"八项工程"，加快建设"四个强省"，推动文化全面融入经济社会发展各方面，以增加文化含量、文化附加值，增强文化软实力。

② 2021年3月，"新文科"建设启动，它力求把握新时代哲学社会科学发展的新要求，培育新时代中国特色、中国风格、中国气派的新文化，这对挖掘中华文化的时代价值、探索伟大复兴的实现路径提出新要求。

抗中起作用。"[25] 对清廉文化建设而言，学术话语与政治实践之间有聚合，也有分野。因而在政策实践上，为调适其与理论研究之间的张力、弥合二者的裂痕，要更加科学理解、高度重视、全面推进清廉文化建设，因为它是一个长期的、动态的融入政治、经济、文化、社会和生态文明建设各方面、全过程的系统性工程。同时，实务界要更加清晰地认识到，地方历史文化中包含大量清廉"元素"，挖掘地方与清廉相关的"元素"，能为清廉文化建设提供相应素材。基于斯宾格勒的"文化危机论"①与季羡林的"21世纪是东方文化世纪论"②，可预见东方文化（尤其是中国文化）将成为世界文化体系中的主流或内核。因而，中国特色社会主义新时代下，清廉文化建设在"已完"之后，将会有更多的"未尽"与"新命"。

参考文献

[1]中国监察杂志社.深化整治形式主义、官僚主义顽瘴痼疾，让求真务实、清正廉洁的新风正气不断充盈[J].中国纪检监察，2021（6）：28-29.

[2]曾祥生.在文化中体味清廉[N].检察日报，2004-04-20（3）.

[3]罗新阳.以清廉文化涵养健康政治生态[J].观察与思考，2018（3）：64-70.

[4]楼民展.对清廉文化建设的思考[N].中国纪检监察报，2018-11-22（6）.

[5]郭成伟.中国古代清廉文化及其借鉴[N].人民法院报，2011-12-

---

① 斯宾格勒认为，文化是人类觉醒意识的产物；同时，文化是各个组成部分有机联系的整体，它经历从诞生、成长、成熟直至衰老、死亡的生命历程，这是所有文化的"宿命"，是产生"文化危机"的根源。
② 季羡林指出，随着以分析为基础的西方文化逐渐衰微，以综合为基础的东方文化逐步强大，并吸收西方文化的精华部分，在21世纪中期将人类文化的发展推向更高阶段，即"21世纪是东方文化的时代"。

02（5）.

[6]余澄.韩国反腐进程中国家廉政治理体系研究[D].武汉：华中师范大学，2017.

[7]薛培，杨辉刚.论检察官清廉文化底蕴养成的路径选择[C].第九届国家高级检察官论坛论文集，2013：81-87.

[8]崔晖，王晓非.中国古代政治伦理文化及其对"廉洁警队"建设的借鉴：以清廉文化为视角[J].北京警察学院学报，2014（5）：85-90.

[9]伍海泉，周谨平.大学的清廉：价值、挑战与功能重构[J].国家教育行政学院学报，2019（9）：3-8，37.

[10]盘福东，王清荣."清官村"一树百获的清廉文化启示[J].中共桂林市委党校学报，2021（1）：30-33.

[11]章勤英.让清廉文化成为民企健康发展的"净化器"[J].杭州，2020（20）：52-53.

[12]陈海强.清廉文化：机关形象的命根子：关于创建清廉机关的路径研究[J].宁波经济（三江论坛），2019（11）：33-34.

[13]蒋来用.习近平反腐倡廉思想的新时代特色[J].理论探索，2017（6）：5-9.

[14]曾庆香，陈若璇.文化维度视角下的中国话语表达[J].符号与传媒，2016（1）：173-184.

[15]张淑君.儒学知行观与马克思主义认识论的思想比较[J].山东社会科学，2015（S2）：35-38.

[16]习近平.在庆祝中国共产党成立100周年大会上的讲话[N].人民日报，2021-07-02（2）.

[17]杨超.增强推进党的政治建设的自觉性和坚定性[J].党建研究，2018（11）：15-17.

[18]汉斯·萨克塞.生态哲学[M].北京：东方出版社，1991.

[19]胡小海.区域文化资源与旅游经济耦合研究：以江苏为例[M].南京：东南大学出版社，2015.

[20]王军旗，张思弘.新时代党治国理政实践的历史文化基因[J].中国浦东干部学院学报，2021（2）：13-20.

[21]冯鹏志.深刻理解坚持和加强党的全面领导[J].红旗文稿，2021（5）：22-25.

[22]李冉，邹汉阳.党性、人民性的话语起源与行动逻辑[J].马克思主义研究，2014（5）：38-44.

[23]彭凤莲，陈宏建.德法合治：国家治理现代化路径的反思与重塑[J].安徽师范大学学报（人文社会科学版），2021（2）：66-75.

[24]陈进华.治理体系现代化的国家逻辑[J].中国社会科学，2019（5）：23-39，205.

[25]威廉·奥斯特瓦尔德.自然哲学概论[M].北京：华夏出版社，2000.

"三全育人"视域下大学生廉洁教育创新路径探析 [①]

李　娟　莫　坷　杨公银　邱晓锦 [②]

摘　要： 随着反腐倡廉工作的进一步深化，党和国家对高校开展廉洁教育工作提出了新的要求。文章论述了"三全育人"理念融入大学生廉洁教育的必要性，对当前高校开展大学生廉洁教育存在的"对廉洁教育重要性认识不足，廉洁教育参与度不够""廉洁教育缺乏全程规划，不同阶段教育重点不突出""廉洁教育资源整合不够到位，全方位育人格局不够凸显"三方面问题进行了分析，提出了"三全育人"视域下大学生廉洁教育的三条创新路径：拓展大学生廉洁教育队伍，推动廉洁教育主体全员化；坚持把大学生廉洁教育贯穿大学生活全过程，推动大学生廉洁教育全程化；构建全方位廉洁教育模式，推动大学生廉洁教育全方位化。

关键词： 三全育人；大学生；廉洁教育；创新路径

---

① 原文刊发于《北部湾大学学报》2021 年第 5 期。
② 作者简介：李娟，江苏南京人，无锡市新吴实验中学教师，硕士；莫坷，广西桂林人，广西师范大学纪委书记，硕士生导师，教授；杨公银，山东菏泽人，桂林理工大学马克思主义学院教师，硕士，讲师；邱晓锦，四川西昌人，桂林理工大学马克思主义学院思想政治教育专业硕士研究生。

廉洁教育是预防腐败、提升反腐倡廉意识的重要手段，有助于为我国现代化建设的顺利推进提供风清气正、安定和谐的社会环境。大学生廉洁教育作为思想政治教育的重要组成部分，不仅有助于大学生全面发展，更有助于提升大学生的廉洁自律意识和道德法制观念，使他们心中具备明确的道德规范和行为准则，促进他们全面综合发展。作为国家未来社会主义建设的主力军，高校开展大学生廉洁教育，培育大学生廉洁意识，提升大学生廉洁素养，使其树立正确的廉洁观，是当今十分重要的课题，关乎党和国家未来事业发展。"三全育人"理念为当前高校开展大学生廉洁教育工作提供了一个新的研究视角和方法。高校如何在"三全育人"背景下创新廉洁教育路径，是新形势下开展大学生廉洁教育工作亟须解决的问题。

一、"三全育人"理念融入大学生廉洁教育的必要性

（一）是落实新时代高校思想政治教育的应有之义

习近平总书记在全国高校思想政治工作会议上强调："要在教育教学的全过程中贯彻思想政治工作，实现全程育人、全方位育人，开创高等教育事业发展新局面。"[1]党的十九届四中全会再次强调："加强和改进学校思想政治教育，建立全员、全程、全方位育人体制机制。"[2]落实新时代高校思想政治教育，必须要贯彻"三全育人"理念，将思想政治工作贯穿人才培养的各方面，形成齐抓共管、协同完备、科学高效的思想政治教育工作体系。早在2003年，第五十八届联合国大会通过的《联合国反腐败公约》，要求其成员国将廉洁教育作为中小学和大学课程在内的公共教育的内容。2007年，教育部发布《关于在大中小学全面开展廉洁教育的意见》（教思政〔2007〕4号），要求"从2007年起，在全国大中小学校开展廉洁教育"[3]。《建立健全惩治和预防腐败体系2008-2012年工作规划》进一步强调：要按照《关于在大中小学全面开展廉洁教育

的意见》，在学校德育教育中深入开展廉洁教育，丰富青少年思想道德实践活动。由此可见，廉洁教育是思想政治教育的重要组成部分。开展大学生廉洁教育，必须贯彻落实思想政治教育的指导思想，坚持以"三全育人"理念为指导，坚持全员参与、全程贯穿、全方位联动，推动廉洁教育扎实开展，切实培养大学生廉洁意识，树立廉洁观念，不断构建完善的廉洁育人体系，提升大学生廉洁教育实效。

（二）是一体推进"三不"体制机制的必然要求

党的十九届四中全会提出："构建一体推进不敢腐、不能腐、不想腐体制机制。"[4]所谓"不敢腐"，就是通过强化惩治和震慑达到"不敢腐"效果；所谓"不能腐"，就是通过制度建设和监督制约起到"不能腐"作用；所谓"不想腐"，就是通过扎实有效的廉洁教育、警示教育，不断夯实拒腐防变的思想根基，提升反腐倡廉的思想自觉。构建一体推进"三不"体制机制，不仅要在"不敢腐""不能腐"上下功夫，最关键的是要在"不想腐"上下功夫。这就要求高校把"三全育人"理念与大学生廉洁教育工作有机融合，进一步抓好学生从入学到毕业的廉洁教育和引导，实现全校上下齐抓共管、防治结合，做到因材施教、因势利导，切实解决大学生廉洁教育不充分、不平衡、不全面等问题，培养学生树立清正廉洁的价值理念，增强"不想腐"的思想自觉，构建出一个环环相扣、同向发力的反腐闭环，把反腐倡廉建设向高校纵深推进。

（三）是推动廉政建设高质量发展、营造风清气正政治生态的现实需要

廉洁社会是拥有良好社会风气的社会，是全员参与反腐败斗争的社会，是腐败乱象无处藏身的社会。廉洁教育的重要任务是弘扬崇廉尚洁的价值理念，营造清明和谐的社会氛围，建设风清气正的良好政治生态。高校大学生作为中国特色社会主义事业的建设者和接班人，肩负加强社会主义精神文明建设的重要使命，他们的思想、修养、品行往往具有风向标的作用。他们是否具有尚德倡廉的价值观、良好的思想修养和蓬勃向上的精神风貌，不仅影响到他们自身人生价值的实现，而且在一定程度上决定着我国未来的主流社会风尚，直接关系到国家的前途和命运。推动廉政建设高质量发展、营造风清气正政治生态，必须将"三全育人"理念融入大学生廉洁教育，进一步提升大学生廉洁教育的实效。将"三全育人"理念融入大学生廉洁教育，不仅有助于涵养高校风清气正的政治生态，而且有助于推动我国廉政建设高质量发展，营造良好的社会风气。

二、"三全育人"视域下大学生廉洁教育的问题分析

（一）对廉洁教育重要性认识不足，廉洁教育参与度不够

1.学校对大学生廉洁教育认识不足，开展廉洁教育的意识淡薄。尽管教育部要求高校积极开展廉洁教育，但当前许多高校对大学生廉洁教育的认识依然存在误区。一是不少高校认为大学生廉洁教育不重要，很多教师甚至觉得大学生并不具备腐败的条件，在校大学生既无权无势又人微言轻，是否开展廉洁教育无关紧要；二是不少高校认为上级教育部门或者纪检部门对大学生廉洁教育没有提出具体的要求，没有硬性考核指标，存在"过得去即可"的思想。

2.大学生廉洁教育参与度不高。一是部分高校把大学生廉洁教育的职能简单推给纪委，学校在落实方面重视不足，缺乏自上而下的顶层设计，无法形成整体教育合力；二是部分高校即便党委重视，也只是要求思政课教师和辅导员承担大学生廉洁教育职责，缺乏动员全体教职工参与大学生廉洁教育的意识；三是部分学校纪委也过于强调"三转"，认为大学生廉洁教育是主体责任的问题，纪委主要履行监督职能，因而不愿意直接参与大学生廉洁教育。

（二）廉洁教育缺乏全程规划，不同阶段教育重点不突出

1.廉洁教育缺乏全程规划。高校廉洁教育的目标是通过廉洁教

育，提升大学生廉洁素养，使其树立正确的廉洁观，增强社会责任感，让廉洁的知识、情怀、信念和品质渗透于心。不同阶段对大学生进行廉洁教育的重点应有所不同。这就要求高校在开展大学生廉洁教育时，要深入剖析不同年级、不同阶段的大学生身心发展的规律和特点，重视大学生成长阶段中可能存在的廉洁问题，有针对性地设计廉洁教育的内容，凸显教育的针对性作用。但是，从现实情况看，大多数高校在这方面做得还不够，针对大专、本科、研究生阶段的廉洁教育内容没有明显区别，同一学历层次的不同阶段更没有突出阶段性的内容特点。

2. 不同阶段的廉洁教育缺乏有效衔接。一是多层次办学的学校不同层次之间衔接不到位。有的学校既有专科层次，又有本科层次；有的学校不仅有本科层次，还有研究生层次，对于如何抓好不同层次学生廉洁教育的衔接问题，不少学校缺乏考虑。二是校际流动的学生廉洁教育衔接不到位。从一所学校专升本到另外一所学校就读，或者从一所学校到另外一所学校就读研究生，对这些学生的廉洁教育如何衔接，也缺少有效的实践探索，大多数学校都缺乏教育全程化意识，没有就此专门进行思考和设计。

（三）廉洁教育资源整合不够到位，全方位育人格局不够凸显

1. 校内资源整合不够到位，廉洁教育没能做到全方位。一是大多数高校开展廉洁教育的渠道相对单一，主要通过思政课教学、专题组织生活会、党团培训、校园网及自媒体、校园文化等载体，在课程思政、社会实践、科学研究等方面则应用得较少；二是廉洁文化进课堂、进校园、进组织生活、进网络方面做得较好，但在廉洁文化进社团、进宿舍、进社区等方面有所欠缺。

2. 学校、家庭、社会三方联动还有差距。高校的廉洁教育工作需要全方位开展，不仅涉及学校，而且离不开家庭与社会的参与和支持。当前，大学生思想政治教育依托家庭、社会进行了很好的实践，但是在大学生廉洁教育上，三方联动的有效实践成果还不突出。

学校、家庭、社会缺乏紧密联动，廉洁教育育人合力不凸显，大大降低了廉洁育人成效。

三、"三全育人"视域下大学生廉洁教育的创新路径

（一）拓展大学生廉洁教育队伍，推动廉洁教育主体全员化

所谓全员化，就是要把高校所有党员领导干部、教师以及后勤管理人员都变成教育的主体，构建人人有责、人人尽责的育人局面。推动大学生廉洁教育全员化，关键要抓好以下几点：

第一，抓好以思政课教师、辅导员、党务政工干部为主体的骨干队伍。首先，巩固思政课教师的育人主体作用。思政课教师是高校开展廉洁育人工作的主力军，思政课是提升大学生廉洁教育质量的重要环节，必须进一步加强思政课教师队伍建设，鼓励思政课教师创新教学形式，结合学生实际需要，将廉洁理论讲深讲透，引导学生从理性认知上强化廉洁修养意识。其次，强化辅导员的廉洁育人骨干作用。高校辅导员以思想政治教育为主责主业，是高校思想政治工作的骨干力量，也是大学生廉洁教育的重要组织者。要强化辅导员的廉洁教育职责，推动辅导员科学谋划，把廉洁教育融入组织生活、融入校园文化、融入社会实践、融入日常生活。第三，拓展党务政工干部的协同作用。党务政工干部是大学生思想政治工作的谋划者、组织者，也是大学生廉洁教育的重要承担者。必须加强党务政工干部队伍建设，加强教育管理，引导广大党务政工干部提升大学生廉洁教育的参与意识，加强谋划，做好协调配合，确保大学生廉洁教育进课堂、进组织生活、进校园文化、进社区，形成齐抓共管格局，保证大学生廉洁教育取得实效。

第二，抓好以教师和管理干部为重点的次骨干队伍。首先，要激励教师发挥教书育人作用。教师的工作职责是教书育人，其中必然包含廉洁教育。这就要求教师在教好专业知识的基础上担当育人

任务，强化廉洁育人意识，积极通过课程思政和个人的示范引领，在大学生廉洁教育中发挥作用。其次，要激励管理干部发挥管理育人作用。管理干部作为高校育人的政策执行者，也是管理育人的主体，必须充分发挥管理干部的管理育人作用，助推大学生廉洁教育的顺利开展。一方面要加强管理干部的廉政教育，增强其纪律修养，培养其廉洁意识，筑牢"不能腐"的思想防线；另一方面要强化管理干部的管理育人职责，将大学生廉洁教育与管理育人有机结合，助推大学生廉洁教育。

第三，抓好以教辅人员、后勤管理干部为重点的辅助队伍。首先，强化包括图书管理员、实验室管理员、网络维护人员等在内的教辅人员的育人职责，通过优化廉洁教育资源、完善廉洁教育网络等方式参与大学生廉洁教育。其次，要充分发挥后勤服务人员的服务育人职能，鼓励后勤人员通过参与廉洁教育物质文化建设，助推大学生廉洁教育。

第四，抓好以学生特别是学生党员、学生干部和优秀学生为重点的朋辈教育队伍。朋辈教育是大学生思想教育的重要形式之一，是大学生自我教育不可或缺的重要内容。开展大学生廉洁教育，同样不能忽视朋辈教育的作用。必须抓好学生党员、学生干部和优秀学生这支特殊队伍，充分发挥朋辈教育的作用，推动学生党员、学生干部和优秀学生成为大学生廉洁教育的主体。

（二）坚持把大学生廉洁教育贯穿大学生活全过程，推动大学生廉洁教育全程化

所谓全程化，就是要求将廉洁教育贯穿大学生进校到毕业离校的整个大学生涯始终。推动大学生廉洁教育全程化，关键要做到以下几点：

第一，合理规划，坚持大学生廉洁教育不断线。当前，不同学校办学层次稍有不同，有的只有大专层次，有的只有本科层次，有的大专、本科并存，有的本科、研究生并存，少数学校甚至涵盖大专、本科和研究生三个层次。不管是单一层次还是多层次，都要根据不同层次学生的特殊需求谋划廉洁教育。学校有关单位和部门要根据大专层次、本科层次、研究生层次的学习特点和廉洁风险，合理构建不同层次的廉洁教育内容。

第二，把握同一层次不同阶段特点，合理设计廉洁教育内容。同一层次不同阶段的廉洁教育要求也有所不同。要根据新生入学阶段、主体学习阶段和毕业阶段的不同，有针对性地设计廉洁教育内容，确保廉洁教育贯穿大学生涯的全过程。首先，巧用新生教育。新生入学教育是衔接中学廉洁教育和大学廉洁教育的关键环节，可以通过开展理想信念教育、行为规范教育和廉洁修身教育等各类形式的教育活动，引导新生树立坚定的理想信念和培养牢固的廉洁意识。其次，抓好中间环节。在大二、大三阶段开设廉洁选修课，以及开展廉洁社团活动、廉洁知识竞赛活动、各类典型案例警示教育活动等，培育学生廉洁观念。最后，关注职前教育。在就业指导过程中融入廉洁教育内容，引导学生树立廉洁从业观。

第三，结合实际，健全不同层次大学生廉洁教育的衔接机制。推动大学生廉洁教育全程化，不仅要在教育时间轴上下功夫，还要在教育的衔接上下功夫。要结合学校的实际情况，合理构建不同层次大学生廉洁教育的衔接机制。要充分研究专科生、本科生与研究生廉洁风险的不同以及廉洁教育的特殊需求，充分研究不同层次学生廉洁教育的实际情况，遵守衔接规律，有针对性地谋划衔接办法，设计廉洁教育内容，推动大学生廉洁教育一体化。

（三）构建全方位廉洁教育模式，推动大学生廉洁教育全方位化

所谓全方位化，就是要充分整合各种平台和资源，多渠道、多形式地加强大学生廉洁教育。推动大学生廉洁教育全方位化，重点要把握以下几点：

第一，推动第一课堂与第二课堂联动。第二课堂是高校人才培养的重要载体，是第一课堂教学的重要补充和延伸。[5]第二课堂重点依托校园文化、社会实践、组织生活、社区建设开展，是大学生思想政治教育的重要辅助力量。开展大学生廉洁教育，不仅要抓好第一课堂，更要充分发挥第二课堂的作用，推动第一课堂、第二课堂联动，充分发挥校园文化、社会实践、组织生活、社区等载体的育人功能，促进育人途径多元化、全方位。

第二，推动线上与线下联动。当今社会是网络社会，我国已经进入全媒体时代。开展大学生廉洁教育，要充分利用传统的线下教育模式，也要结合时代特点，广泛运用线上教育模式，通过线上、线下联动，推动大学生廉洁教育取得更好的效果。一方面，要全方位地拓展交流渠道。通过传统教育与网络学习的结合、单向信息传递与互动交流结合，推动课堂教学、课外活动、社会实践等传统线下教育模式与形式多样、方式灵活的网络廉洁教育并举，创新大学生廉洁教育模式，使廉洁教育"活"起来，构建起教育空间全方位廉洁育人阵地；另一方面，要以 AR、VR 等学生喜闻乐见的新技术、新形式扩展学生廉洁教育内容，吸引凝聚受教育者群体，拓展廉洁教育维度，构建立体化的廉洁育人空间。

第三，推动理论教学与实践体验联动。廉洁教育作为一项理论与实践紧密联动的教育综合体，[6] 在构建大学生廉洁教育模式时既要从思政课程、课程思政的角度在理论教学层面求突破，又要从社会实践、实践体验等实践层面求创新。要扎实推进理论教学与实践体验联动。一方面，要进一步抓好廉洁教育的理论教学环节，要在课堂中把严谨的理论、鲜活的事迹及案例引入教学，通过深入浅出的讲解和案例剖析提升廉洁教育的说服力和感召力；另一方面，要加快构建创新性实践平台，打造思政课教师、专业课实践教学指导教师、辅导员三位一体的社会实践教学团队，[7] 构建实践锻炼、沉浸体验、陶冶教育等方式方法一体推进的实践教育体系，努力提升廉洁教育的实效性。

第四，推动家庭、学校与社会联动。家庭、学校、社会是相互关联、相互影响、协同联动的三个主体。加强大学生廉洁教育，推动大学生廉洁教育全方位化，不仅要充分发挥学校的教育功能，还要充分挖掘社会、家庭的育人资源，构建家校社一体化的廉洁文化育人格局。首先，要充分发挥家长及其近亲属的作用，建立家长、学校相互协同的廉洁教育机制，鼓励家长在大学生廉洁教育中发挥作用。其次，要充分利用社会资源，建立学校、社会互相协同的廉洁教育机制，形成学校、社会互动的廉洁教育体系，提升廉洁育人合力。

参考文献

[1]习近平. 把思想政治工作贯穿教育教学全过程开创我国高等教育事业发展新局面[N]. 人民日报，2016-12-09(1).

[2]中共中央关于坚持和完善中国特色社会主义制度推进国家治理体系和治理能力现代化若干重大问题的决定[N]. 人民日报，2019-11-06(1).

[3]教育部办公厅. 关于在大中小学全面开展廉洁教育的意见（教思政〔2007〕4号）[Z].

[4]习近平在十九届中央纪委四次全会上发表重要讲话强调 一以贯之全面从严治党强化对权力运行的制约和监督 为决胜全面建成小康社会决战脱贫攻坚提供坚强保障［N］. 人民日报，2020-01-14(1).

[5]周国桥. "三全育人"视阈下高校第二课堂育人的创新探索[J]. 学校党建与思想教育，2020(10):52-54.

[6]吴先超. "三全育人"视阈下大学生心理健康教育模式创新研究[J].学校党建与思想教育，2019(18):81-83.

[7]赵刚. 廉政文化教育融入高校思想政治理论课的方法[J]. 思想政治教育研究，2020，36(1):106-109.

实 务 篇

年轻干部违纪违法案件及分析防范对策研究

——以文成县为例

童文阳 [①]

习近平总书记在庆祝中国共产党成立100周年大会上强调："未来属于青年，希望寄予青年。"十九届中央纪委五次全会强调，要高度关注年轻干部违纪违法问题，加强教育管理监督。年轻干部能否做到廉洁自律，不仅关系着其自身的发展，更直接关系着整个党的健康肌体和事业发展。

近年来，随着党和政府对年轻干部培养和提拔力度的加大，"80后""90后"的年轻干部成为干部队伍的主体，这些人中的一些腐败和作风问题浮出水面，引起社会的关注。以文成县为例，党的十九大以来，文成县纪委监委共查处1980年后出生的年轻干部40人（其中党员干部33人，乡科级干部3人，"90后"干部6人），占同期机关企事业单位党员干部处分总人数的17.85%，移送司法机关8人，占受处分年轻干部的20%。

一、年轻干部违纪违法案件主要类型及特点分析

通过对党的十九大以来文成县查处的年轻干部违纪违法案件数据及具体案例进行分析，发现年轻干部违纪违法案件主要分为违反工作纪律、违反廉洁纪律、贪污、失职渎职和违反其他国家法律法

[①] 作者简介：童文阳，浙江乐清人，中共文成县委常委、纪委书记、监委主任。

规等五个类型，呈现以下几个特点。

（一）从违纪违法主体来看，手握一线"小微权"

纵观该县查处的 40 起年轻干部违法违纪案件，发现违纪违法主体主要集中在非领导职务但掌握"小微职权"的岗位上。数据显示，年轻干部违纪违法案件中非领导职务违纪违法达 37 件，占年轻干部违纪违法案件总数的 92.5%，其中处于财务等资金密集或权力集中岗位的年轻干部违纪违法案件达 29 件，占非领导职务年轻干部违纪违法案件数的 78.4%。比如，该县办理的首例留置案件中，某单位协税员黄某某利用负责开具门征发票、收取税款的职务便利，在税务系统外用自制发票、税收缴款书向纳税人收取缴税款，在税务系统内录入少于应缴税款的纳税信息，侵吞税款差额 59 万余元，最终因犯贪污罪被判处有期徒刑 3 年 2 个月。此外，临聘人员数量较多的机关单位，更是此类犯罪的"重灾区"。比如，毛某某等 4 名协警，利用负责辖区内流动人口暂住登记的职务便利，违规为没有实际居住在辖区内的外地人员虚假登记暂住信息，用于办理车辆牌照，从中非法获利，最终因犯滥用职权罪被判处有期徒刑 10 个月至 1 年 4 个月不等。

（二）从违纪违法目的来看，贪腐围绕"钱权趣"

综合该县查处的年轻干部违纪违法案例发现，由于社会阅历和政治历练都不够丰富，年轻干部违纪违法的案情也相对单纯，大多体现为对金钱的追求、对用权的随意、对不良嗜好的贪恋等，其中又以经济腐败为主，该类案件占年轻干部违纪违法案件总数的 40%。比如，某乡镇干部郑某某在担任驻村干部期间，利用负责收取、保管、上缴医疗保险费的职务便利，挪用公款 14 余万元用于个人资金周转及日常支出，最终因犯挪用公款罪被判处拘役 4 个月，缓刑 6 个月。又如，某乡镇干部雷某，利用负责农村环境治理工作之便利，将该镇部分村和相关项目的垃圾桶、垃圾车购置业务交由其初中同学采购，且违反工作程序在所购货品未运送到位的情况先行予以报销，货品送达后又未核对规格及数量，造成政府经济损失，受到党内严重警告处分。再如，某乡镇干部林某某，在"八小时外"热衷于"麻局""牌局"，最终因赌债黑洞难以填补，向公款伸出"黑手"。2016 年 8 月至 2019 年 12 月，林某某利用职务便利，通过空列暂付款、直接划转资金等方式，侵吞公款上千万元，最终因犯贪污罪被判处有期徒刑 15 年。

（三）从违纪违法手段来看，贪腐行为"便捷化"

查处的 40 名违纪违法年轻干部中，大专以上文凭的干部占比达 95%，其中具有大专、本科、硕士研究生文化程度的分别为 5 人、32 人、1 人，分别占比 12.5%、80%、2.5%。高学历年轻干部往往精业务、懂技术，且擅长利用现代信息化技术手段作案，尤其体现在利用支付宝、微信等数字支付方式从事贪腐行为，使得腐败行为更加便捷，也更加隐蔽。比如，某机关单位干部王某某，借用他人数字证书，多次违规查询信息，造成不良影响，受到政务警告处分。又如，某乡镇干部刘某趁同事工作不注意之机，取得其插在电脑上充电的手机，通过更改同事支付宝账户密码，分两次将 12 万元转到自己支付宝账户，用于归还网上彩票博彩的欠款，因犯盗窃罪被判处有期徒刑 2 年 10 个月，并处罚金人民币 10000 元。再如，某机关单位干部周某某，利用网络倒卖赌博网站的网络银子，从中赚取差价，因犯开设赌场罪受到开除党籍、开除处分。

二、年轻干部违纪违法的主要原因

造成年轻干部违纪违法的原因是多方面的，既有心理的催化，也有监管的疏漏。归结起来，主要有以下四个方面。

（一）"权"与"钱"的观念移位

部分年轻干部从学校毕业后就进入国家工作人员队伍，社会阅历和政治历练都不够丰富，对权力缺乏敬畏，只看到权力带来的五光十色，却没有认清任意用权背后的陷阱，在"尊重"和"膜拜"中飘飘然，慢慢走上滥用职权之路。部分年轻干部理想信念不坚定，在错误思想的影响下，价值观极易发生扭曲，往往在金钱的诱惑中沉沦，借职务便利"广开财路"并快速变现，为了一己私欲，不惜铤而走险、以身试法。比如，某乡镇干部郑某某，正是出于对金钱的"饥渴心理"，在贪欲的理念驱使下，最终步入了挪用公款偿还外债的歧途。

（二）"纪"与"法"的意识淡薄

在该县查处的案件中，一些年轻干部自恃"学历高"，且受过良好的现代教育，平时不注重加强学习，普遍存在"专业知识过硬，纪法知识欠缺"的现象，个别年轻干部被查处了还没有认识到自己的行为是违纪违法，更有甚者心存侥幸、知法犯法。比如，某机关单位干部吴某某在联合执法过程中，未发现车辆存在违反道路运输管理的违法行为，但仍应另一机关单位工作人员（已另案处理）的要求，在没有法定扣车依据且未依法履行扣押手续的情况下，将3辆运砂工程车予以扣押，受到政务警告处分。

（三）"教"与"管"的职能缺失

部分单位开展法纪教育、警示教育相对较少，党风廉政教育存在走过场的情况，对干部廉政意识的树立缺乏精准的指引，导致年轻干部政绩观、价值观逐渐扭曲。同时，部分单位对年轻干部的监督管理也存在缺位的情况，认为年轻干部本身的综合素质相对较高，放松了对年轻干部及其权力运行的监管，导致层层监管退化为层层失守。比如，某乡镇干部林某某，通过空列暂付款、直接划转资金等简单粗糙的方式长期作案，其侵吞公款的行为持续3年才被发现，其中一个重要原因就是所在单位、相关业务主管部门存在监管缺位问题。

（四）"制"与"治"的转化失衡

部分单位内控制度不完善、工作程序不健全，形成了监督管控的盲区，为腐败问题的滋生提供了空间。当前，出于对年轻干部培养的现实需要，年轻干部往往被安排在权力集中、资金密集的岗位。部分年轻干部很容易发现单位在管理上存在的问题和漏洞，并利用这些问题和漏洞违纪违法。部分单位虽然为规范权力运行建立了较为完备的制度体系，但在落实过程中存在不少问题，导致制度"空转"，给别有用心者可乘之机。比如，某乡镇干部林某，在担任大学生村官及村党支部副书记期间，未严格执行有关制度，随意将收取的医疗保险费用交由他人保管并被其挪用，受到党内警告处分。

三、防范年轻干部违纪违法问题的文成探索

文成纪委紧跟上级部署，在全市先行探索"青廉工程"，将廉政教育、岗位风险防控和日常监督融入年轻干部成长全过程，为有效护航年轻干部健康成长进行了一些探索。

（一）多角度"适配"，量身定制"青廉工程"套餐

一是把准关键"点"。针对 2020 年查处的某乡镇干部林某某贪污巨额公款用于网络赌博的案件，以点带面，对全县在党的十九大以来查处的年轻干部违纪违法案例进行深入剖析，精准把握年轻干部违纪违法行为特点，为加强对年轻干部的教育管理监督提供指引。二是抓准重点"人"。结合推行中层岗位三色"廉洁码"监督、优秀年轻干部参与巡察等工作中积累的经验，聚焦新入职年轻干部、年轻中层干部、科级年轻领导干部 3 类群体，深入分析年轻干部成长各阶段心理特征和履职廉政风险点，进一步校准监督靶心。三是找准破题"策"。针对 3 类群体特征，分别推行"新兵树廉""骨干强廉""头雁筑廉" 3 项机制，将廉政教育、岗位风险防控和日常监督融入年轻干部成长全过程。同时，针对年轻干部涉世未深、容易盲目跟风等问题，把强化年轻干部教育监督管理与加强对"一把手"和领导班子的监督结合起来，通过严肃整治党员领导干部作

风问题，形成对年轻干部的正面示范引领。

（二）多强度"驱动"，聚力推进"青廉工程"落地

一是定责驱动，布好"排兵图"。牢牢抓住在全市先行先试这一契机，第一时间提请县委常委会审议相关工作方案并发文实施，形成县委高位推动、纪委牵头抓总、相关单位协作配合、乡镇部门具体落实的责任体系。比如，针对新提任科级年轻领导干部，会同县委组织部联合对其进行集体廉政谈话，并开展廉政宣誓活动；对日常的廉情家访、警示教育等活动，要求各单位结合工作实际分层分类抓好落实。二是定标驱动，画好"路线图"。以责任清单形式对"青廉工程"3大项目9项举措进行细化分解，逐一明确每项任务的工作举措、具体内容和责任单位，在鼓励创新的同时，明确关键举措的规范要求。比如，在廉政谈话和廉情家访中实行"三必谈"和"八必问"，统一向年轻干部发放"履新廉洁卡"、廉洁承诺书和《年轻干部违纪违法典型案例汇编》等。三是定向驱动，绘好"施工图"。要求各责任单位、乡镇部门制定"青廉工程"实施方案，细化各阶段目标任务，并通过履责情况定期报告等形式实时掌握各项举措落实情况，及时总结经验做法，协助解决存在的问题。工作过程中，全县涌现出了"四新谈话""廉情夜访"等一批特色亮点，在中央及省市主流媒体刊发20余次。

（三）多维度"画像"，立体评验"青廉工程"成色

一是搭台问效，关注年轻干部体验。开设"青清论坛"，搭建与年轻干部的沟通交流平台，并通过发放测评表和召开座谈会等形式，定期了解年轻干部对"青廉工程"各项举措的体验评价，并作为后续完善机制的参考依据。二是考核评效，深化主体责任落实。把"青廉工程"建设与清廉文成建设的各项工作一体部署、一体推进，并将其纳入全面从严治党主体责任考核的重要内容，依托"两个责任"信息系统，辅以推送年度清单、季度任务等手段，构建起"监督有平台、落实有痕迹、考核有依据"的闭合回路。三是监督

验效，优化干部成长环境。把"青廉工程"建设情况作为管党治党的重要抓手，通过日常监督、政治巡察、专项整治等方式全面掌握、系统评估年轻干部廉洁履职情况，从严从快查处年轻干部违纪违法问题，并对 2 名责任领导实行"一案双查"，推动形成一级抓一级、层层抓落实的工作格局。

四、进一步防范年轻干部违纪违法的对策建议

随着越来越多的"80后""90后""95后"干部走上重要岗位，针对年轻干部违纪违法问题，更需前移关口、对症下药。

（一）教育领航，内润"守廉初心"

督促各单位从净化源头着手，精心"育苗"，紧抓党史学习教育活动契机，不断巩固深化"不忘初心、牢记使命"主题教育成果，引导年轻干部提升理想信念、补足精神之钙、涵养为民情怀。进一步强化纪法教育的冲击力和影响力，针对干部成长的各阶段重要节点，聚焦强化纪律规矩意识、知法守法观念，帮助增强政治判断力、政治领悟力、政治执行力。建立"多元采集、动态分析、跟进处置"的年轻干部思想监测机制，从思想源头上防范化解年轻干部贪腐隐患，用好用活谈心谈话、"八小时外"家访等，帮助净化朋友圈、社交圈；积极开展廉政分享、廉政问答、廉政辩论等活动，促使年轻干部汲取清廉成长的养分，营造广大年轻干部学廉、论廉、倡廉、践廉的良好氛围。

（二）监管护航，外筑"护廉防线"

督促主管部门健全监督管理制度，针对年轻干部违纪违法问题多出现在权力集中、资金密集部门和岗位的特点，加大重点岗位风险排查力度，定期开展轮岗交流，完善岗位廉政风险防控机制。各级纪检监察组织要探索创新监督方式，与时俱进深化智慧监督工作，积极探索针对年轻干部大数据监督新模式，统筹部门资源，连接全

县各部门、各系统的信息，精准捕捉年轻干部违纪违法问题线索，扎密筑牢"数据网"。同时，加强与组织、宣传、财政、审计等监督主体的协同联动，进一步完善"大监督"格局，对出现苗头性、倾向性问题的及时提醒纠正，防止成长"黄金期"变成贪腐"危险期"。

（三）亮剑助航，常鸣"倡廉警钟"

提高纪检监察组织履职水平，提升纪检监察干部从蛛丝马迹中顺藤摸瓜的能力，以高压态势持续正风反腐，发现一起、查处一起、曝光一起，持续释放"莫伸手、伸手必被抓"的强烈防腐信号。做好案件查办"后半篇文章"，在以往案件通报的基础上，运用微信、微博、短视频等年轻干部乐于接受的方式，选取典型以案说纪、以案说法，使其知敬畏、存戒惧、守底线。同时，督促相关部门紧盯问题症结抓好整改落实，从典型案件中查找管理的薄弱环节和制度漏洞，找准病因、对症下药，切实从根本上解决问题，放大"查处一个案件、完善一套制度、解决一类问题"的叠加效应。

（四）激励续航，牢树"育廉导向"

督促各乡镇党委、县机关各单位党委（党组）切实扛起管党治党主体责任，完善年轻干部选拔任用机制，注重年轻干部成长过程中递进式的历练，让敢想敢干、勇于担当的年轻干部在苦干、实干、巧干中增长干事智慧、练就过硬本领。在考察选拔干部时，不仅要强调有文化、有能力、有闯劲，还要充分考虑政治素养、生活作风、思想情趣和群众口碑等内容，以良好的用人导向，引导年轻干部既勤政又廉政、既干事又干净。同时，对群众有不良反映的拟提拔年轻干部，严加审查，把好入口关，并按照"三个区分开来"的要求，对年轻干部工作上的失误进行评估、认定、纠正，对失实检举控告及时澄清正名，帮助打消顾虑、大胆创业。

从严教育监督管理预防年轻干部腐败问题

蔡周伦 [①]

摘 要: 新形势下,年轻干部选拔任用得到进一步重视,越来越多的年轻干部走上领导岗位,但是廉政风险也随之而来。年少可以轻狂,但是不能妄为。本文从年轻干部特点出发,对近年来各纪检监察机关通报曝光的若干典型案例进行总结分析,探索影响年轻干部走上违纪违法道路的原因,并以乐清市近年来采取的做法为例,为预防年轻干部腐败问题提供参考。

腐败问题虽然和年龄不能直接挂钩,但是确实存在一定程度上的联系。有人将其归结为"29 岁、39 岁、59 岁"现象,分别对应结婚生子、中年危机、临近退休的阶段,认为一个人的价值观在这三个时间阶段很可能发生转变,从而导致腐败问题发生。这种看法不无道理,尤其是对于年轻干部来说。

一、年轻干部的定义和特点

(一)年轻干部的定义

世界卫生组织在 2000 年公布的年龄划分法中,认为 44 周岁以

---

① 作者简介:蔡周伦,浙江乐清人,乐清市纪委办公室副主任。

下的都是青年。"从心理学角度看，青年是处在心理成熟过程中的人，青年的本质属性表现为以自我意识为标志的个性形成的特征。"这个人格个性的基本形成过程自然成为一个人整个生涯中最重要的发展阶段，也就是青年阶段。当前，我国公务员考试中的年龄上限一般为35周岁以下，如果是硕士研究生或博士研究生，年龄上限还可以放宽到40周岁。由此可见，温州市"青廉工程"将适用对象范围确定为30周岁左右及以下一般干部、35周岁左右及以下科级干部、40周岁左右及以下处级干部，是有理论基础和现实依据的。

（二）年轻干部的特点

一是生理完全成熟。青年期介于少年期和中年期之间，人的身高、体重等生理指标趋于稳定，大脑、神经系统等和心理紧密相关的生理系统也发育成熟，成为真正具有完全能力的人。这是青年期不同于其他时期的最大的特征。二是心理日趋成熟。随着生理的成熟以及经历的丰富，青年期心理也必然得以不断发展。比如，自我意识强化，更加关注"我"在日常生活中的表现以及他人对"我"的评价；人际关系变化，少年期的人际关系更加注重感情，从青年期开始掺杂物质因素，变得不再单纯。三是行为表现矛盾。青年期和少年期一样，是一个对世界充满好奇的时期，"他们体力充沛、精力旺盛、性格倔强，情绪不稳定，时而热血沸腾，时而安静孤寂"。比如，在受到刺激或者处境不顺的情况下，很难控制自己的想法、语言和行为，做出不理性的、冲动的决定；在有些时候又对自己抱有怀疑心态，遇到事情首先否定自己，喜欢征求身边其他人的意见，相信大多数人的选择，相信"法不责众"。四是价值观念初成。青年期是一个人价值观念开始定型的阶段，但是在定型过程中，必然呈现很不稳定的状态，容易受到周围的环境、事物、人员等各种因素影响。比如，一般而言，年轻干部各方面素质较同龄人普遍较高，尤其是共产党员，其人生观、世界观、价值观会明显优于其他人。但是，当前年轻干部中攀比现象比较显著，不但比车子、房子，还比配偶、孩子，当然还要比工资、职务。众人皆是如此，很少有人可以做到独醒。

二、年轻干部腐败问题的表现

年轻干部腐败问题和一般干部腐败问题既有普遍意义上的相似之处，又有个别意义上的独特之处。

（一）沉迷弄权

"权力导致腐败，绝对权力导致绝对腐败。"一个人一旦掌握了权力，就存在腐败的可能性。近年来，全国各地持续加强对年轻干部的发现、培养和选拔，一些优秀年轻干部走上重要岗位，独当一面开展工作，一步步成长起来。然而，一些年轻干部一路走来的角色是子女、学生、下属，习惯了听从父母、老师、上级，一朝走上领导岗位，在从未体验过的"被尊重""被膜拜"面前，情不自禁飘飘然，开始追求高高在上的优越感和以权谋私的愉悦感，慢慢走上滥用职权的道路。比如，广东省广州市某区某镇环安办原主任周某，被提拔成部门负责人后，企业老板想方设法通过各种途径认识他，给他送好处费、礼品等。于是周某感受到了权力的"分量"，开始有了飘飘然的感觉，主动充当企业和环保中介公司的"中间人"，每次收取好处费几千至几万元不等；甚至"主动出击"，专门挑一些环保不合格的企业开展检查，发现问题后坐等企业老板上门，堂而皇之收钱；逢年过节还要走访，时而提前打电话"关心问候"，时而表示要到厂里"坐坐"。2018 年 3 月—2020 年 7 月，周某共193 次非法收受他人财物，涉及金额 371 万余元。

（二）交友不慎

"穷在闹市无人问，富在深山有远亲"，有时候朋友带来的是风险隐患甚至是灾难祸殃。《邹忌讽齐王纳谏》中"我孰与城北徐公美"的典故每位年轻干部都耳熟能详，但是面对良莠不齐的复杂环境，个别年轻干部鉴别能力较弱、定力不足，容易掉入"围猎"者精心设计的人情陷阱。比如，江西省某市委原副书记周某，2009年担任某乡党委书记期间，两名在当地有一定影响力的建筑行业企业主蒋某、李某主动帮助其做好群众工作，顺利完成拆迁任务，并创造了40天无一例上访的纪录，成为周某仕途上浓墨重彩的一笔。于是，周某对该二人刮目相看，经常与他们在饭局上聊聊天、吹吹牛，该二人也不同于直接用钱向周某示好的老板，大部分时间和周某只谈感情、不提要求。经过十几年的交往，周某深深地感觉这两个人是真心为自己着想，是自己真正的挚友，为他们办事是对朋友尽仁义之责。于是乎，利用职务上的便利或其职权地位形成的便利条件，在税款缴纳、贷款审批、土地出租、工程承揽、工程款拨付、案件处理、子女入学等多方面为他人谋取利益，索取、收受他人财物共计折合人民币 126.03 万元。

（三）过度逐利

与老一辈干部相比，当今的年轻干部出生并成长在物质相对丰足的年代，走上工作岗位后，对美好生活也有着比前辈更高的追求。实现美好生活固然是人的正当权利，但有的年轻干部却被消费主义裹挟，陷入虚荣攀比的怪圈，一些人甚至还把奢靡享乐当作人生目标，在大牌名品的诱惑中迷失了自我。比如，上海市某区经济委员会原副主任金某某，本科就读日语专业，课余时间兼职做翻译的过程中，她接触到不少有钱的客户，他们的高档次装扮让金某某大开眼界，从此对奢侈品产生了向往，甚至认为"追求品质生活"才是人生意义所在。参加工作后，她很快拥有了中意的名包名表，不少衣服的单价都超过 1 万元。随着职务的提升，围绕在她身边的商人也越来越多。几年间，企业老板胡某某和钱某某频繁献上各种"厚礼"，从爱马仕皮包到别墅装修费，从给父母安排三甲医院体检到带父母出境旅游购物，金某某收受好处的金额和范围越来越大。据办案人员介绍："她对奢侈品非常有研究，品牌包看一眼就知道是哪一年哪一季的新款，老板送的礼物，她不用看发票就能知道大概价格"。

（四）精神空虚

贪污挪用参与网络赌博、受贿升级游戏装备、公款打赏女主播……还有一些沾染恶习而走上违纪违法道路的年轻干部，"与时俱进"、紧跟潮流的不良娱乐方式令人眼花缭乱。比如，宁波市某区某街道经济发展服务中心原副主任张某，眼看朋友圈子里流行玩梦幻西游、最佳阵容等网络游戏，觉得新鲜就跟着开了账号，为了不"落后于人"，一有零星时间就拼命做"任务"，上班期间也偷偷玩两把，甚至连续半个月熬夜升级装备。因为水平一般，求胜心切的他开始直接买装备、刷等级，为的就是在网络世界中"出人头地"，在玩家中"有面子"，在朋友中"多吹吹牛"。但是，买装备的花费少则几百元，多则上千元，游戏的开销越来越大，于是张某开始利用职权影响，帮助辖区内一些环保工程公司接揽企业清洁生产审核技术咨询、工程固定资产投资项目节能评估咨询、设备定制等业务，在评估环节也积极充当"说客"，帮助有关项目顺利通过验收。短短2年时间，张某累计在网络游戏中充值18万余元，这些钱几乎全部来自那些有求于他的老板的腰包。

三、年轻干部腐败问题的原因分析

年轻干部违纪违法的原因有多方面，既有外在的诱因，也有主观心理的"催化"。

（一）道德认知不足

年轻干部，尤其是青年领导干部，从上学到就业到提拔，一路都是畅通无阻、顺顺当当，遥遥领先于一般的同龄人。固然是因为工作能力确实有自己的独到之处，但另一方面也与党中央的干部选拔任用政策导向有着密不可分的关系。一些年轻干部在党性锻炼、社会阅历、基层历练相对不足，面对复杂社会思潮的影响容易犯迷糊，面对形形色色的诱惑容易跟风跑，一旦自己所从事的工作和心理预期有差异时，往往难以自我调节，甚至行为失范。比如，江西省某市委原副书记周某，30岁时被任命为某县县委常委、县委办公室主任、县委统战部部长。然而，实际上此县是该市人口小县、财政弱县，县委办公室主任负责的开支只有周某在乡镇时的三分之一。职责上，他只是县委书记的助手，还不如乡镇主官那样有存在感，加之此县远离市区，平时几乎不能回家。虽然级别变高了，但实际收入却有所下降。周某在忏悔录中表示，就是因为那段时间的心态既膨胀又迷茫，他才开始与蒋某、李某真正深入交往，把这两人当成了自己的挚友。

（二）深受环境影响

离开校园走上工作岗位后，青年人对社会的第一印象往往来自所处的工作环境，日后的言行也会深受影响。但是，有的单位风气不正，个别领导干部甚至带头违纪违法，大多数年轻干部都能坚守底线、绝不苟同，但也有少数人迷失自我、随波逐流。比如，温州市某区某所原副所长、区某检验检测中心原副主任黄某某，参加工作后，很快凭借自己的踏实肯干和之前积累的工作经验，成长为业务骨干，给所里同事留下的一致印象是"斯斯文文""干工作勤快""做事情靠谱""任劳任怨"。时任所长吴某某毫不掩饰对黄某某的欣赏，并以培养、锻炼的名义，事事把他带在身边，然而却把外出吃饭、喝酒的事情也交代给黄某某，让他虚编事项，在单位里进行报销。2014年至2017年上半年，黄某某在"前辈"的"指引"下，多次通过虚增出差次数，虚开、虚报发票等方式套取单位资金，用于冲抵吃喝费用及接待费超支部分，共计7300余元。黄某某的心理从此产生巨大的变化，于2017年为某公司顺利中标提供帮助，收受贿赂28万元。

（三）制度机制缺位

当前，基层普遍紧缺年轻能干的人，一旦有年轻干部进入机关，往往安排在税务、社保、财务等权力集中、资金密集的部门和岗位。一些部门内控制度不完善、工作程序不规范，导致问题易发多发。比如，乐清市某镇社会事务办原工作人员徐某某，因为替朋友担保，欠下很多钱，债主频频上门催讨，所以就动了挪用公款的心思。2017 年 9 月 15 日至 2018 年 10 月 11 日，她利用负责镇新型农村合作医疗基金医疗补偿资金的保管、领取和发放的职务便利，通过多领少发或领而不发的手段，陆续截留挪用某镇新农合专户资金 50 余笔，合计 66.6 万余元，被判处有期徒刑 9 个月。而某镇相关负责人明知徐某某债务缠身，仍让其负责财务工作，并且一人兼任出纳和会计、独自保管空白凭证和印鉴，造成较大的岗位风险隐患，先后两任社会事务办主任均受到严重警告处分，时任该镇党委书记、分管副镇长分别受到诫勉谈话、政务警告处分。

四、年轻干部腐败问题的预防措施——以乐清市为例

习近平总书记对年轻干部非常关心，2021 年 3 月，他在中青班开班式上强调，年轻干部要时刻警醒自己，永葆共产党人清正廉洁的政治本色。十九届中央纪委五次全会强调，要高度关注年轻干部违纪违法问题，加强教育管理监督。浙江省委、温州市委深刻领会习近平总书记重要指示精神，对防范年轻干部违纪违法问题做出一系列重要部署。特别是温州市委近期出台的《关于实施"青廉工程"提升年轻干部廉洁自律能力的意见》，对年轻干部教育管理监督工作进行系统性重塑，一体推进"三不"机制，提出了明确的要求和举措。乐清市历来重视年轻干部腐败问题，从严教育管理监督，近 3 年提拔的 35 岁以下领导干部时刻警醒自己，无一人发生违规违纪违法行为，采取的主要做法有以下几点：

（一）严格教育，强化自律意识

2017 年至今连续多年举办年轻干部实训班，在 1 个月的脱产培训时间内，围绕理论教育、党性锻炼等单元，通过专题辅导、主题沙龙、现场教学、情景模拟、辩论赛、学员讲堂、社会调研、微型党课等方式方法，切实增强年轻干部的政治坚定性和拒腐防变能力。依托红色资源优势，结合党史学习教育，突出抓好年轻干部理想信念教育，到雁荡山革命烈士陵园、永乐人民抗日自卫游击总队纪念馆等革命遗址开展沉浸式学习教育，邀请抗美援朝老战士、离休干部为年轻干部上专题党课，让年轻干部在党史学习教育中传承红色基因、延续红色血脉。对新入职年轻干部及时开展纪律和廉政教育，对新任职年轻干部进行廉政谈话，用同级同类年轻干部违纪违法案例常态化开展警示教育，引导年轻干部强化纪律意识，不断筑牢不想腐的思想防线。

（二）严格管理，强化规矩意识

2020 年以来连续 2 年开展重点领域廉政风险防控工作，督促相关单位围绕本部门（单位）、本系统、本行业排查梳理年轻干部行使权力存在的廉洁风险，建立监督制约机制。建立健全和落实与年轻干部谈心谈话制度，各单位主要负责人与年轻班子成员、班子成员与分管年轻干部每年至少开展 1 次谈心谈话，确保做到岗位变动必谈、发现苗头性倾向性问题必谈、受到处理处分必谈。创新推出"双选双带"模式，即"导师带培、项目带训"，年轻干部确定一线项目选择导师，导师通过综合评定选择年轻干部带培，"双带"期间实行"带培清单＋带培日志＋带培考绩"等制度，注重师徒双向互动，导师根据带培年轻干部的个性特点，坚持干什么、缺什么、补什么，真正做到言传身教，让年轻干部在一线实战历练中淬炼作风、提升能力。

（三）严格监督，强化他律意识

出台《乐清市领导干部"八小时外"监督暂行办法》《关于进

一步加强公职人员"八小时外"监督管理工作的通知》等一系列制度,督促各单位关注年轻干部的朋友圈、生活圈、社交圈,规范年轻干部"八小时外"活动。依托乐清市"两个责任"信息化系统,为年轻干部精准画像,定期更新年轻干部廉政档案,开展政治生态评估。深化运用"四种形态",抓早抓小、多治"未病"、防微杜渐,严肃查处年轻干部违纪违法行为,并在一定范围内通报曝光。近3年来,共计党纪政务处分35岁以下干部15起,共20人,对违纪违法典型案例点名道姓通报曝光4起,共4人。向相关单位发放纪检监察建议8份,抓深抓细"一案一整改"工作,通过深化改革、完善制度,从源头上防范和遏制违纪违法问题发生。

参考文献

[1]万美容.青年学概论[M].北京:中国人民大学出版社,2016.

[2]胡荣华.青年发展导论[M].广州:广东高等教育出版社,2016.

[3]阿克顿.自由与权力:阿克顿勋爵论说文集[M].北京:商务印书馆,2001.

[4]唐土红.青年政府公职人员道德生态的现代性特质与问题[J].中国青年研究,2014(4):30-34.

[5]周军,王蕊.全面从严治党背景下的党内政治生态环境问题及优化路径[J].理论探讨,2017(3):135-140.

[6]高凤敏,沈大光.青年道德榜样情结的养成[J].人民论坛,2019(13):111-113.

[7]赵振宇,王丹妮.莫让成长"黄金期"变成贪腐"危险期":年轻干部违纪违法问题透视[J].中国纪检监察杂志,2021(15):55-57.

[8]刘济生.防治腐败年轻化长效机制研究:基于50个案例调查思考[D].郑州:华北水利水电大学,2020.

[9]张馨.J市乡镇年轻领导干部胜任力评价及提升策略[D].镇江:江苏大学,2020.

关于乐清市"青廉工程"建设的探索与思考

林圣涵 [①]

摘　要：本文从乐清市 2021 年以来查处的青年干部违纪违法案件入手，分析乐清市在青年干部廉政教育上存在的不足，并在此基础上对"青廉工程"在乐清市进一步落地落实提出意见建议。

十九大以来，党和国家高度重视青年干部的教育培养工作。习近平总书记在 2021 年春季学期中央党校（国家行政学院）中青年干部培训班开班仪式上的讲话中深刻指出，年轻干部要时刻警醒自己，培育积极健康的生活情趣，坚决抵制享乐主义、奢靡之风，永葆共产党人清正廉洁的政治本色。因此，探索实施"青廉工程"，对乐清市重塑青年干部教育管理监督工作，推进全面从严治党，坚定践行"两个维护"具有重要意义。

一、乐清市 2021 年以来青年干部违纪违法情况

学术界对于青年干部的年龄界定尚未形成统一的标准。本文参照大多数学者的做法，把青年干部定义为 40 周岁及以下的公职人员。2021 年以来，乐清市共处理违纪违法公职人员 243 人，其中青年干部 61 人，约占总人数的 1/4。具体来看，青年干部违纪违法

---

① 作者简介：林圣涵，浙江永嘉人，硕士研究生，共青团乐清市纪检监察工作委员会书记。

情况呈现以下特点。

（一）违纪违法年龄分布集中。从年龄上看，被处理的 61 名青年干部中，35 岁及以上的有 48 人，30–34 岁的有 10 人，而 30 岁以下的仅有 3 人（图 1）。可见随着年龄的增长，青年干部逐渐放松自我约束，廉洁自律意识逐渐淡化。在掌握了一定的权力之后，却未能树立正确的权力观，稳不住心神、管不住行为、守不住清白。

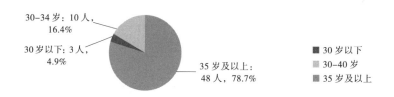

图 1　乐清市 2021 年以来被处理青年干部年龄分布

（二）违纪违法对象党员占比大。从政治面貌上看，被处理的 61 名青年干部中，有 49 名中共党员，占总数的 80.3%（图 2）。这一方面说明有更多的党员青年干部走上行使公权力的重要岗位，另一方面说明党的队伍不是"保险箱"，个别青年干部身为中共党员，却未能牢固树立党的纪律意识，党性不纯洁，信念不坚定。

图 2　乐清市 2021 年以来被处理青年干部政治面貌分布

（三）工作纪律问题尤为突出。从违纪违法类别上看，被处理的 61 名青年干部中，有 59 人违纪、2 人违法。违纪行为主要为违反工作纪律、违反廉洁纪律、违反组织纪律和违反生活纪律 4 大类；违法行为主要为妨害社会管理秩序和贪污贿赂 2 大类。其中，有 50 人次涉及违反工作纪律问题，是所有类别中人数最多的，其次是违反廉洁纪律，有 10 人次（表 1）。

表 1 乐清市 2021 年以来被处理青年干部违纪违法问题分类

行为类别	违纪违法行为类别	被处理人次
违纪行为	违反工作纪律	50
	违反廉洁纪律	10
	违反组织纪律	2
	违反生活纪律	1
违法行为	贪污贿赂	2
	妨害社会管理秩序	1

（注：个别违纪违法行为同时属于多个类别，故表格内人次之和大于实际被处理人数。）

从具体案情上看，青年干部违反工作纪律问题大多表现为工作流程不规范、监管履职不尽责、为民服务不上心、疫情防控不到位等行为；违反廉洁纪律问题则集中体现在违规收受礼品礼金、违反公车管理规定、利用职务之便牟利等方面。从中可以看出，引导干部树立底线意识，推动单位工作作风转变，是推动"青廉工程"在乐清全面铺开的一个重要着力点。

（四）处理方式运用"四种形态"。从处理方式上看，2021 年，乐清市纪委主要运用第一种形态处理青年干部 46 名，具体措施包括通报批评、提醒谈话、诫勉谈话等，占被处理青年干部人数的 75.4%；运用第二种形态处理青年干部 13 名，具体措施包括党内警告、党内严重警告、行政记过、行政记大过等，占21.3%；运用第三种形态处理青年干部2名，具体措施为开除党籍，占3.3%（图3、表2）。乐清市纪委在青年干部违纪违法问题上精准运用"四种形态"，对出现苗头性、倾向性问题的及时敲响警钟，最大限度地预防和遏制违纪违法现象的发生，既体现抓早抓小、防微杜渐，又做到执纪执法必严、违纪违法必究，为乐清"青廉工程"建设勾画蓝图。

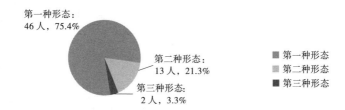

图3　乐清市2021年以来运用"四种形态"处理青年干部情况

表2　乐清市2021年以来运用"四种形态"处理青年干部具体措施

形态类别	具体措施	被处理人次	总人次
第一种形态	诫勉谈话	23	46
	通报批评	12	
	提醒谈话	10	
	警示谈话	1	
第二种形态	行政警告	7	14
	行政记大过	3	
	行政记过	1	
	行政降级	1	
	党内严重警告	2	
第三种形态	开除党籍	2	2

（注：个别干部同时受到党纪处分和行政处分，故表格内人次之和大于实际被处理人数。）

二、乐清市青年干部廉政建设存在的不足

近年来，乐清市不断加强对青年干部的廉政建设，开展了一系列党风廉政教育活动，有力筑牢了青年干部廉洁防线。但从青年干部违纪违法情况来看，乐清在青年干部廉政建设机制上还存在一些不足之处。

（一）教育不够多元有力。一方面，对青年干部的廉政教育不够多元。一方面，乐清对所有青年干部的廉政教育大多定期集体开展，以入职培训、廉政谈话、参观警示教育基地、集中观看教育警示片等形式为主，尚未针对青年干部的年龄、职级、岗位等建立起个性化、多层次的廉政教育体系。对不同的青年干部采取相同的廉政教育模式，效果势必会大打折扣。另一方面，对青年干部的党性教育不够有力。2021 年以来，乐清市被处理的青年干部中，中共党员占绝大多数，这表明乐清还需在青年干部的廉政教育和党性教育深度融合上持续发力。究其原因，首先是个别单位未能充分认识党性教育在廉政教育中的重要性，把两者割裂开来，认为开展廉政教育只是简单地宣讲案例、传达精神，党性培养则是组织部门和干部自己的任务。其次是部分党员干部在自我党性修炼上有所放松，觉得理想信念难以捉摸，党性修养不现实。随着自己的职位越来越高，手中的权力越来越大，部分青年干部开始忽视党性锻炼，追求及时行乐，最后丧失方向，迷失自我。

（二）队伍管理不够精准。不同年龄、不同岗位、不同职级的青年干部所面临的廉政风险点各不相同，采取的管理方式也应有所区别，不能"一剂药方防百病"。乐清对所有青年干部采取同一套管理模式，未充分结合干部的工作经验、能力水平、岗位职责以及廉政情况等因素对其进行分类管理。以现行干部考核机制为例，在所有青年干部的考核体系中，廉政情况都被赋予同一权重，并未根据每位青年干部的实际情况进行动态调整。这就导致个别掌握权力

的青年干部对自身廉政建设重视程度不足。

（三）纪律监督不够深入。工作纪律是一把刚性的尺子，对每位干部的一言一行都刻画了尺度，理应成为廉政教育的重要内容。但乐清市对青年干部的工作纪律教育还不够深入。部分青年干部纪律之弦松弛，工作作风涣散，对"明规矩""守纪律"置若罔闻，对"微腐败""潜规则"却心知肚明。同时，部分单位党组织未能扛牢主体责任，导致单位日常管理浮于表面，制度执行流于形式，对工作纪律教育缺乏一抓到底、久久为功的韧劲。

三、推动"青廉工程"在乐清市落地落实的对策及建议

根据乐清市青年干部廉政教育现状，结合其他地区的先进经验来看，落实好"青廉工程"，不仅需要青年干部思想上的重视，还需要各单位行动上的支持。只有各方齐心协力，形成强大合力，才能让"青廉工程"在乐清市真正落地开花。

（一）突出廉政教育。推进"青廉工程"，一方面要把握共性，牵住党性教育这个牛鼻子。党员干部只有不断提高党性修养，才能在面对形形色色的利益诱惑时不为所动，坚守底线。为此，各级党组织在实施"青廉工程"的过程中，一是要有机结合廉政教育和党性教育，把党性修养教育作为廉政教育的重要部分。通过常常说、时时讲，让党员干部在耳濡目染中牢固树立服务国家、服务社会、服务人民的意识，在大是大非面前能抗得住诱惑、管得住小节。另一方面要重视个性，聚焦"分层施教"这个关键点。各单位要从原来"一锅煮"的集中教育向因材施教的个性化教育转变，在充分考虑青年干部的资历、岗位、职级等因素的基础上，有针对性地开展廉政教育。如对于一些资历较深且掌握关键权力的青年干部，应重点开展权力观和利益观教育，增强其防腐拒变的"免疫力"，切实做到权为民所用；对于普通年轻干部，应侧重世界观塑造和党纪政

纪教育，引导他们树立规矩意识，履行好自己的职责；对于刚入职的干部，则可通过开展签订廉政承诺书、进行廉政宣誓等一系列富有仪式感的活动帮助其打好思想基础，扣好人生第一粒扣子，从源头上堵住思想漏洞，有效防患于未然。

（二）增强关心关爱。推进"青廉工程"，要体现组织关怀。通过定期开展集体座谈、个别约谈等方式，听取年轻干部在日常工作生活中遇到的困难以及对单位廉政建设的建议。关注年轻干部的身心健康，及时疏导青年干部的思想顾虑和心理压力，充分体现关心关爱，使青年党员干部保持对党的高度忠诚，坚守自己的责任和担当。同时，通过开展专题党课，讲授青年干部肩负的使命以及成长路径等内容，鼓励党外青年干部自觉增强"四个意识"、提高政治素养，积极向党组织靠拢。

（三）重视纪律教育。推进"青廉工程"，要把纪律挺在前面，高度重视对青年干部的纪律教育。2018 年 8 月，中共中央印发了新修订的《中国共产党纪律处分条例》，对全面从严治党、加强纪律建设再部署、再动员。在新形势下，对各单位党委（党组）应主动扛起责任，狠抓青年干部的纪律作风，充分利用理论中心组学习和"三会一课"加强党纪国法教育，通过案例宣讲、观看视频等形式的活动，帮助青年干部更加准确地把握党的性质宗旨"高线"、党员义务权利"基线"以及党的纪律规矩"底线"，从而提升其规矩意识和政治素养，强化自我约束。

（四）强调抓早抓小。推进"青廉工程"，要用准用好"四种形态"，落细监督责任。对有苗头性、倾向性问题的青年干部，要本着"惩前毖后，治病救人"的原则，早提醒、早纠正，注重运用容易被年轻人接受的方式开展函询、谈话、诫勉等思想工作方式，做到抓早抓小，防微杜渐，将违纪行为扼杀在萌芽状态。坚持"严管就是厚爱"，对青年干部违纪违法行为既要严肃查处，又要顺应民意，鼓励干部担当作为，在充分用好第一种形态的同时，还需把握好第二、第三种形态，同时坚决不放松第四种形态，持续保持惩治腐败高压态势。

（五）加强通力协作。推进"青廉工程"，要加强多部门间协作，全市形成"一盘棋"，一体部署，整体推进。如纪检监察机构要抓好统筹谋划、协调指导和监督检查，加大对青年干部违纪违法行为的通报力度，形成震慑力。同时，强化反腐倡廉理论研究，为"青廉工程"的纵深推进提供理论支撑；组织部门要明确选人用人导向，优先提拔任用党性强、素质高、作风廉的青年干部，还要制定指导意见，为全市各单位开展多元化廉政教育指明方向；宣传部门要充分利用各类媒体，大力宣传"青廉工程"的最新进展和成效，发动广大青年干部自觉参与廉政教育，接受社会监督，营造风清气正的良好氛围。

新时代年轻干部廉政风险防控的探索与思考

陈婉芸 [①]

年轻干部是党和人民事业重要的生力军。当前，随着干部队伍的年轻化，很多年轻人走上重要岗位，掌握着或大或小的行政权力。他们有闯劲，但自我约束力弱；他们有想法，但容易心无畏忌、偏离方向。2021 年 3 月习近平总书记在 2021 年春季学期中央党校中青年干部培训班开班式上强调，年轻干部要时刻警醒自己，培育积极健康的生活情趣，坚决抵制享乐主义、奢靡之风，永葆共产党人清正廉洁的政治本色。因此，新时代背景下年轻干部的廉政风险防控是当前亟须研究和解决的重要课题。

一、新时代加强年轻干部廉政风险防控的意义

（一）保障党和国家事业薪火相传的必然要求

习近平总书记在 2019 年中央党校开班式上指出，培养选拔优秀年轻干部是一件大事，是百年大计，年轻干部代表着干部队伍的未来，他们能不能廉洁自律，直接关系到党和国家事业发展前途。相较于其他人群，年轻干部发生腐败所造成的危害要更为严重，因为年轻干部的腐败潜伏期更长、隐蔽性更强、牵涉面更广，年轻干部发生腐败，不仅会直接断送自己的政治生命和发展前途，而且会

---

① 作者简介：陈婉芸，浙江温州人，中共温州市龙湾区纪律检查委员会科员。

严重损害整个干部队伍的形象和侵蚀政府信任,强化社会公众的"公正性焦虑"的"习惯性猜想"。

(二)护航年轻干部健康成长的内在要求

保证干部成长安全重于泰山。开展年轻干部廉政风险防控工作,有利于进一步增强预防腐败工作的前瞻性、预见性、针对性和主动性,有利于增强教育、制度、监督工作的针对性和有效性,可以提高年轻干部自觉接受监督,主动参与监督和积极化解廉政风险的意识,有利于为党员干部营造良好的成长环境。在年轻干部出现腐败苗头,未构成违法违纪时,及时予以提醒、预警和处置,促使年轻干部正确、健康、有效地履行职责,以免铸成大错,这也是党体现以人为本,关心、挽救有腐败倾向干部的有力措施之一。

二、年轻干部廉政风险的类型与成因分析

近年来,一些"85后""90后"年轻干部的违法违纪现象屡有发生。综合分析在龙湾区发生这类违法违纪事实,可以发现年轻干部廉政风险类型与成因主要可以归结为以下几类。

(一)廉洁自律的意识不强导致的廉政风险

"90后"基层干部姜某某,在参加工作不久就收受了管理对象的6条软壳中华烟;"90后"基层干部马某某,在检查中被发现利用职务之便驾驶单位公车办理私事。这些年轻干部一是刚走上工作岗位,未曾接受系统的廉政教育,还未建立起深刻的廉政意识,对廉政风险敏锐性不强,对廉政风险的严重性往往把握不足。二是工作经验少、人生阅历浅,容易受环境影响,面对风险和考验,还不能很好地把握底线、红线,面对各种诱惑往往心无畏忌,迅速走上歪路。

(二)拒腐防变的意识不稳导致的廉政风险

"85后"中层干部林某某在担任派出所副所长期间,多次将

相关公安信息泄露给犯罪嫌疑人王某，并收受贿赂 40 余万元；"85后"中层干部张某在担任某局副主任期间，连续 2 年挪用单位专项经费 30 余万元用于自己参股的网球俱乐部。这些年轻干部有学识有魄力，敢做敢闯能创新，容易做出成绩，并得到快速升迁。但这些年轻干部也往往因党性历练、社会阅历、基层锻炼相对不足，无法正确看待自身迅速获得的权力和地位，容易在刚掌握权力的过程中迷失自我。

（三）责任担当的意识不够导致的廉政风险

"90后"副中队长周某某对其管辖范围内的国有土地缺乏监督管理，致使一处国有土地被私人占用谋取个人利益长达 2 年之久，经济损失达 20 余万元；"90后"工作人员黄某某在负责某城中村拆迁工作中未认真履行审核义务，致使一家拆迁户的认定违建面积远小于实际违建面积，造成严重后果。年轻干部学历高、知识多，这是优势，但学历不完全等同于能力，一些基层年轻干部责任意识不强，对工作缺乏动力和热情，对上级安排的工作和任务拖沓应付，不管事情难易程度和紧急程度，按部就班走程序、墨守成规等指示，工作按最低标准完成，导致出现纰漏和瑕疵，产生廉政风险。

（四）服务群众的意识不足导致的廉政风险

"90后"基层干部吴某某在信访维稳工作中对信访人"一日三见面"流于形式，导致信访人最后在国家信访局上访登记问题。基层工作与人民群众密切相连，越到基层，信访维稳工作责任越大、服务群众任务越重。当前基层中充实了越来越多的年轻干部，他们年轻朝气为基层工作注入了新风，但他们也因为工作历练欠缺，在与群众沟通交流时，存在不愿意与群众交流，甚至不敢与群众交流现象，他们台上能演讲，台下却不会谈心，能提笔引经据典，却不善走街串户，排解民怨，争取民心。没有正确的服务群众意识，势必导致工作上的偏差，从而产生廉政风险。

三、当前年轻干部廉政风险防控存在的问题

（一）廉政风险防控意识薄弱

一些年轻干部在思想认识上容易存在误区。一种是认为自己走上领导岗位不久，工作繁忙，应将主要精力放在提高工作成绩上，廉政风险防控是走形式，属于浪费时间。另一种是认为廉政风险防控机制主要针对中高层领导干部，自己作为普通的基层干部，手上没有太大的权力，没有以权谋私的空间，于是逐渐放松了党章党规学习、理想信念教育和思想品德锤炼。上述错误的思想，容易导致部分年轻干部逐渐放松警惕，风险防控能力降低，从而产生行动上的偏差。

（二）廉政风险节点排查不细

由于对年轻干部廉政风险防控的重要性认识不到位，许多单位在查找风险点时一是常常流于形式、浮于表面，没有从源头上深入排查，导致梳理的廉政风险大多为"工作经验不足""学习能力不强""工作方法单一"等不痛不痒、无实质性内容的问题，没有抓住要害，也不能解决问题。二是往往将廉政风险排查重点倾向于中高层干部，忽略了所占比重较大的基层干部，尤其是年轻的基层干部，缩小了廉政风险节点的覆盖面。

（三）防控措施针对性和实用性不足

一些单位和部门在制定防控措施时，一是盲目照搬其他地区或单位的制度和经验，没有结合时代背景、单位实际进行适时调整，防控措施的针对性和实用性不强。二是针对排查出的廉政风险点提出的防控应对措施，只停留于片面的就事论事，缺乏廉政风险防控的科学理念和系统意识，治标不治本，不能切中要害，难以从源头上有效预防腐败等问题，从而严重影响了廉政风险防控的实效。

四、完善年轻干部廉政风险防控的建议

（一）强化廉政教育

1.要重视初始教育。抓好新入职和刚晋升领导职务年轻干部的廉政教育，此时的年轻干部思想意识相对单纯，正是进行廉政教育的最好时机。根据岗位特点，从容易滋生腐败、发生不正之风特别是利益冲突的领域和环节入手，有针对性地开展廉政教育，通过情景教育、案例警示以及知识测试、廉政承诺、约访谈话等多种形式，突出抓好年轻干部廉政风险防控教育，引导他们牢固树立廉洁意识、风险意识和责任意识，筑牢拒腐防变的思想道德防线。

2.要重视家庭教育。通过开展家庭助廉活动，全面了解年轻干部家庭状况、生活作风、家风建设等八小时以外的情况，对年轻干部的家庭成员进行廉政教育，对树立良好家教、家风等进行深入交流，使家庭成员认识到年轻干部廉洁与否，不但事关其个人的前程与未来，而且影响到整个家庭的幸福与美满。

3.要重视保护性教育。要认真深入研究年轻干部的思想动态，尤其是一些重要岗位和关键部门的年轻干部，对他们不仅要进行警示性教育，更要进行保护性廉政教育，特别是结婚、购房、生育子女、家庭重大变故等关键时节，要全面了解年轻干部的思想波动及情绪变化，从而有针对性地开展思想政治教育，教育他们分辨雷区、陷阱，拒腐防变。

（二）完善制度机制

1.优化年轻干部选拔任用机制。一方面要按照国家关于干部年轻化的大政方针，大胆提拔使用，充分发挥其才干，不断优化干部队伍；另一方面要充分认识到青年干部素质结构的缺陷，充分认识到青年干部在廉政方面的脆弱性，在干部提拔选任上要严格履行干部选拔任用程序，深入考察年轻干部在政治素养、工作业绩、群众满意度、廉洁自律等方面的表现，避免"带病提拔"。纪检监察部

门更要从年轻干部选拔动议环节、酝酿阶段就严格把关，重点把握好民主推荐、考察、任前公示、任职程序等环节，通过平时掌握的情况，向组织人事部门反馈干部遵规守纪情况并提出建议，为年轻干部选拔任用提供依据，为党委选人用人把好政治关、廉洁关、形象关。

2. 完善年轻干部精准化日常监督机制。构建教育、预警、考评三位一体的"堡垒式"廉政风险防控长效机制。加强日常监督和管理，定期考核，利用述职述廉、重大事项报告、签订承诺书等形式，掌握年轻干部思想动态、履职尽责和廉洁自律情况，把考核结果作为评优评先、提拔任用的重要指标。通过明察暗访、平时不定期检查和重大节假日抽查相结合，拓宽民主监督、群众监督渠道，切实加强年轻干部廉洁自律情况的检查工作，以监督检查确保廉洁风险防控有成效。

3. 建立健全廉情预测、预警、预报制度。实现对年轻干部"八小时外"的监督规范化常态化，在建立网格式信息收集反馈机制、单位与家属互动信息共享机制等方面进行探索实践，关注年轻干部的朋友圈、生活圈、社交圈，规范"八小时外"的活动，了解他们的思想动态。针对苗头性、倾向性问题，常"咬耳扯袖"，多"红脸出汗"，防止小毛病变成大问题。

（三）探索科学管理

1. 全面建立廉政信息库。建立廉政信息库可以进一步加强对党员干部的监督管理，实现党员干部自上而下的组织监督和干部自我监督的有机结合，全面呈现党员干部廉洁从政状况。在这方面，龙湾区纪委发挥派驻（出）机构优势，探索建立了综合监督单位廉政风险信息库，针对公职人员特别是年轻干部在履行岗位职责中可能发生腐败的情形，以综合监督单位廉政风险全面排查为基础，以关键领域突破为重点，由各派驻（出）机构通过梳理分析、排查廉政风险、建立信息库，把综合监督单位每个岗位的权力置于严密的监督之下，提高派驻（出）机构精准发现问题的能力和日常监督的实效。

2. 多维度培育年轻干部廉洁意识。一是"传教帮带"，利用老带新，让新进年轻干部迅速进入角色状态，树立廉洁意识。例如龙湾区纪委推行的"导师制"，每名新进纪检干部拜师一名业务能手，以实现思想上引导、经验上传授、方法上帮教、形象上带动。二是锻炼提升，通过巡视巡察、脱贫攻坚、社会综治、结对共建、文明创建等工作，让年轻干部到基层去历练，真正为人民群众办实事、解难事、做好事，牢固树立年轻干部全心全意的为民情怀。例如龙湾区纪委正在推行的巡察轮岗制度，每位新晋升中层的纪检干部必须到巡察组任职参加一轮完整的巡察，以提升解决复杂问题的能力和化解廉政风险的意识。

新时代防治年轻干部腐败的实践与思考

林瑜婷 [①]

2021 年 9 月，习近平总书记在秋季学期中央党校中青年干部培训班开班式上对年轻干部提出了"严守规矩、不逾底线……"的 48 字要求。近年来，随着干部队伍年轻化趋势逐渐凸显，大批年轻干部相继走上高尖端专业岗位和基层领导岗位，随之而来的是少数干部经不起诱惑和考验，逐渐出问题、走弯路，给党和国家事业发展埋下了极大隐患。本文拟运用理论研讨、案例分析、实践总结等研究方法，对腐败年轻化问题进行深层次剖析，探究防治年轻干部腐败的有效路径，希望对加强年轻干部的廉政风险防范，构建良性基层政治生态有所贡献。

一、新时代年轻干部腐败的表现形式和特点

以前，人们普遍更关注"夕阳腐败"和"中年腐败"，临近退休的干部因为持有"有权不用、过期作废"的心态，迫切想利用手上的权力为退休后的生活留下更多保障；正值中年的干部"上有老、下有小"，因急于获得物质资源和经济支持而逐渐堕落的也不在少数。但近年来，"80 后"县委副书记因受贿 126 万余元落马，"90 后"干部沉迷网络赌博挪用贪污公款千万元等案例层出不穷，在社会上引起强烈关注，年轻干部腐败问题成为亟须引起足够警惕的社

---

① 作者简介：林瑜婷，浙江平阳人，平阳县纪委县监委机关党委专职副书记。

会问题。客观地讲，腐败行为的产生并没有年龄限制，但不同年龄阶段的腐败行为在表现形式、手段、动机上可能存在差异性。主要体现在以下三个方面。

（一）目的多、形式杂

在改革开放、体制转型的历史条件下，各种社会思潮相互激荡，不可避免地对年轻干部的思想和行为产生冲击和影响。综合各地年轻干部违纪违法案例可以发现，年轻干部腐败有着时代的特点，腐败的目的、形式五花八门。有的信奉拜金主义，收受贿赂炒股理财妄想一夜暴富；有的痴迷超前消费，挪用公款尽情追逐享受奢华生活；有的沉迷电子游戏，截留民生资金升级游戏装备和购买游戏点卡；有的贪恋女色，贪污社保资金用于频繁更换女友、包养情妇、打赏网络主播等。以上种种不良行为都在不同程度上呈现出部分年轻人的社会生活特征。

（二）职务小、岗位重

除了少数学历、工作能力和业绩非常出众的干部，年纪轻轻就担任了一定职务，大部分的年轻干部由于年龄和工作经验的限制，还处于科级及以下职务，有的甚至没有行政级别。但从查处的案例来看，尽管年轻干部整体上职位都偏低，他们却往往身处税务、财务、招投标等权力集中、资金密集的部门和岗位，即便是普通的办事人员，手中也掌握着能够实施腐败的"小微职权"。

（三）高科技、专业化

年轻干部普遍有着较高的学历，对现代信息技术掌握得相对较好，头脑更为灵活、接受新事物的能力也更强，因此年轻干部贪污腐败还呈现出高科技、专业化的行为特质。一方面，年轻干部腐败手段更为隐蔽，善于利用"互联网＋腐败"的方式，在无人察觉的情况下实施贪腐行为；另一方面，年轻干部腐败的手法更加高明，可以运用专业化作案手段钻制度漏洞和监管盲区，为查处增加了难度。

二、新时代年轻干部腐败的原因

年轻干部承载着党和国家未来发展的希望，是众人眼中的"潜力股""绩优股"。然而，由于年轻干部初入社会，在思想认识、社会认知、基层经验等方面还有所欠缺，比较容易成为被"围猎""投资"的对象。通过分析平阳县近3年来查处的31例年轻干部违纪违法典型案件，发现年轻干部腐败的原因主要体现在以下三方面：

（一）理想信念动摇、缺乏定力，引发"想腐"

年轻干部容易滋生腐败的根本原因，总体上可以归结为其自身主观心理原因，即部分年轻干部的理想信念动摇、心理失衡、行为失当，对各种诱惑缺乏免疫力，一旦权力在握，容易迷失自我。有的年轻干部受到超前消费、奢侈消费等不良风气影响，在物质上盲目攀比，把发财当梦想，存在不讲信念讲利益的"物欲心理"；有的年轻干部党性锻炼、基层历练不足，一旦工作实际和心理预期有差异时，有强烈的落差感难以自我调节，存在不讲奋斗讲享受的"失衡心理"；还有的年轻干部面对复杂的社会环境，鉴别能力较差，错把"围猎"当"真情"，存在不讲原则讲义气的"投机心理"。例如，时任平阳县鳌江边防所干事的"90后"刘某某，把刻意接近的高某某当作"真朋友"，违规向其透露派出所打击走私油行动等秘密信息，客观上为走私油提供了有利条件，直到接受审查调查时才恍然大悟。又如，平阳县政务服务中心原办事员黄某不仅参赌涉赌，还妄想"以赌敛财"，伙同他人合股开设赌场，非法抽取头薪4万多元，造成不良社会影响，后被开除党籍，移送司法机关处理。

（二）制度机制存在漏洞、权力失管，引发"易腐"

制度层面的缺陷和漏洞为年轻干部滋生腐败提供了客观条件，是主要原因。从案例分析来看，单位自身往往也存在内部制度不完善、工作程序不规范、制约机制落实差等监管漏洞，为腐败的产生提供了机会。有的年轻干部直接参与或插手建设工程承包和分包、物资器械采购等重要工作，利用管理或运行机制上的漏洞收受回扣和好处费。例如，平阳县南雁镇经济建设服务中心原副主任邓某，作为"耕地垦造""旱改水"等工程业主方代表和具体经办人，利用职务便利和工程邀标制度漏洞，操控工程挂靠到意向公司，并在施工过程中予以帮助，收受贿赂共计206800元，受到开除党籍、开除公职处分。还有个别年轻干部在近年来数字化、电子化、网络化等新潮涌现之际，利用这些新事物、新平台流程机制不完善、监督约束不到位的漏洞谋取私利，造成恶劣影响。

（三）监督管理滞后、关注不够，引发"敢腐"

监督管理存在漏洞，让偏航之举不能及时得到纠正，是年轻干部腐败的直接原因。年轻干部自身综合素质较高，入职时间短、思想相对单纯，少数单位和上级领导因此放松了对年轻干部及其行使权力的监管。有的单位对年轻干部在"八小时外"的关心关爱不够，以致出现年轻干部在工作之余处于失管失控状态，缺乏有效的教育引导；有的单位虽然重视业务知识和专业技能的培训，但对年轻干部廉洁教育的重要性认识不够，在廉洁教育方面出现应付心理甚至滑向形式主义；还有的领域监督贯通衔接不够紧密，纪律监督、派驻监督、审计监督等不够及时精准，使一些年轻干部心存侥幸、以身试法。例如，在县交投集团原融资专员高某违法案件中，由于部分国有企业领导班子成员监督意识淡薄、偏重效益而疏于监管，同级监督虚化，让高某有机会在短短1年多的时间里，利用职务之便，收受了多达10笔融资租赁中介公司业务代表的贿赂，共计151万元。

三、防治年轻干部腐败的平阳实践

（一）聚焦思想再提升，以廉铸魂，擦亮年轻干部政治底色

紧抓青年干部成长进步的关键节点，对初任公务员、新任中层干部、新提任领导干部、领导班子后备干部等对象常态化开展"扣好人生第一粒扣子"青年干部纪律教育，以"五个一"系列活动，为年轻干部送上"廉政套餐"。编印一本警示录，例如：汇编《平阳县党员干部警示录——违纪违法典型案例选编》，聚焦贪污、受贿、挪用公款等多发性违纪违法行为，为年轻干部划明纪律"红线"；签订一份承诺书，结合岗位特点和职能定位，推动年轻干部与所在单位党组织签订岗位廉政承诺书；开设一堂廉政现场课，分批次组织中青班、年轻班等200余名年轻干部学员参观浙南革命廉政教育馆、县职务犯罪以案释法教育基地等红廉教育基地，加强年轻干部党性修养；开展一次警示教育活动，通过组织旁听职务犯罪法院庭审、观看警示教育片等形式，教育引导年轻干部吸取教训。"五个一"系列活动开展以来，已拍摄警示教育片5部，分析案例7件，受教育年轻干部人数达2000余人次，4名年轻干部在教育震慑下主动投案说明问题；召开一次年轻干部座谈会，以五四青年节为契机，了解年轻干部在思想、工作、学习和成长等方面的情况，帮助年轻干部提高自身"免疫力"。

（二）聚焦制度再优化，以案为鉴，推动反腐倡廉警钟长鸣

针对年轻干部违纪违法案件暴露的监管缺失问题和全面从严治党工作中的薄弱环节，向有关单位发出纪检监察建议书，督促及时整改。如，针对一起年轻干部违纪违法案件，向县国资办提出针对性的监察建议，要求全县国有企业对融资领域开展自查自纠，剖析问题根源，抓好整改落实。同时，对财务、审批、招投标等年轻干部容易出问题的重点岗位，精准把脉、找准症结，全面查找廉政风险点，完善廉政风险防控机制。已查摆出问题35个，完善相关制度机制26项。坚持严管与厚爱结合，聚焦被处分年轻干部这一群体，针对性开展回访教育、个性化设计回访方案、常态化掌握年轻干部综合表现和思想动态，已累计走访5名年轻干部，通过与受处分年轻干部谈心谈话，走访所在单位，多角度关心帮扶受处分年轻干部，鼓励他们从有错转变到有为。

（三）聚焦监督再深化，以严为纲，持续筑牢拒腐防变防线

高度关注重点领域、关键岗位年轻干部的监督管理，始终保持"严"的主基调，对年轻干部违规违纪违法、踩"红线"、越"底线"、闯"雷区"的，坚决严肃查处。近3年共立案查处年轻干部31人，其中被给予"双开"处理的5人，另外还有多人被给予降职、免职等处理。强化"点穴式"监督，针对年轻干部在重点领域、重要环节案件易发多发的情况，加强"四项监督"统筹衔接，及时精准发现年轻干部违纪违法问题线索，对苗头性、倾向性问题，常"咬耳扯袖"，多"红脸出汗"，防止小毛病变成大问题。同步建立年轻干部思想动态监管监测体系，关注他们的朋友圈、生活圈、社交圈，规范"八小时外"的活动，了解他们的思想动态。开设"八小时外"监督举报专线，畅通信、访、网、电、微等信访举报渠道，对涉及年轻干部"八小时外"的作风和廉洁问题信访举报件实行归口管理，加大督查督办力度。

四、进一步防治年轻干部腐败的对策与建议

（一）"清廉＋融合"强化年轻干部廉政思想教育

做强"融合"文章，积极探索年轻干部廉政教育的方式方法，将廉政教育与党史学习教育、廉政文化建设相结合，在年轻干部成长的关键节点上发力用力，通过采取贴近思想实际、生动活泼、易于接受的教育方式，不断提高年轻干部廉政教育的吸引力和感染力。比如，在年轻干部首次入职、提拔任用等"关键期"，通过廉政谈话、旁听职务犯罪法院庭审、参与一线监督检查、在年轻干部中发展"党风廉政宣讲员"等方式，让他们走上讲台、深入一线、走到群众身边，在明纪、释法、讲德过程中为年轻干部筑牢防腐思想防线。

（二）"清廉＋协同"织密年轻干部腐败监督网络

发挥职能部门与社会各界"多跨协同"的监督功能，以形成协

调配合、统一联动、内外结合的监督格局。在内部监督上，完善纪检监察、组织、宣传、财政、审计等主体的监督协同机制，攥指成拳、形成合力，共享问题线索、信息与成果，打造一种网状型、动态型监督模式，从干部入职伊始就要严教严管、抓早抓小。同时，各职能部门可协作成立专门负责微腐败防范工作小组，对一些重点项目、重点对象进行跟踪监督，通过部门协作形成合力共管的动态化监管格局。在外部监督上，鼓励群众积极参与监督举报，强化媒体监督，借助平台优势，加大曝光力度，形成多元社会力量协作共管的监督网络。

（三）"清廉＋数字化"构建年轻干部腐败监督体系

探索建立以年轻干部"廉政档案"为基础，集年轻干部画像、思想教育、风险防范、监管评估等功能于一体的廉政智慧管理平台，探索从政行为廉洁性评估、预警和规范养成的智治系统。同步采集年轻干部乃至本区域全体干部的干事创业状况、从政行为信息和"八小时外"情况，运用量化指标体系每季度定期评估年轻干部执行廉洁从政行为规范情况，并自动生成"廉洁指数"，对"廉洁指数"低于一定分值的干部实施分级风险预警管理。让广大年轻干部在面对腐败等问题时建立从政行为"照镜子、正衣冠、洗洗澡、治治病"的常态化机制。

（四）"清廉＋人才"造浓年轻干部廉洁从政氛围

依托当前人才引进的大背景、大方针，创新成立廉政文化宣讲团，将专家、学者、医生、作家、学术型领导等各方面热心廉政文化事业的优秀人才吸纳其中，充分发挥其智囊团、人才库作用。组建廉政文化研究会宣传突击小分队，不定期宣传依规治党、反腐倡廉等方面的举措和成效，讲好"百姓故事""党史故事"，弘扬真善美。如，打造廉政诗词长廊、举办廉政漫画展、举办廉政文艺汇演等，在全社会形成尊廉崇廉尚廉的良好风尚，引导广大年轻干部自觉提升廉政素养、持续向上向善。

坚持系统观念，建设"青廉工程"
廉洁教育子系统

庄燕妮[①]

习近平总书记指出："党的十八大以来，党中央坚持系统谋划、统筹推进党和国家各项事业，根据新的实践需要，形成一系列新布局和新方略，带领全党全国各族人民取得了历史性成就。在这个过程中，系统观念是具有基础性的思想和工作方法。"如何将系统观念这一马克思主义认识论和方法论运用到"青廉工程"这一系统工程建设中，值得我们思考。本文旨在通过阐明系统观念的要义及如何坚持系统观念，对建设"青廉工程"廉洁教育子系统、提升年轻干部的廉洁自律意识提出意见建议。

一、系统观念的含义

习近平同志指出："系统观念是具有基础性的思想和工作方法。"系统观念是马克思主义唯物辩证法的重要组成部分，其核心是整体观，即从整体上或全局上思考和解决问题，也就是观察和认识事物要从整体上去认识和谋划。系统观念的另一层含义，则是从事物的相互联系和矛盾性展开的，即任何系统都包含矛盾，整体与部分的矛盾是该系统的主要矛盾。系统观念也指凭借系统思维分析厘定事物内部各要素的联系，从而探寻事物发展的本质，最终在整

---

①作者简介：庄燕妮，浙江温州人，温州市文明中心三级主任科员（原洞头区纪委监委四级主任科员）。

体层面上总结事物发展内含的客观规律。[1] 在方法论上，要求做到"统筹兼顾"，从事物的整体出发，统筹考虑整体和部分的关系、部分和部分的关系、系统与环境的关系、系统的历史、现状和未来等方面的辩证关系，以达到系统功能的最优化。

二、"青廉工程"的系统性

如果把护航年轻干部健康成长、建设"青廉工程"看作一个系统，那么这个系统至少要由三个子系统组成。一是廉洁教育子系统，推进"不想腐"，主要针对年轻干部成长的一些重要节点，开展廉政提醒和警示教育等；二是多维监督子系统，推进"不能腐"，通过派驻监督、内部监督、社会舆论监督、信访举报等全方位多维度的监督，健全数字化监督体系，织密"监督无处不在"之网，堵牢漏洞；三是纪律法律子系统，推进"不敢腐"，通过健全纪律法律体系，完善立法，严格执法，规范司法，做好"后半篇文章"，形成震慑作用。这三个子系统与"三不"机制同步推进，相辅相成，以达到"青廉工程"建设的最优化（图1）。

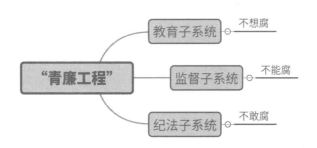

图1 "清廉工程"导图

三、建设"青廉工程"廉洁教育子系统的必要性和重要性

2018年4月，洞头区某所原副所长、区某检验检测中心原副主任黄某某因贪污罪被判处有期徒刑3年，作为"85后"的年轻干部、紧缺人才，就这样毁了自己的政治前途，在自己人生中画上了不堪的一笔。随着国家加大对年轻干部的培养力度，这样的"80后""90后"年轻干部违纪违法案例并不在少数，很多都是能干事、肯干事的干部"落马"。再加上很多年轻干部处于事业上升期，往往得意于所取得的成绩，容易被一些居心不良的人"围猎"，最后走上了违纪违法的道路。

一方面，年轻干部是党和国家事业的生力军。年轻干部有激情有活力，高学历、高智商，体力精力充沛，适合从事各项一线工作；另一方面，党和国家十分重视培养年轻干部，尤其注重培养某些领域有特殊技能或者专项研究的人才。一些年轻干部通过几年工作的积累，逐步走上了领导岗位。但是组织花了人力、物力成本培养这些年轻干部，他们却没有坚守住底线，走上了违纪违法的道路，值得我们警醒和预防。

当然，一个干部违纪违法受多个因素影响，如理想信念丧失、失管失教缺乏有效监督，或者是整个地区的政治生态不良，等等。但从唯物辩证法角度来分析，还是一个人的内因起决定因素。意识决定行为，思想决定行动，要切实提升年轻干部的廉洁自律意识，扣好职业生涯的"第一颗扣子"，关键靠教育。通过构建好"青廉工程"，建设廉洁教育子系统，做好年轻干部的廉洁教育工作，护航年轻干部健康成长势在必行。

四、年轻干部廉洁教育存在的问题

教育通常由教育的主体、教育的客体、教育的目的、教育的内

容和教育的方法等因素构成。年轻干部的廉洁教育也不例外。本文根据这几个构成因素，重点查找年轻干部廉洁教育的客体、内容、方法和评价体系方面存在的问题。

（一）客体受教育主动性不强

部分年轻领导干部普遍没有意识到廉洁教育的重要性，尤其是缺乏自我教育的意识，没有开展计划性的自我教育，认为做好工作就行了，在工作上兢兢业业就是最重要的。再加上平时不注重学习，没有树牢理想信念，党性修养不足，很容易走偏。当前温州市公务员除了每年在温州网络学堂上有学习任务、党员通过"学习强国 App"学习外，还需要完成公务员法律知识考试等一系列内容，其中都有涉及廉洁教育的内容。但规定的学习基本以挂学分、应付性完成任务居多，真正沉下心来花时间学习的很少，学习入脑入心的少之又少。

（二）内容缺乏针对性

一些廉洁教育的内容偏向于领导的讲话或者文件，不够贴近生活实际，内容相对宽泛。如洞头区每季度发放的读书思廉文章，大多数是从《中国纪检监察报》上选取的，如何设计、选取用一些结合本地实际的内容值得思考。在日常的交往过程中，如何区分人情往来与违纪违法的界限尤为重要。再如，很多未能正确履职或者履职不到位的年轻干部被处分后，往往对违纪行为认识不到位，觉得冤枉。如果把这些内容讲细讲透，设计为廉洁教育的内容，那么会比文件更具针对性。

（三）方法相对滞后

当前，廉洁教育的形式不够丰富，没有充分发挥信息技术和现代传媒的作用。年轻人学习能力强、思维活跃，较易接受新鲜事物，廉洁教育形式也应与时俱进。在美国，公务人员的廉政教育早已利用网络广泛开展，美国政府道德办公室要求公务员网上廉政教育一年不得少于一次，并采取了一些互动游戏的方式以增强廉政教育的趣味性，并在网上进行测试。[1]

（四）评价体系不健全

廉洁教育一直在开展，却没有一个较好评价体系，评价的方式偏主观，廉洁教育的效果如何，包括年轻干部受教育后其廉洁指数是否有提升，如何评价，由谁来评价等，都需要建立一个标准化、体系化的系统。现有的廉政教育评价体系多采用检查、填表、收集群众意见等方式，未能全面地反映出领导干部廉政教育自身的特点，且不注重对实效性的评价，不能如实反映出领导干部廉政教育的真实状况和存在问题，也不能反映出领导干部廉政教育的实际效果。[2]

五、以系统观念建设"青廉工程"廉洁教育子系统的路径选择

（一）实施自我教育工程

自我教育法，指受教育者在自我意识的基础上通过自我认识、自我体验、自我控制产生积极进取之心，主动接受先进思想和正确行为，形成良好的思想品德和行为的方法。[4]个体自我廉洁教育指年轻干部通过自我认识与总结、自我监督与反省、自我评价与调节等多种方式，充分发挥主观能动性，提高个人党性修养和综合素养，形成廉洁自律意识，进行自我约束和控制，达到自我完善的教育方法。个人自我廉洁教育可设计为3个维度，即自我认识、自我监督、自我评价（图2）。自我认识指对自身在廉洁自律方面的知识、意识、心理、能力等方面形成清晰了解和正确认知的过程，尤其是不足和短板的部分认知；自我监督是指年轻干部依据党和国家廉政教育有关规定和要求，对自己的思想、言行进行管束与制约的过程；自我调节是年轻干部提出廉洁教育自我要求，通过自我制约和自我控制，调整自己的言行，达到自我教育的目标的过程。[5]年轻干部自我廉洁教育工程具体的内容还有待进一步细化和明确，有待持续深入研究。

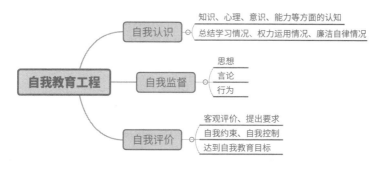

图2　自我教育工程导图

（二）完善培训教育机制

随着学习型党组织创建工作的推进，党员的学习培训形成了较为完善的机制。如每月的主题党日，活动前均先开展政治理论的学习。再如党委（党组）"会前一刻钟"理论学习也成为了一个规定动作，领导干部要积极参与党委（党组）理论学习中心组，均出台了相关的规定。但是对于普通的年轻干部，尤其是事业人员和国企人员中非党人员，没有较为系统的理论学习平台。因此提出如下建议：一要分层施教。年轻领导干部根据所任职务参与到领导干部层面的教育培训，普通干部也要有学习平台，可借鉴洞头区公务员法律知识考试的形式，开展网络学习和测试，将廉洁教育纳入必修课内容，采取更为灵活的测试方式，检验学习效果，让廉洁教育同监督一样达到全覆盖。二要常态化开展警示教育。通过编印违纪违法案例、拍摄警示教育宣传片、庭审现场教育等做好年轻干部的廉洁教育。三要开展参与式教育。加强对年轻干部家属（配偶或父母）的教育，如经常性开展家属赴监警示教育，注重家风教育，开展廉洁家书、廉洁寄语、廉洁故事等评选活动，引导形成廉洁奉公的良好家风。四要开展全过程教育。做好普通年轻干部岗前廉洁教育、年轻领导干部任前廉洁教育。任职过程中出现五种问题必须进行谈话：存在苗头性、倾向性问题的必谈；网络舆情反映存在问题的必谈；群众测评满意率较低的必谈；发生婚姻变化等重大家庭变故的必谈；岗位廉洁风险较大未采取有效措施防范的必谈。视情形开展廉政谈话，适时运用"红脸出汗、咬耳扯袖"的谈话方法，防止小错酿成大错，让年轻干部止步于违纪违法之前。

（三）建立长效机制

坚持系统观念除了强调整体性，还要注重事物发展的长期性，要进一步从制度层面去探索完善年轻干部廉洁教育的机制。一要建立考核评价体系。建议充分利用好网络电子问卷的便捷性，开发相应的评价问卷，开展教育培训后测试，检验教育培训效果，提高教育培训的有效性。二要完善信息报告体系。如在廉洁从政信息表中增加参加廉洁教育情况，每年报告参加廉洁教育的时间、内容、时长等信息，将其纳入到个人廉洁档案中，运用数字化监督平台，实行动态管理。三要不断创新探索。制度是死的，具体情况是活的，变化的。因此，要不断紧跟实际情况的变化，根据出现的新问题新现象，创新手段方法，不断探索与时俱进的机制，在实际运用过程中调整完善，以达到最优化效果。

参考文献

[1]李丽.坚持系统观念的基本逻辑与时代价值[J].中国纪检监察杂志，2021(8)：11-12.

[2]李英.当代中国领导干部廉洁教育研究[D].长沙：湖南师范大学,2015.

[3]教育部社会科学研究与思想政治工作司.思想政治教育学原理[M].北京:高等教育出版社，2008.

"青廉工程"下提升年轻干部拒腐
防变能力的现实思考

叶岱西①

摘　要: 青年兴则国家兴, 青年强则国家强。在 2021 年春季学期中央党校(国家行政学院)中青年干部培训班开班式上, 习近平同志发表重要讲话时强调:"年轻干部是党和国家事业的接班人, 必须立志做党光荣传统和优良作风的忠实传人。"可以说, 年轻干部是党谋求"共同富裕"的主要人才储备, 是年轻一代国家治理的主体, 未来党和国家建设的堡垒和中心力量。针对年轻干部的腐败特征, 防止腐败"年轻化"倾向, 除了各级党委加强对年轻干部的教育和监督管理外, 还需深入挖掘和探索马克思主义廉政理念, 理解其深刻内涵和时代价值, 从而推动"青廉工程"有效机制的真正建设, 提升广大年轻干部拒腐防变的能力。

关键词: 年轻干部; 反腐败; 廉政

---

① 作者简介: 叶岱西, 浙江乐清人, 温州市工业与能源集团(温州面粉公司)党总支委员、副总经理、工会主席。

一、探究年轻干部腐败问题的深刻意义

根据中央纪委国家监委通报的 2021 年上半年全国纪检监察机关监督检查审查调查情况，上半年，全国纪检监察机关共接收信访举报 180.6 万件次，处置问题线索 93.2 万件，处分 26.5 万人（其中党纪处分 22.1 万人），处分省部级干部 6 人，厅局级干部 1330 人，县处级干部 1.1 万人，乡科级干部 3.8 万人，一般干部 4.4 万人，农村、企业等其他人员 17.2 万人。[1] 从数据中（图 1）不难看出，我国党风廉政建设和反腐败斗争形势依然十分严峻复杂。

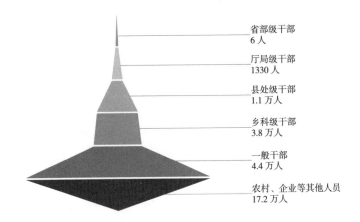

省部级干部
6 人

厅局级干部
1330 人

县处级干部
1.1 万人

乡科级干部
3.8 万人

一般干部
4.4 万人

农村、企业等其他人员
17.2 万人

图 1 全国纪检监察机关处分人员按职级划分图

在复杂的反腐斗争形势中，年轻干部违法违纪构成了重要的部分。中国纪检监察杂志、中央纪委国家监委网站以及浙江省纪委、监察厅主办的《反腐败导刊》推出年轻干部违纪违法问题系列报道，详细揭露了各地大量年轻干部腐败案件，腐败年轻化的趋势引起了纪检监察领域和社会各界的高度关注和警惕。年轻干部作为我们党的后备力量，是否忠诚、廉洁、为民将直接关系到党的事业发展。因此在新时代，年轻干部"青廉观"的树立显得尤为重要。

强调"青廉工程"的重要性不仅在于规范年轻干部自身行政行为、确保其正确履行职责使命，更在于强基赋能新时代我党的各项重大建设。因此，在"青廉工程"建设引领下，探求年轻领导干部廉洁素养提升的内在动力，是一个值得研究和思考的现实问题。

二、年轻干部腐败问题的现状分析

当下，廉政建设和反腐败斗争进入了一个新阶段。令人痛心的是，出现了很多年轻干部腐败案件。综观近年来全国各地年轻干部腐败案件，主要呈现三大特征。一是类型多样化。有的收受贿赂炒股理财，有的挪用公款超前消费，有的为求升迁贿赂上级，有的擅用民生资金升级网游装备这类精神鸦片（如王者荣耀、英雄联盟系列游戏）、打赏网络美女主播等。二是技术隐蔽化。由于教育科技的普及，年轻干部的腐败操作也通过数字化赋能，有的篡改单位收费二维码为个人所有，更有甚者是修改程序代码作案。三是诉求共性化。正如北京科技大学廉政研究中心主任宋伟所言，年轻干部腐败呈现出部分年轻人的社会生活特征，他指出："一些年轻干部日常生活贪图享乐、爱慕虚荣，甚至热衷炫富攀比，为此不惜以身试法、铤而走险"。[2]当下，立足新特征探究如何保证年轻干部政治清廉、权力廉洁、作风优良，已是党的建设必须解决也是刻不容缓的重要问题。这需要各级监管机构采取高压政策，始终保"清"风、"严"风、"惩"风，不断推进党风廉政建设和反腐败斗争的坚定立场和决心。

三、年轻干部腐败问题的根源探究

（一）政治文化氛围建设不足

二十世纪七八十年代以来，随着改革开放的深入开展，中国的物质文明建设进入了持续、稳定、协调发展的阶段，社会主义市场经济下改革红利不断释放的同时，随之而来的还有极端个人主义、拜金主义、炫富和享乐主义等错误思想观念。这些错误思潮逐渐侵蚀年轻人的精神世界，造成马列主义信仰、文化自信、价值三观的普遍危机。特别是对刚参加工作不久的年轻职工，政治素养不足和心智还未成熟，对于自我学习教育的主动性不强，马列主义理论和法制观念基础较差，原生思想防线根基比较薄弱，而政府关于年轻干部廉洁自律方面的专题教育又不够"接地气"，综合多方面的原因造成年轻干部不足以形成抵御"糖衣炮弹"的自我防护。正如马克思在对货币论的批判中指出："它把坚贞变成背叛，把爱变成恨，把恨变成爱，把德行变成恶行，把恶行变成德行，把奴隶变成主人，把主人变成奴隶，把愚蠢变成明智，把明智变成愚蠢。"[3]

（二）生存生活环境安全感缺失

恩格斯认为："人们首先必须吃、喝、住、穿，然后才能从事政治、科学、艺术、宗教等。"[4]这说明，物质生活方式是其他生活方式升华的基础。年轻干部通过统一招考进入体制后，从原有的父母供养模式转变为自我经济独立模式，开始面临很多生活上的压力。一方面公职人员薪酬受到制度约束，同时机关企事业单位福利逐步规范，这导致部分年轻职工生活资金压力大，加之部分职工肩负着赡养父母、照顾兄弟姐妹甚至偿还高额房贷车贷的责任；另一方面不同政府机构和机关企事业单位之间其收入和福利待遇存在一定差异，导致一些年轻干部出现心理偏差，提高了他们铤而走险的可能。正如西方学者马斯洛需求层次理论所言，首先要满足人类天生的安全需求，最终达成自我实现。年轻干部面临着人生的起点，他们对食物、衣着、住房和交通的基本需求没有得到满足，长期没有安全感，找不到自尊和归属感，缺乏情感需求和尊重，对生活就会出现困惑、迷茫的态度。当"金钱的诱惑"摆在他们面前时，他们很容易迷失方向。

（三）新闻舆论媒介的不良导向

党中央多次强调，新闻舆论工作"必须把政治方向摆在第一位，牢牢坚持党性原则，牢牢坚持马克思主义新闻观，牢牢坚持正确舆论导向，牢牢坚持正面宣传为主，各个方面、各个环节都要坚持正确舆论导向"[5]。纵观全球，自新闻媒介诞生始，任何历史时期、任何政府及全球性组织团体，都要通过传媒为自己的政治倾向和导向服务。立足我国国情，媒体要建设社会主义核心价值体系，建设"社会主义价值阵地"。而一些媒体和自媒体，受西方错误思潮的冲击，开始出现如"名媛名票""干妈""白富美""高富帅""国民老公""国民公公"等低俗化、传递错误价值观的新闻稿件，又如以社会地位和薪酬衡量一个人成功与否的成功学话语。这些都反映出媒体存在"虚荣浮躁""三观不正"错误倾向。长此以往，社会上充斥的"嫁富人""娶富婆""傍权力"的不良氛围，将加剧年轻干部对自我精神提升的兴趣缺失，误导越来越多的年轻干部选择向物欲低头。

四、提升年轻干部拒腐防变能力的对策建议

（一）深化思想政治教育是基石

马克思指出："特殊的人格的本质不是它的胡子、它的血液、它的抽象的肉体，而是它的社会特质。"[6]中央纪委国家监委大量反腐数据表明，年轻干部的腐化堕落始于意识形态。因此，打造"青廉工程"，首先要加强思想政治教育，树立正确的社会主义"三观"体系，不断提高年轻干部的政治意识和理论水平。要充实年轻干部思想政治教育内容，如理想信念和初心使命教育、政绩观和社会主义核心价值观教育、党规党章和法律法规教育、中国优秀廉政文化教育、风险意识和忧患意识教育等。通过多种年轻干部易于接受、通俗易懂的教育形式，可以有效利用学习讲堂（可参考温州市工业

与能源集团"青听·马克思"小讲堂)[7]、传统媒体、互联网媒体等，自觉增强政治免疫力和拒腐防变能力，自觉遵纪守法。另外，年轻干部除了在单位和机关接受廉洁教育外，还易受到社会和家庭的影响，所以只有内外同时发力，才能达到更好效果。大部分年轻干部是愿意接受教育的，只要我们引导正确、方式得当，就能扭转他们的错误思维，从而树立社会主义核心价值观，在思想上抵御"糖衣炮弹"，打造属于自己的"铁布衫"。正如习近平总书记告诫官员的话，"不要既想当官又想发财"，没有理想就会迷失方向。

（二）提升幸福价值需求是前提

按照亚当·斯密的"效率工资"理论，可以给公职人员高于市场价的工资，以提高公职人员队伍的清廉程度。这也是新加坡和中国香港等地"高薪养廉"制度的理论来源。"高薪养廉"虽然不符合我国国情，但是根据物价指数，社会收入水平等因素，做到"以薪养廉"，把公职人员的收入提高到一个合理的水平应是可行的。考虑到年轻干部不仅是为人民服务的公仆，而且也是具有相应社会属性的普通人，与其他所有追求独立发展的群众一样渴望前途和未来。因此，在"青廉工程"建设中，针对基层年轻职工群体工作付出与所得间的突出矛盾，首先应建立健全激励奖惩制度，注重评价机制中的评价主体，确保年轻干部即使在年度评价中有平等的机会取得好成绩。其次应制定客观合理的工作量指标，适当优化激励机制。笔者建议，一要提高国家工作人员收入的整体水平；二要增加岗位和职级，以提高他们的待遇；三要通过收支双轨化，平衡不同单位、部门之间的收入差距，杜绝某些机关企事业单位、职能部门利用职权搞创收、搞隐性收入的现象。通过这些措施，可以提升年轻干部幸福感，实现年轻干部从不敢腐败到不想腐败的思维转变。

（三）把握舆论导向是要务

舆论环境作为社会文化环境的重要组成部分，是思想政治教育的重要影响因素。随着信息传播技术迅速发展，舆论的作用越来越大，已经成为影响社会稳定、价值观塑造、人民生活的重要因素。如今，公众舆论充斥着一些负面导向，拜金享乐主义、违法违纪、腐败和两性话题等社会问题对年轻干部的全面成长造成诸多负面影响。江泽民同志曾指出："舆论导向正确，是党和人民之福；舆论导向错误，是党和人民之祸。"[8] 由此可以看出，在"青廉工程"建设中，关键在于树立正确的社会主义核心价值观导向，营造良好的舆论环境。笔者认为在引导舆论上，一是坚持正面宣传为主，树立正确的舆论导向，广泛宣传和谐社会建设中涌现出的新事物、新典型，严厉批判不符合社会主义核心价值观的内容。二是坚持模范带头作用，回顾新中国历史，任何时候、任何行业，先锋模范领导作用层出不穷，年轻干部群体也不例外。应积极发挥先锋党员模范作用，如袁隆平、方永刚、钟南山、张云泉、王顺友等，他们在各自的领域为国家和社会创造了极其辉煌的社会价值，能为广大年轻干提供强大精神力量。三是从古代廉政哲学方面入手，倡导发扬中国优秀文化传统，提升全社会文明素养。从公众关注的社会热点问题出发，营造遵纪守法和诚实守信的社会环境、工作环境和文化氛围，加强年轻干部的思想道德建设，提倡新的社会风尚，发挥媒体正确的作用，建立积极健康的社会价值观，让喜闻乐见的舆论新闻给予年轻干部如沐春风的感化。正所谓"理念深处尘念少"，只有形成高尚的"青廉观"，才能全方位提升年轻干部拒腐防变的能力。

参考文献

[1]中央纪委国家监委.中央纪委国家监委通报2021年上半年全国纪检监察机关监督检查、审查调查情况[EB/OL].(2021-07-15)[2023-02-03].www.ccdi.gov.cn/toutiao/202107/t20210715_246133.html.

[2]年轻干部的贪腐陷阱[EB/OL].(2020-09-17)[2022-02-03].www.xinhuanet.com/politics/2020-09/17/c_1126503111.htm.

[3]中共中央马克思恩格斯列宁斯大林著作编译局.马克思恩格斯全集(第42卷)[M].北京:人民出版社,1995.

[4]中共中央马克思恩格斯列宁斯大林著作编译局.马克思恩格斯选集(第2卷)[M].北京:人民出版社,1995.

[5]《人民日报》评论员.把坚持正确政治方向摆在首位——二论学习贯彻习近平总书记新闻舆论工作座谈会重要讲话精神[J].理论参考,2016(4):4.

[6]中共中央马克思恩格斯列宁斯大林著作编译局.马克思恩格斯选集(第3卷)[M].北京:人民出版社,2002.

[7]温州工业集团：做实国企"党建+"文章赋能企业高质量发展.[EB/OL].(2019-12-10)[2023-03-03].http://big5.xinhuanet.com/gate/big5/www.zj.xinhuanet.com/2019-12/10/c_1125329826.htm.

[8]江泽民.江泽民文选(第1卷).[M].北京:人民出版社,2006.

瓯海区年轻干部清廉"第一扣"教育的探索

杨凤燕　周杰璐①

　　党的十八大以来,习近平总书记高度重视年轻干部的培养工作,发表了一系列重要讲话,形成了关于培养选拔优秀年轻干部的系统论述。十九届中央纪委五次全会高度关注年轻干部违纪违法问题,提出了加强教育管理监督的部署要求,为深入领会习近平总书记对年轻干部成长成才和培养选拔的系列重要指示精神,贯彻落实省委关于防范年轻干部违纪违法问题的重要部署,温州市积极探索,组织开展"青廉工程",系统性重塑年轻干部教育管理监督工作,出台了《关于实施"青廉工程"提升年轻干部廉洁自律能力的意见》,教育年轻干部"扣好人生第一粒扣子"。

　　为进一步做好年轻干部廉洁教育工作、推进新时代高素质专业化的干部队伍建设,瓯海区纪委专门成立课题调研组,通过查阅资料、走访座谈等形式开展调研,针对瓯海区当前公务员队伍中年轻干部特点,总结出监督的经验,形成了本调研报告。

一、瓯海区年轻干部队伍建设现状

　　截至 2021 年 11 月,瓯海区共有公务员 2037 名,其中 35 岁以下 649 名,占全区公务员总数的 31.84%;30 周岁以下 315 人,占全区公务员总数的 48.54%。通过对年轻干部的横向比较,我们

---

① 作者简介:杨凤燕,浙江温州人,瓯海区纪委区监委干部室主任;周杰璐,浙江衢州人,温州市人大常委会代表与选任工委四级主任科员(原瓯海区纪委区监委机关党委专职副书记)。

发现年轻干部群体的三个共性特点。

（一）可塑性

年轻干部年龄一般都在 25 岁—35 岁，正处于人生阶段中最不稳定的过渡时期。这个时期的年轻干部特点鲜明，优点和缺点也很突出，可以综合概括为"三最"，即工作最积极、学习最主动、思想最活跃；"三缺"，即缺知识、缺阅历、缺经验；"三大高峰"，即体力高峰、智力高峰、社会需求高峰。对于这样一个最富可塑性、最具创造性的群体，就需要相关部门立足于早，着眼于实，在工作中重点把握、及早介入、因势利导，帮助优秀年轻干部牢固树立正确的价值取向，帮助其脱颖而出。

（二）结群性

从组织行为特征来看，年轻人的人际交往需求达到高峰，是社会中最容易结群的群体。在日常的工作生活中，年轻干部很容易受到所属群体价值观选择的影响，良好的群体氛围对年轻干部的快速成长和正确价值观的形成发挥了极其重要的作用。同时，一个团结而紧密的小团体，能够极大地增强个体的安全感，增加互相学习和自我改进的机会，更快地帮助年轻干部度过最初的不适应期，更好地融入工作大环境中。

（三）选择性

从决策理论的含义来看，年轻干部正处于人生决策的关键时期，小到工作岗位，大到政治信仰，甚至于在面对利益诱惑、困难挫折时都需要其做出正确的选择。选择决定成败，而年轻干部成长得好不好，很大程度上就取决于这些选择是否经得起时间的检验和推敲。在调查中，有 69.2% 的年轻干部表示，希望组织能为其个人成长提供较为系统的规划（图 1）。因此，相关部门应注重强化职能定位，加强组织把握，通过积极创造有利条件，引导年轻干部进行理论学习、实践观察、对比思考，自觉提升洞察力和前瞻力，站得更高，看得更远，做好人生选择题，在选择中不断成长。

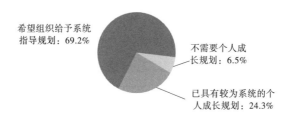

图 1　年轻干部对个人成长规划服务需求渴望度

二、年轻干部违纪违法问题的表现

年轻干部正处于年富力强，相继走上关键岗位甚至领导岗位的黄金时期，大力培养选拔忠诚干净担当的优秀年轻干部，事关党的事业薪火相传、国家长治久安，事关"红色根脉"的传承守护。近年来，一批批优秀年轻干部走上各级领导岗位，在忠实践行"八八战略"、奋力打造"重要窗口"，高质量发展建设共同富裕示范区的生动实践中奋勇当先、担当作为，以实干实绩赢得了干部群众认可。但也有少数年轻干部存在一些苗头性、倾向性问题，需要及时咬耳扯袖。

随着干部年轻化趋势加大，贪腐也出现"初犯"低龄化的趋势，相比以往的腐败官员，年轻干部违纪违法更具有鲜明的特点。有的在攀比享乐中迷失底线，有的利用信息化技术手段将公款据为己有，贪腐手段"迭代升级"。年轻干部违纪违法问题的形成，既有心理层面的原因，也有权力监督和制约体系不健全的原因，但更大程度上是因为少数年轻干部没有坚定理想信念，在心理上出现了问题。这就需要在对年轻干部的严管厚爱中系好"廉洁扣"，对年轻干部的培育、教育和任用，只是"扶上马"还远远不够，必须要严管厚爱"送一程"。年轻干部从政之路刚起步，从一开始就要保住"早节"、守牢底线，防止"白袍点墨"，才能行稳致远，担负起守好"红色根脉"的重大责任。

三、瓯海区年轻干部清廉教育探索

瓯海区实施了以 35 岁以下年轻干部职工参与的"青廉工程"，为年轻干部扣好人生"第一颗扣子"，在改革浪潮中激发年轻活力，全面掌握年轻干部廉洁现状，着力培养一支有朝气、大气、锐气、正气的年轻干部队伍，为瓯海区打造高质量发展建设共同富裕示范区先行标杆夯实人才基础。

（一）注重教育引导，强化监督管理

年轻干部的成长，离不开组织的培养，要强化对年轻干部的理想信念教育，在年轻干部成长提拔的各个时期都必须扎实开展好理想信念教育，不断坚定政治方向，树立关爱年轻干部、培育年轻干部、引导年轻干部的理念，在工作上多指点、多引导，在生活上多关心、多爱护，在心理上多关怀。通过单独谈话、集体座谈等方式为年轻干部精准"画像"，及时洞察年轻干部思想和行为方面的偏差，一旦发现存在苗头性、倾向性问题，及时咬耳扯袖、红脸出汗，避免年轻干部在错误的道路上越走越远。做实廉洁保障，年轻干部是改革的主力军，着力于培养"根正苗红"的年轻干部，开展入职廉政教育、签订廉政承诺书，通过信念教育固廉。开展论廉、爱廉、醒廉、话廉活动，固化年轻干部廉洁自觉。在"五四"青年节开展"青廉沙龙"主题活动，让年轻干部结合自身所在的岗位，从如何做好青春奉献、如何在自己的岗位上做出成绩等方面发出年轻廉洁心声。实行年轻干部轮岗锻炼工作，深入服务群众一线岗位，在服务实践中传递清廉作风。开展"我喜爱的格言警句"征集活动，鼓励干部对格言警句进行深度思考；开展"传承好家风"专题道德讲堂，达到以文化自信筑牢廉洁自信、引领发展自信的目的。

（二）强化制度建设，完善内部管理

强化权力运行的监督和制约，加强对年轻干部的日常监督，特别是对那些在重点领域、重点环节中掌握权力的年轻干部要经常提醒、时时监督，保证他们手中的权力不被滥用。一方面，通过定期梳理年轻干部岗位中可能存在的权力监督真空地带，找出容易产生权力滥用的风险点，加强对权力的监督制约，确保年轻干部正确行使手中的职权；另一方面，在加强制度建设、把权力关进制度笼子的同时，严格执行规章制度，不能把制度仅仅写在纸上、挂在墙上。引导年轻干部择善交友，不断净化生活圈、社交圈、朋友圈，规范"八小时外"言行。开展剖析、建档、导师、融入活动，做好年轻干部廉洁引导。一是将"青廉工程"纳入年度重点工作，做好"青廉工程"方案。二是根据年轻干部个人思想情况、岗位情况、来源地域情况，综合预判潜在的成长风险。三是开展新考录、调入干部入职第一课教育，结合系统师带徒导师计划，为年轻干部匹配廉洁导师。同时，召开年轻干部谈心谈话会，让年轻干部了解实施"青廉工程"的目的和意义；开展一次案例剖析会、一次思廉分享会；组织年轻干部参加清廉论坛，推出"青廉工程·年轻说"，通过专栏等形式充分给予年轻干部展现自我的平台。

（三）加大惩戒力度，一体推进"三不"

加大对年轻干部违纪违法问题的查处力度，形成对年轻干部的强大震慑力，从而消除年轻干部因抵御不住诱惑而产生腐败动机。惩治腐败没有年龄之分，无论年龄大小，一旦触犯党纪国法，都要一查到底。充分利用查处的典型案例，做好"后半篇文章"，用身边鲜活的反面教材，让广大年轻干部从内心深处警醒起来，吸取教训，防微杜渐，以"检身若不及"的自觉，用好手中的权力，筑牢精神堤坝。违法者莫不从违纪开始，违纪违规既是组织涣散、纪律松弛的具体表征，也是党员滑向犯罪深渊的开始。把纪律和规矩挺在前面，让纪律"带电"，让纪律"长牙"。这样，大家都心存敬畏之心，才不会违规违纪，更不会违法。

（四）建立监督预警机制，引导扣好"第一粒扣子"

做好年轻干部日常监督管理，强化日常跟踪了解，动态掌握年轻干部思想状况、工作情况，教育引导年轻干部摆正位置、努力工作、积极奉献。健全年轻干部监督预警机制，严格执行个人有关事项报告制度，充分发挥纪检监察、巡察、审计、信访举报等工作的作用，通过工作以外的监督，掌握年轻干部的社交和生活圈，将露头问题消除在萌芽状态，避免走不必要的"弯路"。《明史杂俎》记载了这样一个故事：明朝初年，明太祖朱元璋有一天问大臣们："天下何人最快活？"大臣们众说纷纭，莫衷一是。有的说功成名就者最快活，有的说金榜题名者最快活，有的说富甲天下者最快活。朱元璋听了这些回答都不是太满意。这时，有个叫万钢的大臣答道："畏法度者最快活！"朱元璋听后大为赞赏，连声说道："讲得好！讲得好！"随后对其委以重任。万钢所说的"畏法度"，就是对法律制度心存敬畏，害怕受到法度制裁。对法度心存敬畏，其实就是不要突破一个人做人最基本的道德、纪律、法律底线，讲纪律、守规矩，不越线、不逾矩，自然就随心所欲，获得快乐自由。有位哲人说过：断线的风筝不仅不会得到自由，反而会一头栽向大海。有约束才更自由，有纪律才更有战斗力。纪律看上去是一种约束，实际上是一种保护。一些腐败分子之所以走上违法犯罪道路，根本原因是心中没有法纪观念，私欲膨胀、胆大妄为。

如何在日常工作中对年轻干部进行监督管理？瓯海区纪委开发的"六星指数"干部信息化管理系统集关爱、培养、监管于一体，"大数据画像"集成干部数字档案，"大数据联动"完善知事识人体系，"大数据分析"激发干部队伍活力，指数赋能重用"夺星"干部。将"六星指数"与绩效考核、干部提拔使用挂钩，重点选拔培养指数分排名靠前、表现优秀的年轻干部。不断开展修廉、保廉、助廉、创廉活动，覆盖年轻干部成长全过程。成立年轻文化建设团队、年轻志愿者队伍，在各项活动中担当主力；组织年轻干部参演廉政节目活动；开展"改革攻坚、青年在行动"系列活动。开展素质提升保廉，优先将年轻干部送出去培训。区委组织部开办年轻干部专题培训班，加强对年轻干部的培养，鼓励年轻干部提升学历与参加各项技能提升考试。在工作中夯实责任感、增强成就感。加强人文关怀，鼓励年轻干部提高人文素质。问渠那得清如许，"青廉工程"活水来。通过实施"青廉工程"，初步实现"三个一"总体目标：一是培养一批具有示范作用的勤政廉洁年轻典型；二是形成一套行之有效的教育、管理、监督三位一体的年轻干部廉洁长效机制；三是不断丰富"清廉瓯海，知思慎行"廉政文化品牌内涵。

防治腐败年轻化对策研究

——基于苍南县案例的思考

余赛男[①]

干部队伍年轻化是党和国家长期坚持的一项基本方针，是我们事业生生不息、持续发展的重要保证。培养选拔年轻干部，事关党的事业薪火相传，事关国家长治久安。近年来，苍南在年轻干部教育培训、选拔使用、管理监督等方面推出了一系列重要举措，干部队伍年轻化趋势日益明显，但随之而来的是腐败年轻化问题，给各项事业发展带来了消极影响。为了更好地推动"浙江美丽南大门"建设，打造共同富裕示范区县域样板，苍南必须要有一支风清气正的高素质年轻干部队伍作支撑，如何预防和解决年轻干部腐败问题，是干部队伍建设的一个重要课题。本文通过结合近年来年轻干部贪腐案例，对腐败年轻化问题进行深层次剖析，并就防治腐败年轻化提出相应对策。

一、腐败年轻化的特点

（一）面对金钱的诱惑缺乏定力

与其他年龄段干部的问题相比，年轻干部违纪违法问题案情相对单纯，多体现为对金钱赤裸裸的追求，借职务便利"广开财路"并快速变现。有的人迫于生活压力向金钱低头，后来渐成惯性难以

---

① 作者简介：余赛男，浙江苍南人，苍南县纪委县监委干部室一级科员。

收手；有的人过于追求物质享受，穿要名牌、吃要高档，工资不够只能钻研旁门左道；还有的人沾染不良嗜好，迷恋赌博、痴迷网游、打赏主播，入不敷出时只能拆东墙补西墙，骗取、套取公款。例如，莒溪镇人民政府财政办原会计沈某某，利用职务便利先后 11 次以"500KV 电厂临时安置费""地质灾害点安置补偿"等各种名目虚列支出，侵吞公款 27.9 万余元，后被判处有期徒刑 1 年 6 个月。其中，家庭经济条件窘迫是造成沈某某侵吞公款的一个重要原因。

（二）行为主体业绩突出或身处关键岗位

出现贪腐行为的年轻干部工作能力和成绩往往都较为突出，学历通常也比较高。2019 年以来县纪委监委查处 4 名年轻干部腐败案件，其中 3 人学历为大学本科。正是因为这些年轻干部能力、业绩和学历出众，年纪轻轻就得到提拔，或被安排在权力较为集中、资金较为密集的重要岗位，手中掌握着一定的权力或资源，为其实施贪腐行为提供了条件。例如，县城市建设中心原党组成员、人居环境科原科长董某某，利用手中掌握的拆迁安置的权力、资源，通过伪造产权调换协议时间，私自违规改变安置方式和安置地点，将合伙购买的拆迁房屋予以安置并出售牟取非法利益，非法侵吞国家财产共计 169 万余元，后被判处有期徒刑 6 年 6 个月。

（三）职务晋升困难或仅为"临时身份"

一些年轻政府雇员并非真正意义上的干部，他们工资本身就不高，干的工作不比有编制的干部少，在职务晋升方面没有稳定的发展空间可言，辛辛苦苦没有发展机会，还遭遇"出路难"尴尬，心理容易不平衡，再加上他们手中掌握一定的公权力，直接和群众、企业打交道，于是也成为腐败易发高发群体。例如，县不动产登记服务中心直属登记原编外用工人员郑某某利用其在窗口开票收费的职务便利，通过私自篡改发票的方式，侵吞 31 笔群众缴纳的"补缴的土地价款"共计 102 万元，用于偿还个人信用卡欠款、购车贷款等个人开支，后被判处有期徒刑 3 年。

二、腐败年轻化的成因

（一）个人思想腐化变质

年轻干部思想敏锐、思维活跃，但由于缺乏定力、缺少自控，面对复杂社会思潮的影响容易犯迷糊，面对形形色色的诱惑容易跟风跑。第一，拜金主义思想影响。由于原生家庭的不同，年轻干部家庭条件千差万别，其中不乏家庭条件富裕、物质生活富足的"富二代"，年轻干部工作上沟通交流多、相互熟络，生活中难免会有所比较，产生心理落差。物质生活上的攀比，很容易让人陷入思想误区，从而变成拜金主义思想侵蚀的对象。第二，个人主义价值观侵蚀。一部分年轻干部认为有权不用，过期作废，想利用自己手中的职权为自己谋取利益。还有一些年轻干部无法做到自警自醒自律，逾越纪律底线、触碰法律红线，与他人同流合污，滥用职权，谋取私利。第三，追求享乐主义人生观。有的年轻干部希望可以获得大量金钱用于购买豪宅、名牌服饰等，认为人生就应该去享受，才不会被虚度和浪费；有的年轻干部自身的薪资水平完全可以满足其日常所需，但为了满足虚荣心，为了和同龄人在一起的时候能够体现出自己的"能力"和"优势"，就会铤而走险。第四，沉浸自由主义的生活观。一些年轻干部存在侥幸心理，认为可以通过自身的业务能力，为自己创造一条灰色地带，从而可以"神不知鬼不觉"地违法犯罪。

（二）家庭单位教育缺位

家庭的因素主要来自于父母和配偶两个方面。现阶段的年轻干部大多是"80后""90后"，很多从小都受尽父母宠爱，进入社会走向工作岗位后，没能正确地摆正自己的位置，过高评价自己，自视甚高，甚至不了解是非曲直。他们渴望成为对社会"有价值的人"，尽量多地挣钱，这就导致他们利用自己手中的权力来实现"价值"，最终走向腐败犯罪。同时，配偶的影响也是至关重要，配偶作为除父母外最亲近的人,最直接了解掌握年轻干部本人思想和行为动态。大部分年轻干部的腐败早期都能够被其配偶察觉,但是很少有人会去阻止,甚至一些年轻干部的配偶就是促使其犯罪的原因。另外,单位廉洁教育弱化也不容忽视。一些单位对党风廉政建设重视不够,对干部日常廉政教育不足,选人用人时考察干部不全面,只注重业务能力,不注重个人思想素质。

(三)风险防控机制缺失

当前,基层普遍紧缺年轻能干的人,一旦有年轻干部进入机关,往往安排在税务、社保、财务等权力集中、资金密集的部门和岗位。一些单位内控制度不完善、工作程序不规范,导致问题易发多发。有的单位把公章交由年轻干部保管,任其滥用却无人过问;有的单位会计和出纳由年轻干部一人兼任,领导审批也是形同虚设;一些单位岗位管理制度缺失,未落实分级管理机制,未按照要求梳理每个岗位的廉政风险点,只把制度挂在墙上、写在纸上,根本起不到监管作用。一些单位内部监督机制不健全,主要领导疏于履行监管责任,还美其名曰"对年轻干部充分信任",导致年轻干部存在违纪违法苗头,不能及时发现,或者发现后未采取有效措施,任其我行我素,助长了不正之风,给年轻干部的成长之路挖下了深坑、埋下了隐患。

三、腐败年轻化防治对策

(一)加强思想政治教育

1. 强化党性教育。腐败问题,归根结底是腐败者缺乏坚定的理想信念所致。各级党委(党组)要切实扛起管党治党主体责任,注重加强对年轻干部的教育管理,引导年轻干部时时锤炼自己的党性,用习近平新时代中国特色社会主义思想武装自己,主动增强政治定力、牢记为民初心,坚定理想信念,始终忠诚于党,做到爱岗敬业履职尽责，不被欲望裹挟，不为名利束缚，把党和人民的事业放在胸中，把纪律的红线记在心里，时时处处自警、自省、自律。

2. 强化警示教育。一方面，学习榜样模范先进事迹。组织观看报告会，宣传身边的先进人物事迹和勤廉榜样，营造"扬正气、学榜样、树勤廉、守法纪"的良好氛围，让广大年轻干部在学习中产生共鸣，在共鸣中实现转变，在转变中提升自我；另一方面，研究讨论典型反面案例。通过反面教材的剖析，让年轻干部充分了解腐败的过程变化，防微杜渐才能够更好地防止年轻干部变质，做到以案为鉴、警钟长鸣。

3. 强化家风建设。坚持以规立家，深刻认识到传统家规所具有的时代价值，进一步发掘并展现向善向上的家规家训。坚持修身齐家，注意道德养成，增强自己的思想境界，追求高雅情操，主动脱离低级趣味，抵抗各种歪风邪气。坚持以廉守家，秉承"清廉自律"准则，树立"依法办事，清廉从政"的理念，铸牢良好的权力观。坚持从严治家，严禁亲属通过干部掌握的职权谋取不当利益，严厉打击源自家属的违规现象，主动防范不良风气。

（二）完善干部选拔机制

1. 干部选拔制度规范化。组织人事机制的优劣，直接关系到是否能够把合适的干部遴选到正确位置。年轻干部的选拔任用同样要坚持"能者上、优者奖、庸者下、劣者汰"的选人用人导向，完善干部干事创业容错纠错、激励奖惩等机制，建立起"组织为干部担当、干部为事业担当"的良性循环，让年轻干部通过干事创业实现自身价值。

2. 干部选拔过程公开化。当前阶段所推行的民主测评、岗前考核、入岗公示等干部选拔任用制度程序，在实际的应用过程中对于全方位了解干部素质、多层次提升干部任免透明度有一定的积极意义，因此得到了广泛的应用和推广。新提拔的年轻干部只有经过专业、统一的考察流程，才能够更好胜任岗位的要求、服务于人民，将那些有能力、有素质、有正气的年轻干部及时放到更为重要的岗位上来。这始终是保障干部队伍战斗力的必然选择。

3. 干部选拔责任严格化。要完善干部德才评价机制，严格实行领导对下属干部连带责任。对于那些作风有问题的年轻干部，专业能力再强，也不能委以重任，不能带病提拔。只有严格干部选拔标准，对年轻干部的廉洁自律意识以及思想动向等进行考察，看工作更要看德操，不仅强调有文化、有本事、有闯劲，还要充分考虑他们的政治素养、生活作风、思想情趣和群众口碑等内容，注重民主评议，这样选拔出来的年轻干部才能更符合时代需要、群众期盼、国家要求。

（三）建立健全廉政体系

1. 严格岗位管理制度。第一，明确岗位目标职责。制定目标责任，划分岗位职责。确保年轻干部在自己职权范围内进行履职，并制定岗位目标责任书，定期对岗位履职情况进行监督；第二，严格岗位工作流程。建立"权责清晰、流程规范、风险明确、制度管用"的工作规程，及时堵塞可能造成年轻干部贪腐的漏洞；第三，实行岗位淘汰制度。建立考核淘汰机制，定期对岗位进行绩效考核，对于无法正常履职或者履职不到位的人员进行淘汰。对发现危机苗头的人员，及时进行岗位调整。

2. 强化立体监督机制。第一，强化单位日常监督。要强化对年轻干部"八小时"外的管理，关注年轻干部家庭状况和日常工作生活中的情绪波动，及时纠正年轻干部的"偏轨"行为，发现苗头性、倾向性问题及时教育提醒，防微杜渐；第二，强化纪律监察监督。要加强对年轻干部的重点监督，推进"青廉工程"建设，帮助年轻干部扣好廉洁的"第一颗纽扣"。要强化"三不"一体推进，增加腐败成本，杜绝年轻干部贪腐心思；第三，强化第三方监督。引入第三方审计监督，对账务加强监管，做好干部离任审计等工作。

3. 完善风险防控机制。一方面，设定廉政风险预警。根据岗位职能特点和职责要求，通过自己找、同事帮、领导提、集体议等方式，排查出已经存在或者可能出错的环节和问题，列出重大风险隐患清单，有针对性地做好整改；另一方面，设立廉政风险基金。在基层领导干部岗位的薪酬设计过程中，按照地方经济发展水平的不同以及干部工作时间长短设置具体金额，让年轻干部认识到杜绝贪腐不仅是保障国家利益、人民利益的需求，同时也和切身利益挂钩。

鹿城区践行年轻干部预防教育廉政导师制做法及经验启示

应柏统[①]

中国共产党历来十分重视年轻干部的培养。习近平总书记强调，培养选拔优秀年轻干部是一件大事，关乎党的命运、国家的命运、民族的命运、人民的福祉，是百年大计。鹿城区推行年轻干部预防教育廉政导师制是深入贯彻落实习近平总书记关于培养选拔优秀年轻干部重要思想的生动实践，是进一步加大预防腐败工作力度的重要举措，是切实加强对年轻干部的教育管理，促进年轻干部廉洁从政的创新探索。

一、"年轻干部廉政导师制"的提出

鹿城区把关爱年轻干部健康成长作为义不容辞的政治责任，近年来着力优化干部队伍结构，持续给干部队伍补充新鲜血液，干部年轻化趋势日渐突出。截至 2021 年 1 月，全区机关事业单位"85后"年轻干部 1080 名，约占比 30.8%；"90后"年轻干部 550 名，约占比 15.7%；"85后"股级干部 544 名，约占比 38.91%；"85后"科级干部 85 名，约占比 14.10%。然而，部分年轻干部没有树立正确的价值观、权力观、事业观，违纪违法情况不容忽视。党的

[①] 作者简介：应柏统，浙江温州人，温州市鹿城区纪委监委驻区委组织部纪检监察组正股级纪检监察员。

十九大以来，鹿城区共立案查处 35 周岁以下年轻干部 49 人，涉嫌犯罪被移送司法机关 5 人。被查处的 49 人中，"85 后" 37 人，"90 后" 12 人，其中最年轻的干部生于 1997 年。在此背景下，鹿城区纪委联合区委组织部在总结新录用公务员培优工程、年轻干部"思享汇""康健工程"等经验基础上，积极探索创新，提出年轻干部预防教育廉政导师制，并印发实施意见在全区部署开展。

二、"年轻干部廉政导师制"的主要做法

2021 年 5 月，鹿城区纪委、区委组织部联合印发《关于建立年轻干部预防教育廉政导师制的实施意见（试行）》后，"年轻干部廉政导师制"很快在全区推广实施，以鹿城区纪委区监委驻区委组织部纪检监察组监管的 13 家单位为例，截至 2021 年 10 月底，13 家单位已经安排 22 名"廉政导师"上岗结对 114 名年轻干部，开展廉政谈话 123 人次，签订廉政承诺书 101 份，赠送廉政笔记本、书籍 150 余本，观看警示教育片 20 场次，组织开展 29 堂"私教课"。推行"年轻干部廉政导师制"的做法先后在浙江省纪委省监委网站、浙江新闻客户端、清廉温州网站、清廉温州公众号等平台刊登。

（一）在教育主体上，注重对焦聚焦、精准帮扶

为提高教育精准度，"年轻干部廉政导师制"选取的对象直击关键群体，重点面向各单位新录用三年之内的公务员、事业单位及国有企业干部，新提任或出现苗头性、倾向性问题的年轻干部，受党纪政务处分（除开除党籍或公职外）的年轻干部。在导师的选配上，原则上由所在单位分管领导担任"廉政导师"。习近平总书记曾指出，组织上对干部不能"放养"，而要及时掌握动态，帮助干部一步步成长起来。分管领导与年轻干部可以说是在单位中接触最为密切的一对组合，彼此之间的工作关系让他们彼此能够充分地熟悉了解对方，因此，分管领导作为"廉政导师"有先天的优势。年轻干部在

工作中可能会遇到各种各样的问题、疑惑、困难和挑战，有时候还会面对各种各样的诱惑，这时候就迫切需要有"导师"来为他们指点迷津，实施精准帮扶，教育引导年轻干部不走弯路，健康成长。

（二）在教育举措上，注重因地制宜、灵活多样

坚持从实际出发，因地制宜，对不同类型年轻干部采取灵活多样的教育举措。如针对新录用 3 年之内的年轻干部，从"教育引导走好从政第一步"的角度出发，重在早教育、重预防，"廉政导师"通过开展谈心谈话"谈廉"、签订廉政承诺书"诺廉"、定期组织开展预防教育专题学习会"学廉"、观看警示教育片"警廉"、发放违纪违法案例汇编"送廉"等"五廉"举措，帮助和教育新入职年轻干部扣好职业生涯"第一粒扣子"。针对新提任年轻干部，重在早提醒、早警示，"廉政导师"帮助其开展廉政风险排查，并进行任职警示谈话，严把任职廉政关，让新任干部爱岗敬岗，避免"脱缰"。针对受党纪政务处分（除开除党籍或公职外）的年轻干部，重在早帮扶、重扶正，"廉政导师"通过配合相关职能部门对受处分的年轻干部定向关心关爱，及时掌握其思想动态，帮助其端正思想认识、重拾信心、"落雁归队"，积极参与"康健工程"建设。

（三）在工作保障上，注重形成合力、确保成效

开展年轻干部预防教育工作是一项系统工程，在保障方面，鹿城区要求各单位党委（党组）、各级纪检监察组织深度参与，通力合作。各单位主要负责人和分管领导根据分工，主动担任"廉政导师"，同时建立动态调整机制，对工作有变动的结对组合及时调整。严格管理考评，建立廉政导师预防教育工作档案，动态跟踪"廉政导师"帮扶和年轻干部成长进步情况，每年12月，年轻干部所在单位党委（党组）还要按照"一人一表"填报《廉政导师预防教育工作情况反馈表》，详细记录预防教育年度工作开展情况。坚持以人为本、治病救人原则，对于轻微违规违纪以及出现苗头性倾向性问题的年轻干部，在纠正、惩处措施的选择上尽可能体现人性化，在方法手段的运用上尽可能体现灵活性，最大限度地教育、挽救年轻干部。同时，实行澄清证明和容错纠错机制，鼓励年轻干部在工作中大胆改革创新、破解难题、先行先试，旗帜鲜明地保护改革者、鼓励探索者。

三、"年轻干部廉政导师制"的初步经验启示

鹿城区实行"年轻干部廉政导师制"5个多月时间来，总结了3点经验。

（一）"年轻干部廉政导师制"有力强化政治引领，把握年轻干部成长规律，给了年轻干部应有的仪式感

年轻干部生于20世纪八九十年代，成长于改革开放年代，普遍学历高，思维活络，勇于探索新鲜事物，但相对政治定力较薄弱，缺乏严格的党内生活锻炼，为民服务的宗旨意识较弱，对党风廉政建设的认识不足，容易被社会不良风气影响腐蚀。"年轻干部廉政导师制"把握年轻干部成长规律和特点，把讲政治放在培养教育的第一位，分管领导既是"廉政导师"又是"政治导师"，用导师传帮带形式，通过引导年轻干部深入开展政治理论和廉政知识学习，牢固树立政治意识、法纪意识。同时，各单位通过举行导师结对仪式、赠送廉政书籍、清廉信物和清廉笔记本，签订廉政承诺书等方式营造了满满的仪式感，让年轻干部不忘初心使命，牢记廉洁自律要求和党的纪律底线，切实增强廉洁自律意识，不越底线、不踩红线。如鹿城区民政局在4名中层干部上任第一天即专题召开集体廉政谈话暨"廉政导师"见面会，2名导师寄语年轻干部、赠送廉政书籍并与他们签订廉洁承诺书，营造了浓浓的任职和结对仪式感。

（二）"年轻干部廉政导师制"有力强化"一岗双责"，把握当前预防教育困境，给了年轻干部应有的认同感

当前预防教育存在3个困境：其一是教育缺乏针对性，表现在不分层次、不看对象，"胡子眉毛一把抓"，表面上声势浩大，实

际上重点淡化，教育效果大打折扣；其二是教育方式方法因循守旧，表现在教育内容枯燥、乏味，教育方式机械教条，缺少鲜活性和吸引力，难以引起年轻干部思想深处的共鸣和认同；其三是教育随意性较大，表现在想起什么干什么，"东一榔头西一棒子"，满足于零敲碎打、强化突击式的短期和阶段性教育，缺乏长远规划，没有形成长效机制。这3个困境在年轻干部预防教育中的问题更加突出，年轻干部对当前预防教育的认同感普遍较低。鹿城区推行的"廉政导师制"不是"另起炉灶"单独搞一套，实质上是对领导干部履行党风廉政"一岗双责"的进一步强化和创新探索。对年轻干部的预防教育要紧贴日常工作实际，突出针对性、鲜活性、时代性，如鹿城区委组织部紧密结合换届之年实际，将"廉政导师制"和"清廉组工"建设相融合，组织观看县乡换届纪律纪录片《警钟长鸣》、赴藤桥镇廉政教育基地开展实地教育、开展换届应知应会知识专题学习等，以实际行动保障换届顺利。从整个职业生涯来看，年轻干部属于仕途的"幼苗"阶段，绝不能搞"大水漫灌式"教育，更应该要注重"精准滴灌"，不仅要"施肥浇水"，更应该要"修枝剪叶""驱虫防病"。"廉政导师制"的推出，正是要打破当前预防教育的困境，增强年轻干部对预防教育的认同感，改变年轻干部"自由生长"状态，让"廉政导师"成为年轻干部的"护苗员"，通过精心培育，有力推动年轻干部健康茁壮成长。

（三）"年轻干部廉政导师制"有力强化正风肃纪，把握年轻干部违纪违法特点，给了年轻干部该有的敬畏感

随着干部年轻化的日益推进，许多年轻干部走上关键岗位甚至领导岗位，但是近年来，年轻干部被查的消息频频曝出，违纪违法呈现低龄化趋势，不得不让我们警醒，给予年轻干部应有的敬畏感迫在眉睫。梳理分析十九大以来鹿城区年轻干部违纪违法案件可以发现，有的政治纪律淡薄在网络妄议党中央大政方针，有的利用网络技术非法查询他人信息，有的挪用公款进行网络赌博，有的群众观念淡薄工作失职……可以说，许多年轻干部的违纪违法行为带有鲜明的"年轻干部特色"。"廉政导师"不是简单挂个名，而是要熟悉了解年轻干部违纪违法特点，时常关心关注年轻干部，通过"聊天式"谈话，以"朋友式""家人式"的沟通倾听他们的心声，了解他们的心理动态，密切关注其"八小时"以外的生活。例如，区人社局"廉政导师"通过举办红色诵读、"我的人社故事"征文活动、党风廉政知识竞赛、羽毛球、篮球等丰富多彩的活动，让年轻干部远离牌局酒局，培养他们"八小时外"健康的生活爱好。同时"廉政导师"要精准把握年轻干部的岗位廉政风险点，发现苗头性、倾向性问题，要及时介入开展警示谈话，必要时要通报所在单位党委（党组），视情况及时作出谈话提醒、通报批评、诫勉谈话等"第一种形态"处置，防止"小错"变"大错"，"小病"成"大病"，让年轻干部对党纪法规时刻保持敬畏之心。

勿让侥幸心理变为年轻干部
成长路上的定时炸弹

林 浩[①]

摘 要：近年来，基层年轻干部，特别是刚步入工作岗位的年轻干部成为违纪违法高危群体。本文以泰顺县为例，关注年轻干部违纪违法问题，通过典型案例分析，深刻反思案例背后折射的问题，引导年轻党员干部知敬畏、存戒惧、守底线，努力让警示案例烙印在脑海里，触动"局中人"、点醒"梦中人"，拆除年轻干部成长路上的定时炸弹，充分发挥惩戒一个、警醒一片的作用。

关键词：年轻干部；警示教育；举措

年轻干部是党治国理政的一支重要力量，他们能否廉洁自律，直接关系到党和国家事业的未来发展。近年来，基层年轻干部，特别是刚步入工作岗位的年轻干部成为违纪违法高危群体，让人痛心不已。违纪违法对象趋于年轻化，逐渐成为的一种新趋势。以泰顺县为例，近3年来违纪违法案例中，年轻干部不在少数，甚至其中部分人已走上领导岗位，2017—2020年数据统计，被党纪政务处分的年轻干部共有36人，其中乡科级干部6人。

---

① 作者简介：林浩，浙江泰顺人，中共泰顺县纪律检查委员会办公室工作人员。

一、案例分析

年轻干部为何走上歧途，他们的违纪违法行为有何特点？分析泰顺县年轻干部案例，年轻干部违纪违法呈现出以权谋私、小节大错、亲清不分等特点。由于存在侥幸心理，导致行为上的错误。

（一）以权谋私，错把"公款"当"私钱"

对权力和金钱的诱惑缺乏抵抗力，是年轻干部的显著表现。与其他年龄段干部的问题相比，年轻干部违纪违法问题案情相对单纯，多体现为对金钱直接追求，利用手中职权达到各种私利。有的人迫于生活压力向金钱低头，有的人过于追求物质享受，有的人沾染不良嗜好。例如，县机构编制委员会办公室原出纳徐某，因自身肥胖且家庭不宽裕，导致婚姻迟迟未落实，利用岗位便利，直接从单位基本户挪取 4 万元用于购买减肥产品、为女友购买项链等个人消费，受到记过处分。又如，三魁镇人民政府社会事务管理办公室原主任、经济发展办公室原主任钟某某，因家庭生活压力，将触手伸向公款，利用经手发放农村贫困残疾人危旧房改造救助资金、养老服务补贴、自然灾害生活补助资金、爱心助残专项帮扶项目补助资金、高龄老人津贴补助资金等特定款项的职务便利，侵吞公款累计 57.4 万元，用于归还个人债款和个人生活开支，最终被开除公职。本是年轻有为的干部，却把手伸向公款，最终失去前途。

（二）亲清不分，错把"围猎"当"真情"

不少年轻干部面对复杂的社会环境，鉴别能力较弱，容易掉入"围猎"者精心设计的陷阱。"80 后"泰顺县气象局党组成员、副局长梁某某，因违反中央八项规定精神，违反国家法律法规被开除党籍。在梁某某任职副局长期间，每年春节收受深圳市某公司送的礼金 2000 元、湖北土特产咸鱼、枸杞和红枣。梁某某利用负责管理泰顺县县级气象业务综合平台建设系统项目的职务便利，为该公司在招标投标过程中提供帮助，使其顺利中标承揽该项目。该公司为了感谢梁某某，于 2018 年 2 月 7 日派驻温州区域负责人刘某某送给梁某某 5 万元及枸杞、红枣等礼品。又如，县水利局防汛办办事员陈某，为保持消费水准，在担任县水利局防汛办副主任期间，利用职务之便，伙同县防汛办夏某某、方某某、潘某某承揽"泰顺县山洪灾害非工程措施建设预案"编制项目，从中获利 5.7 万元；承揽分包"泰顺县山洪灾害非工程措施建设"山洪灾害普查项目和"泰顺县基层防汛防台体系规范化建设实施方案"编制项目，从中获利 12 万元，最终受到留党察看，降级处分。这些惨痛的教训提醒年轻干部必须不断提高政治鉴别力和警惕性，才能在"围猎"的糖衣炮弹袭来之际坚守阵地。

（三）小节大错，错把"小节"当"小事"

一些年轻干部走上岗位后，对岗位缺乏敬畏，把党规政纪不当回事，散漫最后导致大祸。例如，西旸镇可溪村原驻村干部钟某，2018 年监督检查发现多次违反考勤管理制度规定，其中迟到 11 次、早退 2 次、缺卡 19 次、旷工 11 天。2020 年被信访举报不认真遵守上下班及考勤制度，因私外出不履行请销假手续，甚至有偿委托西旸镇门楼坳村一村民代为钉钉打卡，共计旷工 24 天、迟到 3 次、早退 2 次、缺卡 4 次。因累计多次故犯，钟某受到政务警告处分和岗位调整处理。又如，罗阳镇工作人员包某对乡镇上报的农村困难群众危旧房改造补助资金申请未按照文件规定对申报对象经济状况进行审核，审核不清、把关不严，造成 75 人违规申报领取农村困难群众危旧房改造补助资金共计 367800 元的后果，险酿成群体上访事件。

二、原因分析

案件调查显示，年轻干部违纪违法的原因有多方面，既有外因，也有内因，其中侥幸心理是年轻干部触犯底线的导火线。

（一）社会阅历少，思想不够成熟，容易误入歧途

年轻干部思想敏锐、思维活跃，但由于缺乏定力、缺少自控，面对复杂社会诱惑容易犯迷糊。有的价值观移位，把有钱人当偶像，把发财当梦想；有的人生观跑偏，热衷于吃喝玩乐，享乐奢靡之风盛行；有的忘了初心使命，干着侵害群众利益的事却浑然不觉；还有的面对不良政治生态不知如何自处，抱着"别人干，我为什么不能干"的想法随波逐流。例如，县市场监督管理局多人违规出国境旅游，问及违纪缘由时，大部分说"我看他没事，所以也去了"。没有原则底线和独立思考能力，怀抱侥幸心理让他们踩在了纪律的红线火线上。

（二）人生多顺畅，吃苦受屈太少，容易心理失衡

一些年轻干部由于上学、就业、晋升等"一帆风顺"而形成错误认识，过高地评价自己。特别是党性锻炼、社会阅历、基层历练相对不足，使他们心理承受能力相对较弱，一旦自己所从事的工作和心理预期有差异时，往往难以自我调节，甚至行为失范。如仕途颇顺的泰顺县综合行政执法局罗阳中队长李某，是单位人人羡慕的对象，但上任不久后，在办理信访件时心理上存在畏难情绪、思想上不重视，因不履职或者不正确履职等不作为、慢作为问题，导致群众信访多次上访，最终被政务警告。

（三）集体观念弱，个人利益至上，容易放大私欲

大部分年轻干部从学校毕业后就参加招考进入干部队伍。这些干部由于缺少足够的基层历练，没有很好地培养起组织观念、大局观念和人民情怀，心里往往只装着"自己那点事儿"，更有甚者挪用公款用于购买奢侈品和个人享受上。例如，包垟乡原党委委员毛某某作为 D 级危房拆除工作包垟店村组组长，在未经乡党委、政府主要领导同意，且未办理请假手续的情况下，擅自缺岗办理私事，造成刘某某户 D 级危房拆除现场秩序混乱并发生意外事件的后果。县人力和社会保障局原出纳蓝某某挪用公款 3 万元归个人使用，超出 3 个月未还。

（四）制度执行弱，管理存在漏洞，容易偏航偏向

当前，基层普遍紧缺年轻能干的人，一旦有年轻干部进入机关，往往安排在财务、基层站所等权力集中、资金密集的岗位。一些部门内控制度不完善、工作程序不规范，导致问题易发多发。典型案件反映，有的单位把公章交由年轻干部保管，任其滥用却无人过问；有的单位会计和出纳由年轻干部一人兼任，领导审批也是形同虚设；还有的单位把制度挂在墙上、写在纸上，根本起不到监管作用，如三魁镇人民政府社会事务管理办公室原主任、经济发展办公室原主任钟某某侵吞公款案。分管民政领导陈某某对内容把关审核，会计高某某和出纳蔡某某对金额审核发放，并未按规照章执行，而是直接将该民政救助补助资金转至钟某某个人账户由钟某某代发、结果是层层把关、层层失守。

三、举措建议

习近平总书记 2021 年 3 月在中央党校（国家行政学院）中青年干部培训班开班式上强调，年轻干部要时刻警醒自己，永葆共产党人清正廉洁的政治本色。十九届中央纪委五次全会强调，要高度关注年轻干部违纪违法问题，加强教育管理监督。对于年轻干部存在的问题必须高度重视、标本兼治，防微杜渐、未雨绸缪，把严管和厚爱结合起来，绝不能重选拔、轻管理，把教育监督管理贯穿干部培养的全过程，最大限度地预防和遏制违纪违法现象的发生。

（一）要做实做细干部选材，确保源头优选

十年树木，百年树人，任何参天大树都是先从种子发芽而来，然后才苗壮成长。所以我们首先要从净化源头着手，精心择优"选苗"，选出新时代党和人民事业真正需要的接班人。考察选拔干部时，看工作更要看德操，不仅强调有文化、有本事、有闯劲，还要充分考虑他们的政治素养、生活作风、思想情趣和群众口碑等内容，注重民主评议。绝不能把那些急功近利、投机取巧、见风使舵，搞自我包装、花拳绣腿的人选上来。以良好的用人导向，引导年轻干部强化自我修炼。

（二）要做实做细教育培训，确保正心明道

要通过政治教育、党性教育、警示教育，参加民主生活会、组织生活会等方式，引导年轻干部提高政治能力，进一步坚定理想信念、涵养为民情怀。要注意创新方式方法，贴合广大年轻干部心理特征，只有让他们觉得喜闻乐见、解渴管用，才更容易入脑入心。如泰顺县通过抓"三项基础"强化新任纪委干部履职能力。首先，通过即时培训帮"新手上路"。对新任的乡镇纪委书记监察办主任到岗一周内进行即时业务培训，培训期满后，对培训学习情况进行综合评审。其次，通过导师结对助"快速成长"。县纪委书记和其他班子成员各结对乡镇纪委书记，纪检监察室业务骨干作为导师与新任乡镇纪委副书记、监察办副主任结对，手把手加强业务指导。最后，通过业务联动促"全面融合"。加强委机关、巡察派驻机构与乡镇纪委监察办日常工作联动和重要信息数据共享。

（三）要做实做细平台磨砺，确保成长成才

平台锻炼干部，平台塑造人才。对有潜力的年轻干部，要"铺路子""搭台子""压担子"，让他们多接"烫手的山芋"、多当"热锅上的蚂蚁"，多一些磕磕绊绊的历练和惶恐不安的挑战，在苦干、实干、巧干中增长干事智慧、练就过硬本领。同时，也要按照"三个区分开来"要求，对他们出现的失误进行评估、认定、纠正，帮助他们打消顾虑、扔掉包袱，全身心投入事业大潮中。

（四）做实做细考核监管，扎紧制度"篱笆"

必须加强和完善对年轻干部的监督制约。一方面要建立健全各项管理制度，织密权力运行之笼、压缩自由裁量空间，让年轻干部严格照章办事、秉公用权；另一方面要构建全覆盖的监督格局，对存在腐败和作风问题的严肃查处，对出现苗头性、倾向性问题的及时提醒纠正，防止成长"黄金期"变成贪腐"危险期"。关注"八小时外""朋友圈""娱乐圈"等，主动从生活上、心理上解决青年干部难题、心结。要完善考评内容，使"考绩"与"评德"有机结合，推动年轻干部全面提高自身素质；创新考评模式，通过动态性、过程性和贴身式的考核，倒逼年轻干部苦干实干；做好考评结果的反馈工作，通过打分、排名等方式，激励年轻干部比学赶超，最终成长成才。

浅谈纪检监察年轻干部培养选拔

伍鹏程　章　瑜^①

一、纪检监察年轻干部培养选拔的必要性

（一）推进全面依法治国的需要

中国共产党第十八届中央委员会第四次全体会议，审议通过了《中共中央关于全面推进依法治国若干重大问题的决定》，提出"全面推进依法治国的总体目标是建设中国特色社会主义法治体系，建设社会主义法治国家"。全面依法治国实施主体是国家各级党政机关，而纪检监察机关是专门负责教育、规范、监督、惩处干部群众的机构，是有力保障依法治国落地实施的重要防线。

（二）推进反腐倡廉建设的需要

随着改革开放的不断深入和社会主义市场经济的不断发展，不可避免地给党风廉政建设带来各种新的挑战，党风廉政建设和反腐败斗争的任务将是长期的，并且是更加艰巨的。纪检监察干部担负着维护党章和党内法规的重任，主要要保证党的路线、方针、政策和决议得到执行，而做好党风廉政建设反腐败工作，完成好党和人民交办的工作的先决条件是提高纪检监察干部队伍的素质。

（三）推进高素质队伍建设的需要

当前纪检监察干部整体素质是好的，但从纪检监察干部队伍现

---

① 作者简介：伍鹏程，浙江乐清人，温州市纪委市监委驻市委办纪检监察组组长；章瑜，浙江温州人，温州市纪委市监委驻市委政法委机关纪检监察组副科级纪检员。

状看，在理论水平、业务知识等各方面还存在许多不足之处，主要表现在：在理论知识方面，缺乏经济、法律、科技、管理、金融等知识；在工作方法方面，部分同志未掌握思想政治工作精髓，工作方法简单粗暴，开拓创新能力缺乏；在业务能力方面，部分同志由于缺乏相应法律知识和办案技能，应用党纪国法与违法违纪犯罪分子斗争的能力不强。因此，要改变这种与新形势、新任务不相适应的状况，就必须努力建设一支高素质、高水平的基层纪检监察干部队伍。

二、年轻干部培养选拔的四个阶段

年轻干部的培养与成长具有明显的阶段性，从初步接触领导工作到逐渐成熟，他们的成长呈现出阶段性特征，大致可以分为积累磨炼期、调整融合期、优势展现期和成熟稳定期。

（一）积累磨炼期

这一时期年轻干部刚走上领导岗位，他们主要从事基层管理工作，在工作中不断锻炼能力、提高素质、积累经验，不断应对基层工作中的困难和挫折，心理、阅历、视野得到一定的磨炼。

（二）调整融合期

这一时期年轻干部会被安排从事多年多岗位的工作，通过不同岗位上的实践，逐渐找到适合自己的岗位并形成领导风格，使其能够在合适的岗位上发挥优势。同时，这一时期也是年轻干部与他所在的领导集体进行磨合的时期。

（三）优势展现期

由于已经积累了丰富的经验且融入适合的岗位，其优势就会开始展现。处于这一时期的年轻干部一般具有拼搏精神和创新意识，对组织内部和工作上的问题与弊端，通常会大胆提出改革并付诸行动，对激活组织内部积极性、战斗力能够起到极大帮助。

（四）成熟稳定期

在这一时期的年轻干部逐渐成熟，已经能完全适应自己的工作和职位，积累了丰富的管理经验，能够独立自如处理工作中出现的各种问题，能够承担来自各个方面的压力并促进各项工作的稳步发展。同时，也在逐步成长为一名合格的领导者和管理者。

三、纪检监察年轻干部培养选拔的困境

（一）人员结构不合理，专职纪检监察干部少

综合查阅文献资料，不难发现，纪检监察干部研究生以上学历比例偏低，专科以下比例偏高。由于工作性质特殊，涉及办案信访之类的工作更需要大量男同志参与，而男女性别比例差异过大易造成机构失调。专业结构不尽合理，法律类人数占比较低，部分法律类专业人员为任职后读取在职研究生专业。除部分领导职务外，其他纪检监察人员均要承担大量本单位业务工作，而这些"分外"工作占用了大部分时间和精力，因此自己的本职工作反而变成了副业。一些县乡一级的纪（工）委书记由同级党（工）委副书记担任后，就更难保证纪检监察干部真正用于纪检监察工作的时间、精力充足。

（二）素养和能力有待提高，思想状态不稳定

纪检监察干部大部分是共产党员，政治觉悟较高，但也存在重业务学习，忽视政治理论的现象。同时，由于各种客观原因，例如各单位编制紧张等问题的影响，纪检监察干部向外交流、流动的渠道不多，纪检监察系统中普遍存在着这种"来人多、交流少、流动性低"的问题，这直接影响了干部队伍的整体素质，使得这一队伍存在着思想解放程度不够，知识单一陈旧，特别是经济、法律和管理方面的知识严重缺乏，沟通、协调能力不强的问题。在工作方面，纪检监察工作特点决定了这份工作并非"锦上添花"而是"肉里挑刺"，容易得罪人。

同时，由于前面提到的"来人多、交流少、流动性低"的问题，干部的政治发展不快，很多人在这一部门一待就是十几年，却无法解决科级非领导职务待遇问题。在生活方面，纪检监察干部由于身份特殊，不免会给家人的生活带来一些困扰，甚至连一些正常的娱乐活动也不能参加。部分秉公执纪、"三观"端正、严格律己的纪检监察干部在调查、审理案件之后，受到调查对象及其家人的指责埋怨，甚至打击报复。上述种种，在一定程度上造成了基层纪检监察干部的不平衡心态，造成他们思想不稳定，难以安心做好本职工作。

（三）选拔路径较窄，人才容易流失

《中国共产党章程》规定："党的中央纪律检查委员会在党的中央委员会领导下进行工作。党的地方各级纪律检查委员会和基层纪律检查委员会在同级党的委员会和上级纪律检查委员会双重领导下进行工作。"但现实工作中，在经济权、人事权等关键事务方面，纪检监察机关仍很大程度地依附着同级党委政府，同时，由于受到很多客观因素的影响，上级纪检监察机关在干部提拔和行政经费方面不能为其提供强有力的政策支持，因此同级党委对其拥有支配权。而大部分纪检监察干部在满足干部提拔条件时，却因为身份特殊，提拔的岗位多在纪检监察系统内部，很难有干部能走出去。

同时，由于管理体制的问题，造成地方纪检监察机关尤其是基层开展工作相当艰难，对党政"一把手"监督十分困难的局面。如果在查办案件中，有的纪检监察干部得罪了同级党委的领导，就很有可能遭到打击报复或排挤，而此时，上级纪检监察机关由于缺少直接管理和支配的相关权力，对此也是爱莫能助。这种情况下，就有可能让这些干部产生离开的想法，就算无法离开，也会对工作产生懈怠情绪。由于"僧多粥少"的体制难题依然存在，部分基层纪检监察干部认为进步空间狭隘、待遇低。这块制约基层干部发展的"天花板"一定程度上导致人才的匮乏及流失。

（四）培训周期较长，发展后劲较弱

各级纪检监察干部大多只能靠工作岗位的锻炼来提升自身素质和能力，几乎没有机会参加专业培训。由于基层单位财政紧张，投入培训的经费有限，有的缺乏给纪检监察干部授课必要的笔记本电脑、投射仪等硬件设施，培训达不到预期效果；对基层纪检干部培训的次数少，培训人员的覆盖面相对较窄，市级以上的培训多是纪委书记参加，其他级别的纪检监察干部难以有培训机会，培训时间不能满足课程合理设置的要求。在纪检监察培训课程安排上，比较注重案件查办、接访处访、案件审理等业务的理论学习，对新形势下反腐败斗争的要求、思想素质、金融财会、信息技术、社会管理等知识涉及较少，同时对市级、县（市、区）、乡镇纪检监察干部统一设置课程，没有区别对待，分类培训。

基层纪检监察组织受困于资金、时间、人手等问题，给予纪检监察干部培养学习提高的机会很少，在普普通通的实际工作中，很多纪检监察干部缺少相应的理论支撑，空有实干精神和实践经验，因此存在升职空间不大、发展后劲不足的问题，以至于消磨了很多纪检监察干部从事纪检工作和学习的积极性。而基层组织费尽心血培养出来的纪检监察骨干，由于现实表现较好被上级机关看中，可能会采用借调或调任的方式将干部带到新单位工作，其中有部分干部不再从事纪检监察事业。

四、提升建议

（一）夯实基层一线年轻干部源头基础

一要优先倾斜基层一线年轻干部。将编制使用效能发挥出来，拿出一定比例空编数额，向基层选配工作经验丰富的纪检监察干部。特别是领导岗位、县（市、区）级副科级领导职数，应重点向基层一线年轻干部倾斜。二要着力储备服务基层一线的年轻干部。增强选调生招录力度，每年招录一批选调生充实到基层一线纪检监察机关培养锻炼；加大公开招聘专业对口人员的力度，选聘法律、经济、中文类专业人员到基层发挥专业才能，培养基层后备力量。

（二）加强年轻干部基层一线的培养锤炼

一要加强培训教育。强化专题培养，把加强理想信念教育、党性教育作为年轻干部教育培训的必修课，同时，围绕纪检监察工作相关的法律法规、条例规章等专题培训，不断提高年轻干部的综合素质。创新培训机制，把教育培训与考察识别干部结合起来，在培训中全程跟踪监督管理，使教育培训成为了解干部、发现干部的过程。二要深化挂职机制。建立年轻干部分类兼挂职制度，对岗位经历单一的年轻干部，根据工作需要及时进行岗位轮换。通过自我报名、组织选派等方式有针对性选派基层工作经历不足的年轻干部到基层纪检监察机关任职，提高一线办案能力。同时，将实绩考核纳入干部考核管理中，将考核结果作为年轻干部提拔任用的重要依据。选派拟提任的优秀年轻干部以不占领导职数的形式挂职领导班子，挂职结束后根据工作成效等决定是否提任。三要增强干部流动。探索出台年轻干部跨岗交流实施意见，加强年轻干部资源优化配置，积极推进年轻干部跨地区、跨行业、跨系统等多种形式的轮岗交流。

（三）推动服务基层一线的年轻干部脱颖而出

一要树立基层一线用人导向。将基层一线工作经历作为年轻干部选任的重要条件，大力提拔使用在基层一线有成绩、有担当，讲政治、讲大局，任劳任怨的干部。二要创新年轻干部选拔机制。推动竞争上岗制度，在岗位条件允许的情况下，放宽学历、身份等要求，为更多一线优秀人才创造条件；完善破格、越级提拔制度，构建一整套包括条件、提名、考核、监督等在内的工作机制，打破论资排辈的痼疾，形成能者上、平者让、庸者下的氛围。三要完善年轻干部退出机制。建立年轻干部动态管理机制，结合年度考核、平时考核、任职考核结果，严进宽出、动态管理，解决年轻科级干部

"中梗阻"现象，最大限度激发年轻干部干事创业活力。

（四）激发年轻干部在基层一线的干事动力

一要强化履职考核管理。完善年轻干部在参与纪检监察中平常表现、关键时刻、攻坚时段的专项考核，加强考核结果运用，对考核和履职尽责表现不好的，及时进行教育培训、实践锻炼、轮岗交流、谈话提醒。二要建立关心关爱机制。结合考核管理，按一定比例为专项考核预留年终评优名额，在评优评先时注重向基层一线年轻干部倾斜。优化绩效考核奖分配制度，杜绝"干多干少一个样"的现象；定期约谈年轻干部，及时了解掌握年轻干部的思想状况、工作状态，促进年轻干部健康成长。三要建立成长档案。探索建立年轻干部基层一线"成长档案"，实行一人一册，科学记录历年工作成就、年度考核评价、荣誉集锦，以此作为年轻干部考核、评价、升职的重要参考依据。

参考文献

[1].王立新.张掖市党政机关年轻干部培养选拔问题研究[D].甘肃:兰州大学,2011.

[2]中国共产党第十九届中央纪律检查委员会第五次全体会议公报[N].人民日报,2021-01-25（1）.

[3]龚文君.基层纪检监察人才队伍建设研究[D].重庆:重庆大学,2017.

[4]彭丹. 基层纪检监察干部培养选拔机制研究——以四川省N市为例[D]. 重庆:西南政法大学,2015.

年轻干部违纪违法情况剖析及对策建议

——以瑞安市为例

杨 榕

习近平总书记在 2021 年秋季学期中央党校（国家行政学院）中青年干部培训班开班式上强调，年轻干部是党和国家事业发展的生力军，必须要"知敬畏、存戒惧、守底线，敬畏党、敬畏人民、敬畏法纪"。2021 年 8 月，时任浙江省委书记袁家军与 100 名年轻干部集体谈话中提出，要清清白白做人、干干净净做事、坦坦荡荡为官，始终做到自身正、自身净、自身硬。近年来，随着党和政府对年轻干部培养和提拔力度的加大，一批批年轻干部走上了领导岗位，然而年轻干部与"腐"为伍的现象呈增多之势，亟须警惕。为有效防范年轻干部违纪违法，瑞安市对党的十九大以来查处的年轻干部违纪违法案例进行剖析，归纳年轻干部违纪违法原因及问题表现形式，并就如何护航年轻干部健康成长提出对策建议。

一、瑞安市年轻干部违纪违法情况

瑞安市现有机关企事业单位"85 后"年轻干部 9800 余人，其中 35 岁左右及以下科级干部 144 人。十九大以来，年轻干部违纪违法呈现以下特点。一是低龄化现象凸显。近些年，社会上一些不法分子开始注重对年轻干部进行情感投资，腐败低龄化现象随之凸显。党的十九大以来，瑞安市纪检监察组织立案查处 35 周岁及以下党员干部 49 人，占全市查处人数的 2.9%，其中 2020 年以来就

505

有 23 人。二是高学历腐败增加。在 49 人中，学历大专以上的 44 人，占 89.8%，其中具有大专、本科、硕士文化程度的分别为 12 人、32 人、1 人，分别占比 24.5%、65.3%、2%。三是违纪违法性质集中。主要集中在违反工作纪律、廉洁纪律和国家法律规定，占比 49%。其中 7 人次违反工作纪律，主要表现为履职不力、泄密等；5 人次违反廉洁纪律，主要表现为违规收送礼品礼金、借用管理和服务对象财物、违规拥有非上市公司（企业）股份或证券等；12 人次违反国家法律规定，主要表现为贪污、受贿、滥用职权、玩忽职守等。四是重处分占比较高。49 人中受党纪、政务重处分的有 16 人，占 32.7%。其中撤销党内职务 1 人，留党察看 3 人，开除党籍 7 人，降级 1 人，撤职 1 人，开除 3 人。

二、年轻干部违纪违法原因及特点剖析

（一）法纪意识淡薄，背离初心使命

年轻干部普遍接受过良好的政治素质、法律知识教育，但部分因进入队伍后受不良风气的影响，渐渐变得纪法意识淡薄。根本原因是放松思想警惕，主观故意、贪念横生，忘记自己身上承担的使命和职责，甚至把工作当作谋私利、卖面子的工具。如瑞安市红十字医院办公室原副主任郑某某，在市纪委调查核实市妇幼保健院院长林某聘任主管护师违纪案期间，利用工作之便，在明知市纪委正在调查核实的情况下，主动多次以电话和微信的方式，将市纪委调取林某专业技术职务聘任呈报表、工资变动名册等资料和相关调查情况告知林某，卖人情面子。郑某某身为中共党员，却违反工作纪律，泄露党组织关于纪律审查中应当保密的内容。2017 年 12 月，郑某某被处以严重警告处分。

（二）底线意识不强，甘于沦陷堕落

一些年轻干部处于事业、生活起步期，党性历练、社会阅历、

基层锻炼相对不足，又缺乏自我约束能力，一旦监督管理不到位，就容易在物欲横流、充满诱惑的环境中迷失自我，走上歧路。如温州飞云江海事处安阳海巡执法大队原副大队长朱某，是该领域不可多得的年轻技术人才、船舶安检专家。朱某身边多个同事均存在"吃拿卡要"等问题，单位微腐败泛滥，在一个个老板的吃请攻势下，朱某渐渐迷失自我，逐步从收受香烟到利用负责辖区内的船舶安检、验收等职务便利收受老板 500-1000 元不等的现金，再发展到为运砂船顺利靠岸卸砂等提供帮助收受现金 5000 元，从违纪一步步滑向了违法的深渊，最终因涉嫌受贿 102 万元被移送司法机关。又如年纪轻轻便被任命为交投公司工程管理部经理的卢某某，是项目负责人眼中的"财神爷"。2018 年 5 月，卢某某在自己负责管理的公路项目机电工程中，在明知不允许专项分包的情况下，擅自同意将一电子警察工程发包给浙江急速科技有限公司负责人马某某承接，并收受马某某所送人民币 5 万元。2019 年 10 月，卢某某犯受贿罪，判处有期徒刑 6 个月，缓刑 1 年，并处罚金人民币 10 万元。

（三）能力智商错用，善于隐蔽敛财

年轻干部普遍学历好、智商高、业务精、技术强，本可以用来更好发展事业、服务社会，但却有一些人把专业能力和才智用在错误的地方，总想着歪门邪道，利用现代信息技术作案，腐败手段隐蔽，贪腐数额之巨甚至不亚于一些高级别干部。时任瑞安市人民法院塘下法庭收费员庄某某本来是名牌大学法律专业本科生，在发现法院对基层法庭案款的监管流于形式后，利用自己熟悉业务、信息操作的特长，于 2009 年上半年至 2019 年 1 月，利用其负责法庭案款收取、支付、管理、缴存的职务便利，通过在案管系统中修改、删除案款录入记录、隐藏其挪用案款对应的票据等方式，先后多次擅自将案款挪用于其个人及家庭生活支出，挪用金额共计 210 万余元。2020 年 3—7 月，又通过伪造当事人签字、支出案款给其本人等方式，侵吞塘下法庭公款共计 235.5 万元。2020 年 11 月，庄某某因犯挪用公款罪、贪污罪被判处有期徒刑 5 年 6 个月。

（四）物欲追求膨胀，用尽小微权力

当前，基层普遍紧缺年轻肯干的干部，一旦有年轻干部进入机关，往往安排在执法、社保、财务等小微权力集中、资金密集的部门和岗位。年轻干部初入社会，积蓄少手头紧，出于对金钱、物质享受的追求和对不良嗜好的贪恋，继而诱发腐败，将手里的小微权力用到极致。如瑞安市公安局交警大队高楼中队原民警李某，2016 年 10 月份被分配至高楼中队后，负责辖区路面秩序管理执法工作，砂石运输车经营者陈某甲在 2017 年至 2019 年期间，以给李某孩子压岁钱、买零食的名义送给共计李某 11000 元现金、2000 元礼卡，成家买房的李某手头紧，在犹豫后收受，又在 2019 年上半年接受另一砂石运输车经营者陈某乙 5 万元借款，在二人经营的砂石运输车交通违章处理和日常监管过程中给予帮助。2021 年 6 月，李某受到政务记大过处分。又如瑞安市动物疫病控制中心副主任戴某某利用其负责五联公司屠宰点生猪进场检疫工作的小微权力，在自己处分期内，仍不知收敛，多次收受管理服务对象送的加油卡、红酒及香烟，且未制止下属收受管理服务对象礼品。2021 年 11 月 15 日，戴某某被予以立案调查。

三、对策建议

2021 年以来，温州市积极探索，组织开展"青廉工程"，系统性重塑年轻干部教育管理监督工作。下步，建议结合年轻干部个性特征、违纪违法特点，通过常态教育、全面监督、从严查处，防止成长"黄金期"变成贪腐"危险期"。

（一）经常性"施肥"，上紧思想发条

年轻干部腐化堕落，最根本的原因是没有坚定的理想信念，特别是年轻干部思想活跃，在没有坚定的理想信念打基础的情况下，世界观、人生观、价值观容易发生扭曲,为了满足自己的欲望,不惜铤而走险、以身试法。因此,要持续抓好思想教育工作,有针对性地开展年轻干部党风党纪教育、理想信念教育、艰苦奋斗教育,上紧年轻干部的思想发条,提高遵纪守法自觉性。如瑞安市近年来开展新提拔干部任前廉政谈话、廉政承诺等活动,坚持年轻干部、科级干部培训班必开展廉政讲座,连续20年开展廉政教育宣传月活动,定期召开警示教育大会、案例剖析会,使其知敬畏、存戒惧、守底线,扣好廉洁从政的"第一粒扣子"。

(二)有意识"拍打",确保抓早抓小

教育管理监督的缺失也是关键因素,有的单位对年轻干部在"八小时外"的关心关爱不够,以致出现年轻干部在工作之余处于失管失控状态,从小错一步步铸成大错。如今,一大批"80后""90后"甚至"95后"的年轻干部已走上领导岗位。既要培养选拔好,又要持续教育管理监督好。要建立年轻干部思想动态监管监测体系,在建立网格式信息收集反馈机制、单位与家属互动信息共享机制等方面进行探索实践,关注他们的朋友圈、生活圈、社交圈,实现对年轻干部"八小时外"的监督规范化常态化。要完善年轻干部常态化谈心谈话机制,要求各级党组织加强对年轻干部的严管与厚爱,定期开展谈心谈话,准确掌握他们的思想动态、工作情况和生活情况,常"咬耳扯袖",多"红脸出汗",发现苗头性、倾向性问题早提醒、早教育、早纠正,防止小毛病变成大问题;在关键节点大喝一声、猛击一掌,让干部保持头脑清醒不迷糊。如瑞安市协调对接组织部、编办等相关部门单位,收集2万余条党员干部信息档案,全面掌握干部动态。

(三)常态化"修枝",净化政治生态

加强年轻干部教育监督管理,必须坚持"严"的主基调不变,通过严肃查办年轻干部违纪违法案件,增强教育的说服力、制度的约束力、监督的威慑力。纪检监察组织要紧盯农村基层、工程建设、土地管理、房地产开发、交通等年轻干部腐败易发多发领域，加强专项督查治理；要加强与公、检、法等部门的沟通联系，获取更多年轻干部违纪违法的案件线索，保持严肃查办的高压态势，坚持实现"办理一个案子、教育一批干部、净化一方风气、促进一地发展"的社会效果。在重查处的同时，针对年轻干部容易出问题的行业、岗位，精准把脉、找准症结，督促相关单位加快推进机制改革和制度建设。同时，也要按照"三个区分开来"要求，对他们出现的失误进行评估、认定、纠正，帮助他们打消顾虑、扔掉包袱，全身心投入事业洪流。比如，市纪委市监委查办海事系统大要案后，联合温州市委直属机关纪检监察工委采取"监察建议书＋处分宣读＋教育回访""三位一体"督查法，督促海事系统加强制度机制建设，着力打造"清廉海事"。

年轻干部违法违纪心理分析

陈心语[①]

一、引言

习近平同志曾在《人民对美好生活的向往就是我们的奋斗目标》中指出，新形势下，我们党面临着许多严峻挑战，党内存在着许多亟待解决的问题。尤其是一些党员干部中发生的贪污腐败、脱离群众、形式主义、官僚主义等问题，必须下大气力解决。[1]字字铿锵，句句有力。这不仅彰显了我们党反腐倡廉的鲜明态度和坚定决心，更是对人民做出的神圣而庄严的承诺。

党的十八大以来，新一届中央领导集体出台了一系列的反腐倡廉举措，铁腕反腐，重拳出击，全面收紧反腐形势。各省各地市响应党中央号召，将反腐倡廉落到实处，已经取得显著成果。中国共产党第十九届中央纪律检查委员会第五次全体会议上的工作报告显示，2020年全国纪检监察机关共立案审查违反政治纪律案件8969件，处分1.2万人；全国共查处享乐主义、奢靡之风问题5.7万个，批评教育帮助和处理8万人，其中给予党纪政务处分5.7万人；全国纪检监察机关共接收信访举报322.9万件次，其中检举控告类135.6万件次、初次举报96.3万件次……[2]从这一个个数字中可以看到我们党在过去一年里反腐倡廉的伟大成果，却又不禁感慨干部违法违纪行为的屡禁不止。尤其是近年来查处的案件呈现出明显的腐败低龄化倾向，必须引起足够警惕。

---

① 作者简介：陈心语，浙江苍南人，龙港市纪委、市监委科员。

在党中央的高度重视和大力推动下，大批年轻干部通过锻炼和培养成长成熟起来，成为了干部队伍的主体。年轻干部能否做到廉洁自律，直接关系到党和国家事业的未来。本文对《中国纪检监察杂志》《中国纪检监察报》等所报道的年轻干部违法违纪案例进行分析，剖析年轻干部违法违纪的三种常见心理，并总结对策建议，希望能够对预防和遏制年轻干部违法违纪问题有所助益。

二、年轻干部违法违纪的心理分析

（一）沉湎诱惑的放纵心理

贪腐，自古不乏，所为不外乎三——钱、权、色。这三大传统贪腐诱因可谓老生常谈、不胜枚举，本文在此便不做赘述。值得注意的是，时代的变革也会不断催生出新的诱惑。近年来，《用公款打赏女主播 "90后"会计终获刑》《"奋斗"在网络游戏里的失控青春》等猎奇报道标题时常出现在公众视野，而这类报道的主人公多是年轻干部。

2017年8月，30岁的宁波市镇海区蛟川街道经济发展服务中心原副主任张某因沉迷网络游戏而不断向周围的老板们伸手要钱用于疯狂氪金以在游戏中"出人头地"，犯受贿罪被判处有期徒刑一年九个月，缓刑二年，并处罚金28万元。[3]

2020年2月10日，26岁的某国有公司赣榆分公司原出纳会计项某因多次套取公款用于网络打赏，犯职务侵占罪被赣榆区人民法院判处有期徒刑五年六个月。[4]

2020年3月，26岁的四川省甘孜州德格县岳巴乡原干部杜某某因先后56次挪用公款237万余元用于网络博彩，犯挪用公款罪被开除党籍、开除公职，被法院判处有期徒刑6年6个月。[5]

网络游戏、网络打赏、网络赌博，一时欢愉终成空。本是花样年华，现在的他们却只能对着冰冷的铁窗空叹，徒留悔恨。引诱他们步入歧途的正是他们再熟悉不过的互联网。无论是传统的钱、权、色，还是新时代的互联网，年轻干部一旦在诱惑面前"失守"，任由放纵心理控制己身行为，就会一步步踏入诱惑的泥沼，最终沉湎其中无法自拔。

（二）随波逐流的从众心理

从众心理，指个人受到外界人群行为的影响，而在自己的知觉、判断、认识上表现出符合于公众舆论或多数人的行为方式。实验表明只有小部分人能够保持独立性，不被从众，因此从众心理是部分个体普遍所有的心理现象。[6]就像生活中常见的夜班睡岗现象。一个员工开始瞌睡。其他员工本来不困，但看身边人睡得正香，看着看着，自己也就困了起来。年轻干部的违纪违法问题中也存在此类现象。

浙江省温州市洞头区产品质量监督检验所原副所长、区食品药品检验检测中心原副主任黄某某，在单位领导的暗示下，一步步走上套取单位资金的不归路，通过虚增出差人员或虚造出差次数、请托其他公司虚开采购发票、货款转账到自己的支付宝上等方式多次套取钱款，终因贪污公款入狱，判处有期徒刑三年。[7]

此并非个例。少数年轻干部由于目睹身边其他干部贪腐，就误以为腐败是一种正常社会现象。或用"别人都这么做，我不做别人还孤立我"来麻痹自己；或认为法不责众，"逢年过节收礼收钱的人这么多，多我一个也无妨"；或认为"拿人钱财，替人办事，天经地义，不拿白不拿"。他们在从众心理驱使下，随波逐流，同流合污，最终变成讲关系不讲原则、讲人情不讲规矩，背离了初心使命的腐败分子。

（三）妄想逃脱的侥幸心理

侥幸心理，根据《现代汉语词典》以及心理学中的解释，是指偶然地，意外地获得利益，或躲过不幸，引申为人们贪求不止，企求非分，意外获得成功或免除灾害的心理活动。侥幸心理也是年轻干部违法违纪过程中常见的一种心理。

2019 年 12 月，31 岁的杭州市钱塘区义蓬街道春园村原村委、报账员朱某某被开除党籍、免去职务。2020 年 3 月，朱某某因犯挪用公款罪、挪用资金罪被杭州市萧山区人民法院判处有期徒刑二年，缓刑二年六个月。早在 2014 年 1 月，这名"85 后"年轻干部就把赚钱的目光瞄准了代收代缴的村民农医保款。朱某某把 34 万元村民农医保款转进个人余额宝赚利息，待一个多月后农医保款上缴时，已赚得 1000 多元的"外快"。此后，凡是经他手的大笔代收代缴现金，他都要利用微信和支付宝等手机软件将资金转账到个人的银行账户中"赚利息"。2014 年至 2019 年期间，他利用职务便利，累计"挪移"的公款、村集体资金达 139 万余元。[8]

无独有偶，2020 年 11 月 2 日，30 岁的河南省濮阳市华龙区机关事业单位社会保障中心原干部穆某某被华龙区纪委监委给予开除党籍、开除公职处分。同年 12 月 25 日，穆某某被华龙区人民法院以贪污罪，依法判处有期徒刑三年，缓刑三年，并处罚金 30 万元。2019 年 12 月，穆某某利用职务之便，违反规定私自将个人支付宝二维码页面名称篡改为"中国社会保险华龙区机关事业单位社会保障中心"，并将此二维码出示给前来缴费的人员，将所收费用占为己有。初尝甜头的穆某某一发不可收拾，陆续通过其个人支付宝、微信账户及现金的方式，收取辖区机关事业人员补缴养老保险费 60 多万元。其中，穆某某仅将 8000 余元上缴到区社保中心财务室入账，其余全部用于个人消费。[9]

上述两起案例的共同点在于作案人员搭乘了网络支付的顺风车，妄想将自己的违法违纪事实掩盖在互联网的外衣之下。从近几年的年轻干部违法违纪案例中可以发现，年轻干部由于普遍接受了高等教育，具备较为缜密的逻辑思维能力和较高的专业知识技能，其违法违纪行为和手段往往具有一定的技术性和隐蔽性。他们的侥幸心理也是由此而生，知错却偏去做，妄想谋私而不败露。在一次得逞、初尝甜头后，他们往往就会高估自己的智力和能力，认为自己手段高明，无人知晓，于是侥幸心理更盛，一次又一次地来"碰运气"，作案次数不断增多，作案金额不断提高，陷入恶性循环而不自知。

三、年轻干部违法违纪的对策建议

年轻干部之所以产生放纵心理、从众心理、侥幸心理等种种不健康心理，其原因虽有外在环境因素影响，但其根本还是在于自身理想信念的缺失。

习近平总书记在 2021 年秋季学期中央党校（国家行政学院）中青年干部培训班开班式上强调，"年轻干部要牢记，坚定理想信念是终身课题，需要常修常炼，要信一辈子、守一辈子"。[10] 诚然，理想信念对年轻干部而言意义重大，是年轻干部安身立命的根本。年轻干部只有用理想信念武装自己，把好世界观、人生观、价值观这个"总开关"，抓住理想信念这个"根"，才能在各种诱惑面前保持足够定力，不为所动，洁身自好，肩扛党的信念之旗，实实在在地为人民服务；一旦丧失了理想信念，忘记了党艰辛的成长史，忘记了与人民群众的鱼水关系，忘记了自己的权力来自何处，就会无法把握自己，就会迷失方向，就会越过做干部甚至做人的底线，就会在错误路上越走越远、行无所止。

因此，年轻干部的理想信念建设不容放松。一方面，要紧抓年轻干部的理论学习。各级党组织要统筹抓好理想信念的学习教育，以马克思列宁主义、毛泽东思想、邓小平理论、"三个代表"重要思想、科学发展观、习近平新时代中国特色社会主义思想等科学思想理论为主要学习内容，创造条件让年轻干部认认真真学、原原本本学、深入系统学、结合实际学，真正达到内化于心，外化于行；另一方面，要加强实践锻炼。通过岗位交流、基层挂职等方式，安排年轻干部到下级机关或基层任职，增长其基层工作经验，让年轻干部更贴近群众，真正体会与群众之间的鱼水之情，牢固群众意识，坚定理想信念。

参考文献

[1]习近平:人民对美好生活的向往就是我们的奋斗目标[J].党政干部参考,2021（12）:3.

[2]赵乐际. 推动新时代纪检监察工作高质量发展 以优异成绩庆祝中国共产党成立100周年——在中国共产党第十九届中央纪律检查委员会第五次全体会议上的工作报告（2021年1月22日）. 人民日报，2021-03-16（4）.

[3]郑纪宣."奋斗"在网络游戏里的失控青春——宁波市镇海区蛟川街道经济发展服务中心原副主任张裕违纪违法案剖析[J].中国纪检监察,2021（4）:53-54.

[4]张行柏，李楠.以案为鉴丨用公款打赏女主播 "90后"会计终获刑[EB/OL]. （2020-11-11）[2021-12-01].https://www.ccdi.gov.cn/yaowen/202011/t20201106_229528.html.

[5]甘孜纪.赌输的青春 四川省甘孜州几起年轻干部网络赌博典型案例警示[EB/OL]. （2021-08-11）[2021-12-10].https://www.ccdi.gov.cn/yaowenn/202108/t20210811_145121.html.

[6]乐国安. 社会心理学(第2版)[M]. 北京:中国人民大学出版社,2013.

[7]沈叶.起初无奈 后续跟风 步步沉沦[J].中国纪检监察，2021（8）:50-53.

[8]杭州市纪委市监委.【拍蝇记】第二百四十三期：挪用资金赚利息 聪明反被聪明误 [EB/OL]. （2021-10-22）[2022-01-12].http://www.zjsjw.gov.cn/jingshijiaoyu/fanfusanji/paiyingji/202110/t20211014_4877361.shtml.

[9]岳元朴.监督哨丨"李鬼"二维码[EB/OL]. （2021-05-22）[2022-01-12].https://www.ccdi.gov.cn/yaowenn/202105/t20210522_143252.html.

[10]习近平在中央党校（国家行政学院）中青年干部培训班开班式上发表重要讲话[EB/OL]. （2022-03-07）[2022-05-10].https://www.gov.cn/xinwen/2022-03-01/content_5676282.htm.

智慧治理背景下廉洁型基层建设路径探索

——以温州市局廉洁型所队部建设为例

黄海章[①]

摘 要： 新时期经济社会的发展和技术的进步，对社会治理提出了更高的要求。将大数据、云计算等新技术用于社会治理的智慧治理应运而生。本文以智慧治理问题的提出为出发点，分析了智慧治理的理论依据和技术支撑，并以温州市烟草专卖局利用智慧治理理念开展廉洁型所队部建设为例，详细阐述了其"12345"风险监督体系，为更高层面的社会智慧治理提供范例。

关键词： 智慧治理；廉洁型基层；业务场景；风险防控

当前，数字浙烟生态体系建设迈入了新的阶段，持续发挥好全面从严治党的引领保障作用，关键在于进一步规范权力运行，以风清气正的政治生态护航数字浙烟生态体系建设。定位"生态培基年"，浙江省烟草专卖局（公司）将智慧治理工程落脚到基层"最小业务单元"，提出以"三化三型"所队部建设为抓手，推进基层治理规范化、标准化。温州市烟草专卖局（以下简称"温州市局"）围绕数字化高质量发展的总体目标，坚持问题导向、需求导向，聚焦业

---

①作者简介：黄海章，浙江温州人，温州市烟草专卖局（公司）副科级纪检监察员。

务场景，聚力风险防控，探索推进廉洁型所队部建设，打通构建数字浙烟生态体系的"最后一公里"。

一、问题提出

（一）基层隐性问题发现难

对在单一业务领域表面看似正常，需多表关联、多领域综合分析的隐性问题难以有效发现。如终端准入守法审查廉情风险，从直接台账来看发现不了问题，但可调取系统平台数据，与案件信息、经营时间信息、工作人员信息对照关联，只有保持一致性，满足一定期限内没有违法行为记录，并且守法审查人员签字真实有效，才能符合终端准入资格条件。

（二）监督模式被动

对廉情风险防控纸质清单，职能部门过去只是简单地将其认作"技术应用"。外部发现的问题多、自查发现的问题少；事后发现的问题多、事前发现的问题少；专项检查发现的问题多，日常发现的问题少。

（三）监督力量不足

基层监督主体监管任务重，监督人员少，监管压力大，同时监督客体易出现检查多、问题多、整改多的困境。

（四）监督手段乏力

职能部门过去开展现场检查，出动人员多、耗费检查时间长；监察部门通过定期开展正风肃纪检查，人手少、监督事项多，且难以覆盖所有业务关键环节，部分节点的监督和再监督都存在盲区。

二、智慧治理的理论模型支撑：行政生态学

行政生态学借鉴生态学的理念，研究行政体系和围绕它的社会

各种要素之间的关系。行政生态学理论的代表人物是弗雷德·W·里格斯，他赋予了其比较通用的定义，即行政生态学是研究自然以及人类文化环境与公共政策运行之间的相互影响情形的科学。随着大数据、云计算等数据分析技术的发展，能够更加高效地实现[1]数据的瞬时处理，因此行政生态学模型进一步被赋予了智慧治理的属性，推动了智慧治理的发展，形成了现代行政的智慧治理模型。该模型以大数据、云计算、物联网三大技术为支撑，监督部门、运营部门、城市市民三大主体相互独立又相互协同，实现社会整体的高效、有效运行，模型示意图如下所示（图 1）。

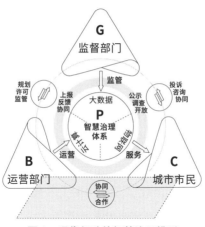

图 1　现代行政的智慧治理模型

三、案例实践：温州市局以智慧治理建设廉洁型所队部

为回应现代基层治理的突出问题，温州市局以行政生态学理论模型为支撑，以"四清四廉"为工作目标（即"政治清明、工作清廉、队伍清正、文化清新"），以加快基层数字化转型为牵引，以小微权力廉洁风险常态化防控为重点，聚焦业务场景，聚力风险防

控,打造了"12345"监督体系,探索推进"思想崇廉、工作勤廉、纪律守廉、文化润廉"廉洁型所队部建设,打通构建数字浙烟生态体系的"最后一公里"。温州市局廉洁队伍建设智慧治理模型如下所示(图2)。

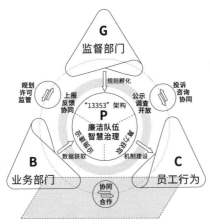

图2　温州市局廉洁队伍建设智慧治理模型

(一)构建一个架构

一个架构表现为一串数字,即"13353"廉洁型风险智控架构,其中的"1"是2019年开始的、历经三次重大迭代的廉洁型风险智控平台;第一个"3"是"纵向实现预警一屏触达、横向实现监督一屏覆盖、流程处置实现一屏督办"三个特点;第二个"3"是设置了"预警总览""预警分析""预警处置"三张看板(图3、图4、图5);"5"是根据风险发生频次和程度,通过聚类分析方法将廉洁风险分为红、橙、黄、蓝、绿五种颜色(图6、表1),颜色越深风险越大;第三个"3"是将每百户预警数整体风险分为安全区、关注区和风险区三种类型。

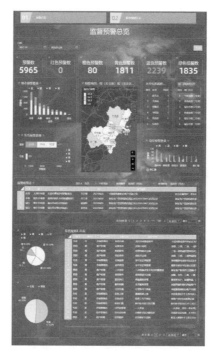

图3 预警总览

图4 预警分析

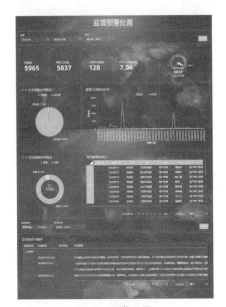

图 5　预警处置

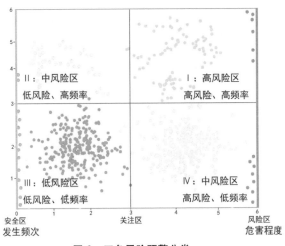

图 6　五色风险预警分类

表 1　五色风险预警表

预警评级	内容	评价标准	分级处理	提醒评级
蓝色	信息维护	未按时对新证客户类别、线路、订货日进行维护	部门提醒	绿色
	首次走访	未按时对新证客户进行走访		绿色
	首次评定	新证客户首次档级评定不在规定区间		
	数采执行	客户盘库无 NFC 打卡记录		
	走访间隔	相邻两个客户走访相距时间超过或少于规划时间		
	走访定位	NFC 签到偏离距离大于规定距离		
	服务时间	单户服务时间异常		绿色
	物料发放	未做好物料台账管理		
		未开展物料发放抽查		
	终端升级	客户档案属性维护错误		
	拜访执行	对客户进行虚假拜访		
	数采预警处理	未及时对数采预警进行处理		
	拜访计划执行	拜访计划执行低于 50%		
	协同处理	三员协同逾期未处理		
	二次评定	未及时对新证客户进行二次评定		绿色
	终端评价	未及时对终端进行质量评价		
黄色	数采执行	未按规定时间对终端实施盘库	部门谈话落实绩效	绿色
	终端拜访	未按规定时限对终端进行拜访		绿色
	订货条件	对未配置卷烟柜台的客户开通订货		
	信用条件	信用等级调整后未对终端层级进行相应调整		
	档级评定	未按标准对客户进行档级评价		
	终端评价	未按标准对客户进行现场质量评价		
	停歇业	对已停、歇业的客户未做停止供货处理		

预警评级	内容	评价标准	分级处理	提醒评级
橙色	信息泄露	故意泄露客户经营资料	内部批评落实绩效通报上级	
	终端建设费用执行	超定额标准使用终端建设费		
	终端层级调整	对未达到时限要求的终端进行层级调整		
		对未达到硬件要求的终端进行层级调整		
		对未达到档位和层级要求的终端进行层级调整		
		对未达到信用等级要求的终端进行层级调整		
	终端退出	未按规定对违反信用管理规定的客户退出终端层级		
		未按规定对运行质量评价不达标的客户退出终端层级		
	协同处理	未按规定对异常经营客户实施停供处理		
红色	交通补贴	虚报交通补贴费用	移交监察部门	
	虚假订单	代订卷烟、虚假补单、回购卷烟		
	违规调整	违规更改客户定量类别、终端等级等属性		
	谋取私利	在客户升级升档、终端建设补助等方面谋取私利		
	截留挪用	截留挪用样品卷烟、促销用品等		
	违规包庇	组织、参与、包庇卷烟违规经营行为		
	不正当经营	收受、索取零售客户和工业企业钱物或参加由其提供的各项消费娱乐活动		
		组织零售客户代卖商品、办卡、投资等与工作无关的事项		
		一切内部"批条烟"、炒作"天价烟"等不正当经营行为		
	非烟推广	违规帮助供应商推荐非烟商品		

（二）夯实两个基础

通过智慧治理实现廉洁型所队部建设需要夯实设施建设硬基础和算力获取软基础。在设施方面，温州市局在智慧治理引领下，一方面在基层投入智能终端、走访设备等个人智能办公装备，另一方面建设数字大屏等综合性输出设备；在算力方面，利用自身在全省云上分中心算力资源获取上的优势，结合一线员工的智能化终端设备，对一线员工行为进行数据采集和分析。

（三）强化三个项目能力

1. 预警规则孵化能力

预警规则是廉洁监督的核心，是将问题扼杀在萌芽状态的关键。温州市局的预警规则孵化采用了多部门横向联动，集合监督、业务、信息等核心部门共同研发的办法，针对自由裁量权力大[2]的重点监督领域，动态更新预警规则，实现各类业务基本全覆盖。

2. 数据获取能力

监督数据从省局直接获取，保证数据的权威性和准确性。再利用预警规则对数据进行分类过滤、计算处理，实现员工行为智能化预警、实时化更新。

3. 机制建设能力

从以往的监督实践来看，基层往往难发现问题、怕发现问题。温州市局在智慧治理思路引领下，利用智能机制实现高效监督，例如在廉洁型风险智控平台上实现了异常处理纠偏机制（表2）、流程管理的审核复核机制（图7）等，做到将风险防患于未然[3]。

表 2 预警风险分级处置标准

颜色	类型	等级	评分	要求
绿色	临期预警提醒	低		按规定要求进行及时处理
蓝色	非主观因素产生，造成影响较小的	低	−0.01	部门自行处理，对问题进行及时提醒
黄色	非主观因素产生，且造成一定影响的	中	−0.05	部门自行处理，开展内部谈话，责令整改，落实绩效
橙色	因主观故意产生，但没有造成严重影响的	较高	−1	部门自行处理，开展部门批评，落实绩效，报告上级部门
红色	因主观故意产生，且造成严重影响的	高	−5	移交上级部门进一步调查核实

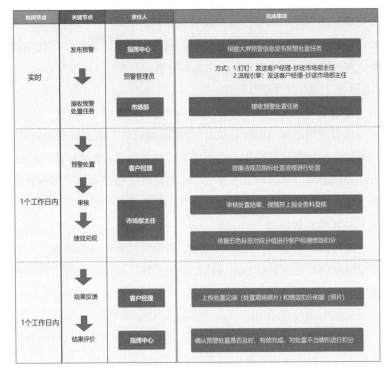

图 7　预警处置评价流程图

（四）实现四个动态

1. 动态关注

既要关注烟草业务经营环境的变化，将法律法规、政策文件、业务拓展等多维要素纳入监督范围，也要关注基层员工工作行为新变化，将新的灰色空间、操作办法、监控盲点都纳入实时监测范围。

2. 动态需求

既要主动作为，进行事中事后的监督，也要深入基层一线，将所队部等基层单位的新需求纳入开发重点。例如针对事前防范需求，专门增加了处理、审核、复核的管理流程机制。

3. 动态开发

针对技术手段、基层需求、监督质效的动态变化，从 1.0 的线下监督手册，到 2.0 的线上数字监督产品，再到 3.0 的廉洁风险智控平台，开发团队实现了廉洁型队伍监督建设从被动到主动、从引入到自主的动态开发。

4. 动态监督

在动态关注、动态需求、动态开发的基础上，依据预警、分析、处置、评估工作流程，形成动态监督，并利用监督成效形成反向力，填补制度漏洞，减少风险产生。

（五）获得五大成效

1. 自警自省能力提升

3.0 版廉洁型风险智控平台上线运行后，开启了监督的"上帝视角"，监督的眼睛可以看到任何一个员工的最细微的行为。所有员工的心中都形成了一杆秤，是违反纪律后果严重性的秤，按章办事、遵守规矩深入到每个员工的内心。

2. 事前防范能力提升

通过基层员工的智能化终端收集的数据与大数据、云计算支撑的数据展示面板相关联，小问题、隐形问题被展露无遗，监督部门抓早抓小，及时处置，风险的事前防范能力大大提升。

3. 协同监督能力提升

从各部门抵制，到认真研究各部门及基层的监督需求，组建监督、业务、信息等相关部门的开发团队，再到将各种需求具象化落实，智慧治理的风险智控平台成为各部门协同监督最好的纽带，既提升了监督的效率，又减少了以往形式化、低效的工作，能够释放更多的生产力以用于业务经营。

4. 日常监督效率提升

因为烟草业务面铺得广、基础扎得深，又因为监督工作人手有限，往往面临了抓了西瓜就漏了芝麻或捡了芝麻就忘了西瓜的尴尬局面。而应用智慧治理的监督模式后，在人手不变的情况下，通过数据跑而人不跑的方式，大大提升了监督效率。产品已经在云上部署和运行，后期该模式只要稍加变化，如将底层处理的数据替换成全省数据，阈值根据各地实情进行调整，还可以推广到其他省市。

5. 智慧治理能效提升

运用智慧治理的廉洁型干部队伍建设取得的成功，不仅仅是监督工作的成功，只要将智慧治理的理念持续应用，将数字化技术与烟草业务继续深度结合，形成人人使用、人人需要的氛围，那么智慧治理在社会治理中将会贡献更大力量。

四、持续探索深化基层治理能力建设

"12345" 监督体系深入落地实践后，智慧治理背景下的基层所队部建设取得了一定的成果，但要进一步建设廉洁型队伍，还要继续坚持需求导向，以标准化建设为支撑，以规范化建设为保障，着眼基层实际，从教育、管理、监督三维发力，构建 "五微" 平台，巩固提升基层智慧治理能力和水平。

（一）微推送，为廉政教育引入"思想活水"

"冰冻三尺非一日之寒"，廉洁队伍建设离不开日常廉洁教育，要在新的社会环境下充分运用新媒体建设成果，打造线上教育频道，形成 "口袋课堂"，围绕形势教育、示范教育、纪律教育、警示教育等，梳理日常廉洁工作清单（表3），让廉洁教育内容的传播更加快捷、灵活、接地气。如打造 "清风小智" 机器人问答、"温烟清音" H5 页面、"纪律作风建设大家谈" 页签、"警钟 60 秒" 纪法案例等，让廉洁教育传达到每一个基层部门、每一位员工。

表 3 市场部日常廉洁工作清单

一级维度	二级模块	权重	序号	三级评价内容	四级评价标准	时限要求	责任人
廉洁工作	学（廉洁学习）	30%	1	认真学习全面从严治党工作各项要求、精神、文件，及时记录学习情况（15分）	每会必讲、每会必学，做好学习记录	每月一次	市场部主任、客户经理
			2	对交办的党风廉政建设工作事项，安排部署及时，措施落实得力（15分）	对照《全面从严治党主体责任清单》对本部门党风廉政建设情况进行自查，并向业务科报告责任落实情况	每年两次	市场部主任
	思（廉洁教育）	15%	3	开展廉政警示教育活动（6分）	召开部门警示教育专题例会，学习宣传贯彻行业内外转发的典型违纪违规案件通报，确保有关精神传达到每一位员工，并结合岗位谈体会、明底线、知敬畏	每年一次	市场部主任
			4	通过短视频形式开展廉洁教育、纪法教育、家风教育（警钟60秒）（9分）	结合部门会议，召开廉洁教育、纪法教育、家风教育三个警示教育	每年一次	市场部主任
	谈（廉洁谈话）	15%	5	对本部门、本岗位党风廉政问题进行研判（10分）	谈廉情风险点，对部门全体员工谈思想动态，了解意识形态，同时掌握"8小时以外"动态	每年一次	市场部主任
			6	有针对性地对重大事项规范性问题进行提前谈话（5分）	在客户分档、终端升降等营销重大事件之前做好员工预防性集体谈心谈话	每年两次	市场部主任、客户经理
	辩（廉洁防范）	30%	7	每年组织本部门开展廉洁风险辨识、评价，形成防控清单，并制定上报相应防控措施（5分）	组织本部门开展廉洁风险辨识、评价，形成防控清单，并制定上报相应防控措施	每年一次	市场部主任、客户经理
			8	员工廉洁、规范知识测验（3分）	开展部门员工规范文件的学习测验，固定工作行为规范，避免因失误造成失廉	每年一次	市场部主任、客户经理
			9	营销人员八条禁令执行情况检查（12分）	通过辖区客户走访，调查了解部门员工是否存在违反"八条禁令"等违纪违法行为，并向纪检监察机构报告	每年一次	市场部主任

一级维度	二级模块	权重	序号	三级评价内容	四级评价标准	时限要求	责任人
廉洁工作	行（廉洁建设）	10%	10	创建廉洁案例（5分）	总结提炼日常工作中的廉洁案例和廉洁情景，在部门例会等场合发布学习，做好廉洁人物正面宣传，以案促廉	每年一次	市场部主任
			11	廉洁从业承诺书（5分）	组织签订廉洁从业承诺书	每年一次	市场部主任、客户经理

（二）微评价，为"比学赶超"营造自主氛围

实施"全域清廉"，对整体风险防控水平开展综合评估，结合日常廉洁工作、线上线下风险防控、问题处置情况，形成"廉洁建设评价指数"（计算公式：市场部年度廉洁建设评价指数＝日常廉洁工作评价得分（20%）＋监督规则预警评价得分（50%）＋问题纠偏处置得分（30%），评价周期为年度），开展基层部门廉洁风险防控情况评价。

（三）微提醒，让"红脸出汗"推动廉洁实招

通过"微提醒"方式建立自身免疫系统，推动纪检部门与干部职工的良性互动，促进干部职工自发纠偏。针对个人形象、考勤纪律、会风会纪、行规行纪，或党风廉政建设责任制工作落实不及时、不到位等问题，通过钉钉发出"温馨提醒"，责令行为人立即纠正整改、相关责任部门督促落实，将问题解决在苗头初期。

（四）微监督，用"进度达成"落实主体责任

实施对基层部门"主体责任""监督责任""一岗双责"等责任书编制、签订、履行到考核评价的全流程管控。线上签订责任书，各部门对照清单内容，逐条上传清单落实情况，根据每项清单条目内容完成时限，设置提醒功能。每项清单条目设置进度条，实时显示完成百分比。支持分层级查看，如责任部门查看本部门清单进度、上级部门查看下级部门清单进度。

（五）微档案，建"两个智库"提升工作质效

"两个智库"指建立问题库和档案库。录入行业各级单位巡视巡察、监督检查中发现的全省各地市系统历史问题，同时动态采集纪检监察、审计、法规、人事、财务、内管等监督部门在监督过程中发现的各类问题，主要包括巡视巡察、专项监督、日常监督、信访举报问题等，实施标签化管理，最终形成支持智能筛选、数据分析、决策参考的问题库。档案库对接人事等系统，全面描绘基层员工廉洁画像，包含个人基本信息、申报承诺、年度考核及获奖、处分处理、廉政谈话、投诉举报信访件核实、党风廉政意见回复等，通过知识沉淀，加强多维数据挖掘分析，提升纪检监察工作质效。

五、结语

面对数字经济发展潮流，推动央企纪检监察工作数字化转型势在必行，以安全可靠、智慧高效的监督工作为企业高质量发展保驾护航。温州市烟草专卖局将智慧治理的理念应用到廉洁型所队部建设中，实现智慧监督的高质效成果，是智慧治理先进性、优越性的一个有力例证，提升了全面从严治党的"最后一公里"延伸的"智治"水平。随着经济社会的发展、科学技术的提升，以及社会公民素养的提高，智慧治理还将在基层治理层面发挥更大的作用。

参考文献

[1]王著，刘俊霞. 里格斯"行政生态"理论的建构及当代价值：纪念弗雷德·W.里格斯诞辰100周年[J]. 2021(2):64–70.

[2]汪向东. 电子政务行政生态学[M]. 北京：清华大学出版社，2007.

[3]汪锦军. 城市"智慧治理"：信息技术、政府职能与社会治理的

整合机制：以杭州市上城区的城市治理创新为例[J]. 观察与思考，2014(7):5.

[4]董立人. 智慧治理："互联网+"时代政府治理创新研究[J]. 行政管理改革，2016(12):5.

[5]张海柱，宋佳玲. 走向智慧治理：大数据时代政府治理模式的变革[J]. 中共济南市委党校学报，2015(4):6.